알기 쉬운 경제학 입문

박상수 · 강기춘 저

JINSAEM 진샘미디어

머리말

경제학을 강의하는 교수라면 누구나 강의를 하는 과정에서 채택된 교재가 마음에 들지 않아서 스스로 저서를 저술하고자 하는 생각을 갖게 된다. 저자들도 사실은 기존의 경제학원론이나 경제학개론 등의 경제학 입문서들이 너무나 어렵고 너무 많은 분량을 갖는 것에 불만을 가졌고, 특히 경제학을 처음 접하는 학생들에게 중압감과 더불어 경제학이 어렵다는 인식만을 심어주지는 않았나 하는 그런 생각에서 기존의 입문서와는 차별되는 경제학 입문서를 저술하게 되었다.

저자들은 다음의 세 가지를 염두에 두면서 "알기 쉬운 경제학 입문"을 저술하게 되었다. 첫째로, 경제학원론 강의가 최근에 한 학기로 끝나는 추세에 있다. 그러다 보니 1000여 페이지의 분량의 경제학원론을 300여 페이지만 강의하고 나머지는 학생들에게 스스로 공부하도록 위임하고 있는 실정이다. 또한 미시의 일부분을 강의하다가 그만 두는 것이 보편적인 현상이다. 이에 저자들은 한 학기에 미시와 거시를 조망할 수 있도록 하면서 분량을 250페이지 내외의 분량으로 만들려고 노력하였다.

둘째로, 비록 분량을 축소하였다고는 할지라도 논리적인 체계는 되도록 유지하려고 노력하였다. 물론 완벽한 논리체계는 불가능하지만 다른 경제학원론을 참고하지 않더라도 경제학의 전반적인 체계를 충분히 이해할 수 있도록 논리적인 체계를 유지하였다. 따라서 본서는 경제학을 전공하지 않을 학생들에게는 교양으로서 충분하도록 만들어져 있으며, 그리고 경제학 혹은 관련 학문을 전공하는 학생들에게도 직접 각 전공을 공부하는 데 어려움이 없도록 만들었다.

셋째로, 가능한 한 수학의 사용을 절제하려고 노력하였다. 따라서 꼭 수학으로 표현하고자 하는 경우에도 함수형태 혹은 수식에 그치도록 노력하였고, 수학으로부터 논리적인 추론을 시도하려고 노력하지 않았다. 따라서 저자들은 되도록 그림과 언어로 경제학의 내용을 설명하려고 노력하였고, 수식으로 표현된 경우에도 경제학적인 의미를 최대한 많이 설명하려고 노력하였다.

본서를 저술하면서 저자들은 평이한 서술로 독자들이 이해하기 쉽도록 만들었다고는 생각하지만, 가끔 어렵게 쓴 곳이 있을 것으로 생각된다. 이런 저런 여러 문제들은 다음에 수정할 것을 약속한다. 끝으로 본서의 출간을 허락해 주신 진샘미디어 최봉조 사장님께 심심한 감사의 인사를 전합니다.

차례

차례

제5장 독과점시장과 시장실패

제6장 국민소득이론

제7장 총수요-총공급 이론

차례

차례

제12장 자본주의의 발전과 경제학의 미래

제 1 장

경제학의 기초

본 장에서는 경제학을 왜 연구하며, 경제학은 어떤 주제를 다루고, 어떤 목표를 추구하며, 어떤 방법에 의해서 경제를 연구하고, 그리고 어떤 가치관을 가져야 하는지도 검토한다. 이를 위하여 우선 경제학의 기본 주제인 희소성의 문제를 고찰한다. 바로 이런 희소성을 가능한 한 최대로 극복하기 위한 합리적인 선택과 적절한 자원배분이 경제학의 핵심 주제가 되며, 또한 그 희소성으로부터 발생하는 기본적인 경제문제는 경제체제에 따라 상이한 방식으로 해결되고 있음을 배우게 된다.

제 1 절 자원의 희소성과 합리적 선택

우선 경제를 정의하고, 경제에서 발생하는 문제가 무엇에서 근원하며, 그리고 이런 경제문제를 각 경제체제는 어떻게 해결하는가에 관해서 개괄적으로 검토할 것이다.

1 경제행위와 경제

경제행위와 경제주체

인간이 살아가기 위해서는 기본적으로 의식주 문제를 해결하여야 하고 그것 이외에도 문화적인 생활도 영위하여야 한다. 이런 의식주 문제의 해결과 문화적인 생활의 영위와 관련해서 인간은 재화의 소비가 필요할 것이다. 재화의 소비를 위해선 그런 재화를 생산하고, 생산한 것을 다른 재화와 교환하며, 생산하는 과정에서 만들어진 소득을 분배도 하여야 하며, 그리고 마지막으로 분배된 소득으로 소비재를 구입하여 소비하게 된다. 이와 같이 재화의 생산, 교환, 분배 및 소비와 관련되는 모든 일체의 행동들을 우리는 경제행위(economic action) 혹은 경제활동이라고 한다.

이런 경제행위를 실행하는 주체를 경제주체(economic agent)라고 하며, 크게 가계, 기업 및 정부로 구성되어 있다. 가계(household)는 기업에게 생산에 꼭 필요한 생산요소, 즉 노동, 토지, 자본, 경영능력과 같은 생산요소를 제공하고 그 대가로 받은 소득으로 주로 소비생활을 영위하는 경제주체이다. 가계는 주어진 소득으로 최대한의 만족을 얻기 위하여 소득을 각 재화에 적절하게 배분한다. 이런 가계의 행동원리를 만족극대화의 원리 혹은 효용극대화의 원리(principle of utility maximization)라고 한다.

기업(firm)은 이윤을 목적으로 가계로부터 각종 생산요소를 구입하여 재화를 생산하는 경제주체이다. 기업이 생산하는 목적은 생산물의 판매로부터 얻어지는 판매수입과 생산물의 생산에 투입된 생산비와의 차이, 즉 이윤을 극대화하는 것이다. 이런 기업의 행동원리를 이윤극대화의 원리(principle of profit maximization)라고 한다.

정부(government)는 가계와 기업으로 구성된 민간경제의 활동을 조정하고, 규제하는 역할을 수행하면서, 가계와 기업으로부터 조세를 거두어들여서 국방, 치안, 항만, 도로, 댐 등과 같은 공공재를 생산하는 경제주체이다. 만약 민간에게 공공재의 생산을 위임한다면 그 생산량이 극히 적거나 혹은 전혀 생산이 불가능하기 때문에 공공의 이익을 위해서 정부가 이런 공공재를 생산하는 것이다. 정부는 공공재를 생산하지만, 이런 공공재 일부(국방, 치안)가 생산과 동시에 소비되기 때문에 정부는 소비활동과 생산활동을 동시에 하는 경제주체라고 할 수 있다.

재화와 생산요소

경제행위의 대상이 되는 사물을 경제객체(economic object)라고 하며, 우리는 이를 재화(goods)라고 부른다. 재화는 일반적으로 인간에게 유용한 사물, 즉 인간이 직접적으로 소비할 수 있거나 혹은 소비할 수 있는 재화를 만드는 데에 이용될 수 사물들을 지칭한다. 이런 재화는 형태에 따라 협의적 의미의 재화와 용역으로 구분된다. 협의적 의미의 재화는 유형이면서 인간에게 유용한 사물이며, 옷, 자동차, 가전제품 등이 여기에 속한다. 용역 혹은 서비스(service)는 운송, 관광, 보험, 이발, 세탁 등과 같이 무형의 유용한 사물을 지칭한다. 우리는 특별한 경우가 아니면 재화를 광의적인 의미로 쓸 것이다

그리고 재화는 그 획득에 경제적인 대가를 치러야 하는가에 따라 경제재(economic goods)와 자유재(free goods)로 구분된다. 거의 무한대로 널려 있는 공기, 물, 돌멩이 등은 우리가 커다란 대가를 지불하지 않아도 획득할 수 있는데, 우리는 이를 자유재라고 부른다. 반면에 옷, 책, 자동차 등은 그 획득에 반드시 일정한 대가를 치러야 하며, 이를 경제재라 한다. 그런데 경제재와 자유재의 구분은 시간과 공간에 따라 구분이 달라질 수 있는 상대적인 개념이다. 예컨대 물은 우리나라의 경우 대체적으로 자유재에 속한다고 볼 수 있지만, 사우디아라비아에서는 오히려 아주 비싼 경제재에 속한다. 따라서 어떤 재화를 절대적으로 경제재 혹은 자유재로 단정할 수는 없는 것이다.

우리는 또한 민간인이 소유할 수 있고 또한 배타적 이용의 권리를 가지느냐에 따라 민간재 혹은 사적재(private goods)와 공공재(public goods)로 분류한다. 대부분의 재화는 민간재이나, 도로, 항만, 국방, 치안 등과 같은 공공재는 개인이 소유하지 못하며, 만약 소유한다고 하여도 배타적인 이용이 불가능하다. 이런 공공재는 무임승차가 가능하므로 민간이 공급하지 못하고 정부가 공급하여야 한다.

또한 소비에 직접 이용될 수 있는가 혹은 소비에 간접적으로 기여하느냐에 따라서 소비재(consumption goods)와 생산재(production goods)로 구분된다. 직접 소비에 이용될 수 있는 재화를 소비재라 하며, 쌀, 과자 등과 같이 소비와 동시에 없어져 버리는 재화를 비내구성 소비재라고 하고, 반면에 자동차, 냉장고와 같이 상당 기간 동안 사용할 수 있는 소비재를 내구성 소비재라고 한다. 기계, 공장, 원자재 등과 같이 재화를 생산하는 데 쓰이는 재화를 생산재라고 한다.

이와 같이 생산에 사용되는 생산재를 자원(resource) 혹은 생산요소(factor of production)라고 하는데, 생산요소는 생산물을 생산하는 데 투입되는 투입물들을 지칭하며 크게 노동, 토지, 자본, 경영능력 등으로 나뉜다. 노동(labor)은 인간의 육체적이며 지적인 노력으로 정의된다. 프로 야구선수, 교수, 목수의 노력은 모두 노동이다. 노동의 생산적 서비스에 대한 교환으로 수령하는 것이 바로 임금(wage)이다. 노동자들은 타고난 재능, 자라난 환경, 교육, 직업훈련, 경험 등이 모두 다르므로 노동력의 질도 상이하고, 그에 따라 임금도 천차만별의 차이를 갖는다.

토지는 생산의 투입물로 사용될 수 있는 모든 자연자원을 언급한다. 이런 정의에 따르면, 토지는 광물, 수자원, 공기, 삼림, 강우량, 기온, 흙의 질 등 모두를 포함한다. 이런 토지 생산요소에 대한 보수를 지대(rent)라 한다. 토지와 다른 생산요소와의 차이는 대체적으로 인간의 활동에 의해서는 개선될 수 없는 자연자원 혹은 자연조건으로 구성된 것이 토지라는 점이다.

제3의 생산요소인 자본(capital)은 인간이 창조한 것으로서 생산에 도움을 주는 모든 것을 지칭한다. 도구, 공장, 창고, 재고, 기계 등은 당연히 자본에 포함되며, 관개와 같은 토지의 개량도 엄격히 말해서 자본에 포함된다. 그리고 인간에 대한 투자를 통해서 노동생산성이 향상된다면, 그것의 일부도 역시 자본이며, 특히 우리는 이를 인적 자본이라고 한다. 자본에 대한 보수를 이자(interest)라 하며, 특히 자본을 증대시키는 행위를 투자(investment)라고 한다.

마지막의 생산요소인 경영능력 혹은 기업가 정신(enterprise)은 재화를 생산하기 위하여 생산요소를 결합하고, 모험을 시도하며, 그리고 새로운 생산방법과 새로운 생산물(소위 혁신)을 도입하는 기업가의 행동이다. 기업가의 혁신, 위험 부담 및 조직 활동에 대한 보수는 이윤(profit)이다.

네 가지 생산요소는 크게 인간자본(human capital) 혹은 인적 자본과 물적 자본(physical capital)으로 나눌 수 있다. 인간자본은 노동과 경영능력을 포괄하는 것으로 대체적으로 노동자의 숫자, 기능, 손재주, 노하우, 기술, 과학적 지식 등으로 구성되며, 선진국은 사실상 인간자본이 풍부한 국가라고 볼 수 있다. 반면에 물적 자본은 자연자원과 기계, 설비 등으로 구성된다. 앞으로 우리는 인간자본을 노동으로, 물적 자본을 자본이라고 지칭할 것이다.

＊ 인간자본의 중요성

인간자본이 왜 그렇게 중요한가? 경제성장을 위해선 물적 자본과 인간자본 모두가 필요하며, 이 중에서 물적 자본은 필요할 경우 돈을 주고 외국에서 사오거나 혹은 자체적으로 빠른 시일에 만들 수도 있으나, 인간자본은 단순하게 돈을 주고서 외국에서 사오기가 어렵고 그리고 만약 인간자본을 자체적으로 형성하려면 굉장히 오랜 시간을 소비하면서 만들어야 하나 원하는 대로 만들기도 그렇게 쉽지 않다는 것이다.

국가에서 정말로 필요한 인간을 만들려면, 즉 윤리적인 인간이면서 법을 잘 준수하고 동시에 기능, 기술, 과학적 지식 등을 갖춘 인간을 만들려면, 태어나서 그런 인간을 만들 때까지 정규 교육만 적어도 12년이 필요하고, 추가적으로 대학원 교육이 필요할 수도 있고, 정규 교육을 이수한 이후엔 기업에서 추가적인 훈련이 필요할 수도 있어서, 전체적으로 15년에서 20년에 걸친 교육을 통해서 국가와 기업에서 필요한 인재가 양성된다고 말할 수 있을 것이다. 그만큼 인간자본이 중요하다는 것이며, 선진국은 바로 이런 인간자본이 풍부한 나라이다. 독자들도 자신의 인간자본을 증대시키기 위해서 많은 노력을 기울여야 하며, 그럴 경우에만 사회에 진출했을 때 제대로 대접을 받게 될 것이다.

경제와 사회제도

인간의 최종적인 경제활동의 목적은 인간에게 유용한 재화의 소비에 있다. 그러나 지구상에 존재하는 유한한 자원은 인간의 무한한 욕망을 충족시킬 수는 없을 것이며, 인간은 소위 희소한 자원으로 인간의 욕망을 최대한 많이 충족시켜야 한다. 따라서 최종 소비에 이르기 위해선 소비재와 생산재의 생산, 생산된 재화의 교환, 그리고 생산과정에서 얻어진 소득의 분배, 마지막으로 분배된 소득으로 원하는 소비재를 구입하여 소비한다. 인간이 이와 같이 생산, 교환, 분배 및 소비와 관련된 행위를 경제행위라고 하였는데, 인간이 이런 경제행위를 하는 과정에서 규칙적인 하나의 질서가 형성되며, 우리는 이를 경제질서(economic order)라고 한다.

이런 경제질서는 어느 누구의 명령에 의해서 형성되는 것이 아니고 저절로 조화를 보이는 경향을 갖는다. 아담 스미스가 언급하는 것처럼 가격기구라고 하는 소위 '보이지 않는 손'(invisible hand)에 이끌려서 경제가 질서 정연함을 보여준다. 경제가 혼돈을 보이지 않고 질서를 보이게 되는 것은 각 경제주체들이 사회제도의 테두리 안에서 행동을 하기 때문이다. 만약 사회제도라는 제도적 제약이 존재하지 않는다면 경제는 질서를 보여주지 못하고 무질서를 보일 것이며, 생산, 교환, 분배 및 소비와 관련된 행위들도 제대로 이루어지지 못할 것이다.

*** 스미스(Adam Smith, 1723~1790)**

과거 단편적으로 언급되었던 경제이론들을 최초로 체계화하여 집대성했고, 그 결과 경제학의 아버지라고도 불리며, 고전학파를 창시했다. 그는 공정한 규칙 하에서 개인적 자유를 최대한 허용하는 시장경제가 개인의 이익을 극대화할 뿐만 아니라 국부도 극대화한다고 주장하면서, 이런 시장경제에선 가격기구를 통해서 모든 문제가 저절로 해결된다는 자연조화설도 주장했다. 그에 따라 정부의 활동은 국방과 치안 그리고 공공토목사업에만 국한되어야 한다는 작은 정부를 주창했다. 그리고 분업의 이익을 강조하면서, 국제적 분업의 이익을 얻기 위한 자유무역을 주장했다.

경제주체들이 행동하는 과정에서 제약요인으로 작용하는 것을 사회제도라고 한다. 형법, 민법, 상법 등과 같이 법률로 정해진 성문법, 상거래 관습과 같은 불문법, 소비자들의 소비행태, 기업가의 기술혁신의 성향, 관료들의 의식구조 등과 같이 각 경제주체가 특정한 상황에 대처하는 행동양식, 그리고 도덕, 문화, 종교적 가치관 등이 사회제도에 포함된다. 이런 사회제도는 인류의 시작과 함께 서서히 형태를 갖기 시작하고, 오랜 시간이 지나면서 현재와 같은 유형으로 변모하여 왔으며, 그리고 앞으로 시간이 경과함에 따라 그 내용들도 다시 서서히 변모할 것이다.

따라서 경제(economy) 혹은 경제체제(economic system)는 각 경제주체들이 경제행위를 실행하는 과정에서 형성된 경제질서와 그 질서를 가능하게 만드는 사회제도를 통칭한다. 즉 경제주체들이 주어진 제도적 제약 하에서 필요로 하는 재화와 용역을 생산, 교환, 분배 및 소비하는 과정에서 하나의 경제질서가 형성되며, 그리고 시간의 경과에 따라 사회제도가 서서히 변하면 경제질서도 과거와는 변모된 모습을 보여줄 것이다. 즉 시간의 경과에 따라 사회제도가 변함에 따라 경제질서 자체도 변모된 모습을 보이므로, 경제도 역시 변모된 모습을 가지게 된다.

경제는 그 포괄하는 영역에 따라 명칭이 달라진다. 가계를 중심으로 형성된 경제를 가정경제, 기업을 중심으로 형성된 경제를 기업경제라 하며, 정부를 중심으로 형성된 경제를 공공경제라 한다. 그리고 가정경제와 기업경제로만 구성된 경제를 민간경제라고 부른다. 민간경제와 공공경제가 결합된 경제를 국민경제라고 한다. 이런 국민경제가 해외부문과 교류하지 않는 경제라면 폐쇄경제라고 부르며, 해외와 교류가 이루어지는 국민경제를 개방경제라고 부른다.

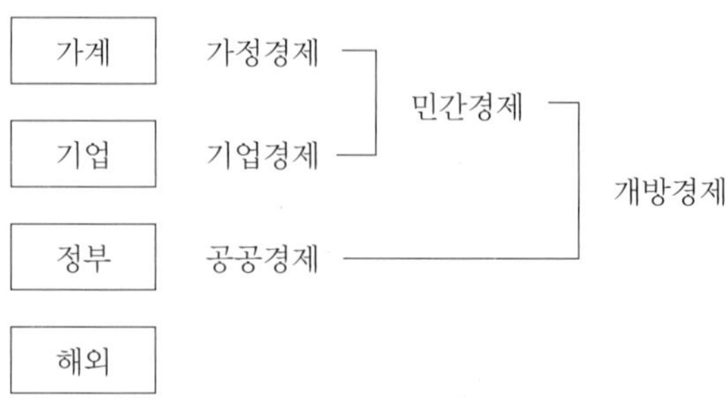

** 폐쇄경제 : 해외와 교류하지 않는 국민경제

| **그림 1-1** | 개방경제와 폐쇄경제

*** 경제학과 다른 학문의 차이점**

가정관리학 혹은 소비자경제학이 가정 내의 경제활동, 즉 가정경제를 주된 분석대상으로 하고, 경영학은 기업 내의 경영활동, 즉 기업경제를 주된 분석대상으로 하며, 그리고 행정학, 그중에서 특히 재정학은 정부의 경제활동, 즉 공공경제를 분석대상으로 한다. 경제학은 이들 주체들이 시장에서 어떻게 행동하며, 그에 따른 경제적 결과가 어떻게 나타나는지를 분석한다. 앞의 세 학문분야가 주로 각 주체의 내부적인 경제활동을 분석한다면, 경제학은 각 주체들의 외부적인 활동, 즉 시장에서의 경제활동을 주된 분석대상으로 한다.

2 경제문제와 희소성

경제문제의 발생원인 – 희소성의 법칙

경제행위의 최종적인 목적은 소비에 있다. 그런데 소비하려는 인간의 욕망은 무한하다. 즉 어떤 사람들이 아무리 많은 재화를 소유한다고 하더라도 그들은 언제나 더욱 많은 재화를 원하기 때문에 인간의 욕망은 무한하다고 하여도 과언은 아닐 것이다. 물론 현재의 상태에 자족하는 사람들을 우리는 발견할 수 있을지 모르나, 만약 그들에게 조심스럽게 원하는 바를 질문한다면, 그들은 아마도 더 맑은 공기, 여가를 즐길 수 있는 더 많은 시간, 혹은 불행한 사람들에게 자선할 수 있는 더 많은 소득이나 재화 등을 원할 것이다.

그러나 인간의 무한한 욕망을 충족시켜 줄 수 있는 자원은 유한하다. 석유나 석탄 같은 유한한 자원들은 생산이나 소비하는 과정에서 에너지로 전환되고 나중에는 없어져 버린다. 토지, 철광석, 동 등은 사용하는 과정에서 없어지지는 않으나 그 수량이 대략 고정되어 있으며, 도로, 항만, 공장, 기계 등과 같은 자원은 특정 시점에선 그 수량이 고정되어 있어서 짧은 시간 내에는 수량을 변경시킬 수 없을 뿐만 아니라, 그 수량을 변경시키는 데에도 유한한 자원을 사용하여야 한다. 따라서 인간의 소비에 필요한 재화들을 만드는 데에 필요한 지구의 자원들은 한정되어 있는 것이다.

인간의 욕망은 무한한 데에 비해서 이를 충족시키는 데 필요한 자원은 한정되어 있다는 데에 문제가 발생하는 것이다. 경제문제란 각 경제주체가 자신들의 경제행위를 실행하는 과정에서 발생하는 문제들을 지칭하는데, 이런 경제문제는 궁극적으로 인간의 욕구를 충족시키는 데에 필요한 자원들의 희소성에서 근원한다. 앞에서 재화를 자유재와 경제재로 구분할 때에도 이런 구분의 기준은 재화의 희소성에 있으며, 경제문제에서 다루게 되는 재화는 자유재일 수 없고 경제재만이다.

경제원칙과 합리적 선택

오스트리아학파의 경제학자 미제스는 '인간은 목적 추구적이다'라고 언급했다. 즉 인간은 목적을 추구하는 동물이라는 것이며, 그에 따라 나타나는 행동도 의도적인 행동이 된다는 것이다. 예컨대 어떤 한 대학생이 행정고시를 목표로 공부한다거나, 한 직장인이 주택 마련을 목표로 한다거나 혹은 기업인이 기업의 이윤을 극대로 하는 것을 목표로 할 수 있다. 이런 목표를 각자가 추구하는 과정에서 시간이 한정되어 있거나 자신의 소득이 한정되어 있거나 혹은 자신이 마음대로 쓸 수 있는 자본이 한정될 수 있거나 혹은 시간과 소득 및 자본 모두가 한정될 수도 있다.

＊ 미제스(Ludwig von Mises, 1881~1973)

오스트리아학파의 경제학자, 사회철학자이며, 경기변동이론과 사회주의 비판으로 유명하다. 그는 호경기의 시작은 은행의 신용팽창이 통화공급을 늘리고 이자율을 낮추어 과잉투자를 유발하며, 반면에 신용팽창의 중단이 투자의 과도한 축소와 불경기를 유발한다고 주장했다. 또한 그는 1920년대 사회주의 계산논쟁에서 시장 없이는 최적자원배분이 불가능하다고 주장하면서 자본주의에서 정부간섭을 혐오했고 자유방임주의적 자유주의와 그에 따른 작은 정부를 고수하는 입장을 취했다.

특정한 개인이 왜 특정한 목표를 가지는가는 우리의 연구 대상이 아니고 심리학이나 윤리학의 대상이며, 우리는 주어진 목표를 성취하기 위해서 어떻게 희소한 자원을 배분하여야 하는가를 검토하여야 한다. 즉 경제학은 수단에 관한 학문이라고 할 수 있다. 추구하는 목표를 성취하기 위하여 어떤 수단을 선택해야 하는가, 혹은 구체적으로는 시간, 소득, 자본 등과 같은 유한한 자원을 어떤 용도에 배분하여야 하는가와 관련된 수단의 선택에 관한 학문이라고 할 수 있다.

만약 우리가 무한한 자원을 가지고 있다면 우리에게 경제문제는 발생하지 않을 것이며 경제학 자체도 불필요할지 모른다. 그러나 우리는 희소한 자원을 가지고 있으며, 그에 따라 희소한 자원의 효율적인 이용이 우리의 중요한 과제가 된다.

이와 같은 자원의 효율적인 이용은 두 가지 측면에서 검토될 수 있다. 첫째는 주어진 희소한 자원으로 최대의 효과를 얻는 것이다(이를 최대효과의 원칙이라 한다). 예컨대 소비자인 경우 주어진 소득으로 최대의 만족을 얻을 수 있도록 각 소비재에 소득을 배분할 때, 그리고 기업인의 경우 주어진 비용으로 최대의 산출량을 생산할 수 있도록 각 생산요소에 비용을 적절히 배분할 때 이런 최대의 효과가 성취된다. 이런 최대의 효과가 성취될 때, 동일한 자원의 다른 배분은 이런 최대의 효과를 능가하지 못할 것이다. 이런 최대의 효과가 성취되었을 때 '합리적 선택'(rational choice)이 이루어진다고 말한다.

둘째는 주어진 효과를 얻기 위해서 최소의 비용이 투입되는 경우이다(이를 최소비용의 원칙이라 한다). 이것은 최대효과의 경우를 역으로 논리를 전개한 경우에 해당된다. 예컨대 소비자가 어떤 일정한 만족을 얻기 위해서 각 소비재에 대한 소득의 배분, 즉 비용의 지출을 가장 적게 할 때, 그리고 기업이 어떤 일정한 생산량을 생산하기 위해서 선택할 수 있는 생산요소의 결합 중에서 비용을 최소화할 수 있는 요소 결합을 선택할 때 최소비용의 효과가 성취된다.

최대효과의 원칙과 최소비용의 원칙 사이에는 표리의 관계를 가지며, 우리는 두 가지를 동시에 결합하면, '최소비용으로 최대의 효과를 얻는다'는 경제원칙(economic principle)을 유도할 수 있다. 경제원칙은 자원의 낭비가 없을 뿐만 아니라 자원의 가장 효율적인 이용을 전제로 하며, 그리고 자원의 이용처에 대한 선택이 합리적일 때 성립한다. 즉 경제원칙은 합리적 선택이 이루어진 상태에서만 성립되는 원칙이다. 인간의 행위가 비합리적이라면, 자원의 낭비가 존재하고, 최대효과의 원칙과 최소비용의 원칙이 적용되지 못하고 그에 따라 경제원칙도 지켜지지 않는다고 볼 수 있다.

＊ 인간은 합리적인가?

A는 2만원으로 영화를 보려고 가다가 중도에 불쌍한 거지를 보고서 2만원을 거지에게 주어버렸다. 그리고 B는 여학생에게 줄 선물을 마련하기 위하여 아르바이트를 하기보다는 소매치기를 하여 선물 자금을 마련했다. 이 두 사람의 선택은 제3자가 보기에는 비합리적이라고 볼 수 있으나 그 사람 입장에서 보면 합리적이다. 이를 주관적 합리성이라고 한다. A의 사례는 행동의 목적이 바뀐 것이다. 그리고 B는 아마도 소매치기하다가 잡힐 확률을 낮게 평가했으므로, 그 순간에는 소매치기가 힘든 아르바이트보다는 아마 최선의 선택이었을 것이다. 후자는 법경제학의 핵심 화두이기도 하다.

자원배분의 평가기준 – 효율성과 형평

자원배분이 잘 되었는가를 판정하는 두 가지 기준이 존재한다. 앞에서 합리적 선택이 이루어지면 최대효과·최소비용의 원칙이 적용되며, 그에 따라 자원의 배분이 효율적이라고 할 수 있다. 이런 기준을 자원배분의 효율성(efficiency)이라고 한다. 이런 자원배분의 효율성에 따른 평가기준은 일반적으로 자원의 효율적인 이용, 특히 최소비용에 의한 최대의 효과만을 고려한다. 결과적으로 경제원칙은 효율성에 의해서 자원배분을 평가하는 방법인 것이다.

그러나 자원배분은 형평(equity)의 관점에서 평가되기도 한다. 형평은 크게 두 가지 관점에서 언급될 수 있을 것이다. 첫째로, 자원배분의 결과 사회의 각 구성원들 간에 소득이나 부의 분배가 골고루 이루어졌는가에 의해서 평가되기도 한다. 비록 효율성의 측면에서 경제 전체적으로 사회의 생산량이 크게 증대되었다고 할지라도, 그 생산물이 극소수의 사람들에게 분배됨으로써 부익부, 빈익빈 현상이 심화되었다면, 그런 자원배분은 바람직한 상태를 나타내지 못한다. 더욱이 소득의 분배가 대단히 불공평하게 되고 나아가서 부의 분배도 더욱 악화된다면 그런 자원배분의 상태는 더욱 바람직하지 못하다고 할 것이다. 만약 자원배분의 효율성이 성취되고, 더욱이 소득과 부의 분배가 상당히 균등하다면 그런 자원배분은 대단히 바람직한 경제상태를 나타낸다고 볼 수 있다.

둘째로, 형평은 사회 각 구성원의 기회에 의해서 평가되기도 한다. 어떤 자원 배분의 결과 교육받을 기회, 의료 혜택을 받을 기회, 취업의 기회, 특정한 시장에 참여할 수 있는 기회 등이 축소된다면, 이런 자원배분의 상태는 형평, 특히 기회의 관점에서는 바람직한 상태가 아니라고 말할 수 있다. 예컨대 경제성장의 결과 독점기업들이 많이 생긴다면 특정인이 그런 독점시장에 참여할 기회가 박탈되거나 혹은 그런 참여가 대단히 어렵게 될 수도 있는 것이다.

우리는 자원배분을 평가할 때 두 가지 모두에 의해서 평가하여야 한다. 즉 우리는 우선적으로 자원이 효율적으로 사용되고 있는가를 먼저 검토하여야 하며, 그리고 그 다음에 이런 자원배분이 소득과 부의 분배에 악영향을 미치지는 않는지 그리고 사회 구성원의 기회를 축소시키지는 않는지를 검토하여야 한다. 이 중 어느 기준이 더 중요하냐는 일률적으로 대답할 수 있는 성질의 것이 아니고, 경제를 보는 시각, 즉 경제를 보는 세계관에 따라 달라질 수 있는 성질의 것이다.

여기서 한 가지 부연하고 싶은 것은 효율성의 관점은 행위자의 주관에 따라 행동이 결정되지만 그 결과는 시장에서 객관적으로 드러나므로 대략 객관적인 성격을 가지고 있지만, 형평의 관점은 각자가 경제를 보는 시각에 따라 동일한 경제상태도 다르게 본다는 것이다. 예컨대 특정 시점에서의 소득분배상태를 보고서 어떤 사람은 소득분배가 바람직한 상태라고 생각하지만, 다른 사람은 그렇지 않다고 평가할 수도 있다는 것이다. 즉 형평의 관점은 개인에 따라 주관적 가치가 다름에 따라 동일한 현상에 대해 상이한 판단을 내리는 가치판단의 요소가 개재된다고 볼 수 있다.

3 기본적인 경제문제와 경제체제

기본적인 경제문제

어느 경제를 막론하고 공통적으로 해결하여야 하는 세 가지 기본적인 경제문제가 존재한다. 첫째는 어떤 종류의 재화와 용역을 얼마만큼 생산하여야 하는가, 즉 생산물의 종류와 양을 결정하는 문제이다. 둘째는 그런 재화와 용역을 어떻게 생산할 것인가, 즉 생산조직과 기술선택에 관한 문제이다. 셋째는 누구를 위해 생산할 것인가, 즉 소득분배에 관한 문제이다.

우선 첫째 문제는 총생산물 중에서 민간재와 공공재의 비율을 얼마만큼으로 할 것이며, 공공재 내에서 도로, 항만 같은 사회간접자본에는 얼마만큼을, 국방과 치안 등에는 또 얼마만큼을 지출할 것인가, 그리고 민간재 중 소비재와 생산재는 각각 얼마만큼씩 생산할 것인가 등에 관한 문제이다. 둘째 문제는 민간재든 공공재든 이들 재화를 공기업과 민간기업 중 어떤 기업조직에 의해서 생산할 것인가, 그리고 구체적인 생산기술의 선택은 어떻게 해야 하는가 등에 관한 문제이다. 마지막으로 셋째 문제는 생산과정에서 발생한 소득을 누구에게 얼마만큼씩 분배할 것인가에 관한 문제이다.

기본적인 경제문제는 원시공동체, 고대노예시대, 중세봉건시대, 현대 자본주의 혹은 사회주의든 어떤 경제를 막론하고 해결해야 하는 문제이다. 이런 기본문제를 제외하고도 현대 경제가 당면하는 여러 가지 문제들이 상존하고 있고, 경제학자나 다른 학문에서 해결하려고 노력하고 있다. 대표적인 것으로는 기아와 관련되는 절대빈곤, 빈부의 격차가 핵심이 되는 상대빈곤, 두 가지를 아우르는 소득분배불평등, 1970년대 이후에 등장한 스태그플레이션

(stagflation), 공기, 물, 토지 등이 더럽혀지는 환경오염과 환경파괴, 철, 구리 등의 자연자원 개발과 어류 등의 남획에 따른 자원고갈, 석탄, 석유 등의 채굴과 사용에 따른 에너지자원의 고갈, 주로 선진국에서 나타나는 복지 요구 확대에 따른 재정지출 증가 및 재정적자 확대, 아프리카, 남아시아 및 중남미의 후진국개발과 이들 국가의 출산율 상승에 따른 맬더스적인 인구문제 등이 그 해결을 계속 요구하고 있다.

앞에서 언급된 기본적인 경제문제는 경제체제에 따라 상이하게 해결된다. 경제 혹은 경제체제(economic system)란 경제문제를 해결하는 과정에서 형성된 경제질서와 그것을 가능케 하는 제도를 지칭한다. 현대의 경제체제는 사회주의 경제체제(social economic system)와 자본주의 경제체제(capital economic system)로 크게 대별되는데, 오늘날 순수한 사회주의, 자본주의 경제체제는 존재하지 않으며, 혼합경제(mixed economy)가 보편적인 체제라고 할 수 있다. 각각의 경제체제에서 세 가지 기본적인 경제문제가 어떻게 해결되고 있는가를 살펴보자.

자본주의 경제체제

15세기 이후부터 본격적으로 등장한 자본주의 경제체제는 사유재산제와 영리 추구 및 경제적 자유 세 가지 특징을 갖는 경제체제이다. 우선 이 체제에서는 생산수단에 대한 사유를 인정한다. 따라서 토지와 공장, 기계 등을 개인이 소유할 수 있고 이런 재산의 소유, 사용 및 처분이 그 개인의 의사에 따라 자유롭게 이루질 수 있다. 둘째로 개개인은 자신의 이익, 즉 개인의 이기심을 충족시키기 위하여 경제활동을 한다. 따라서 소비자는 소비에 따른 만족을 극대화하는 방향으로, 기업가는 이윤을 극대화하는 방향으로, 경제행위를 영위한다. 셋째로 개개인은 자신의 자유로운 의사에 따라 경제활동을 영위한다. 예컨대 직업의 선택, 이주, 재화의 생산과 소비, 재산의 매입과 매각 등에서 개개인은 자유로운 의사결정을 한다.

순수한 자본주의 경제체제는 세 가지 기본적인 경제문제를 시장경제에 의해서 해결하는 경제체제이다. 즉 생산물의 종류와 양, 생산방법 및 소득분배가 모두 가격기구에 의해서 결정된다. 특정한 재화의 가격이 상승한다면 그것은 많은 소비자들이 절실히 원한다는 것이고 또한 생산자에게는 그 생산에 있어 이윤의 증대를 의미하며, 그에 따라 그런 재화의 생산량이 증대되고, 반면에 그 가격이 하락하면 그 반대로 그 재화의 생산량은 감소하게 된다. 그리고 생산방법에 있어선 가장 효율적인 생산방법을 사용하는 기업만이 많은 이윤을 얻으며 반면에 비효율적인 기술을 사용하는 기업은 적은 이윤만이 보장되거나 혹은 손실을 볼 수 있고, 특히 시장 상황이 나빠지면 그런 기업들은 도태된다. 따라서 시장에서의 경쟁에서 살아남기 위해선 효율적인 기술을 채택하여 생산하여야 한다. 그리고 소득분배 역시 시장 기구에 위임된다. 즉 사회 구성원들이 가지고 있는 노동, 자본, 토지 및 경영능력 등에 대한 보수는 각 생산요소에 대한 수요·공급의 원리에 따라 결정된다. 즉 특정한 생산요소에 대한 수요가 많아지거나 그 공급이 줄어들면 그 보수가 증대되며, 반면에 그 반대가 되면 그 보수가 감소한다.

자본주의 경제체제는 인간이 필요로 하는 재화의 생산, 분배 및 소비가 시장에서 스미스의 보이지 않는 손인 가격기구를 통해서 적절하게 그리고 자동적으로 이루어지는 시장경제(market economy)이며, 이런 시장경제에선 정부의 간섭이 없더라도 자원배분이 가장 효율적으로 이루어진다는 장점을 갖고 있다. 즉 효율성이 최고조로 발휘될 수 있으므로, 경제성장률이 사회주의 경제체제에 비해서 상대적으로 높다.

그렇지만 시장경제는 여러 가지 문제점을 안고 있다. 시장경제는 원칙적으로 약육강식의 논리가 지배할 수 있기 때문에 부익부 빈익빈 현상이 가중되어서 사회주의 경제체제에 비해 상대적으로 소득분배가 대단히 불공평할 수 있고, 그에 따라 빈곤문제가 심각해질 수 있으며, 또한 소득분배불공평의 결과로 나타난다고 볼 수 있는 부의 분배불공평은 더욱 심각해질 수 있다. 그리고 자본주의 경제체제에선 주기적으로 공황이 발생하며, 그에 따라 심각한 실업문제가 빈발할 수 있다.

사회주의 경제체제

자본주의 경제체제의 폐해인 소득 및 부의 집중과 그에 따른 빈곤, 주기적 공황과 그에 따른 실업이 자본주의의 발전과 더불어 심각하게 대두되었다. 이런 폐해를 해결하기 위하여 1817년 러시아에서 노동자, 농민의 혁명을 통해서 사회주의 경제체제가 처음 등장하였다.

*** 사회주의와 공산주의**

우리는 통상적으로 사회주의와 공산주의를 혼용해서 사용하고 있지만, 마르크스는 1875년 "고타강령비판"에서 사회주의와 공산주의를 구분한다. 자본주의가 엄청나게 발전하면 사회주의를 거쳐서 공산주의로 발전한다고 보았다. 사회주의는 '능력에 따라 일하고 노동에 따라 분배받는' 사회이며, 공산주의는 '능력에 따라 일하고 필요에 따라 분배받는' 사회이다. 공산주의는 사실상 인간이 자연과 사회를 완전히 지배할 정도로 문명을 발전시켰을 때에나 등장할 수 있는 사회이다. 마르크스가 정의하는 사회주의 혹은 공산주의 사회는 정말로 이상적인 사회라고 할 수 있으나, 현실적으로 실현시키기에는 거의 불가능한 사회이다.

사회주의 경제체제는 생산수단의 공유와 계획경제를 그 특징으로 한다. 우선 공장, 기계, 토지 등의 생산수단을 국가 혹은 사회가 소유한다. 따라서 생산수단의 사유는 허용되지 않지만, 소비재는 사적 소유가 허용된다. 둘째로 순수한 사회주의 경제체제는 모든 경제문제를 중앙계획당국의 계획경제에 의해 해결한다. 따라서 생산물의 종류와 양 및 생산방법이 중앙계획당국의 계획에 의해 입안되며, 그리고 중앙계획당국의 계획에 근거한 명령에 따라서 사회 각 구성원의 직장과 업무가 각자에게 할당된다. 그리고 소득의 분배는 중앙계획당국의 계획이 각 구성원의 임금률을 결정하므로 생산물의 종류와 양 및 생산방법을 결정하는 과정에서 이미 결정된다. 따라서 모든 경제문제가 중앙계획당국의 계획과 명령에 의해서 해결된다. 이런 경제체제에는 대략 붕괴하기 이전의 구소련, 동구권, 그리고 중국과 북한 등이 이에 속한다고 볼 수 있다.

사회주의 경제체제는 자본주의 경제체제와는 달리 소득분배가 매우 공평할 수 있다. 왜냐하면 중앙계획당국이 사회 각 구성원들에게 노동에 따라 소득을 나누어주기 때문에 처음부터 공평한 소득분배를 달성할 수 있다. 그렇지만 골고루 못 사는 사회라고 조롱되기도 한다. 반면 열심히 일하든 그렇지 않든 자신의 소득은 중앙계획당국에 의해서 결정되기 때문에 사회 구성원들은 열심히 일하려고 하지 않으며, 그 결과 비효율이 일반적인 현상으로 대두되며, 경제성장률도 자본주의 경제체제에 비해서 상대적으로 매우 낮은 편이다. 그리고 자원의 부적절한 배분으로 인하여 특정한 재화들의 과잉생산과 다른 재화들의 부족 현상이 보편화한다. 붕괴되기 전 구소련에서는 아이스크림 하나를 사기 위해 백 미터 이상의 줄서기도 보통이었다고 한다.

혼합경제

시장제도는 개인의 극단적인 이기심을 추구함으로써 공공의 이익을 희생시킬 우려가 있으며, 그에 따라 경제에 대한 정부 간섭의 필요성이 대두된다. 기본 경제체제가 시장경제일 때, 혼합경제는 시장경제에서 나타나는 바람직하지 못한 결과들을 수정하기 위해서 등장하였으며, 정부부문은 시장경제에서 수많은 정책들을 실행한다. 정책의 목표는 시장이 잘 기능하면 시장에 간섭하지 않지만 시장이 잘 기능하지 못할 때 간섭한다는 것이다. 예컨대 국민경제적 관점에서 높은 실업률은 시장의 불만족스런 성과의 징후이며, 그리고 개별 경제수준에서 특정 기업에 의한 공해 발생도 역시 시장의 불만족스런 성과의 징조이므로, 정부 간섭의 필요성이 대두된다. 이런 정부 간섭은 시장의 불만족스런 성과를 교정하는 데에 있다.

현재 대부분의 국가는 시장경제를 근간으로 하는 혼합경제이기는 하지만, 중국, 최근에 붕괴된 구소련과 동구권 등은 사회주의 경제체제를 근간으로 하는 혼합경제이다. 그러나 중요한 것은 혼합경제라고 하여 모든 나라들이 시장에 대한 정부 간섭의 정도가 결코 동일한 것은 아니라는 점이다. 시장경제에 대한 정부 간섭의 정도는 그 나라의 정치체제의 차이 그리고 그 역사적 경험의 차이 등에 따라 현격히 다를 수 있다. 본서에서는 시장경제에 근간을 두면서도 혼합경제인 경제체제를 그 분석의 대상으로 한다.

제 2 절 경제학이란 어떤 학문인가

본 절에서는 경제학이 왜 필요한가, 경제학이란 어떤 학문이며, 어떤 목표를 추구하는지 등을 검토하며, 아울러 경제학을 연구하는 과정에서 발생하는 방법론적인 문제들도 검토할 것이다.

1 경제학의 정의 및 분류

경제학의 필요성

우리가 경제학을 정의하기에 앞서서 우리가 왜 경제학을 공부하여야 하는가에 관한 문제를 검토해야 할 것이다. 현재의 경제학 강의를 수강하는 학생들의 전공이 인문과학, 경영학계열, 사회과학, 혹은 공학계열 등이라고 한다면 경제학에서의 훈련이 거의 대부분의 학생에게 훌륭한 학문적 기초를 제공한다는 것만으로는 경제학 공부의 필요성을 설명하지는 않는다.

경제학을 공부하여야 하는 첫 번째 이유는 경제학이 거의 모든 다른 학문과 밀접하게 연관되어 있다는 것이다. 경제학은 심리학, 철학, 가정학, 경영학, 정치학, 법학, 사회학 등과 같은 인문·사회과학, 그리고 농업, 공업 등을 다루는 자연과학과도 밀접하게 연관되어 있으며, 그에 따라 경제학에 대한 이해는 각 학문에서의 경제적 사고와의 관련을 이해하는 데에 크게 기여할 것이다. 예컨대 법학에서 경제와 관련된 분쟁이 있을 때 경제이론에 대한 이해는 보다 올바른 사법적 판단을 가능케 한다. 다른 예로서 공해문제가 발생하거나 혹은 어떤 기술을 선택할 것인가를 결정할 때, 단순한 물질적 피해만이 아니라 경제적 피해까지 고려해야 하거나 혹은 물질적인 투입물량과 생산물만이 아니라 화폐적인 생산비용과 생산액을 고려해야 하므로, 경제학적 이해에 기초하여 해결책을 모색한다면 보다 바람직한 해답이 도출될 수 있다.

경제학을 연구하는 둘째의 이유는 경제사상과 이론이 국내 지도자와 세계 지도자에게 미치는 중대한 영향과 관련된다. 국내든 세계든 정치적 의사결정이 이루어지는 과정에는 반드시 경제이론이 개입된다. 정치가의 생각이 옳든 그르든 그의 주장을 이해하기 위해선 그의 경제사상과 이론에 대한 이해가 선행되어야 한다. 예컨대, 레이거노믹스, 신자유주의 등은 고전학파적인 사고방식, 즉 공급측면을 중시하거나 혹은 정부간섭의 최소화에 근거한다는 것만 알아도 그 주장이나 그 사상에 대한 이해에 크게 기여한다.

마지막으로 가장 중요한 이유는 누구나 경제행위를 하고 있고 자신의 이익을 위해서 어떻게 행동하는 것이 바람직한지를 결정할 때 경제학 지식은 많은 지침을 제공한다는 것이다. 예컨대 경기변동에 대해서 많은 지식을 터득한 경우 주식투자를 언제 시작하고 언제 빠져나

와야 하는지에 대한 의사결정에 많은 도움을 줄 것이다. 그리고 기업을 경영하는 경우 경제학 지식은 경영자에게 기업의 외부환경, 특히 미래 경제에 대한 판단을 가능케 하므로 경영에 관한 의사결정을 바람직한 방향으로 유도할 것이다.

＊ 신자유주의

아담 스미스 이후의 고전적인 자유주의 사상을 현대에 이르러 부활시킨 사상이며, 하이에크, 프리드만, 독일의 오르도학파 등이 주장하고 있는데, 그들은 개인적 자유를 최대한 확대하는 데에 주력하며, 복지 지출은 게으른 자를 위해서 지출되는 것이기 때문에 사실상 폐지하여야 한다고 주장하면서 정부의 활동은 국방, 치안 및 공공토목사업 등에 한정해야 한다는 등 최저수준으로 유지되어야 한다고 주장한다. 이 사상은 레이거노믹스, 대처리즘에 심대한 영향을 미쳤다.

경제학의 정의

그러면 이제 세계를 이해하는 데에 필수적인 경제학(economics)을 정의해 보자. 누누이 지적했듯이 인간의 경제활동의 최종 목적은 인간에게 유용한 재화를 소비하는 데에 있다. 인간이 이런 유용한 재화의 소비를 위해서 희소한 자원을 가지고 생산, 교환, 분배 및 소비와 같은 경제행위를 실행하는 과정에서 규칙적인 하나의 질서가 형성되는데 이를 경제질서라고 하였다. 그리고 이런 질서는 경제주체들의 행위를 제약하는 사회제도 내에서 형성된다. 경제학이란 대체적으로 인간이 희소한 자원을 이용하여 생산, 교환, 분배 및 소비와 관련되는 경제행위를 하는 과정에서 나타나는 경제질서와 그 경제질서를 가능케 하는 사회제도(이 두 가지를 합쳐서 우리는 경제라고 하였다)를 연구의 대상으로 하는 학문이라고 정의할 수 있다.

어느 분야에 초점을 맞추느냐에 따라 순수경제학(pure economics)과 정치경제학(political economy)으로 분류된다. 순수경제학은 경제질서에 초점을 맞추어서 경제학을 연구하며, 대체적으로 미시・거시경제학, 경제수학, 계량경제학 등이 여기에 속한다고 볼 수 있다. 반면에 정치경제학은 사회제도도 동시에 고려하면서 경제질서도 함께 연구하며, 재정학, 노동경제학, 화폐금융론, 경제발전론 등이 여기에 속한다고 볼 수 있다. 특히 협의적인 의미의 정치경제학은 분배에 초점을 맞추는 경제학으로, 분배론, 사회주의이론, 종속이론 등이 여기에 속한다. 본서에서는 거의 대부분의 내용이 순수경제학에 근접한다고 볼 수 있다.

경제학의 목표

경제학은 다른 학문들과 마찬가지로 두 가지 목표를 가지고 있다. 첫째는 경제현상 간에 존재하는 객관적인 경제원리 혹은 인과관계를 파악하는 것이다. 환언하면 ‘있는 그대로의 현상'(what is: 존재)을 파악하는 것, 즉 소위 객관적 진리를 탐구하는 것이다. 여기서 다루는 목표는 객관적인 진실을 파악하고자 하기 때문에 어떤 개인의 가치판단이 개재되지 않고 어디까지나 누구나 수긍할 수 있는 경제원리를 탐구하는 것이다. 이런 목표를 가진 경제학을 특히 실증경제학(positive economics)이라고 한다. 실증경제학은 '있는 그대로'의 '존재'를 다루는 학문이며, 경제이론이 여기에 속한다.

둘째는 경제를 바람직한 방향으로 인도하는 것이다. 경제현상에 관한 객관적인 진실의 파악은 궁극적으로 경제를 올바른 방향으로 유도하고자 할 때 그 진가를 발휘하는 것이다. 우리의 경제에 어떤 문제가 발생했을 때 이런 문제를 해결하고자 하는 것이 경제학 연구의 둘째 목표인 것이다. 일반적으로 목표는 경제의 '바람직한 상태'(what should be; 당위)이지만, 사람에 따라 그 상태에 관해서 상이한 견해를 가질 수 있으며 가치판단이 개재될 수 있다. 이런 목표를 추구하는 경제학을 규범경제학(normative economics)이라고 한다. 규범경제학은 '어떤 상태가 되어야 한다'는 '당위'에 관한 학문이며, 경제정책이 상당부분 여기에 속한다고 볼 수 있다. 본서에서는 대체적으로 객관적 진실을 추구하는 실증경제학적 접근법을 주로 다룰 것이다.

경제이론, 경제사 및 경제정책

경제학은 다루는 내용에 따라 전통적으로 경제사, 경제이론 및 경제정책으로 대별된다. 우선 경제이론(economic theory)은 여러 가지의 분석도구를 이용하여 여러 경제현상 간에 존재하는 객관적인 경제원리, 즉 객관적인 진리를 탐구한다. 경제이론에서 얻어진 객관적인 경제원리를 이용하여 우리는 경제현상을 설명하기도 하고, 미래의 경제현상을 예측하기도 한다. 이런 경제이론을 이론경제학이라고도 한다.

경제사(economic history)는 경제의 역사를 연구한다. 소위 경제가 어떤 과정을 거쳐서 현재까지 발달하여 왔는가를 탐구하는데, 이런 경제사의 연구에는 경제이론이 많은 도움을 주기도 하지만, 역으로 경제사로부터 새로운 경제이론이 도출되기도 한다. 따라서 경제사와 경제이론은 서로 보완적인 관계를 가진다.

경제정책(economic policy)은 어떤 경제가 바람직하며 어떤 경제가 바람직하지 않는가를 판단하고, 바람직하지 않은 경제를 바람직한 경제로 인도하기 위해선 어떤 정책도구들이 필요한가를 연구하는 분야이다. 경제정책은 어디까지나 경제이론의 기반 위에서 탐구되어야 한다. 즉 여러 경제현상 간에 존재하는 객관적인 경제원리를 결핍한 상태에서는 올바른 정책도구가 제시될 수 없기 때문이다. 따라서 경제이론과 경제정책은 밀접한 연관성을 가지고 연구되어야 한다. 본서에서는 주로 경제이론을 중점적으로 다룰 것이며, 간혹 경제정책이 다루어지기도 한다.

미시와 거시경제학

경제를 보는 관점, 즉 경제를 구성하는 개별요소들을 분석대상으로 하느냐, 국민경제 전체를 직접 분석대상으로 하느냐에 따라 경제학은 미시경제학과 거시경제학으로 나뉜다. 미시경제학(microeconomics)은 개별 시장에서 개별 경제주체들의 행동과 그 상호작용에 대한 분석을 통해서 최종적으로 국민경제 전체에 대한 경제원리를 탐구하는 학문분야이다. 미시경제학에서는 개별 시장에서 소비자와 생산자가 만나서 가격이 어떻게 결정되는가, 그리고 그런 가격이 다시 소비자와 생산자의 행동에 어떤 영향을 미치는가 등을 분석하는데, 그러나 미시경제학은 이런 과정을 거쳐서 궁극적으로 국민경제 전체에 대한 결론을 이끌어내려고 노력한다.

반면에 거시경제학(macroeconomics)은 처음부터 국민경제 전체를 직접 분석한다. 따라서 거시경제학에서는 국민소득, 고용수준, 투자, 소비, 국제수지 등과 같은 총체적 변수들의 움직임을 분석하고, 그런 변수들 간의 상관관계로부터 객관적인 경제원리를 파악하며, 그리고 예컨대 실업이나 인플레이션과 같은 경제문제에 대처하는 방법, 즉 경제정책 등을 제시하고자 한다.

2 경제이론과 방법

경제이론의 요건

경제이론은 여러 경제현상 간에 존재하는 객관적인 원리를 경제이론이라고 하였는데, 이런 경제이론은 종종 잘못 구성될 수 있으며, 종종 추상적이거나 부적절한 것으로 간주되기도 하고, 또한 너무 어려운 것으로 인정되기도 한다. 사실 이론을 위한 이론은 대부분의 사람들에게 시간 낭비일 것이다. 그러나 올바른 이론은 경제현상을 설명하거나 이해하는 데에 크게 도움을 주므로 대단히 유용하다. 모든 경제학자들이 수긍하는 것은 아니지만, 방법론적 차원에서 경제이론(혹은 다른 사회과학이론)이 대체적으로 갖추어야 한다고 보는 조건은 크게 두 가지로 거론된다.

첫째로 경제이론은 단순하여야 한다는 것이다. 경제현실은 매우 복잡하게 얽혀 있어서 있는 그대로를 직접적으로 분석하기는 대단히 어려울 것이다. 비록 직접 분석할 수 있다고 하더라도 이론 자체가 너무 복잡하게 표현되어야 하기 때문에 다른 학자들에게 이론의 요지를 설명하기가 어렵고 그에 따라 그 이론의 설득력이 떨어진다. 따라서 경제현실에서 덜 중요하다고 생각되는 요인들을 사상(捨象)시키고 아주 중요하다고 생각되는 요인들 간의 관계에 의해서 경제현실을 표현하여야 한다. 극히 중요한 요인들 간의 관계로 경제를 아주 간명하게 표현한다면 다른 경제학자들이 쉽게 이해할 것이며, 그에 따라 이론의 설득력도 제고된다.

둘째로 비록 단순성이 중요하다고 할지라도 그런 단순한 이론이 현실을 잘 설명할 수 있고 또한 미래의 경제현상을 잘 예측하여야 한다. 단순성을 보유한 이론이 현실을 설명하지 못하거나 미래를 제대로 예측하지 못한다면 그런 이론은 유용성이 떨어진다. 따라서 비록 단순하다고 할지라도 이론이 풍부한 설명력과 예측력을 가져야만 이론으로서의 자격이 있다고 하겠다.

예컨대 통화주의학파의 거두 프리드만은 인플레이션에 관한 이론으로 화폐우(貨幣雨, money rain)이론을 제시한다. 헬리콥터가 도시 상공을 날면서 화폐를 비처럼 공중에서 뿌린다면 하늘에서 떨어진 화폐를 주운 사람들은 물건을 사는 데 그 화폐를 쓸 것이며, 따라서 경기가 활성화되고 물가가 오른다는 것이 화폐우이론의 골격이다. 대단히 비현실적인 이론이지만 단순성과 설명력 및 예측력이 뛰어나기 때문에 거시경제학 교과서에서 이 이론이 명시적으로 종종 등장한다.

＊ 프리드만(Milton Friedman, 1912~2006)

미국에서 출생했으며, 소비이론, 화폐이론 및 경제안정화정책에 대한 공로로 1976년 노벨경제학상을 수상했다. 통화량의 증가는 단기적으로 생산과 실질소득에 영향을 줄 수 있으나 장기적으로 물가의 상승을 유발한다고 주장하는 '신화폐수량설'을 주창하면서 통화주의학파를 창시했다. 특히 단기에 통화량 증가가 실질소득에 미치는 효과가 대단히 불안정하여 오히려 경제를 불안정화시킬 수도 있으므로, 통화량 증가율을 대략 경제성장률에 맞추는 'k% 규칙'을 주창했다. 또한 그는 오스트리아학파의 하이에크와 더불어 '신자유주의' 주창자로도 유명하다.

최근 2007년 금융위기 이후에 미국의 중앙은행인 연방준비이사회(Federal Reserve Board)의 버냉키(Ben Bernanke) 의장은 돈을 뿌려서라도 미국 경제를 침체에서 벗어나게 하겠다는 양적완화정책을 추진하였는데, 이것 때문에 버냉키를 '헬리콥터 벤'이라고 부르게 되었으며, 이 이름의 근거는 바로 화폐우이론에서 기인한다.

경제이론의 도출과정 – 가정, 가설 및 검증

단순성과 설명력 및 예측력을 갖춘 경제이론을 우리는 어떻게 도출하여야 하는가? 우선 우리는 복잡다단한 경제현실을 직접적으로 분석하기가 곤란하기 때문에 단순화를 위하여 가정을 하게 된다. 이런 가정(assumption)은 크게 두 가지 형태로 나뉜다.

첫째 유형의 가정은 '다른 조건이 불변이라면'(ceteris paribus), 즉 여건불변의 가정이다. 여기에 속하는 대표적인 가정은 경제가 사회주의인가 자본주의인가, 그리고 시장이 완전경쟁 혹은 독과점인가 등과 같은 제도에 관한 가정이 있는가 하면, 부존자원의 양이나 생산기술에 관한 가정이 있다. 이런 가정들은 명시적으로 가정되기도 하고 암묵적으로 가정되기도 한다.

둘째 유형의 가정은 경제주체들의 행동에 관한 가정이다. 이를 특히 행태가정이라고 한다. 행태가정은 대부분의 사람들이 이기적인 방식으로 행동한다는 것이다. 일반적으로 이기적인 행동은 이용 가능한 자원을 활용하여 목표로 하는 가치가 최대의 크기를 갖도록 노력한다는 것을 의미한다. 구체적으로는 소비자는 소비를 함에 있어 효용을 극대화하며(이것을 효용극대화원리라 하였다), 그리고 기업은 이윤을 극대화한다(이것을 이윤극대화원리라 하였다)고 가정한다. 현실적으로 본다면 개별 경제주체들은 이윤극대화원리나 효용극대화원리를 따르지 않을 수도 있지만, 우리는 단순화를 위하여 각 경제주체가 각각의 극대화원리를 추종한다고 가정하는 것이다.

우리는 가정을 통해서 복잡다단한 현실을 단순화시켰다. 주어진 가정 하에서 우리는 현실에서 일어날 사건에 관한 잠정적인 이론, 즉 가설(hypothesis)을 도출한다. 이런 가설은, '다른 조건이 불변인 상태에서, 만약 A라는 사건이 발생한다면, B라는 사건이 발생한다'와 같은 형태로, 경제현상들 간의 인과관계를 나타낸다. 예컨대 '다른 조건들이 모두 불변인 상태에서 가격이 상승하면 수요량이 감소한다'는 주장은 하나의 가설이 될 수 있다. 그러나 이와 같은 가설은 주어진 가정 하에서 연역적 추론을 통하여 얻어진 잠정적인 이론이기 때문에, 현실과 비교하였을 때 반드시 맞는다고 보장할 수 없다. 따라서 우리는 이런 가설을 '잠정적인' 이론(tentative theory), 또는 경제모형(economic model)이라고 부른다.

따라서 우리는 가설이 현실과 부합하는지를 검증(test)하여야 한다. 가설이 이런 검증을 통과하였을 때 우리는 가설을 우리의 이론으로 받아들이며, 반면에 가설이 이런 검증을 통과하지 못할 때, 즉 가설이 현실과 부합하지 않을 때 우리는 그 가설을 기각한다. 즉 가설이 검증을 통과하면 이론(theory)으로 확정되지만, 그러나 검증에 의해 타당성이 입증되었다고 하여 영구불변의 진리는 아니며, 경제의 여건 변화에 따라 그 이론이 기각될 수도 있는 것이다. 따라서 우리는 이론을 진리로만 볼 것이 아니라 기존의 이론에 대해서 언제나 비판적인 자세를 견지함으로써 새로운 이론을 창조하는 데에 진력하여야 한다.

*** 진리는 존재하는가?**

진리는 누구나 인정할 수 있는 완벽하면서도 진실된 이론으로 정의할 수 있는데, 각 학문 분야에서 이런 완벽한 이론은 없다고 보아도 과언은 아니다. 우리가 진리라고 생각하여 공부하고 있는 경제이론들은 '잠정적인' 이론에 불과하다고 보겠다. 시대가 바뀌고 사람이 바뀌면 (모두가 아닌) 다수가 인정하는 이론이 바뀌며, 그에 따라 정통학설도 바뀐다. 만약 경제학에 진리가 있다면 그 진리로 경제문제를 완벽하게 해결할 수 있지만, 경제문제가 해결되지 않는 것은 경제이론들이 불완전하기 때문이다. 특히 경제에 영향을 미치는 요인들이 무한대에 가까울 정도로 많으므로 결코 완벽한 이론이 등장할 수도 없을 것이다.

경제이론의 공통적인 오류

경제이론을 연구하는 과정에서 거짓된 결론을 유도할 수 있는 세 가지 위험한 함정이 존재한다. 첫째는 상관-인과의 오류(association-causation fallacy)이다. 이 오류는 상관관계가 인과관계를 의미한다고 보는 데에서 발생하는 오류이다. A의 변화와 B의 변화 간에 밀접한 상관관계를 통계학에 의해서 발견하였을 때, 그것은 A의 변화가 B의 변화를 유발한다는 것, 즉 A와 B간에는 인과의 관계가 있다는 것을 의미하지 않는다. 경제이론에서는 주로 통계적인 상관관계를 인과관계로 해석하려는 데서 이런 오류가 발생한다.

예컨대 통화량과 물가 간에 밀접한 상관관계가 존재하는 것을 발견하였을 때 통화량이 물가를 상승시킨다, 즉 통화량과 물가 간에는 인과관계가 존재한다고 성급히 단정하는 것이 상관-인과의 오류이다. 이런 오류를 회피하는 최선의 방법은 이론적 관점에서 인과관계를 탐구하는 것이다. 즉 통화량의 변화가 어떤 과정을 거쳐서 물가에 영향을 주는가를 검토하고서 통화량과 물가 간에 인과관계가 존재한다고 주장하면, 환언하면 통화량과 물가에 관한 이론적 모형을 정립하면, 우리는 이런 오류에서 해방될 수 있는 것이다.

둘째는 구성의 오류(fallacy of composition)이다. 이 오류는 부분에 대해서 옳은 것이 전체에 대해서도 옳다고 주장하거나 전체에 대해서 옳은 것이 부분에 대해서도 옳다고 주장하는 데에서 발생한다. 경제이론에서는 미시경제학과 거시경제학의 구분의 필요성을 언급할 때 이 오류를 근거로 제시한다.

영국의 경제학자 마샬은 미시경제학을 거의 완성시키면서 거시경제학의 필요성을 숲이론에 의해서 제시한다. 숲을 관찰하는 방법은, 첫째로, 숲 속에 들어가서 숲에 있는 나무들을 관찰하고서 숲이 어떤 나무로 구성되었다고 판단하는 것이다. 이 방법은 상세성에선 뛰어나지만 숲 전체에 대해선 잘못된 판단을 내릴 수 있다. 특히 고도의 차이가 많이 나는 숲의 경우 특히 그렇다. 둘째 방법은 먼 곳에서 망원경으로 숲 전체를 조망하는 방법이다. 이 방법은 숲 전체의 윤곽은 파악할 수 있다는 장점이 있으나, 상세성이 떨어지는 단점을 안고 있다. 마샬은 두 가지 방법이 모두 필요하다고 역설했고, 이 이론은 케인즈의 거시경제학의 탄생을 촉발했다고 볼 수 있다.

＊ 마샬(A. Marshall, 1842~1924)

영국에서 출생했으며, 고전학파, 한계효용학파 및 역사학파의 이론들을 통합하여 신고전학파를 창시했고, 현대 미시경제학 교과서에 실린 대부분의 내용을 거의 완성했다고 평가할 수 있으며, 그리고 다른 부문은 변하지 않는다고 가정하고 특정부문의 균형을 분석하는 부분균형분석, 장기와 단기를 구분하는 시간개념의 도입, 공급측면과 수요측면이 동시에 가격을 결정한다는 가치절충론 등은 그의 중요한 공헌으로 평가된다. 특히 거시경제학의 필요성을 역설한 숲이론은 유명하다.

20세기의 가장 위대한 경제학자 케인즈는 거시경제학의 필요성을 절약의 역설에 의해 설명한다. 각 개인이 절약을 한다면 사회 전체적으로 저축이 증대할 것 같지만, 사회 전체로 보면 그렇지 않다는 것이다. 개인의 절약은 소비의 감소, 즉 재화에 대한 수요 감소로 나타나고, 그에 따라 생산이 줄고 고용도 감소하여, 사회 전체적으로는 총소득이 줄고 그 결과 저축액도 줄어든다. 이런 역설은 케인즈의 시대에는 대단히 강조되었으나 최근에는 강조의 강도가 낮아지고 있다.

*** 케인즈(John M. Keynes, 1883~1946)**

영국에서 출생했으며, 체계적인 거시경제학을 창시하였고, 대량실업을 해결하기 위한 재정·금융정책을 제안했다. 특히 가격이 하락하지 않으려는 경향을 나타내는 가격(상품가격, 임금, 이자율)의 하방경직성이 자본주의 체제에서 일반적인 현상이며, 그에 따라 가격기구가 제대로 작동하지 않는다고 주장하면서, 시장경제를 불신했다. 그 결과 경제에 대한 정부의 적극적인 간섭을 옹호하면서 정부 규모의 비대화를 찬성했다. 지금도 실업률이 높아지는 불경기에는 케인즈 경제학이 각광을 받는다.

최근에 거시경제학의 미시적 기반의 필요성이 증대되면서 구성의 오류는 그 중요성이 전반적으로 떨어지고 있다. 그렇지만 경제현상에는 구성의 오류를 범할 수 있는 경우들이 많다는 것도 유념할 필요가 있다. 예컨대 자동차의 수입 개방이 자동차산업에는 막대한 피해를 주므로 수입 개방이 손해라고 결론 내릴 수 있지만, 그러나 수입 개방으로 인해 국내의 다른 기업들이 해외에서 상품을 팔 수 있는 기회도 그만큼 커지므로 경제 전체적으로는 시장 개방이 반드시 손해라고 결론지을 수는 없다.

마지막으로 저지르기 쉬운 오류는 여건불변의 오류(ceteris paribus fallacy)이다. 앞에서 지적했던 것처럼, 이론의 단순화를 위하여 여건불변에 관한 가정을 도입하고 있으며, 우리는 이런 여건불변 하에서 설명하거나 예측한다. 그러나 실제세계에서 경제적 사건들은 여건불변 하에서 발생하지 않는다. 우리는 불변이라고 가정한 변수가 변하였음에도 불구하고 그 변수의 변화를 간과한 채 어떤 변수의 변화를 예측한다면 그 때 이런 오류를 범하는 것이다. 따라서 이런 오류에서 벗어나는 최선의 방법은 이론을 응용할 때 여건의 변화를 면밀히 검토하는 것뿐이다.

경제이론의 이데올로기

경제이론은 원래 실증경제학을 추구하므로 객관적인 이론을 구성하여야 할 것이지만, 이론을 만들어내는 경제학자들은 그 이론 내에 명시적으로 혹은 암묵적으로 이데올로기를 내재시킨다. 예컨대 스미스 등의 고전학파 경제학자들은 자유주의적 자본주의를 옹호하는 이데올로기를 보유하고 있고, 마르크스 등의 사회주의 경제학자들은 명시적으로 자본가 착취적인 자본주의를 혐오하고 사회주의를 열렬히 옹호한다. 그리고 케인즈와 케인즈학파는 간섭주의적 자본주의를 옹호하고, 프리드만의 통화주의학파는 정부 간섭을 혐오하면서 자유주의적 자본주의를 옹호한다. 따라서 모든 이론들에는 '경제체제에 대한 편견적인 가치관'인 이데올로기가 내재되어 있으므로, 우리가 이런 가치판단을 충분히 이해하면 그 이론에 대한 이해가 보다 확실해 진다.

*** 마르크스(Karl Marx, 1818~1883)**

독일에서 출생했으며, 철학, 정치학 및 경제학의 종합을 통하여 역사를 유물론적 관점에서 설명하고 있는데, 특히 인간에게 필요한 물질을 획득하는 방법인 생산양식(생산력+생산관계)의 변혁을 통해서 자본주의는 필연적으로 붕괴되고 반드시 공산주의가 도래한다고 주장했다. 또한 그는 노동가치설을 통하여 자본가착취이론을 유도했고, 자본주의에 대한 철저한 분석을 통해서 자본주의가 붕괴할 수밖에 없는 이유들을 제시하려고 노력했다. 그러나 정작 공산주의가 출현했을 때 어떻게 그것을 운영해야 할 것인가에 관한 설명이 없어서 1990년대에 결국 동구권이 붕괴할 수밖에 없는 아이러니가 발생했다.

그런데 동일한 경제현상을 설명하는 매우 다양한 이론들이 존재한다. 우리는 이들 이론 중에서 어느 것을 받아들여야 하는가에 이르게 되면 당혹하게 된다. 우리는 먼저 주관적인 가치판단, 즉 이데올로기를 가져야 한다. 자본주의와 사회주의, 자본주의 중에서 간섭주의적 혹은 간섭 혐오적 자본주의 등에 대해서 나름대로 사상적인 신념을 보유하여야 한다.

둘째로 이론의 논리적 일관성을 검토하여야 한다. 경제이론이 논리적 체계를 벗어난다면, 그 이론은 가장 기본적인 관점에서 약점을 가지며, 경제현상을 제대로 설명하거나 예측할 수 없다.

셋째로 우리는 그 이론이 경험적으로 풍부한 내용을 가지고 있는가를 검토하여야 한다. 즉 그 이론이 현실을 잘 설명하는가, 즉 그 이론이 경제에서 발생하는 여러 사건들을 잘 설명할 수 있는가를 검토해야 한다.

마지막으로 우리는 개인적 자유(individual freedom)에 대한 신념을 소중히 간직해야 한다. 사회주의든 자본주의든 그리고 아무리 옳은 이론이든 개인적 자유를 침해할 수 있는 사상은 궁극적으로는 전체주의적인 사상으로 귀결할 수 있거나 혹은 그것에 근접할 수 있음을 유념해야 할 것이다.

지금까지 경제학자들은 완벽한 이론, 즉 진리를 찾으려고 노력했으나, 발견하지 못했으며, 그리고 발견했다고 주장하는 이론도 주어진 조건에서만 적용 가능한 이론이거나, 상당히 허술한 이론들이다. 앞으로 진행되면 언급되는 "~법칙"은 어떤 조건에서만 인과의 법칙이 적용되거나 혹은 대체로 그렇다는 정도에 불과한 이론들이다. 그리고 예측과 관련해서도, 유명한 경제학자나 세계적인 연구소 등이 매년 연초에 각국의 경제성장률 예측치를 발표하지만, 사실상 실제와는 많이 다른 경우가 태반이다. 겸손의 철학을 가르쳤고, 이성에 대한 과신을 경계했으며, 비판적 합리주의(critical rationalism)를 강력하게 추천했던, 20세기의 가장 위대한 철학자로 거론되는 포퍼는 이 세상에 진리는 존재하지 않으며, 우리가 현재 알고 있는 이론은 그전의 이론에 비해서 진리에 더 근접한 것으로 생각된다는 견해를 피력하기도 했다. 진리 존재 여부를 떠나서 진리의 발견은 그만큼 어렵고도 험난하다고 하겠다.

*** 칼 포퍼(Karl Popper, 1902~1994)**

오스트리아에서 출생했고, 20세기의 가장 위대한 철학자로 인정받고 있으며, 경험 자료에 의해서 이론을 입증하려는 기존의 실증주의 방법론을 거부하면서 경험적 자료에 의해 이론의 오류를 반증하려는 '반증주의 방법론'을 제창했다. 인간의 이성의 불완전성을 인정해야 한다면서 '비판적 합리주의'를 주장했으며, 그리고 모든 사람들의 견해가 공개되고 비판되며 그리고 그 견해들이 수렴되는 '열린 사회'에서 진정한 자유주의가 꽃 피울 수 있다고 주장했다.

제 2 장

소비자선택과 수요곡선

본 장에서는 수요곡선이 우하향하는 원리를 도출하고자 한다. 대부분의 미시분석은 수요곡선을 상당히 많이 활용하고 있으므로, 개별 소비자의 수요곡선의 근거를 이루는 요인들에 대한 검토가 반드시 필요하다.

소비자수요를 검토하는 첫째 접근법은 효용의 측정 가능성을 가정하는 한계효용이론(theory of marginal utility)이며, 이 접근법에서는 재화의 소비로부터 얻는 만족을 숫자로 정확히 측정할 수 있다고 가정한다. 이런 효용을 기수적 효용(cardinal utility)이라고 하며, 1870년대 한계효용학파의 창시자인 오스트리아학파의 멩거(C.Menger, 1840~1921), 영국의 경제학자 제본스(W.S.Jevons, 1835~1882), 로잔느학파의 왈라스(L.Walas, 1834~1910) 등이 이런 개념을 채택하였다. 소비자수요에 대한 둘째 접근법은 만족을 정확히 측정하지는 못하지만 만족의 순서는 나열할 수 있다는 서수적 효용(ordinal utility)을 가정하는 무차별곡선이론(theory of indifference curve)이며, 20세기 초에 로잔느학파의 파레토(V.Pareto, 1848~1923), 영국의 경제학자 힉스(J.R.Hicks, 1904~1989) 등에 의해 채택되었다. 그리고 셋째 접근법은 비교적 최근에 힉스와 미국의 케인즈학파 사뮤엘슨(P.Samuelson, 1915~2009) 등에 의해 채택된 현시선호이론(theory of revealed preference)이며, 이 접근법은 시장에 실제로 실현된 소비자의 선호에 근거하여 수요곡선을 유도한다.

이들 접근법은 개별 소비자의 수요곡선을 유도하는 데에 있어서는 동일한 결론에 도달하며, 그리고 각각의 장단점을 가지고 있다. 여기서는 한계효용이론에 입각하여 수요곡선을 유도하고자 한다. 나머지 두 접근법은 미시경제학에서 공부하기 바란다.

제 1 절 소비자선택과 가정

사람들은 왜 특정한 재화나 용역을 수요하는가? 특정한 재화 혹은 용역을 수요하는 이유는 그 재화나 용역이 소비자의 어떤 욕구를 충족시켜 줄 것이라고 기대되기 때문이다. 소비자의 욕구의 도덕적 혹은 윤리적 문제는 여기서 논의의 대상이 아니다. 예컨대, 왜 사람들은 총, 마약, 알콜, 혹은 담배를 수요하는가? 이런 문제들은 심리학자나 윤리학자들이 관심을 기울여야 하는 문제들이다. 그러나 경제학자들은 사람들이 어떤 심리학적 혹은 윤리적 기질을 소유한다고 보고, 여기서부터 분석을 시작한다. 따라서 경제학자들은 예컨대 사과의 가격이 500원에서 700원으로 상승할 때, 사과의 수요에 어떤 영향을 미칠 것인가를 분석한다. 심리학자나 윤리학자라면 마약보다는 사과를 수요하는 이유에 더 많은 관심을 보였을 것이다.

소비자들의 행동에 관한 분석은 소비자 행동에 관하여 다음과 같은 기본적인 세 가지를 가정한다.

첫째로, 소비자 혹은 가계는 제한된 소득을 가지고 있으므로, 그의 많은 욕구들 중 어느 것을 충족시켜야 하는지를 어쩔 수 없이 강요당한다. 이것을 자원의 희소성 혹은 희소성의 법칙이라고 하였다.

둘째로, 이런 의사결정을 할 때 소비자는 합리적 선택을 한다. 즉 소비자는 비용과 편익을 검토하여서 그에게 가장 커다란 만족을 주는 결정을 채택할 것이다. 이것을 만족극대화의 원리라고 하였다.

셋째로, 개인은 불완전한 정보 하에서 선택한다. 즉 소비자는 소비하려고 선택하는 재화의 모든 속성들을 확실히 알지 못한다. 이것을 불완전한 정보 하에서의 소비자선택이라고 한다.

소비자선택이론은 효용에 근거하여 이론을 전개한다. 효용(Utility)은 소비자가 어떤 재화의 소비로부터 실제로 얻는 만족이 아니라 '얻을 것으로 기대하는 만족'이며, 이런 만족은 천차만별의 크기를 가지는 '사전적인' 개념이다. 환언하면 효용은 소비자가 어떤 재화를 구입해서 소비하기 전에 그 재화에 대해서 느끼는 만족의 정도를 계측한다. 예컨대 어떤 소비자가 진열장에 있는 빵을 보고서 빵을 먹고 싶은 욕구가 생길 수 있다. 이것이 바로 효용이다. 그러나 만약 그 소비자가 그 빵을 구입해서 먹는다면, (빵이 혹시 변질하였을 경우) 배가 아플 수 있고 빵의 소비로부터 아무런 만족도 얻지 못할 수도 있다.

이런 구분의 이유는 우리가 수요곡선을 도출하는 데 효용을 이용하기 때문이며, 그리고 이런 수요곡선은 제4장에서 후술하는 것처럼 예상되는 만족에 근거하여 사람들이 구매하려고 의도하는 수량을 예시하기 때문이다.

제 2 절 총효용과 한계효용

1 총효용과 효용함수

상이한 사람들 간의 주관적인 만족의 크기를 비교하는 것은 현실적으로 불가능하지만, 어떤 소비자가 소비로부터 얻는 주관적인 만족의 크기를 숫자로 표현할 수 있다고 가정하자. 한 소비자가 특정한 재화의 일정한 수량을 소비함으로써 얻을 것으로 기대되는 만족의 크기를 총효용(total utility)이라고 한다. 이런 총효용은 재화의 소비량이 증가함에 따라 증가하다가 어느 단계에 이르면 최대를 이루고, 그 이후부터는 감소한다.

> *** 효용의 가측성과 경제이론**
> 한계효용학파의 창시자 중의 한 사람인 왈라스는 '비록 효용의 가측성(효용의 크기를 숫자로 표현할 수 있다)에 관한 가정이 비현실적이라고 해도, 그 가정으로부터 유도된 이론이 현실을 잘 설명한다면, 그 가정은 타당성을 갖는다'고 언급했다. 이런 주장은 후에 과학철학(과학을 어떻게 할 것인가에 관한 철학적인 문제를 다룬다)에서 도구주의, 즉 '과학의 이론은 현실을 설명하기 위한 도구, 즉 허구(fiction)일 뿐이라는 사상'으로 알려지게 되었다. 앞에서 언급된 '화폐우이론'도 도구주의적인 이론이며, 그리고 이 이론을 제시한 프리드만은 현대 도구주의의 대표적인 인물 중의 한 사람이다.

우리는 이런 재화의 소비량과 총효용 간의 관계를 함수로 표현할 수 있는데, 이를 효용함수(utility function)라고 한다. 다음 수식은 X재와 Y재를 각각 x와 y만큼 소비할 때 얻을 것으로 기대되는 총효용수준 U를 나타내고 있다.

$$U = f(x, y) \tag{2-1}$$

이런 효용함수는 첫째 소비자의 기호가 변하지 않고, 둘째 일정한 시간단위, 예컨대 하루 혹은 일주일에 대해서만 정의될 수 있다. 만약 소비자의 기호가 변한다면 효용함수 자체가 변하며, 그리고 시간단위가 변하여도 총효용의 크기가 달라진다.

<표 2-1>과 [그림 2-1]은 어떤 소비자가 하루 동안 빵의 소비로부터 얻을 것으로 기대되는 효용수준을 예시하고 있다.

| 표 2-1 | 빵의 효용표

1일 빵 소비량	총효용	한계효용
0	0	0
1	4	4
2	7	3
3	9	2
4	10	1
5	10	0
6	9	-1

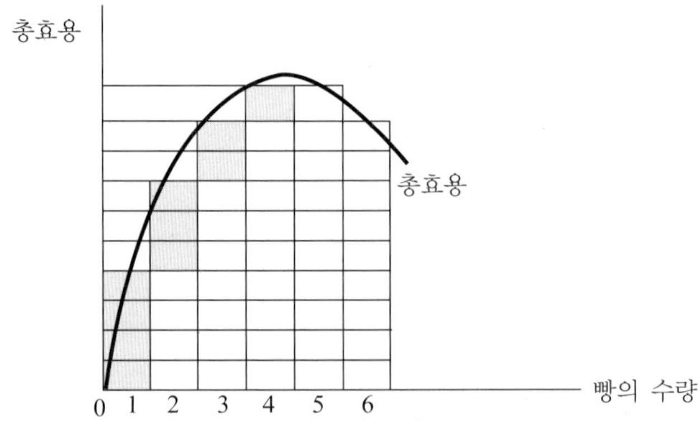

(a) 총효용곡선

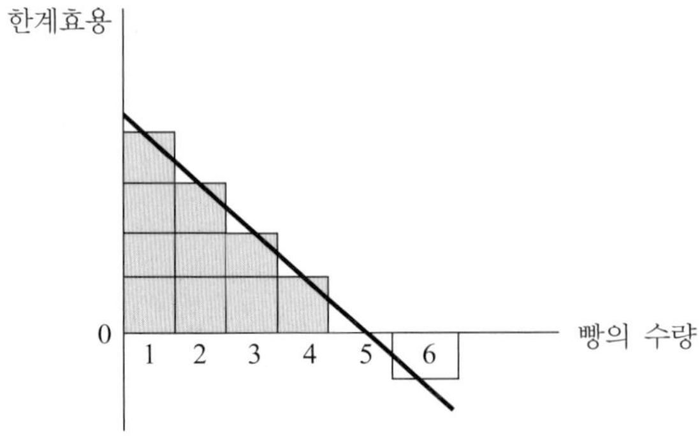

(b) 한계효용곡선

| 그림 2-1 | 총효용곡선과 한계효용곡선

<표 2-1>에서 빵의 소비량이 증가함에 따라 총효용은 증가하고 있으나 체감적으로 증가하고 있으며, 5단위에서 총효용이 극대를 이루고 있다. 이 경우를 만족의 포화점 혹은 만족의 포만점이라고 한다. 그런데 이런 만족의 포화점을 넘어서면 빵의 소비량의 증가는 오히려 총효용을 감소시키고 있음을 알 수 있다. 동일한 내용을 그림으로 표현한 것이 [그림 2-1]이며, 이 그림에서 빵의 소비량이 5단위가 될 때까지는 총효용이 증가하다가, 5단위를 넘어서면 총효용이 감소하고 있다.

2 한계효용과 한계효용체감의 법칙

한계효용(marginal utility: MU)은 재화의 소비량을 한 단위 증가시킬 때 증가하는 효용의 크기를 말한다. 한계효용 MU는 다음의 공식으로 표현된다.

$$\text{MU} = \frac{\text{총효용의 증가분}}{\text{소비량의 증가분}} \tag{2-2}$$

<표 2-1>에서 한계효용은 빵의 수량을 한 단위씩 증가시킬 때 총효용이 증가하는 크기를 계산함으로써 얻어진다. 예컨대 빵 3단위의 총효용(9)으로부터 빵 2단위의 총효용(7)을 차감함으로써 빵 3단위의 한계효용 2가 얻어진다. 이렇게 얻어진 빵의 한계효용(MU)은 소비량 증가에 따라 점진적으로 감소하다가 빵 5단위의 소비에서 마침내 0이 되고 있고, 더 이상의 소비는 한계효용을 음의 값이 되게 한다.

그런데 한계효용과 총효용 간에는 일정한 관계가 성립한다. 즉 한계효용이 양의 값을 가질 때 빵의 소비량 증가에 따라 총효용이 증가하고 있으며, 한계효용이 0일 때 총효용이 극대를 이루고 있다. 그리고 한계효용이 음의 값을 가질 때 총효용은 감소한다. 동일한 내용이 [그림 2-1)에 그려져 있는데, 빵의 한계효용곡선은 우하향하는 형태로 그려져 있다.

<표 2-1>과 [그림 2-1]에 나타난 현상 중에서 가장 중요한 특징은 소비자가 하루 동안 더 많은 빵을 소비함에 따라 총효용은 더 커지고 있지만(단 5단위까지) 소비되는 각 단위가 총효용에 부가시키는 효용이 더 작아지고 있다는 것이다. 소비가 증가함에 따라 한계효용이 감소하는 이런 특징을 한계효용체감의 법칙(law of diminishing marginal utility)이라고 부른다. 한계효용체감의 법칙은, 주어진 기간 동안, 특정한 상품의 소비가 더 많아지면 그 한계효용이 더 낮아진다는 것을 언급하고 있으며, 일상생활에서 쉽게 발견될 수 있는 일반적인 법칙이다.

제3절 만족극대화와 수요곡선의 유도

1 소비자만족의 극대화

효용과 소비자행동

시장에서 소비자는 상당히 많은 재화와 그 가격에 접하고, 또한 소득이라는 예산제약에 접한다. 따라서 소비자는 단순히 효용수준이 높다고 특정한 재화를 선택하는 것이 아니라, 소득과 가격을 고려하면서 재화의 소비량을 결정한다. 소비자에게 중요한 것은 어느 재화가 가장 높은 한계효용을 낳느냐가 아니라, 어느 재화가 화폐 1단위당 가장 높은 한계효용을 낳느냐 하는 것이다.

예컨대 빵 1단위가 4의 한계효용을 발생시키고, 반면에 사과 1단위가 6의 한계효용을 발생시킬 경우, 만약 가격을 고려하지 않는다면 사과 1단위가 먼저 선택되어야 한다. 그러나 실질적으로 중요한 문제는 어느 재화가 가장 높은 한계효용을 발생시키느냐가 아니라, 어느 재화가 화폐 1단위당 가장 높은 한계효용을 낳느냐 하는 것이다. 빵과 사과의 가격이 각각 1원과 2원이라고 한다면, 빵과 사과의 화폐 1단위당 한계효용이 각각 4와 3이므로, 소비자는 우선적으로 빵 1단위를 선택하려고 할 것이다. 아마도 여러분은 승용차와 휴대폰 중 어느 것을 먼저 선택할 것인가를 결정할 때, 단순히 한계효용만 고려한다면 승용차를 선택해야 하겠지만, 화폐 1단위의 한계효용이 승용차보다 휴대폰이 더 높아서 휴대폰을 먼저 선택할 것이다.

효용극대화의 조건

보편적으로 인간의 욕망은 무한하지만, 그것을 충족시켜 줄 수 있는 소득은 한정되어 있다. 따라서 합리적인 소비자는 주어진 소득 하에서, 즉 주어진 예산제약 하에서 자신의 효용을 극대화하는 방향으로 재화를 선택할 것이다. 이런 조건이 충족되지 않는다면 그 소비자는 계속적으로 자신의 선택을 변경함으로써 효용극대화를 성취하려고 노력할 것이다.

이제 소비자에게 7원의 소득이 주어지고, 빵과 사과의 가격이 각각 1원과 2원이라고 가정하며, 그리고 빵과 사과의 효용표가 <표 2-2>와 같다고 가정하자. 이 소비자가 어떻게 효용을 극대화하는지 살펴보자.

| **표 2-2** | 빵과 사과의 효용표

1일 빵 소비량	한계효용 1원당	한계효용 (가격=1원)	1일 빵 소비량	한계효용 1원당	한계효용 (가격=2원)
1	4	4	1	6	3
2	3	3	2	4	2
3	2	2	3	2	1
4	1	1	4	0	0
5	0	0	5	-2	-1
6	-1	-1	6	-4	-2

처음의 1원은 빵에 할당될 것이다. 왜냐하면 빵 1단위가 화폐 1단위(1원)당 한계효용이 제일 크기 때문이다. 그리고 빵 둘째 단위와 사과 첫째 단위의 1원당 한계효용이 그 다음으로 크기 때문에, 추가적인 1원이 빵 둘째 단위에 그리고 추가적인 2원이 사과 첫째 단위에 할당될 것이다. 그래도 아직 3원의 여유가 있다. 그런데 빵 세 번째 단위와 사과 둘째 단위의 1원

당 한계효용이 똑같으므로, 나머지 3원은 빵 세 번째 단위와 사과 둘째 단위에 할당될 것이다. 즉 7원의 소득으로 소비자는 빵을 3단위, 사과를 2단위 구입할 것이며, 이 때 소비자의 총효용은 빵의 총효용 9(4+3+2)와 사과의 총효용 10(6+4)을 합쳐서 19이다. 이런 자원배분에서만 총효용이 극대화될 것이며, 다른 지출방식으로는 더 이상 총효용을 증대시킬 수 없다. 그렇지 않은지를 확인하기 위하여 독자들은 빵의 소비량을 두 단위 줄이고 사과의 소비량을 한 단위 증가시키는 경우, 혹은 사과의 소비량을 한 단위 줄이고 빵의 소비량을 두 단위 증가시키는 경우 총효용을 계산하여 보기 바란다.

우리는 빵에 지출된 마지막 1원의 한계효용이 사과에 지출된 마지막 1원의 한계효용이 각각 2일 때 소비자의 총효용이 극대화되고 있음을 알 수 있다. 이를 수식으로 표현하면 다음과 같이 표현할 수 있다.

$$\frac{MU_{빵}}{P_{빵}} = \frac{MU_{사과}}{P_{사과}} \qquad (2-3)$$

상기식은 재화가 X재, Y재부터 Z재에 이르는 여러 재화가 존재하는 경우까지 일반화될 수 있다. 즉 특정한 소비자는 다음과 같은 식이 충족될 때 최대의 효용을 얻을 수 있다.

$$\frac{MU_x}{P_x} = \frac{MU_y}{P_y} = \cdots\cdots \frac{MU_z}{P_z} = \text{화폐 1단위의 한계효용} \qquad (2-4)$$

상기식은, 주어진 예산제약과 주어진 가격에서 최대의 만족을 얻기 위하여, 소비자가 모든 재화에 대하여 화폐 1단위의 한계효용이 균등화하도록 소득을 배분하여야 하는 조건을 나타내고 있다. 상기식이 성립할 때 소비자 만족이 극대화하는데, 이를 한계효용균등의 법칙(law of equimarginal utility)이라고 한다. 만약 상기식이 성립하지 않는다면, 그 소비자는 한 재화로부터 다른 재화로 자신의 소득을 재배분함으로써 더 많은 만족을 얻을 수 있다.

이와 같이 효용극대화조건이 성취되었을 때에 소비자는 자신의 소득을 최적으로 배분한 것이 되며, 이때를 소비자행동 또는 소비자선택이 균형상태에 있다고 말한다.

2 수요곡선의 유도

한계효용이론은 한 재화에 대한 수요곡선을 유도할 수 있게 만든다. 여기서 우리는 단지 두 재화 X재와 Y재만이 존재한다고 가정하자. 그리고 소득, 기호 및 X재를 제외한 모든 다른 재화의 가격들도 일정하다고 가정하자. 다음의 조건이 충족되었을 때 소비자는 효용을 극대화할 것이며, 소비자는 균형상태에 있다고 하겠다.

$$\frac{MU_x}{P_x} = \frac{MU_y}{P_y} \tag{2-5}$$

이 균형에서 X재의 소비량을 x_1이라 하고, 이 소비량에 대응하는 한계효용을 MU_{X1}, 그리고 그 때의 X재 가격을 P_1이라고 하면, 상기의 소비자 균형식은 다음과 같이 다시 쓸 수 있다.

$$\frac{MU_{x1}}{P_1} = \frac{MU_y}{P_y} \tag{2-6}$$

이런 균형상태에 대응하는 X재 소비량과 그 가격, 즉 x_1과 P_1이 [그림 2-2]에서 *A*점이다.

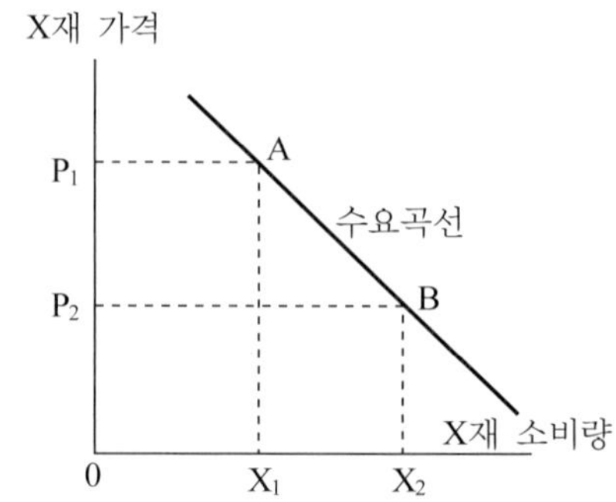

| 그림 2-2 | *X*재에 대한 수요 곡선

이제 X재의 가격을 P_2로 낮추어보자. 이런 가격 인하는 상기 균형식을 교란시킨다. 그 까닭은 상기 균형식에서 오른쪽 항은 불변이지만, 왼쪽 항의 분모가 작아졌으므로 왼쪽 항이 더 커졌기 때문이다. 환언하면 X재에 대한 화폐 1단위의 한계효용이 Y재에 대한 화폐 1단위의 한계효용보다 커졌기 때문이다. 따라서 상기 균형식 (2-6)은 다음과 같이 변경될 것이다.

$$\frac{MU_{x1}}{P_2} > \frac{MU_y}{P_y} \tag{2-7}$$

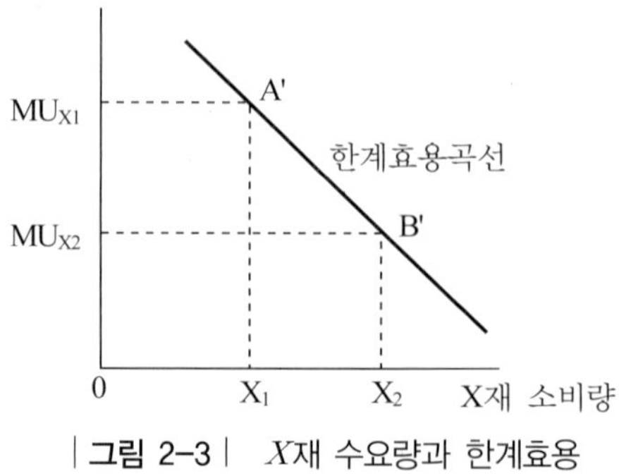

| 그림 2-3 | *X*재 수요량과 한계효용

상기식이 다시 균형으로 복귀하기 위해선 소비자는 상기식의 왼쪽 항의 값을 낮추거나 혹은 오른쪽 항의 값을 높이거나 혹은 두 가지를 동시에 실행하거나 해야 한다. 우리는 논의의 단순화를 위해서 여기서 Y재의 소비량은 변경시키지 않는다고 가정할 것이다. 즉 상기식의 오른쪽 항은 불변이라고 가정한다. 만약 소비자가 X재를 더 많이 소비한다면, 한계효용체감의 법칙 때문에 X재의 한계효용 MU_x가 감소할 것이다. 예컨대 [그림 2-3]에서 X재의 소비량이 x_1일 때 한계효용은 MU_{x1}으로 상당히 높지만, X재 소비량이 x_2로 증가하면 X재의 한계효용이 MU_{x2}로 감소한다. 이때 다시 한 번 다음과 같은 균형이 성립하였다고 가정하자.

$$\frac{MU_{x2}}{P_2} = \frac{MU_y}{P_y} \qquad (2-8)$$

상기 균형식을 만족시키는 X재 소비량과 그 가격, 즉 x_2와 P_2가 [그림 2-2]의 B점이다. 우리는 앞에서 얻어진 A점과 B점을 연결하여 가격과 소비량 간의 관계를 나타내는 우하향하는 X에 대한 수요곡선을 얻을 수 있다.

소비자는 효용극대화를 추구하기 때문에, X재의 가격이 하락할 때 X재의 수요량을 증대시키고 있다. 따라서 우리는 효용극대화로부터 우하향하는 수요곡선을 유도할 수 있는 것이다. 이와 같이 우하향하는 수요곡선은 다음의 제4장에서 중요한 분석도구로 사용될 것이다.

제 4 절 한계효용이론의 응용

1 가치역설

아담 스미스는 그의 『국부론』(The Wealth of Nation, 1776)에서 재화에는 유용성을 나타내는 사용가치와 시장에서의 가격으로 표현되는 교환가치라는 두 가지 속성이 존재한다고 보고, 보편적으로 사용가치가 높은 재화는 교환가치도 높다고 보았다. 그러나 사용가치, 즉 유용성이 대단히 높은 물은 시장에서 매우 낮은 교환가치에서 거래되고, 반면에 사용가치가 대단히 낮은 다이아몬드가 시장에서 매우 높은 교환가치에서 거래되는 것이 발견되었으며, 아담 스미스는 이런 현상을 설명하지 못하였다. 이런 현상을 가치역설(paradox of value) 혹은 스미스의 역설(Smith's paradox)이라고 하는데, 이런 역설은 100여년이 지난 후 1870년대에 한계효용이론에 의해 해결된다.

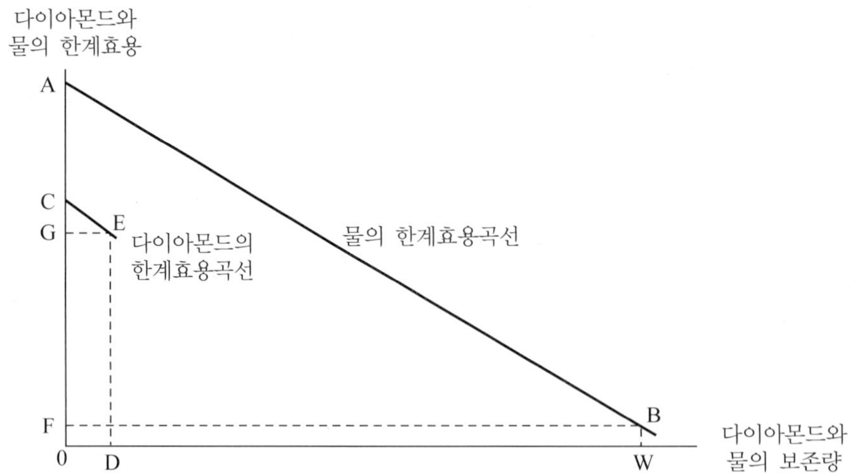

| 그림 2-4 | 가치역설

한계효용이론에 따르면 사용가치는 총효용에 의해 결정되며, 반면에 교환가치는 한계효용에 의해 결정된다. 따라서 물의 사용가치가 높은 것은 물의 부존량이 많고 그에 따라 총효용이 높기 때문이며, 반면에 물의 교환가치가 낮은 것은 물의 부존량이 너무 많아서 물의 마지막 단위의 한계효용이 극히 낮기 때문이다. [그림 2-4]에서 물의 사용가치는 사다리꼴 OABW의 넓이로 나타나며, 반면에 물의 교환가치는 물의 부존량 W에서의 한계효용 BW로 표현된다. 반면에 다이아몬드의 사용가치는 낮으나 교환가치가 높은 것은 다이아몬드의 부존량([그림 2-4]에서 OD)이 적어서 다이아몬드의 마지막 단위의 한계효용이 높기 때문이다. [그림 2-4]에서 다이아몬드의 사용가치를 나타내는 총효용은 사다리꼴 OCED의 넓이로 표현되며, 물의 총효용과는 비교되지 않을 정도로 적지만, 부존량이 적은 다이아몬드의 한계효용은 ED로 높게 나타나고 있다.

2 소비자잉여

소비자가 특정한 재화를 일정 수량 구입하고자 할 때 그가 지불하려고 의도하였던 금액보다 훨씬 적은 금액을 실제로 지불하였다면, 그 소비자는 잉여만족을 얻게 된다. 즉 그 재화 없이 지내기보다는 차라리 그 재화에 대해 지불하기로 마음먹었던 금액에 비하여 실제로 지급한 금액이 적을 때 그 차이를 소비자잉여(consumer surplus)라고 한다. 적은 금액으로 많은 수량을 구매하는 재화들, 예컨대, 일간지의 정기구독, 소금, 물 등의 소비자잉여는 상당히 큰 값을 가지지만, 한두 개의 수량을 구매하는 재화의 소비자잉여는 상대적으로 적은 값을 갖는다.

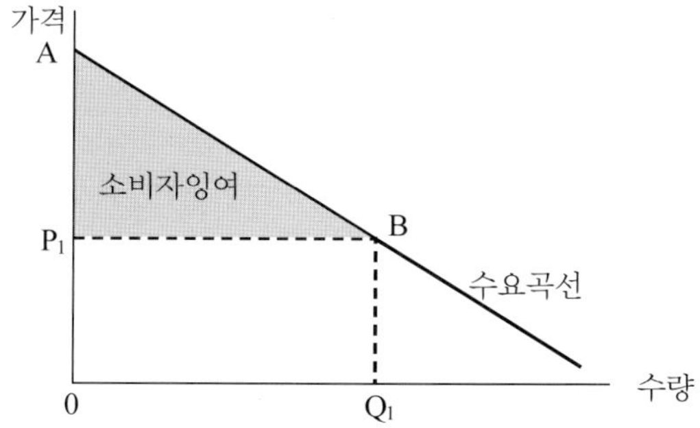

| 그림 2-5 | 소비자잉여

[그림 2-5]에서 어떤 소비자가 Q_1의 수량을 구입하기로 작정하였다면, 이 소비자는 사다리꼴 $OABQ_1$에 해당되는 금액을 기꺼이 지불할 용의가 있었겠지만, 실제로 지불한 것은 사각형 OP_1BQ_1에 해당되는 금액만 지불하였다. 따라서 이 소비자는 삼각형 ABP_1에 해당되는 잉여만족을 얻었으며, 이것을 소비자잉여라고 한다. 이 개념은 나중에 독점의 경제적 성과를 검토할 때 중요한 개념이 될 것이다.

3 소득재분배의 근거

많은 경제학자들은 소득의 한계효용이 체감하는 경우 소득을 재분배함으로써, 즉 고소득층의 소득을 저소득층에게로 재분배함으로써 사회 전체의 총효용을 증대시킬 수 있다고 주장한다. 이런 주장은 화폐와 소득의 한계효용이 체감한다고 가정하며, 그리고 개인 간의 효용이 비교될 수 있고 또한 모든 사람의 한계효용곡선이 동일하다고 가정한다. 이런 가정 위에서, 소득재분배를 주창하는 경제학자들은 소득의 한계효용이 낮은 고소득층으로부터 과세에 의해서 소득을 거두어들이며, 그리고 소득의 한계효용이 더 높은 저소득층에게로 여러 가지 명목으로 그 소득을 이전시킴으로써 사회의 총효용을 한층 더 증대시킬 수 있다고 주장한다.

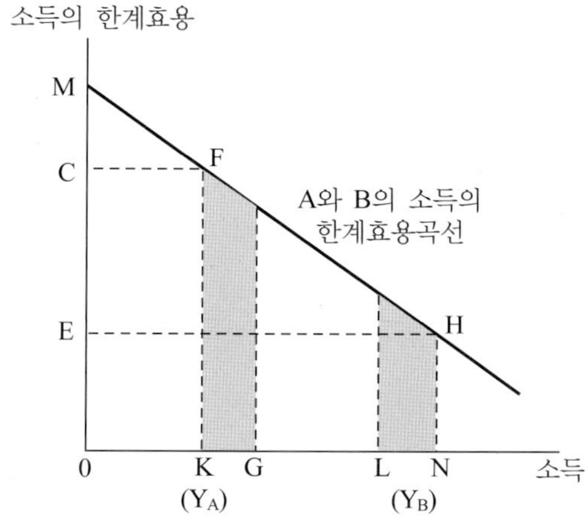

| 그림 2-6 | 한계효용체감과 소득재분배의 근거

이런 견해를 [그림 2-6]에 의해서 설명하여 보자. 사회는 A와 B 두 사람으로만 구성되었다고 상정하자. A의 소득은 Y_A, 즉 OK이고, 이때 A의 소득의 한계효용은 FK로 상당히 높으며, 그리고 소득 OK로부터 얻는 A의 총효용은 사다리꼴 OMFK이다. 반면에 B의 소득은 Y_B, 즉 ON이고, B의 소득의 한계효용은 HN으로 낮으며, 그리고 높은 소득으로부터 얻는 B의 총효용은 사다리꼴 OMHN이다. 이때 A와 B만으로 구성된 사회 전체의 총효용은 두 사다리꼴 면적의 합계와 같다.

이제 정부는 소득의 한계효용이 낮은 고소득자 B로부터 LN만큼의 조세를 부과하여 B의 소득을 OL로 감소시키고, 반면에 거두어들인 조세(LN=KG)는 소득의 한계효용이 높은 저소득자 A에게 이전시켜서 A의 소득을 OG로 증대시켰다고 하자. 이런 정책을 소득재분배정책이라고 하는데, 이 정책의 효과를 검토해 보자. 조세부과로 인한 B의 효용의 감소분은 [그림 2-6]에서 오른쪽 빗금 친 사다리꼴 넓이와 같으며, 반면에 저소득자에게로의 소득이전으로 발생하는 A의 효용의 증가분은 왼쪽 빗금 친 사다리꼴 넓이와 같다. 그림에서도 분명히 드러나는 바와 같이 소득의 재분배로 인해 상실된 효용(오른쪽 빗금 친 사다리꼴 넓이)보다는 증가된 효용(왼쪽 빗금 친 사다리꼴 넓이)이 더 크기 때문에 사회 전체의 총효용은 증가하였다.

이런 소득재분배정책의 함축적 의미는 무수히 많은 사람으로 구성된 사회에서 소득이 높을수록 더 높은 비율의 조세를 부과하고, 반면에 낮은 소득자에게는 아주 낮은 세율의 조세를 부과하거나 혹은 오히려 음(−)의 조세를 부과하는 것(이런 조세제도를 누진소득세제도라고 한다)이 사회 전체의 총효용을 증대시킨다는 것이다.

효용극대화원리를 소득재분배정책에 응용시키려는 경제학자들은 중대한 두 가지 문제에 봉착한다. 첫째로, 사람들 간의 효용의 비교가 불가능하다는 것이다. 즉 효용은 주관적인 만족이므로 객관적인 비교가 불가능하다. 이를테면 추가적인 10만원의 소득이 실직자에게보다는 탤런트 김태희에게 더 적은 만족을 준다는 것을 입증할 방법이 전혀 존재하지 않는다. 어쩌면 탤런트 김태희는 세련된 소비자이기 때문에 그 10만원으로부터 실직자보다는 훨씬 많은 만족을 얻을지도 모른다.

둘째로, 보다 중대한 문제는 소득의 한계효용이 체감한다고 가정하지만, 이를 입증할 방법이 또한 전혀 없다는 것이다. 한계효용체감의 법칙은 사실상 특정한 한 재화의 소비량이 증가함에 따라 그 한계효용이 감소한다는 것이다. 그러나 소득의 증가는 모든 소비재의 소비의 증가로 나타날 수 있다. 따라서 소득으로 충족시킬 수 있는 인간의 욕구는 사실상 무한하기 때문에, 소득 혹은 화폐의 한계효용이 체감한다고 믿을 만한 이유가 전혀 존재하지 않는다. 독자들은 가난한 사람들보다는 부유한 사람들이 돈(화폐 혹은 재산)에 대한 욕심이 훨씬 크다는 것(반드시 옳다고 볼 수는 없지만)을 상기하라!

제5절 한계효용이론에 대한 평가

스미스와 리카도(D. Ricardo, 1772~1823) 및 밀(J. S. Mill, 1806~1873)로 이어지는 고전학파는 가치가 투입된 노동량에 의해 결정된다는 객관적 가치설인 노동가치설을 신뢰하고 있었다. 이런 노동가치설이 리카도파 사회주의자들과 마르크스에 의해 자본가 착취를 설명하는 이론적 기초로 사용됨에 따라, 멩거, 제본스, 왈라스는 1870년대에 가치를 소비자의 한계효용에 의해 설명하려는 주관적 가치설을 제시하게 되었다. 그 후에 영국의 마샬은 '가위의 양날의 비유'를 통해서 가치가 공급측면에 의해서만 결정되는 것도 아니고 수요측면에 의해서만 결정되는 것도 아니라고 주장하면서 가치는 수요와 공급 양자에 의해 동시적으로 결정된다는 가치절충론을 제기하였다. 특히 그는 단기에는 수요가 균형가격에 지배적인 영향을 미치지만, 장기에 이르면 공급측면이 가격에 지배적인 영향을 미친다고 주장했다.

어떻든 한계효용이론은 종래에 객관적 가치론에 심취해 있던 경제학자들에게 사고의 전환의 계기를 마련해 주었으며, 그에 따라 이들의 업적을 한계혁명이라고도 한다. 이 혁명을 통해서 가치가 공급측면의 비용에 의해서만 결정되는 것이 아니라 소비자들의 주관적인 평가가 가치에 영향을 줄 수 있음을 인지하게 되었고 그 결과 마샬의 가치절충론도 등장하게 된 것이다.

*** 한계혁명(marginal revolution)**

고전학파의 영향으로 가치는 투입노동량에 의해서 결정된다는 이론에 편향되어 있었던 경제학자들에게 가치는 소비자의 한계효용에 의해 결정된다는 사고의 전환을 불러일으켰다는 관점에서 한계효용이론은 혁명적이라는 것이다. 그 외에도 분석적 혁명, 즉 기하학과 수학을 경제학에 본격적으로 도입시켰다는 것, 그리고 19세기 중엽 이후 요원의 불길처럼 타오르는 사회주의 운동에 대한 정통학파의 대안적인 가치이론의 제시 및 자유방임주의 정책을 옹호했다는 것 등이 혁명적이라고 평가된다.

그러나 한계효용이론의 이런 공헌에도 불구하고 한계효용이론의 가장 심각한 문제점은 효용이 측정될 수 있다고 가정한다는 것이다. 즉 한계효용이론은 소비자가 어떤 재화의 소비로부터 얼마만큼의 만족을 얻고 있음을 숫자로 정확히 표현할 수 있다고 가정하고 있다. 이것은 물론 당연히 가능하지도 않다. 왈라스가 언급하고 있는 것처럼, 효용의 측정이 가능하다는 가정에 입각하여 얻어진 결론이 경험적 사실과 부합하다면 그 가정이 합당하다고 생각할 수도 있다. 중요한 것은 가정의 현실성보다는 그것으로부터 얻어진 결론의 경험적 적합성이다.

한계효용이론 이후에 가정의 비현실성을 개선시키려는 노력이 무차별곡선이론과 현시선호이론으로 나타났으며, 이 이론들은 보다 현실적인 가정 위에서 한계효용이론과 동일한 결론을 유도하고 있다. 최근에는 보다 복잡하고 어려운 난제들, 예컨대 위험과 불확실성의 문제들을 해결하기 위하여 또다시 한계효용이론에 입각하여 이론을 전개하려는 경향을 보이고 있다.

제 3 장

생산비용과 공급곡선

앞 장에서 우리는 소비자행동에 관한 한계효용이론으로부터 수요곡선을 유도하였다. 본 장에서는 기업의 행동을 분석하여 비용곡선을 유도하며, 그리고 이런 비용곡선에 근거하여 완전경쟁시장에서 완전경쟁기업의 단기균형을 도출하고 도출된 단기균형으로부터 공급곡선을 유도한다.

제 1 절 기업과 생산

1 기업과 생산의 개념

생산의 개념

기업은 생산요소(또는 투입물)를 구입하여, 그것을 시장화할 수 있는 재화로 전환시킨다. 이런 전환의 과정을 생산이라고 하며, 그리고 이런 생산의 주체를 기업이라고 한다.

생산요소를 시장화 가능한 재화로 전환시키는 과정을 생산이라고 하였는데, 이런 생산은 어떤 의미를 가지고 있는가? 이런 전환의 과정 동안에 재화의 효용이 증대되는 것이 보통이며, 그에 따라 우리는 생산을 '인간의 효용을 증대시키는 활동'으로 정의한다.

따라서 인간의 효용을 증대시키는 활동에는, 첫째로 어떤 재화를 변형시키거나 가공하여 용도가 다른 재화로 만드는 활동이 있다. 예컨대, 철을 가공하여 농기구, 자동차 등 유형의 재화를 제조하는 활동이며, 통상적으로 협의적인 의미의 생산 개념이다. 둘째로 용역 즉 서비스를 창출하는 활동이 있다. 이 활동은 과거에 비생산적인 활동으로 분류되었으나, 한계효용이론의 등장과 더불어 넓은 의미의 생산개념에 속하게 되었으며, 구체적으로는 교육, 관광, 세탁, 교환, 보험, 운송 등의 활동이 이에 속한다.

기업의 유형

재화와 용역을 생산하는 주체를 생산자라고 하며, 이런 생산을 담당하는 기관이나 조직체를 기업이라고 한다. 그리고 동일한 종류의 재화나 용역을 생산하는 기업들의 집단을 산업이라고 한다. 물론 현실적으로 산업을 정의할 때에는 동일한 종류뿐만 아니라 유사한 재화나 용역까지지도 포함하여 정의한다.

이런 기업은 영리를 목적으로 운영되느냐 여부에 따라 영리기업(profit firm)과 비영리기업(nonprofit firm)으로 분류된다. 비영리기업에는 철도, 상하수도, 전기 등 정부의 특수한 사업을 수행하기 위해 운영되는 정부기업(governmental firm), 그리고 종교단체, 공익재단 등과 같이 사회적 목적을 추구하는 비영리민간단체(nonprofit private organization)가 이에 속한다.

영리를 추구하는 영리기업에는 개인기업(proprietorship), 합명회사(unlimited partnership), 합자회사(limited partnership) 및 주식회사(joint-stock company)가 있다. 개인기업은 개인이 기업을 소유하고 개인이 모든 의사결정에 대해 무한책임을 지지만, 창의력과 추진력을 가지고 회사를 운영할 수 있다. 또한 소유주의 신속한 의사결정 때문에 시장에의 진입과 퇴출이 용이하다. 반면에 기업의 자금능력이 소유주의 자금력에 한정되거나 혹은 친지나 금융기관으로부터 차입할 수 자금에 한정되는 단점을 가지고 있다.

개인기업의 자금조달능력에 한계가 있다는 단점을 해소시키려는 회사제도가 합명회사이다. 합명회사는 2인 이상이 회사를 소유하고, 출자액의 과다에 관계없이 회사에 대해 무한책임을 진다. 따라서 무한책임이라는 단점을 여전히 가지고 있다. 이런 단점을 보완하여 무한책임을 부담하는 무한책임사원과 출자액에 대해서만 유한책임을 부담하는 유한책임사원으로 구성된 합자회사가 있다.

이런 유한책임제도를 발전시킨 것이 주식회사이다. 주식회사는 그 자체가 인격을 가진 법인이며, 주식회사의 소유주인 주주들은 기업에 대하여 출자한도에 대해서만 유한책임을 진다. 특히 소유권을 나타내는 주식은 소액이므로, 많은 사람들로부터 대규모 자본을 조달할 수 있다는 장점을 가지고 있다. 또한 주주들이 회사의 경영에 대해 유한책임을 지므로, 투기적인 모험사업에도 진출할 수 있는 제도이다. 따라서 현대자본주의에서는 개인기업과 더불어 주식회사가 보편적인 기업형태로 자리 잡고 있다.

기업의 목적

그러면 여기서 분석대상이 되는 영리기업의 목적은 무엇인가? 영리, 즉 기업의 이윤이 바로 기업의 목적이라고 할 수 있다. 대체적인 견해는 기업이 이윤을 극대화하는 방향으로 나아간다는 것이지만, 그러나 주식회사제도가 발달하면서 소유와 경영이 분리된 상황에서 전문경영인들이 기업의 이윤극대화에만 관심을 집중한다고 보기는 어렵다. 전문경영인들은 이윤극대화보다는 적정이윤을 확보하면서 매출액을 극대화하거나, 기업의 성장률을 극대화하거나, 회사나 전문경영인의 명예를 높이려 하거나, 전문경영인의 효용을 극대화하는 등의 경향도 보이고 있다.

전문경영인들의 행동이 다양한 유형을 보이고는 있으나, 이윤의 확보 없이는 그런 행동이 전혀 불가능하다. 적절한 이윤을 확보하지 못하고 다른 것을 추구한다면 자신의 직위가 위태롭게 되며 또한 기업 자체가 도태될 수도 있기 때문이다. 따라서 단순화를 위하여 기업의 목적이 이윤극대화에 있다고 가정하더라도 그렇게 무리한 가정은 아닐 것이다. 그리고 이런 가정 하에서 유도된 결론이 현실을 보편적으로 잘 설명하기 때문에 이하에서는 이윤극대화를 기업의 목적으로 가정할 것이다.

2 단기생산함수

생산요소와 생산함수

재화와 용역을 생산하기 위해선 투입물이 필요한데, 이런 투입물을 생산요소라고 하였다. 생산요소는 전통적으로 토지, 자본, 노동 및 경영능력 등으로 분류되며, 이런 생산요소는 크게 나누면 인적 자본과 물적 자본으로 구분되는데, 전자에는 노동과 경영능력이 포함되며,

반면에 후자에는 자본과 토지가 포함된다. 따라서 생산요소를 노동과 자본으로 크게 대별하더라도 별로 문제가 되지 않을 것이다.

이런 생산요소들을 기업이 결합함으로써 재화와 용역을 생산하게 된다. 이런 요소의 투입과 생산량과의 기술적인 함수관계를 '생산함수'(production function)라고 한다. 이런 생산함수는 기술적인 관계를 표현하며, 특히 생산함수를 구성하는 투입물의 결합과 그 생산량은 엔지니어, 화학자, 농부 등의 기술자에 의해 결정된다. 노동량을 L만큼, 자본량을 K만큼 투입하여 최대산출량 Q를 얻는다면, 생산함수는 다음과 같이 표현할 수 있다.

$$Q = f(L, K) \tag{3-1}$$

그런데 이런 생산함수에 포함되는 두 가지 생산요소, 노동과 자본은 성격이 사뭇 다르다. 노동은 보편적으로 그 투입량을 수시로 변경시킬 수 있으며, 반면에 자본은 그 투입량을 임의적으로 변경시키기가 대단히 곤란하다. 따라서 자본량을 변경시키기에는 상당한 시간이 소요되며, 이런 자본량을 변경시킬 정도로 충분한 시간이 주어지는 기간을 장기(long-run)라고 하며, 반면에 자본량을 변경시킬 수 없을 정도의 충분히 짧은 기간을 단기(short-run)라고 한다. 그리고 기술이 변할 정도의 충분히 긴 기간을 최장기(very long-run)라고 한다.

*** 장단기 및 최장기의 구분**

사실 장단기에 대한 구분은 산업에 따라 대단히 다양하게 나타난다. 이를테면 제철산업에서 용광로를 제작하는 데 2년이 걸린다면 장기는 2년 이상의 긴 기간을 나타내며, 반면에 방적산업에서 방적기를 도입하고 설치하는 데 3개월이 소요된다면 장기는 3개월 이상의 긴 기간을 말한다. 그리고 최장기는 기술이 변화하고 그 기술이 새로운 생산설비에 적용되고 설치되어서 생산에 영향을 미치는 기간을 나타내므로 동일한 산업에서는 장기보다는 더 긴 기간으로 생각할 수 있다.

단기생산함수와 수확체감의 법칙

단기는 이미 언급한 것처럼 노동의 투입량은 즉각적으로 변경시킬 수 있으나, 자본의 투입량은 즉각적으로 변경시킬 수 없을 정도의 짧은 기간이며, 이때 투입량을 즉각적으로 변경시킬 수 있는 노동과 같은 투입물을 가변요소(variable factor)라고 하고, 반면에 그 투입량을 즉각적으로 변경시킬 수 없는 자본과 같은 투입물을 고정요소(fixed factor)라고 한다. 따라서 자본량이 $\overline{K}$로 고정되어 있고 노동만이 가변적인 단기생산함수는 다음과 같이 표현된다.

$$Q = f(L, \overline{K}) \tag{3-2}$$

가변요소를 고정요소에 더욱 더 많이 추가함에 따라, 결과적으로 나타나는 생산물에 대한 추가분은 점진적으로 더 작아진다. 이런 경제현상은 수확체감의 법칙(law of diminishing returns)으로 알려져 있다. 만약 이런 법칙이 성립하지 않는다면, 한 평의 땅에 노동을 2배, 3배, …로 증가시킴에 따라 식량이 2배, 3배, …로 증가할 것이며, 그 결과 한 평의 땅에서 인류를 먹여 살릴 수 있을 정도의 식량이 생산될 수도 있을 것이다.

이런 수확체감의 법칙은 정말로 놀랄 만한 법칙이며, 실생활에서 많이 볼 수 있는 경제현상이다. 농업이나 제조업에서 주어진 토지나 기계에 더 많은 노동을 투하할 때 생산량이 비례적으로 증가하지 않고, (생산의 초기단계에선 잠시 동안 비례 이상의 증가가 나타나기도 하지만 종국적으로는) 비례 이하로 증가하는 현상이 목격된다. 이런 수확체감은 단기적 현상이라는 점을 주목하여야 한다. 가변요소뿐만 아니라 고정요소도 증가시킨다면 생산량에 어떤 변화가 발생하는가와 같은 장기적 현상에 대해선 아무런 언급도 없다.

한계생산물과 평균생산물의 관계

수확체감의 법칙은 한계생산물 개념에 의해 설명이 가능하다. 한계실물생산(marginal physical product) 혹은 보다 간략히 한계생산물(marginal product: MP)은 어떤 생산요소를 한 단위 더 투입할 때 생산물이 얼마만큼 증가하는가를 나타낸다. 예컨대 노동의 한계생산물 MP_L은 다음과 같이 표현된다.

$$MP_L = \frac{\text{생산물의 증가분}}{\text{노동의 증가분}} \tag{3-3}$$

수확체감의 법칙은 이런 노동의 한계생산물이 어떤 단계를 넘어서면(이 단계까지를 수확체증이라고 한다) 반드시 감소하는 현상을 보인다는 것이다.

이런 한계생산물 개념과 관련되는 또 다른 평균생산물 개념이 있다. 평균실물생산(average physical product) 혹은 더 간략히 평균생산물(average product: AP)은 생산요소 한 단위가 평균적으로 얼마를 생산하고 있는가를 표현한다. 예컨대 자본의 평균생산물 AP_K는 다음과 같이 표현된다.

$$AP_k = \frac{\text{총생산물}}{\text{총자본량}} \tag{3-4}$$

평균생산물은 단순히 총생산물을 고용된 요소의 수량으로 나눈 값이다.

＊ 한계개념과 평균개념

한계개념은 아래 그림에서 △값을 무한히 작게 만들면 곡선 상의 한 점에서 접선의 기울기를 나타낸다. 반면에 평균개념은 그 점과 원점을 잇는 직선의 기울기를 나타낸다. 왜 그런지를 그림을 참조하면서 숙고해 보기 바란다.

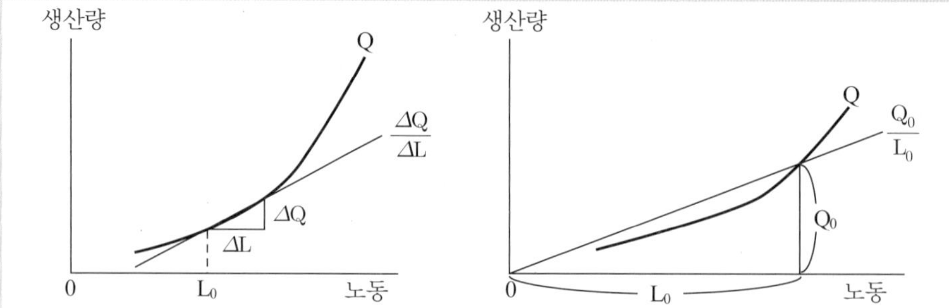

<한계개념> <평균개념>

<표 3-1>은 단기생산함수에서 한계생산물과 평균생산물 간의 관계를 숫자로 예시하고 있다. 자본투입량이 1단위로 고정되어 있는 단기에 노동투입량의 변동은 총생산물과 한계생산물 및 평균생산물을 변동시키고 있다. 고정투입물에 가변투입물을 더 많이 추가시킴에 따라 총생산물이 3단계에 걸쳐서 변동하고 있다. 노동이 처음 3단위까지 투입될 때에는 총생산물이 체증하는 비율로 증가하고 있다. 달리 말하면 노동의 한계생산물이 증가하고 있다. 이런 현상을 수확체증이라고 하였다. 그러나 노동이 4단위 이상 투입됨에 따라 총생산물이 증가하기는 하지만 체감하는 비율로 증가하고 있다. 소위 노동의 한계생산물이 감소하고 있으며, 수확체감의 법칙이 작용하고 있다. 그리고 노동이 8단위 투입되면 총생산물은 전혀 증가하지 않으며, 9단위의 노동투입은 오히려 총생산물을 감소시키고 있다.

| **표 3-1** | 한계생산물과 평균생산물 간의 관계

고정요소 (자본투입량)	가변요소 (노동투입량)	총생산물	노동의 한계 생산물(MP_L)	노동의 평균 생산물(AP_L)
1	1	5	5	5
1	2	12	7	6
1	3	21	9	7
1	4	28	7	7
1	5	33	5	6.6
1	6	36	3	6
1	7	37	1	5.3
1	8	37	0	4.6
1	9	35	-2	3.9

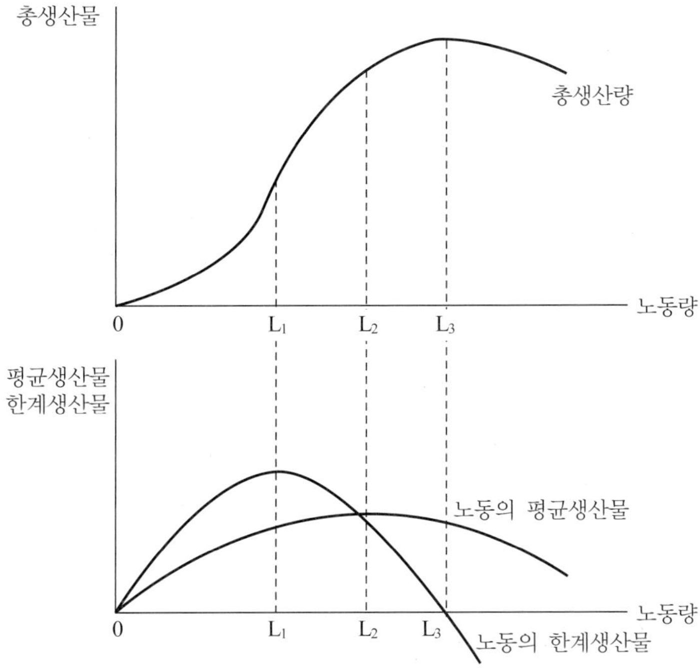

| 그림 3-1 | 총생산물, 평균생산물 및 한계생산물 간의 관계

[그림 3-1]은 <표 3-1>의 관계를 매끄러운 곡선으로 표현하고 있다. 노동투입량이 0에서 L_1까지는 총생산물이 체증하는 비율로 증가하고 있다. 이것은 노동의 한계생산물과 평균생산물이 증가하고 있다는 것을 의미한다. L_1의 노동투입량에서는 노동의 한계생산물이 극대를 이루고 있다. L_1의 투입량을 넘어서면 노동의 한계생산물이 체감하고 있으며, 수확체감의 법칙이 작용하기 시작한다. L_2에서는 노동의 평균생산물이 극대를 이루고 있고, 그 이상의 노동투입에서는 노동의 평균생산물이 감소하고 있다. 더욱이 L_3의 노동투입량에서는 노동의 한계생산물이 0의 값을 가지고 있으며, 총생산물이 극대를 이루고 있다. 그리고 L_3 이상의 노동투입에 대해서는 노동의 한계생산물이 음의 값을 갖고 있다. 즉 추가적인 노동의 투입은 오히려 총생산물을 감소시키고 있다.

[그림 3-1]과 관련하여 기업이 단기에 어떤 범위에서 노동투입량을 결정할 것인가를 검토해 보자. 우선 수확체증이 발생하는 한 기업은 무조건을 생산을 확장할 것이다. 왜냐하면 노동투입량에 비해 생산량이 더 빠른 속도로 증가하기 때문이다. 따라서 생산을 통해서 이윤이 발생할 것으로 기대될 때 기업은 일단 L_1까지는 생산을 무조건 확대할 것이다. 그리고 기업은 노동투입이 증가함에 따라 생산물의 증가가 음의 값을 가지는 영역에서는 절대로 생산하지 않을 것이다. 즉 L_3 이상의 노동투입은 기업에게 절대로 불리할 것이다. 결과적으로 기업은 L_1과 L_3 사이에서 비용과 수입을 고려하면서 노동고용량을 결정할 것이다.

3 장기생산함수와 규모에 대한 보수

지금까지 노동만이 가변적인 단기를 고려하였다. 이제 충분한 시간이 주어져서 자본의 투입량도 변경시킬 수 있는 장기를 고려하자. 이제는 노동만이 아니라 자본도 가변요소가 된다. 따라서 앞의 (식 3-2)로 표현된 단기생산함수는 다음과 같은 장기생산함수로 변모한다.

$$Q = f(L, K) \tag{3-5}$$

단기생산함수에서는 가변요소의 변화가 생산에 미치는 효과를 수확체증, 수확체감으로 표현하였다. 유사하게 장기생산함수에서도 생산요소의 투입비율을 일정하게 유지시키면서, 생산규모를 일정한 비율로 증가시킬 때, 즉 모든 생산요소의 투입량을 일정한 비율만큼 증대시킬 때, 생산량에 미치는 효과를 규모에 대한 보수라고 하며, 이에는 세 가지 경우가 존재한다.

첫째로 규모에 대한 보수증가(increasing returns to scale) 혹은 간단히 줄여서 규모의 경제(economies of scale)가 있다. 예컨대 생산규모를 2배로 증대시킬 때, 즉 모든 생산요소의 투입량을 2배로 증가시킬 때, 생산량이 2배 이상 증가하는 경우이다. 이런 규모의 경제는 분업에 따른 전문화의 효율성, 경영의 효율성, 혹은 대규모 거래에 따르는 금전적인 이득(대량구매에 따른 할인, 대규모 차입에 따른 낮은 금융비용 등)에서 대체적으로 기인한다.

둘째로, 규모에 대한 보수불변(constant returns to scale) 혹은 규모의 경제의 불변이 존재한다. 예컨대 생산요소의 투입량을 2배로 증가시킬 때 생산량도 정확히 2배로 증가하는 경우이다. 동일한 설비규모를 가진 공장을 다른 여러 지역에 똑같이 재현시킴으로써 우리는 규모에 대한 보수불변을 성취할 수 있다.

셋째로, 규모에 대한 보수감소(decreasing returns to scale) 혹은 보다 간단히 규모의 불경제(diseconomies of scale)가 존재한다. 이 경우는 생산요소의 투입량을 예컨대 2배 증가시킬 때 생산량이 2배 이하로 증가하는 경우이다. 이런 규모의 불경제는 동일한 규모의 공장을 여러 곳에 재현시킴에 따라 관리하여야 하는 공장의 숫자가 많아짐으로써 경영의 관료화가 나타나고, 그에 따른 비효율에 의해서 발생한다.

제 2 절 생산비용

앞 절에서는 생산량이 어떻게 결정되는가를 살펴보았다. 본 절에서는 생산으로부터 결과하는 비용문제를 다루게 되며, 여기서 논의되는 내용은 공급곡선의 이론적 근거를 제공한다.

1 기회비용과 이윤

기회비용의 개념

기업이 생산 활동하는 데 소요된 생산비용은 경제학에서 언제나 기회비용(opportunity cost)을 의미하며, 이 비용만이 경제학적 비용(economic cost)이다. 어떤 한 자원을 특정한 용도에 사용하였을 때 발생하는 기회비용은 그 자원을 다른 차선의 용도에 사용하지 못함으로써 발생하는 이득의 상실로 표현된다. 이런 기회비용의 개념은 자원의 희소성에 따른 경제주체의 선택행위의 결과이며, 그런 선택의 결과로 인해 선택되지 않은 다른 차선의 행위의 이득이 상실되고 있고 바로 이런 이득의 상실이 비용인 것이다.

이를테면 사냥꾼이 하루 8시간 동안 사냥을 할 경우, 만약 노루를 목표로 한다면 1마리를 잡을 수 있고 만약 토끼를 목표로 한다면 5마리를 잡을 수 있다고 가정하자. 만약 사냥꾼이 노루를 목표로 하여 노루 1마리를 잡았다면, 노루 1마리의 (기회)비용은 사냥꾼이 잡기를 포기한 토끼 5마리로 표현된다. 물론 사냥꾼의 8시간의 임금이 알려져 있다면 노루 1마리의 비용은 물론 포기한 토끼 5마리 대신에 지급된 임금으로 표현될 수도 있다.

회계학적 이윤과 경제학적 이윤

기회비용으로 표현되는 경제학적 비용은 크게 명시적 비용(explicit cost)과 암묵적 비용(implicit cost) 두 가지로 분류된다. 명시적 비용은 생산요소를 사용한 대가로 화폐 지불이 이루어진 비용이며, 예컨대 원자재비, 임금, 지대, 이자, 임대료 등으로 화폐적 대가가 지불된 항목들이 여기에 속한다. 이런 비용을 회계학적 비용(accounting cost)이라고도 한다.

반면에 암묵적 비용은 명시적으로 화폐적 지출이 이루어지지는 않았지만, 기회비용의 관점에서 비용으로 처리되어야 하는 항목들을 지칭한다. 예컨대, 자신의 소유인 가게에서 장사를 하거나 자신의 토지에서 농사를 짓는 경우 자신에게 가게의 임대료 혹은 토지의 지대를 지급하지는 않지만 기회비용의 관점에선 분명히 비용으로 처리되어야 한다. 즉 자신의 가게나 토지를 타인에게 임대했다면, 임대료나 지대를 받을 수 있었으나 그것을 포기하고 자신이 직접 가게를 운영하거나 농사를 지었기 때문에 상실된 이득은 비용으로 처리되어야 한다. 이때의 비용을 귀속임대료, 귀속지대라고 한다.

＊ 매몰비용과 감가상각비

매몰비용(sunken cost)은 한번 투입되면 다시는 회수할 수 없는 자금을 말한다. 특수한 기계 매입에 쓰인 자금은 당해 연도에 전부 매몰비용으로 처리하여야 한다. 왜냐하면 1년이 경과한 후 특수한 기계의 기회비용은 아마 고철 값에 불과하여 거의 0이라고 볼 수 있으며, 그 결과 다음 연도부터는 기계와 관련된 비용이 소요되지 않기 때문이다. 우리는 특수한 기계의 구입비용 전부를 당해 연도의 비용으로 처리하는 것이 적절할 것이다. 따라서 감가상각비를 계상할 때 내용연수로 기계의 매입비용을 나누어서 계산하는 정액법보다는 구입비용의 일정비율, 예컨대 80%를 감가상각비로 하는 정률법이 기회비용의 관점에서 보면 보다 바람직한 감가상각방법이라고 본다.

이런 암묵적 비용을 귀속비용(imputed cost)이라고도 하며, 특히 이중에서 중요한 항목이 정상이윤(normal profit)이다. 정상이윤은 한 산업에 있는 자본과 기업을 계속 유지시키는 데에 필요한 보수율, 즉 정상적인 보수율을 대변하며, 이런 정상이윤 역시 비용으로 간주된다. 그 까닭은 이 자본을 다른 산업에 투자하고 그 산업에서 기업활동을 영위하였다면 얻을 수 있는 어떤 정상적인 보수를 포기하였기 때문이다.

＊ 매몰비용과 토지매입비용

공장을 건설할 때 토지의 매입자금은 매몰비용이 아니다. 왜냐하면 차후에 토지를 매도한다면 특수한 용도의 기계와는 달리 일정한 대가를 수취할 수 있기 때문이다. 환언하면 예컨대 1년이 지난 후 앞에서 언급한 특수한 기계의 기회비용은 0이었지만, 토지의 기회비용은 0이 아니기 때문이다.

이제 비용은 크게 두 가지로 구분된다는 것을 알았으므로, 총판매수입이 알려진다면 이윤을 계산할 수 있다. 총판매수입에서 명시적 비용(회계학적 비용)을 공제한 것을 회계학적 이윤(accounting profit)이라고 하며, 회계학적 이윤은 이윤을 과대 계상하고 있다.

비용에는 암묵적 비용도 포함되기 때문에 총판매수입에서 명시적 비용과 암묵적 비용을 공제한 것을 경제학적 이윤(economic profit)이라고 한다. 물론 정상이윤은 암묵적 비용에 포함되므로, 당연히 경제학적 이윤에는 포함되지 않는다. 우리가 보통 이윤이라고 하는 것은 경제학적 이윤을 말하며, 기업의 목적인 이윤도 역시 경제학적 이윤인 것이다. 따라서 기업이 이윤을 극대화한다는 것은 곧 경제학적 이윤을 극대화하는 것을 의미한다. 그런데 이런 경제학적 이윤은 완전경쟁시장에선 초과이윤, 독점시장에선 독점이윤, 과점시장에선 과점이윤이라는 다른 명칭으로 불린다.

2 단기비용함수

단기에는 고정요소가 존재하며, 반면에 장기에는 모든 요소가 가변적이 된다. 따라서 고정요소로부터 발생하는 고정비용이 존재하면 단기비용이 되며, 그렇지 않으면 장기비용이 된다.

단기비용의 정의

총비용(total cost: TC)은 어떤 주어진 산출량을 생산하는 데 필요한 모든 비용을 합산한 값이다. 이런 총비용은 두 가지 항목, 즉 총고정비용(toatl fixed cost: TFC)과 총가변비용(total variable cost: TVC)으로 구성되어 있다. 총고정비용은 고정요소로부터 발생하는 비용이며, 단기에는 생산량과는 무관하게 일정한 크기를 갖는다. 반면에 총가변비용은 가변요소로부터 발생하는 비용이며, 산출량과 직접적으로 관련되고, 생산량의 증가에 따라 그 크기가 증가한다. 그 까닭은 생산량을 증가시키기 위해선 가변요소의 사용량이 증대되어야 하기 때문이다. 이제 총비용과 총고정비용 및 총가변비용 간의 관계는 다음 식으로 표현된다.

$$\mathrm{TC} = \mathrm{TFC} + \mathrm{TVC} \tag{3-6}$$

우리는 총비용으로부터 평균비용을 도출할 수 있다. 평균총비용, 혹은 간단히 평균비용(average total cost: AC)은 생산물 1단위당 얼마의 비용이 소요되었는가를 나타내며, 총비용을 산출량으로 나누어 얻어진다.

$$\mathrm{AC} = \frac{\mathrm{TC}}{\mathrm{Q}} = \frac{\mathrm{TFC}}{\mathrm{Q}} + \frac{\mathrm{TVC}}{\mathrm{Q}} = \mathrm{AFC} + \mathrm{AVC} \tag{3-7}$$

그리고 유사하게, 평균고정비용(average fixed cost: AFC)은 총고정비용을 산출량으로 나누어서 얻어지며, 평균가변비용(average variable cost: AVC)도 총가변비용을 산출량으로 나누어 얻어진다. 따라서 평균비용은 평균고정비용과 평균가변비용의 합계로 표현될 수 있다.

한편 한계비용(marginal cost: MC)은 산출량을 한 단위 더 증가시킬 때 발생하는 총비용의 증가분으로 표현된다. 그런데 산출량의 변화에 따른 비용의 증가는 가변비용의 증가로만 나타나므로, 한계비용은 사실상 한계가변비용을 의미한다.

$$\mathrm{MC} = \frac{\Delta\mathrm{TC}}{\Delta\mathrm{Q}} = \frac{\Delta\mathrm{TVC}}{\Delta\mathrm{Q}} \tag{3-8}$$

단기비용곡선

이제 각각의 비용을 그림으로 표현하여 보자. 우선 총고정비용은 생산량의 변동과는 무관하게 고정되어 있으므로, [그림 3-2(a)]에서 보는 것처럼 수평선으로 고정되어 있다. 그리고 총가변비용은 생산량의 증가에 따라 증가하고 있으나, 처음에는 체감적으로 증가하다가 나중에는 체증적으로 증가하고 있다. 따라서 두 비용의 합계인 총비용곡선은 총가변비용곡선을 총고정비용만큼 위로 평행 이동하여 얻어지며, 곡선의 형태는 총가변비용곡선과 같다.

기하학적 성질을 활용하여 우리는 이 곡선들로부터 평균비용곡선과 한계비용곡선을 유도할 수 있다. 평균비용곡선은 곡선상의 각 점과 원점을 연결하는 직선의 기울기를 추적함으로써 도출할 수 있으며, 한계비용곡선은 곡선상의 각 점에서의 기울기를 측정함으로써 얻어진다.

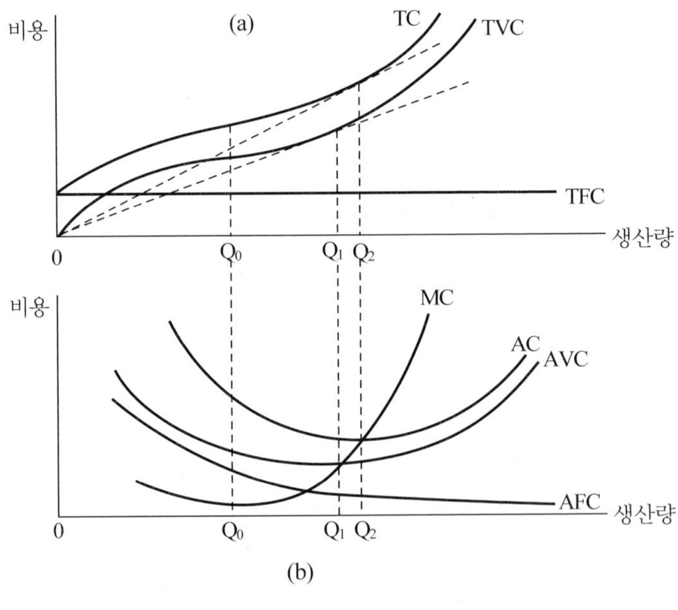

| 그림 3-2 | 총비용곡선, 평균비용곡선 및 한계비용곡선

우선 평균고정비용곡선(AFC)은 생산량이 증가함에 따라 계속적으로 감소하는 모습을 보여주고 있다. 평균가변비용곡선(AVC)은 처음에는 감소하는 모습을 보이다가 생산량이 Q_1일 때 최저를 이루고 그 이상의 산출량에서는 상승하는 모습을 보여준다. 두 비용의 합계인 평균비용곡선(AC)은 평균가변비용곡선과 같이 U자형이며, 평균가변비용곡선의 최저점보다 오른쪽에서, 즉 산출량 Q_2에서 최저를 이루고 있다. 그 이유는 Q_1의 산출량을 넘어설 때 평균가변비용은 아주 천천히 증가하고 있으나 평균고정비용은 상대적으로 빠른 속도로 하락하고 있기 때문이다. 그러나 Q_2의 산출량을 넘어서면 평균가변비용의 상승추세가 평균고정비용의 하락추세보다 더 강력하기 때문에 평균비용은 상승하는 모습을 보여준다. 그리고 평균비용곡선과 평균가변비용곡선 간의 수직거리는 평균고정비용을 나타내며, 오른쪽으로 갈수록 평

균고정비용이 작아지고 있으므로 평균비용곡선과 평균가변비용곡선 간의 수직거리는 점점 작아지고 있다.

한계비용곡선(MC)은 U자 형태를 보이고 있다. 처음에는 수확체증현상을 보임에 따라 한계비용곡선이 감소하는 추세를 보이지만, 그러나 Q_0의 산출량을 넘어서면 궁극적으로 수확체감현상이 발생하고 그 결과 한계비용곡선이 상승하는 추세를 보이고 있다. 그런데 한계비용곡선은 평균가변비용곡선의 최저점을 지나면서 동시에 평균비용곡선의 최저점도 통과하고 있다. 그 이유는 총비용곡선과 총가변비용곡선의 해당되는 산출량에서 접선을 그렸을 때 그 접선이 정확히 원점을 통과하기 때문이다.

3 장기비용함수

장기비용곡선의 유도

장기에는 모든 요소가 가변적이 되며, 그 결과 고정비용은 존재하지 않고 가변비용만 존재한다. 장기의 의사결정에 있어서 가장 중요한 것은 어떤 크기의 설비를 건설할 것인가이다. 설비규모는 단기평균비용곡선으로 표현할 수 있으므로, 장기적인 의사결정은 주어진 산출량에서 가장 낮은 비용을 보여주는 단기평균비용곡선을 선택하는 것이다.

[그림 3-3(a)]는 기술적인 제약으로 세 가지 설비만이 존재하는 경우에 생산량에 따라 어떤 설비가 선택되어야 하는지를 보여주고 있다. 세 가지 설비는 AC_1, AC_2, AC_3 등으로 표현되고 있다. 어떤 설비를 건설할 것인가, 즉 어떤 비용곡선을 선택할 것인가는 기업이 계획하고 있는 생산량에 의존한다. [그림 3-3(a)]에서 기업이 Q_1 미만의 생산량을 계획하고 있다면 AC_1을 실현시키는 설비를 선택하여야 하며, 만약 Q_1과 Q_2 사이의 생산량을 계획하고 있다면 AC_2를 실현시키는 설비를 선택하여야 한다. 그리고 Q_2 이상의 생산량을 계획하고 있다면 AC_3를 실현시키는 설비를 건설해야 한다. 따라서 세 가지 설비만 존재하는 경우 장기평균비용곡선은 Q_1의 산출량까지는 AC_1, Q_1부터 Q_2까지는 AC_2 그리고 Q_2 이상의 산출량에 대해선 AC_3으로 구성된다.

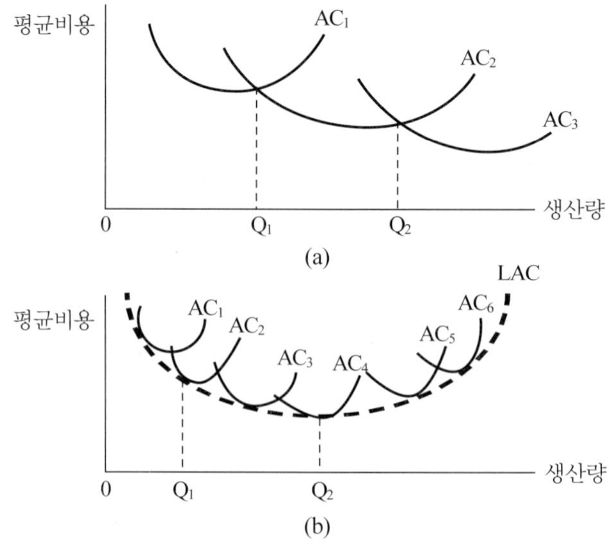

| 그림 3-3 | 장기평균비용곡선의 유도

[그림 3-3(b)]는 설비규모를 무한히 세분할 수 있는 경우를 예시하고 있다. 그림에는 6가지의 단기평균비용곡선만 그려져 있지만, 장기평균비용곡선은 이런 무한히 많은 단기평균비용곡선의 접점들로 구성되어 있음을 알 수 있다. 이런 장기평균비용곡선(long-run average cost curve: LAC)은 어떤 주어진 생산량을 생산하는 데에 있어서 달성 가능한 최저의 생산비용을 표현하고 있다. 예컨대 Q_1을 생산하는 데에 있어서는 AC_2를 실현시키는 설비가 최소의 비용을 성취시키고 있다.

그런데 Q_2의 산출량에서 장기평균비용이 최저를 이루고 있는데, 이런 최저비용을 발생시키는 설비는 AC_4를 실현시키는 설비규모이다. 이런 설비규모를 최적설비규모(optimal-size plant)라고 하고, 이때 최적설비규모가 실현시키는 평균비용 중에서 가장 낮은 평균비용을 보여주는 산출량 Q_2를 최적산출량(optimal output)이라고 한다.

장기평균비용곡선의 형태

[그림 3-3(b)]에서 장기평균비용곡선은 U자 형태를 취하고 있다. 우리는 이런 장기평균비용곡선을 세 부분으로 나누어 볼 수 있다. 첫째는 장기평균비용곡선이 우하향하는 경우이다. 이 경우는 설비규모를 증대시킴에 따라 장기평균비용이 하락하는 상태를 묘사하며, 이것은 생산량이 증대함에 따라 단위당 비용이 감소한다는 것을 의미한다. 이것을 달리 표현하면 생산요소의 투입량의 증가율보다는 생산량의 증가율이 더 높다는 것을 의미한다. 즉 규모의 경제, 곧 규모에 대한 보수증가가 발생하고 있는 것이다.

둘째로 장기평균비용이 수평인 경우를 생각할 수 있다. 이것은 생산량을 증대시킴에도 불구하고 단위당 비용이 불변인 상태를 표현하며, 이것을 달리 표현하면 생산요소의 투입량의 증가율과 생산량의 증가율이 정확히 같다는 것을 의미한다. 이런 경우는 규모에 대한 보수 불변을 나타낸다.

셋째로 장기평균비용이 우상향하는 경우이다. 이것은 생산량을 증대시킴에 따라 단위당 비용이 증가하는 경우이며, 이것을 달리 표현하면 생산요소의 투입량의 증가율보다는 생산량의 증가율이 더 낮은 경우에 해당된다. 이 경우는 규모에 대한 보수 감소, 즉 규모의 불경제에 해당된다.

제 3 절 완전경쟁시장과 공급곡선

본 절에서는 완전경쟁시장에서 완전경쟁기업이 이윤극대화를 추구할 때 어떤 조건하에서 단기균형이 성립하는가를 검토하고, 이에 근거하여 공급곡선을 유도한다.

1 시장의 정의 및 시장형태

시장(market)이란 구매자와 판매자들이 만나서 상품에 대한 정보를 교환하고, 가격을 흥정하며, 최종적으로 거래가 이루어지는 추상적인 장소를 말한다. 따라서 구체적인 남대문시장도 여기에 포함될 수 있으나, 비록 구체적인 장소는 아니지만 외환이나 채권 혹은 노동이 거래되는 외환시장, 채권시장 및 노동시장도 시장의 범주에 포함되며, 그리고 인터넷이나 TV 홈쇼핑에서도 상거래가 이루어지므로 인터넷과 TV도 거래가 이루어지는 시장의 역할을 한다. 즉 재화나 서비스가 거래되는 곳이면 어디든 가상적인 공간이라고 하더라도 얼마든지 시장에 속한다고 할 수 있다.

시장은 공급자의 숫자에 의해서 독점, 과점, 독점적 경쟁 및 완전경쟁의 네 가지 범주로 분류되며, 이때 수요자는 무한히 많다고 가정한다.

독점(monopoly)은 공급자가 1인인 시장이며, 경쟁자가 전혀 존재하지 않는 시장이므로 독점자는 시장가격을 마음대로 정할 수 있는 시장지배력(market power)을 갖는다. 따라서 독점자는 자신에게 유리한 수준의 가격을 설정할 수 있는 가격설정자(price setter)로서 행동한다.

과점(oligopoly)은 공급자가 2인 이상이면서 소수인 시장이며, 그중 공급자가 2인인 시장을 복점(duopoly)이라고 한다. 과점은 현실적으로 많이 접하는 시장형태이며, 가전, 자동차, 철강, 석유화학 등의 산업이 이에 속한다. 이 시장은 독점과 같이 강력한 시장지배력을 가지며, 또한 기업가의 행동도 천차만별의 유형을 나타낸다.

독점적 경쟁시장(monopolistic competition)은 공급자의 숫자가 다수이지만, 무한대만큼 많지는 않은 시장이다. 우리 주변에서 흔히 볼 수 있는 시장형태이며, 약국, 음식점, 다방, 세탁소, 여관 등이 이에 속한다. 이 시장에 관한 분석은 완전경쟁시장과 독점시장에 관한 분석에 의해서 충분히 분석되므로 여기서는 다루지 않겠다.

마지막으로 완전경쟁시장(perfect competition)은 공급자와 수요자가 무한히 많은 시장이며, 상세한 내용은 다음 항에서 살펴보겠다.

한편, 수요자의 숫자에 의해서도 분류된다. 수요자가 1인이면 수요독점, 2인이면 수요복점, 2인 이상 소수이면 수요과점이라고 한다.

2 완전경쟁시장의 가정과 그 특징

완전경쟁시장은 현실에서는 거의 찾아볼 수 없는 시장형태이며, 완전경쟁시장은 네 가지를 가정한다.

첫째로, 공급자와 수요자가 무한히 많다. 완전경쟁산업에 재화를 공급하는 공급자의 숫자가 무한하다는 것은 개별 공급자는 시장에서 결정되는 가격에 영향을 주지 못한다는 것을 의미한다. 즉 개별 공급자의 판매량이 너무나 적기 때문에 그 판매량을 0으로 놓든 혹은 아무리 늘리든 가격에는 전혀 영향을 주지 않는다. 그리고 수요자의 숫자도 무한대이기 때문에 어떤 수요자도 개별적으로 시장가격에 영향을 미치지 못한다. 따라서 개별 공급자와 수요자는 시장에서 결정된 가격을 주어진 것으로 간주하고, 그 가격에서 공급자는 이윤을 극대화하고 수요자는 만족을 극대화한다. 즉 가격설정자인 독점자와는 달리 개별 공급자와 수요자는 가격순응자(price taker)로서 행동한다.

둘째로, 완전경쟁시장에서는 동질적인 재화만이 거래된다. 즉 한 기업의 생산물은 그 산업의 다른 기업의 생산물과 전혀 다르지 않다. 따라서 소비자들은 공급된 상품에 대해서 어떤 선호의 차이도 보이지 않는다.

셋째로, 시장진입이나 탈퇴가 자유롭다. 어떤 기업가가 이 산업으로 진입하기를 원하면 얼마든지 진입할 수 있으며, 진입과 관련된 장애요인, 소위 진입장벽(entry barrier)이 존재하지 않는다. 물론 이 산업에서 탈퇴를 원한다면 얼마든지 탈퇴할 수 있으며, 탈퇴에 따르는 장애가 전혀 존재하지 않는다. 그러나 진입과 탈퇴에는 시간이 소요되므로 이 가정은 장기에만 적용된다.

넷째로, 완전한 정보를 가정한다. 모든 공급자, 모든 수요자, 가격, 품질 등에 관한 정보가 완전하며, 그런 정보의 수집에는 비용이 전혀 소요되지 않는다. 이 가정은 모든 경제주체가 완전한 정보를 소유하고 경제활동을 한다는 것을 의미한다.

아마도 넷째 가정이 다른 가정에 비해서 가장 현실과 동떨어진 가정일 것이다. 왜냐하면 각 개인이 신의 경지에 이르지 않으면 그런 정보의 획득은 불가능하기 때문이다. 따라서 완전경쟁이론에서는 넷째 가정은 무시되는 경향을 보인다. 그 결과 완전경쟁이론에서는 공급자와 수요자의 숫자의 무한성, 재화의 동질성 및 진입과 탈퇴의 자유에 의해서 완전경쟁을 특징짓고 있다. 엄격한 의미에서 완전경쟁시장의 조건을 충족시키는 시장은 실제로 찾아보기 어렵지만, 대략 이에 근접하는 시장은 쌀, 채소, 과일류 등의 농산물시장일 것이다.

3 완전경쟁시장의 단기균형과 단기공급곡선

개별기업의 수요곡선과 평균수입 및 한계수입

완전경쟁시장에서 개별기업은 시장에서 결정된 가격을 주어진 것으로 간주하고, 그 가격에서 (경제학적) 이윤을 극대화하는 산출량을 결정한다. 즉 개별기업은 가격순응자로서 행동한다. 따라서 개별기업은 자신이 생산한 재화에 대한 수요곡선이 수평이라고 생각한다. 즉 개별기업은 주어진 가격에서 얼마든지 판매할 수 있기 때문에, 환언하면 아무리 많이 팔아도 가격이 낮아지지 않기 때문에, 개별기업이 당면하는 수요곡선은 수평인 것이다.

*** 가격순응자와 가격설정자**

가격순응자(price taker)는 자신들이 수요 혹은 공급하는 물량이 너무나 적어서 시장가격에 영향을 줄 수 없으며, 그 결과 시장에서 결정되는 가격에서 자신의 이윤을 극대화하거나 혹은 자신의 효용을 극대화하는 '수량'만을 결정한다. 완전경쟁시장의 공급자와 수요자가 여기에 해당한다. 반면에 가격설정자(price setter)는 자신들이 수요 혹은 공급하는 물량이 시장가격에 영향을 미칠 수 있으며, 그에 따라 자신의 이윤을 극대화하기 위하여 '가격'과 '수량'을 동시에 결정한다. 독과점시장의 공급자 혹은 수요독점 및 수요과점시장의 수요자들이 이에 해당한다.

왜 이런 일이 발생할까? 완전경쟁기업의 생산량 및 공급량은 시장 전체의 공급량에 비해서 너무나 작거나 무시할 수 있으므로, 그 기업이 공급량을 늘려도 시장 전체의 공급량에는 거의 영향을 미치지 않기 때문이다. 그렇지만 각 기업이 동일한 수량을 동시에 증가시킨다면, 시장 전체의 공급량도 늘어나고, 그에 따라 시장의 균형가격도 하락할 것이다. 따라서 우리가 개별기업이 당면하는 수요곡선이 수평이라고 가정하는 것은 다른 여타의 기업들이 공급량을 변화시키지 않는다는 전제 하에서만 성립하는 가정이다.

[그림 3-4]는 개별기업이 당면하는 수요곡선이 수평임을 예시하고 있다. [그림 3-4(b)]는 시장의 수요곡선(D)과 시장의 공급곡선(S)에 의해서 균형가격 P_0와 균형교환량 Q_0가 결정되고 있다(시장균형에 관한 상세한 내용은 다음 장에서 상술한다). 이 균형가격에서 개별기업

은 [그림 3-4(a)]에서 Q_1이나 Q_2 혹은 Q_3 중 어느 수량을 생산하든 그 가격을 수령할 수 있다. 결과적으로 P_0 가격에서 수평인 직선이 바로 개별기업이 당면하는 수요곡선인 것이다.

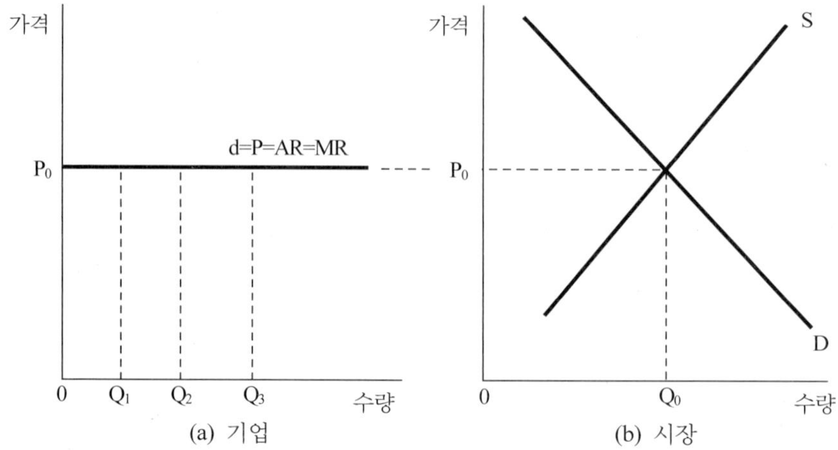

| **그림 3-4** | 경쟁기업이 당면하는 수요곡선

이제 우리는 개별기업의 수요곡선으로부터 총수입, 평균수입 및 한계수입을 유도할 수 있다. 우선 총수입(total revenue: TR)은 기업의 생산량 및 공급량에 가격을 곱해서 얻어진다. 즉 $TR = P_0 \times Q$이다. [그림 3-5]는 생산량과 여러 가지 수입 간의 관계를 예시하고 있다. 우선 [그림 3-5(a)]는 생산량과 총수입 간의 관계를 나타낸다. 가격이 일정하기 때문에 총수입은 생산량에 정확히 비례하며, 그 결과 총수입곡선은 원점을 지나는 직선으로 표현되었고, 그리고 그 기울기는 가격 P_0와 같다.

평균수입(average revenue: AR)은 총수입을 생산량으로 나눈 값과 같다. 평균수입은 평균적으로 한 단위당 수입이 얼마인가를 나타내며, 가격이 바로 평균수입인데, 가격이 P_0로 일정하므로 평균수입곡선도 수평인 직선으로 표현된다. 즉 개별기업이 당면하는 수요곡선이 평균수입곡선이 된다. 평균수입은 다음과 같이 구할 수 있다.

$$AR = \frac{TR}{Q} = \frac{P_0 \times Q}{Q} = P_0 \qquad (3-9)$$

한계수입(marginal revenue: MR)은 생산량 혹은 판매량을 한 단위 더 증가시킬 때 증가하는 수입의 크기를 말한다. 개별기업이 판매량을 한 단위 증가시킬 때마다 한 단위당 가격에 해당되는 수입의 증가가 발생한다. 따라서 한계수입도 P_0로 고정되어 있다. 한계수입은 다음과 같이 구해진다.

$$MR = \frac{\Delta TR}{\Delta Q} = \frac{\Delta(P_0 \times Q)}{\Delta Q} = \frac{P_0 \times \Delta Q}{\Delta Q} = P_0 \qquad (3-10)$$

결과적으로 [그림 3-5]에서 보는 것처럼 총수입곡선은 원점을 지나는 직선으로 표현되며, 평균수입과 한계수입은 총수입곡선의 기울기이며, 개별기업이 당면하는 수요곡선과 정확히 일치하고 있다.

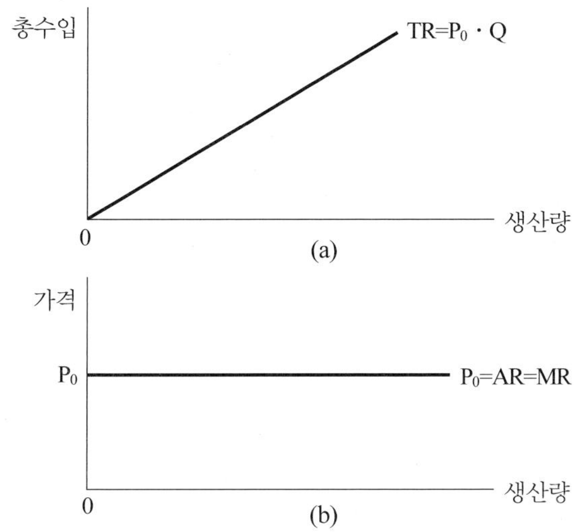

그림 3-5 | 총수입 · 평균수입 및 한계수입

경쟁기업의 단기균형

기업은 이윤을 목표로 하며, 기업의 이윤(경제학적 이윤)은 기업의 총수입(TR)에서 총비용(TC)을 차감한 크기로 표현된다. 기업의 이윤을 π라고 한다면 이윤은 다음의 수식으로 표현된다.

$$\pi = \mathrm{TR} - \mathrm{TC} \tag{3-11}$$

완전경쟁시장에서는 가격이 P_0로 주어져 있으므로, 개별기업은 이윤을 극대화하는 산출량만 결정하면 된다. 이윤을 극대화하는 산출량을 결정하는 방법에는 총수입-총비용 접근법과 한계수입-한계비용 접근법 두 가지가 있다.

총수입-총비용 접근법은 총수입과 총비용의 차이를 극대화하는 산출량을 찾는 방법이다. [그림 3-6(a)]에서 TR 곡선과 TC 곡선 간의 수직거리가 최대가 되는 산출량을 찾으면 된다. 우리는 Q_2의 산출량에서 선분 BC가 최대가 됨을 확인할 수 있으며, 선분 BC가 바로 기업의 최대이윤을 나타낸다. 그런데 TC 곡선상의 C점에서의 기울기(MC)가 TR곡선의 기울기(MR) P_0와 같았을 때 TR과 TC 간의 수직거리가 최대가 되고 있음을 알 수 있다. 따라서 기업이 이윤을 극대화하기 위한 조건은 가격과 한계비용이 일치하여야 한다(후술)는 것이다. 가격이 한계비용과 일치하는 상태에서 기업이 생산활동을 할 때를 기업의 단기균형(short-run equilibrium of the firm)이라 하며, 이때 선분 BC로 표현되고 있는 경쟁기업의 이윤을 특히 초과이윤(excess profit)이라고 한다.

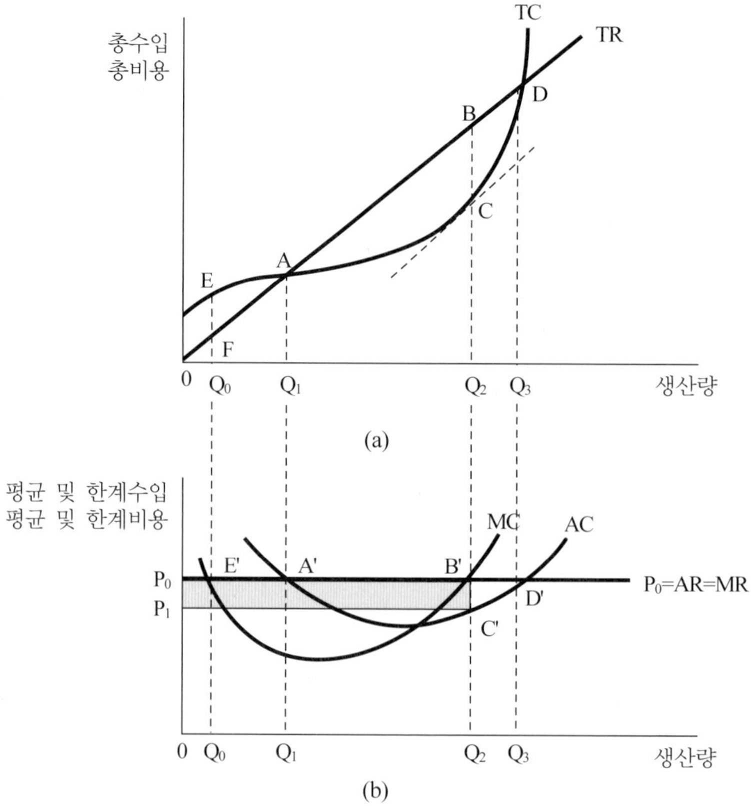

| 그림 3-6 | 개별기업의 단기균형

반면에 한계수입-한계비용 접근법은 한계수입과 한계비용이 일치하는 데에서 이윤극대화 산출량을 결정한다. 한계수입은 판매량을 한 단위 증가시킬 때 수입의 증가분을 나타내며, 한계비용은 생산량(=판매량)을 한 단위 증가시킬 때 비용의 증가분을 나타낸다. 따라서 만약 한계수입이 한계비용을 초과한다면(즉 MR > MC), 생산량(=판매량)을 한 단위 증가시킬 때 비용에 비해 수입이 더 크므로 그 차액만큼 이윤을 증가시킬 수 있다. 이런 경우에는 생산을 계속 증대시키는 것이 유리할 것이다. 반면에 한계수입에 비해 한계비용이 더 크다면(즉 MR < MC), 생산량을 한 단위 더 증가시킬 때 수입에 비해 비용이 더 크므로 그 차액만큼 손실이 증가한다. 이런 경우에는 생산을 감소시키는 것이 유리할 것이다.

결과적으로 기업이 이윤을 극대화하기 위해선 한계수입과 한계비용이 일치하는 데서 산출량을 결정하여야 한다. 왜냐하면 MR이 MC보다 크면 판매량을 증가시켜감에 따라 이윤이 점진적으로 증가하지만, MR이 MC와 일치하게 되면 이윤이 최대가 되고, 더 이상의 이윤 증가가 불가능하기 때문이다. 따라서 이윤극대화조건은

$$MR = MC \qquad (3-12)$$

＊ 이윤극대화의 조건

오른쪽 그림에서 MC와 MR의 교차점 왼쪽에서 산출량을 △Q만큼 증가시킬 때 비용이 사다리꼴 cdef만큼 증가하며 수입은 사각형 abcd만큼 증가하므로, 이윤이 사다리꼴 abfe만큼 증가하므로, 당연히 생산을 증대시켜야 한다. 반면에 MC와 MR의 교차점 오른쪽에서는 산출량이 △Q만큼 증가시키면 비용이 사다리꼴 ghij만큼 증가하고 수입은 사각형 ijkm만큼 증가하여 손실이 사다리꼴 ghmk만큼 늘어나고 있어서 이윤을 감소시키고 있으므로 생산량을 오히려 줄여야 이윤이 증가한다.(왜 이윤이 증가하는지를 독자들이 숙고하기 바란다) 이윤극대화는 궁극적으로 MC와 MR의 교차점임을 알 수 있다.

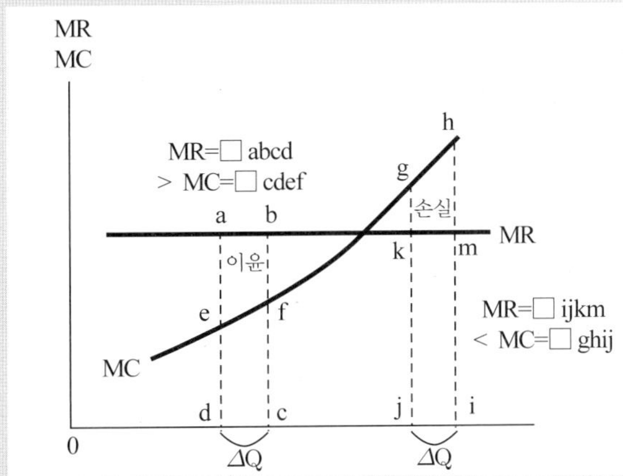

(3-12)식은 완전경쟁시장뿐만 아니라 독점, 과점 및 독점적 경쟁시장 모두에 대해 적용되는 이윤극대화조건이다. 그런데 완전경쟁시장에선 한계수입이 가격 P와 같기 때문에 이윤극대화조건, 즉 완전경쟁기업의 단기균형의 조건은 다음과 같이 변형된다.

$$P = MC \tag{3-13}$$

한계수입-한계비용 접근법을 그림에 의해서 설명하여 보자. [그림 3-6(b)]에서 한계비용과 가격 P_0가 B'점에서 일치하고 있으며, 기업은 이윤극대화를 위해 산출량 Q_2를 결정한다. 이 산출량 혹은 판매량에서 한 단위당 수입(AR)은 B'의 크기로 표현되고, 한 단위당 비용(AC)은 C'의 크기로 표현되고 있으므로, 한 단위당 이윤은 선분 $B'C'$로 나타낼 수 있고, 총이윤은 한 단위당 이윤에 판매량 Q_2를 곱해서 얻게 된다. 즉 초과이윤의 크기는 사각형 $P_0B'C'P_1$으로 표현되며, [그림 3-6(a)]에서는 선분 BC로 표현된다. 그러나 Q_0의 산출량인 E'점에서도 한계비용과 가격이 일치하고 있으나, 이 산출량에서는 기업의 손실이 국지적으로 극대화되고 있다. 따라서 P=MC는 이윤극대화의 필요충분조건이 아니고 필요조건이며, 충분조건이 되려면 P=MC인 점에서 MC곡선이 우상향하여야 한다.

그런데 P=MC일 때 경쟁적 기업은 언제나 이윤을 벌 것인가? 그렇지는 않다. 초과이윤을 얻느냐 손실을 보느냐는 가격이 평균비용보다 높으냐 낮으냐에 의존한다. [그림 3-6]은 P>AC인 경우를 예시하고 있으나, 만약 P=AC이면 경쟁기업은 초과이윤을 벌지 못하며 단지 정상이윤만을 벌 것이다. 그러나 만약 P<AC이면 경쟁기업은 손실을 보게 된다. 그림에 의한 설명은 공급곡선의 유도에서 추가적으로 설명된다.

경쟁기업 및 산업의 공급곡선

이제 우리는 시장의 (단기)공급곡선을 유도할 수 있는 단계에 이르렀다. 시장의 공급곡선은 개별기업의 공급곡선의 수평합계이므로 우선 개별기업의 공급곡선을 유도하여야 하겠다. 그런데 개별기업은 가격이 주어지면 P=MC인 점에서 생산량을 결정한다. 그러면 한계비용곡선이 바로 공급곡선이 되지 않겠는가? 그렇지 않다. 그 이유를 [그림 3-7]에 의거해서 설명해 보자.

이제 가격이 P_4로 높게 주어졌다고 하자. [그림 3-7(a)]에서 P_4 =MC인 A점에서 산출량 Q_4가 결정되는데, 이 산출량에서는 가격이 평균비용보다 높으므로, 즉 $P_4 > AC$이므로 이 기업은 초과이윤을 벌고 있다. 따라서 이 기업은 가격 P_4에서 Q_4만큼을 공급할 것이다. 이 내용이 [그림 3-7(b)]에서 A'점으로 나타나 있다.

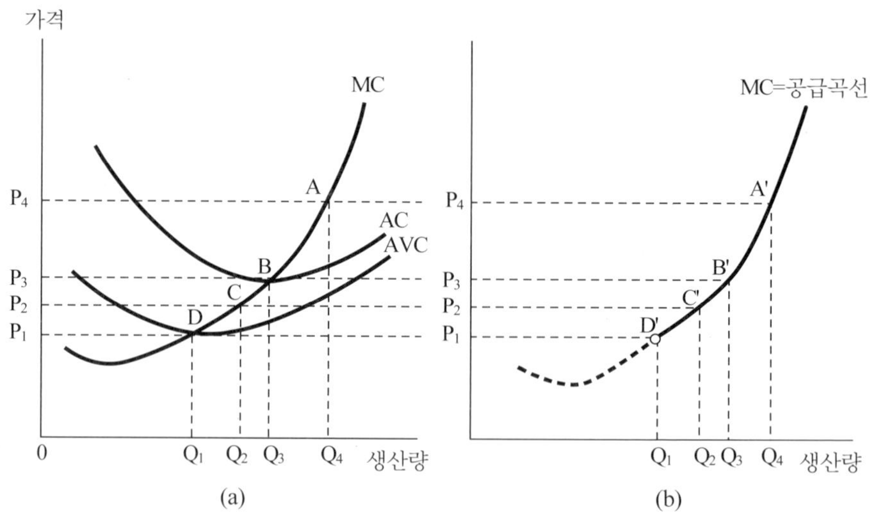

| 그림 3-7 | 경쟁기업의 공급곡선

이제 가격이 점진적으로 낮아져서 P_3까지 하락하였다고 하자. 어떻든 기업은 P_3=MC인 B점에서 산출량을 결정하며, 이 B점이 평균비용의 최저점이면서 단기균형점이다. 그런데 이 가격은 정확히 평균비용과 일치하므로, 이 기업은 초과이윤을 벌지 못하며 단지 정상이윤만 벌고 있다. AC의 최저점인 B점을 손익분기점(break-even point)이라고 하며, 가격이 P_3보다 높으면 초과이윤을 벌고 가격이 P_3보다 낮으면 손실을 보게 된다. 어떻든 이 기업은 P_3일 때 Q_3만큼을 공급할 것이다. 만약 초과이윤을 벌지 못한다고 조업을 중단한다면, 이 기업은 생산을 안 해도 총고정비용을 부담하여야 하고 고정비용만큼 손실을 감수해야 한다. 따라서 생산을 한다면 손실이 아니라 다른 산업에 종사할 때 얻을 수 있는 만큼의 정상이윤은 벌고 있으므로, 생산하는 것이 올바른 결정이다. 이것이 [그림 3-7(b)]에 B'점으로 나타나 있다

가격이 더욱 더 하락하여 P_2가 되었다고 하자. P_2의 가격은 평균비용곡선보다 아래에 있으므로 P_2=MC인 C점에서 산출량 Q_2를 결정할 경우 이 기업은 손실을 볼 것이다. 한 단위당 손실은 Q_2의 산출량에서 평균비용과 가격 간의 수직거리에 해당된다. 그런데 이 기업은 손실을 보면서도 생산을 계속할 것인가? 이 기업은 생산할 때의 손실을 생산하지 않을 때의 손실과 비교하여 의사결정을 할 것이다. 생산을 하지 않는다면 이 기업은 총고정비용만큼 손실을 감수해야 한다. 그런데 C점에서 생산한다면 가격이 평균가변비용(AVC)보다 높으므로, 가격이 산출량 1단위당 가변비용을 보상할 뿐만 아니라, 추가적으로 고정비용의 일부도 보상하고 있다. 따라서 이 기업은 손실극소화를 위해서 생산을 해야 한다. 즉 가격이 P_2일 때 Q_2를 공급할 것이며, 이것은 [그림 3-7(b)]에서 C'점으로 나타난다.

이제 가격이 더욱 더 하락하여 P_1에 이르렀다고 하자. P_1=MC인 D점에서 생산량을 결정해야 하는데, 가격이 정확히 평균가변비용과 일치하고 있다. 즉 가격이 산출 1단위당 가변비용만 보상하고 있으므로, 이 기업이 생산을 계속할 경우 고정비용에 해당되는 손실을 볼 것이다. 따라서 생산을 하나 하지 않으나 고정비용에 해당되는 손실이 발생하므로, 이 기업은 P_1의 가격에서 생산을 중단할 것이다. [그림 3-7(a)]에서 D점을 조업중단점 혹은 생산중단점(shutdown point)이라고 한다.

물론 P_1보다 더 낮은 가격에서는 그 가격이 평균가변비용도 보상하지 못하므로, 즉 생산을 한다면 손실이 총고정비용보다 더 많아지므로, 당연히 생산을 하지 않을 것이다. 따라서 경쟁기업의 공급곡선은 조업중단점보다 위에 있는 한계비용곡선이 된다. 즉 평균가변비용의 최저점보다 위에 있는 MC곡선이 경쟁기업의 공급곡선이 되는 것이다.

이제 산업(시장)의 공급곡선을 유도할 때가 되었다. 산업 전체의 공급곡선은 각 기업의 공급곡선의 수평적 합계이다. [그림 3-8]은 두 기업만으로 구성된 산업을 예시하고 있으며, 조업중단점 이상의 MC곡선으로 표현된 두 기업의 공급곡선은 각각 MC_1, MC_2로 표현되어 있다. 가격이 P일 때 첫째 기업의 공급량은 Q_1, 둘째 기업의 공급량은 Q_2이다. 가격 P에서 산업 전체의 공급량은 두 기업의 공급량의 합계인 Q_1+Q_2이다. 그리고 가격이 P'일 때 첫째 기업의 공급량은 Q_1', 둘째 기업의 공급량은 Q_2'이다. 따라서 가격 P'에서 산업 전체의 공급량은 두 기업의 공급량의 합계인 $Q_1'+Q_2'$이다. 두 점을 연결시키면 산업 전체의 단기공급곡선 S가 도출된다. 개별기업의 한계비용곡선은 항상 우상향하므로, 산업의 단기공급곡선은 항상 우상향한다.

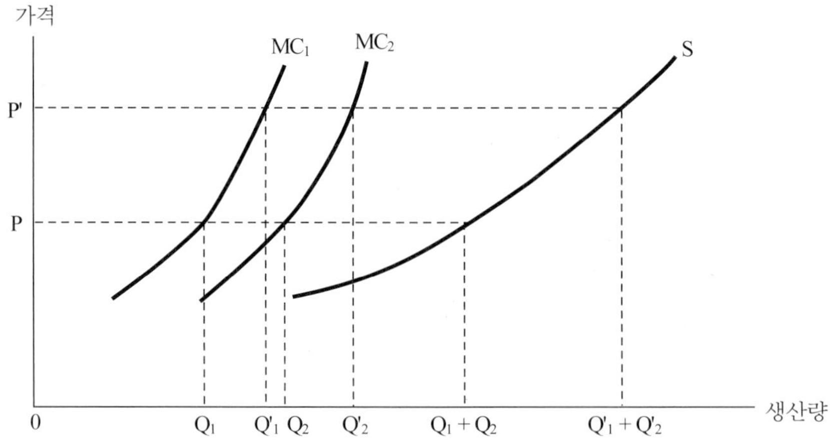

| 그림 3-8 | 산업의 공급곡선

그런데 산업 전체의 공급량이 증가하면 생산요소의 수요가 크게 증가해서 생산요소의 가격은 상승할 수 있다. 그렇게 되면 개별기업의 MC곡선도 상방향으로 이동하게 되고 그 결과 산업 전체의 공급곡선은 보다 급격한 기울기를 가지게 된다. 그러나 [그림 3-8]은 산업 전체의 공급량이 증가해도 생산요소의 가격이 변하지 않는다고 가정하고 산업전체의 공급곡선을 유도하였다.

4 완전경쟁시장의 경제적 성과

완전경쟁시장은 현실적으로 찾아보기가 극히 어려운 시장형태이다. 그럼에도 불구하고 이런 시장이 논의되는 것은 이 시장이 자원배분을 평가하는 표준이 되는 시장이기 때문이다. 아담 스미스의 '보이지 않는 손'의 역할도 완전경쟁시장에서만 제대로 기능을 발휘하며, 이런 역할에 의해서 자원이 최적상태로 배분된다고 볼 수 있다. 사회적 차원에서 자원이 최적상태로 배분되는 기준은 P=MC에서 산출량이 결정되는가에 달려 있다. 완전경쟁시장에서는 가격이 한계비용과 일치하는 데서 기업들이 이윤극대화를 추구한다. 완전경쟁기업들은 자신의 이득을 추구하는 과정에서 본의 아니게 사회적 복지도 증대시키고 있는 것이다. 즉 사회적으로 자원의 효율적인 이용이 이루어진다. 스미스는 이런 현상을 '사익 즉 공익'(私益 卽 公益, private interest, public benefit)이라고 하였다.

그러나 독점이나 과점 혹은 독점적 경쟁시장에서는 후술하는 것처럼 MR=MC에서 생산량을 결정하는데, 이때 가격이 한계수입보다 높아서 P > MC인 상태에서 생산량이 결정된다. 독점이나 과점 혹은 독점적 경쟁기업들은 완전경쟁기업에 비하여 생산량을 줄이면서 가격을 높여서 이윤을 극대화하고 있는 것이다.

완전경쟁시장의 또 다른 이점은 소득분배를 보편적으로 공평하게 만든다는 것이다. 완전경쟁시장에서 초과이윤은 기업의 진입으로 상당히 빠른 속도로 소멸되기 때문에 특정한 기업 혹은 개인이 상당한 이득을 오랫동안 누리는 경우는 극히 드물다. 따라서 개인 간의 소득분배가 상당히 고르게 나타난다. 반면에 독점이나 과점에서는 막대한 이윤을 한 기업이 벌고 있고, 그 이득이 극소수의 소유자들에게 분배되므로 개인 간의 소득분배가 불공평하게 될 가능성이 더욱 커진다. 그리고 이런 소득분배불공평의 심화는 소득 일부의 축적으로 형성되는 부의 분배불공평도 더욱 심화시킨다.

완전경쟁시장의 또 다른 이점은 기업가와 노동자 등 시장참여자들에게 많은 기회를 부여한다. 생산량이 많으므로 취업의 기회가 많아지고, 시장진입에 장애요인이 거의 없으므로 진입의 기회도 많아진다. 반면에 독점 등은 생산량을 줄이는 경우 노동자의 취업의 기회가 상대적으로 적어질 수 있고, 시장진입에 제한이 많으므로 시장진입의 기회도 적어진다.

제 4 장

수요공급이론 및 그 응용

우리는 지금까지 수요곡선과 공급곡선을 도출하는 데 진력하였다. 본 장에서는 이런 수요곡선과 공급곡선을 가지고 시장에서 균형가격이 어떻게 결정되고 어떻게 변동하는가를 살펴본다. 아울러 이런 수요공급이론을 현실에 적용시켜도 보았다.

제 1 절 수요공급이론

수요와 공급은 경제학에서 가장 기본적이면서도 가장 널리 이용되고 있는 분석도구이다. 수요와 공급의 개념을 익히지 않고는 경제학을 전혀 이해하지 못할 것이다.

1 수요

수요의 개념과 그 결정요인

수요(demand)란 어떤 가격에서 특정재화의 어떤 수량을 소비하고자 하는 욕구(desire)로 정의된다. 특히 우리는 여기서 한 소비자의 희망이나 허황된 꿈을 이야기하는 것이 아니라, 특정한 기간 동안 구매력에 의해 뒷받침되는 계획된 지출을 언급하고 있다.

수요의 개념과 관련된 중요한 두 가지 사항이 있다. 첫째로, 수요는 소비자가 구매하고자 하는 욕구를 지칭하며, 이런 욕구는 실현된 것이 아니라 계획된 지출을 의미하고 아울러 지출능력, 즉 구매력을 수반하는 욕구를 지칭한다. 둘째로, 수요는 흐름(flow)의 개념이다. 따라서 소비처럼 하루, 일주일, 한 달, 일 년 등 일정한 기간을 명시하여야 한다.(반면에 일정시점에서 측정될 때 그 개념을 저량(stock)개념이라고 한다)

＊ 흐름과 저량의 개념

흐름(플로우)과 저량(스톡)의 개념은 저수지에 흘러들어오고 흘러나가는 물의 양과 그에 따른 저수지에 저장된 물의 양으로 비유될 수 있다. 저수지에 흘러들어오는 물의 양은 일정기간에 걸쳐서 계측되어야 하며 그리고 저수지에서 흘러나가는 물의 양도 일정기간에 걸쳐서 계측되어야 한다. 이런 물의 양을 흐름의 개념이라고 할 수 있다. 이런 두 가지 물의 양의 차이가 특정시점에서 바로 저수지에 저장된 물의 양을 계측할 수 있게 만든다. 흐름의 개념에 속하는 것으로는 소비, 수요, 공급, 소득, 투자, 국제수지 등이 있고, 저량 개념에는 자본량, 인구, 대외채권 등이 있다. 그런데 이들 흐름과 저량 사이에는 연관성을 갖는다. 이를테면 투자가 쌓여서 자본량이 되고, 국제수지가 쌓여서 대외채무와 채권이 된다.

이런 성격을 갖는 수요는 개별수요(individual demand)와 시장수요(market demand)로 대별되는데, 개별수요는 소비자 개인의 수요이며, 시장수요는 시장 전체의 수요로서 개별수요를 수평으로 합산함으로써 얻어진다.

어떤 재화 혹은 용역에 대한 수요, 특히 시장수요를 결정하는 요인은 상당히 많다. 이런 결정요인은 크게 가격과 비가격 결정요인, 두 가지로 나뉜다. 이때 우리는 용어를 주의 깊게 사용하여야 한다. 가격은 수요량(quantity demanded)에 영향을 주며, 반면에 비가격 결정요인은 수요에 영향을 미친다. 이 경우 수요량은 특정한 가격에서 소비자가 구매하고자 하는 수량을 말하며, 가격의 변화는 수요량의 변화를 유발한다. 반면에 수요는 가격과 수요량 간의 전반적인 관계를 지칭하며, 이런 전반적인 관계의 변화, 즉 수요변화는 비가격 결정요인의 변화에 의해 유발된다.

우리는 가격을 수요의 가장 중요한 결정요인으로 생각하며, 비가격 결정요인은 간접적으로 영향을 준다고 생각한다. 중요하다고 생각되는 비가격 결정요인에는 그 재화를 수요하는 집단의 기호, 그 재화를 수요하는 인구의 규모, 그 재화를 수요하는 집단의 소득과 부, 다른 재화와 용역의 가격, 그리고 미래 가격이나 소득에 관한 예상 등이 있다.

수요함수와 수요곡선 및 수요법칙

이상과 같은 재화에 대한 수요를 결정하는 가격 및 비가격 결정요인과 수요 간의 관계를 일반적인 형태의 수요함수(demand function)로 다음과 같이 표현할 수 있다.

$$Q_n^D = f(P_n;\ T,\ A,\ I,\ P_1,\ \ldots\ ,P_{n-1},\ E) \tag{4-1}$$

여기서 Q_n^D는 N재에 대한 수요, P_n은 N재의 가격, T는 소비자들의 기호, A는 인구, I는 소득과 부, P_1, ⋯, P_{n-1}은 N재 이외의 가격, E는 소득과 가격에 대한 예상을 나타낸다.

그런데 비가격 결정요인들은 간접적으로 수요에 영향을 미치고 있으므로, 단기에는 그 결정요인들이 불변이라고 가정하더라도 무리가 되지는 않을 것이다. 따라서 P_n을 제외한 “다른 요인들이 불변이라면(ceteris paribus)”, 특정한 재화의 수요는 그 재화의 가격에 의존한다. 다음과 같이 아주 간단한 형태로 표현되는 수요함수는 언제나 다른 요인들이 불변이라는 조건을 가정한다(이런 조건을 여건불변의 가정이라 하였다).

$$Q_n^D = f(P_n) \tag{4-2}$$

수요곡선(demand curve)은 (4-2)식으로 표현되는 가격과 수요량 간의 함수관계를 그림으로 표현한 것이다. [그림 4-1]은 제2장에서 유도된 X재에 대한 수요곡선을 그대로 옮겨온 것이며, 그림에서 보는 바와 같이 수요곡선은 우하향하는 기울기를 가지고 있다. 수요곡선이 우하향한다는 것은 X재의 가격이 하락하면 X재의 수요량이 증가하고, 그 반대로 그 가격이 상승하면 수요량이 감소한다는 것을 의미한다. 이와 같이 가격과 수요량 간의 역의 인과관계를 수요법칙(law of demand)이라고 한다.

가격이 하락하면 수요량이 증가한다는 것은 상식적으로도 쉽게 이해될 수 있지만, 그 까닭은 크게 두 가지로 요약될 수 있다. 첫째로 가격이 하락한다는 것은 다른 재화의 가격에 비하여 특정한 재화의 상대적인 가격이 하락한다는 것을 의미한다. 따라서 소비자들은 상대적으로 싸진 특정한 재화에 대한 수요량을 반드시 증대시킨다. 이런 현상을 대체효과(substitution effect)라고 한다.

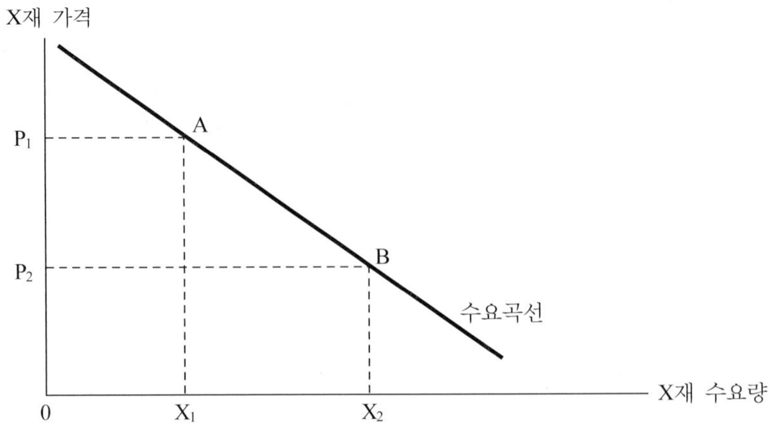

| 그림 4-1 | X재에 대한 수요곡선

둘째로 가격이 하락한다는 것은 전에 비해 더 많은 것을 살 수 있다는 것을 의미하며, 비록 소득은 일정하다고 할지라도 소득이 증가한 것과 동일한 효과를 갖는다. 이런 현상을 실질소득의 증가라고 한다. 이런 실질소득의 증가는 대체적으로 소비자로 하여금 특정한 재화에 대한 수요를 늘리게 만든다. 이런 효과를 소득효과(income effect)라고 한다.

우리는 가격하락에 따라 발생하는 대체효과와 소득효과의 합계를 가격효과(price effect)라고 한다. 가격효과는 가격하락이 수요에 어떤 영향을 미치는가를 언급하는데, 가격하락에 따른 대체효과와 소득효과 모두가 특정재의 수요를 증대시키는 방향으로 나아가므로, 가격하락에 따라 특정재에 대한 수요량은 증가한다.

그런데 실질소득이 증가할 경우 반드시 수요량이 증가하는 것은 아니다. 일반적으로 소득이 증가함에 따라 수요량이 증가하는 재화를 정상재(normal goods)라고 하며, 반면에 수요량이 감소하는 재화를 열등재(inferior goods)라고 한다. 그러나 열등재라고 하더라도 소득효과에 비해 대체효과가 보통 강력하게 나타나므로, 전체효과, 즉 가격효과는 대체효과와 같은 방향으로 나타난다.

그런데 열등재 중에 특수한 기펜재(Giffen's goods)는 대체효과에 비해 소득효과가 더 강력하게 나타나서, 가격이 하락하면 오히려 수요량이 줄어든다. 수요법칙의 예외, 즉 우상향하는 수요곡선의 가능성을 처음 지적한 영국의 경제학자 기펜(R. Giffen, 1837~1910)의 이름을 붙여서, 이런 현상을 기펜의 역설(Giffen's paradox)라고 명명하였다. 그러나 대부분의 경제학자들은 기펜의 역설이 현실적으로 나타날 가능성이 거의 없는 것으로 대개 인정하기 때문에 수요의 법칙은 현실적으로 합당하다.

수요의 변화와 여건

가격의 변화는 수요곡선상에서 수요량의 변화를 유발한다. 그러나 비가격 결정요인들의 변화는 가격과 수요량 간의 전반적인 관계, 곧 수요곡선 자체를 이동시킨다. 이것을 수요의 변화라고 한다. 수요의 변화는 지금까지 "다른 요인들이 불변이라고" 가정하였던 조건들이 변할 때, 즉 여건이 변할 때 발생한다. 수요변화의 요인들을 차례로 살펴보자.

첫째로 기호의 변화를 들 수 있다. 어떤 재화에 대한 소비자들의 선호가 변하면 수요에 영향을 미친다. 예컨대 고등학생이 대학에 입학하면 탁구보다는 당구를 즐길 것이며, 그에 따라 탁구시설에 대한 이용(즉 탁구 서비스에 대한 수요)은 감소하고 반면에 당구시설에 대한 이용(당구 서비스에 대한 수요)은 증가한다. [그림 4-2]에서 당구 서비스에 대한 수요는 P_0의 가격에서 Q_0로부터 Q_1으로 증가한다. 즉 당구 서비스에 대한 수요곡선이 D_0에서 D_1으로 이동하였으며, 이런 현상을 수요증가라고 한다. 반면에 탁구 서비스에 대한 수요곡선은 D_0에서 D_2로 이동한다. 이런 현상을 수요감소라고 한다.

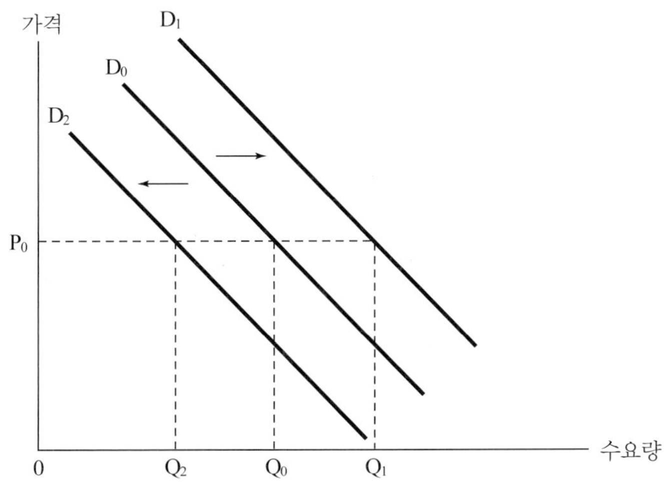

| 그림 4-2 | 여건의 변화와 수요곡선의 이동

둘째로 인구의 변화를 들 수 있다. 시장수요는 개별수요곡선을 수평으로 합산하여 얻어진다. 따라서 어떤 재를 수요하는 사람들의 숫자가 증가하면 시장수요도 당연히 증가할 것이다. 예컨대 음주할 수 있는 법적 연령을 20세에서 16세로 대폭 낮춘다면 맥주에 대한 수요가 증가할 것이다. 물론 여기서 인구의 증가는 단순한 인구 증가가 아니라, 구매력을 갖고 있는 인구의 증가를 의미한다. 이 경우 [그림 4-2]에서 수요곡선이 우측으로 이동할 것이다.

셋째로 소득과 부의 변화를 들 수 있다. 소득이 증가하면 모든 재화에 대한 수요가 증가할 것으로 기대할 수 있지만, 반드시 그렇지는 않다. 소득이 증가함에 따라 그 수요가 증가하는 재화를 정상재라 하였으며, 반면에 소득이 증가함에 따라 그 수요가 감소하는 재화를 열등재라 하였다. 예컨대 보리쌀을 주식으로 하는 가난한 사람은 소득이 증가함에 따라 보리쌀에 대한 수요를 줄이고, 쌀에 대한 수요를 늘릴 것이다. 이 사람에게 보리쌀은 열등재이며, 쌀은 정상재가 된다. 따라서 소득이 증가함에 따라 이 사람의 쌀 수요곡선은 우측으로, 보리쌀 수요곡선은 좌측으로 이동한다. 그런데 정상재와 열등재의 구분은 결코 절대적이 아니다. 최근 건강식에 대한 관심이 증대되면서 소득이 증가함에 따라 쌀의 수요가 감소하고, 오히려 보리쌀에 대한 수요가 증가하고 있다.

한편 부의 변화도 소득의 변화와 유사한 효과를 갖는다. 예컨대 주가폭락이나 부동산가격의 폭락은 그 소유자들을 덜 부유하게 만들기 때문에, 부 소유자들은 정상재에 대한 수요를 줄일 것이다.

넷째로 다른 재화의 가격 변화를 들 수 있다. 많은 경우에 재화는 다른 재화와 보완적이거나 대체적인 관계를 갖는다. 보완재(complementary goods)는 결합하여서 소비되는 재화이며, 이를테면 커피와 설탕이 이에 해당된다. 반면에 대체재(substitute goods)는 다른 재화의 소비를 대신할 수 있는 재화이며, 예컨대 커피와 녹차가 이에 해당된다. 아무런 관계가 없는 경우를 독립재(independent goods)라 한다.

보완재의 가격이 상승한다면, 예컨대 설탕의 가격이 상승한다면, 커피와 설탕을 혼합한 재화(커피 한 잔?)의 가격이 상승한다는 것을 의미하므로, 커피에 대한 수요는 감소할 것이다. 즉 커피의 수요곡선이 좌측으로 이동할 것이다. 반면에 대체재, 예컨대 녹차의 가격이 상승한다면, 녹차 대신에 커피를 더 많이 원할 것이므로 커피에 대한 수요는 증가할 것이다. 즉 커피의 수요곡선이 우측으로 이동할 것이다.

마지막으로 예상의 변화를 들 수 있다. 만약 개인이 미래의 가격상승을 예상한다면, 그렇지 않았다면 연기하였을 행동을 당장에 실행할 수도 있다. 예컨대 내년에 가전제품의 가격이 인상될 것이라고 기대한다면 소비자들은 당장에 가전제품을 사기로 결정할 것이다. 또한 내년 이후에 소득이 계속 증가할 것으로 예상한다면, 그 소비자는 자신의 소득이 증가할 때까지 소비를 연기하지 않고 더 많은 재화를 수요할 것이다. 이런 두 가지 사례는 수요곡선을 우측으로 이동시킬 것이다.

2 공급

공급의 개념과 그 결정요인

공급(supply)은 생산자가 일정한 기간 동안 어떤 수량을 생산해서 판매하고자 하는 의도(intention)를 나타내며, 물론 이런 공급에는 희망이나 꿈이 아니라 실제로 생산할 수 있는 능력까지도 함축하고 있다. 수요와 마찬가지로 공급도 두 가지 특징을 가지고 있다. 첫째로, 공급은 실제로 공급된 수량을 지칭하는 것이 아니라 앞으로 판매하고자 의도하는 수량, 즉 계획된 수량을 나타내며, 그리고 실제로 공급할 수 있는 수량이다. 둘째로 수요와 마찬가지로 일정기간을 명시하여야 하는 흐름의 개념이다.

공급은 개별공급과 시장공급으로 대별되며, 개별공급은 개별기업의 공급을 나타내고 시장공급 혹은 산업의 공급은 개별기업의 공급을 합산한 것이다.

공급, 특히 시장공급을 결정하는 요인은 크게 가격과 비가격 결정요인으로 나눌 수 있다. 우리는 가격을 공급의 주요한 결정요인으로 생각하고 있으며, 수요와 마찬가지로 비가격 결정요인은 여건불변의 요인들로 간주한다. 중요하다고 생각되는 여건불변의 요인들은 기술의 상태, 생산요소의 가격, 공급자의 숫자, 관련된 재화의 가격, 예상 등이다.

공급함수와 공급곡선 및 공급법칙

위에서 언급된 공급에 영향을 주는 요인들과 공급량 간의 관계를 함수형태로 표현하면 일반적인 형태의 공급함수(supply function)를 얻을 수 있다.

$$Q_n^S = f(P_n;\ T, F_1, \cdots, F_m, A, P_1, \cdots, P_{n-1}, E) \tag{4-3}$$

여기서 Q_n^S는 N재의 공급량, P_n은 N재의 가격, T는 생산기술, $F_1, \cdots, F_m$은 각 생산요소의 가격, A는 공급자의 숫자, $P_1, \cdots, P_{n-1}$은 관련된 재화의 가격 그리고 E는 생산자의 예상을 나타낸다. 이제 비가격 결정요인들을 일정하다고 가정한다면, 즉 여건불변이라고 가정한다면, 우리는 공급함수를 간단하게 가격의 함수로 표현할 수 있다.

$$Q_n^S = f(P_n) \tag{4-4}$$

(4-4)식을 그림으로 표현한 것을 공급곡선(supply curve)이라고 하며, 우리는 제3장에서 공급곡선이 (조업중단점보다 위에 있는) 한계비용곡선이라는 것을 이미 알고 있다. 그리고 시장공급곡선은 개별공급곡선을 수평으로 합산한 것이다. 제3장의 [그림 3-8]에 그려진 산업의 공급곡선을 직선으로 바꾸어 약간 변형시켜서 그린 그림이 [그림 4-3]이다.

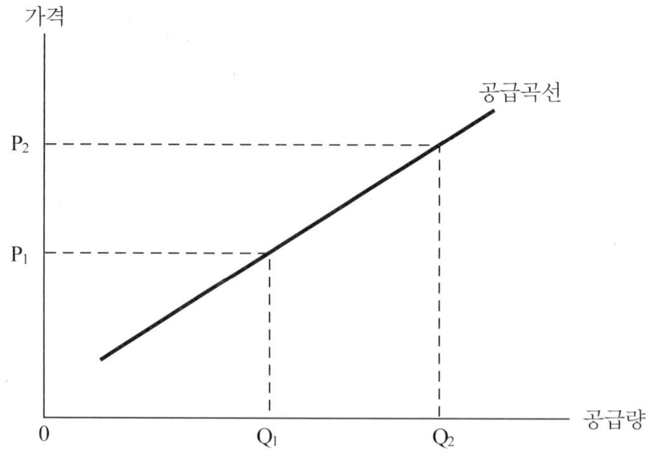

| 그림 4-3 | 공급곡선

공급곡선은 우상향하는 모양을 보여주고 있으며, 이것은 가격이 상승하면 공급량이 증가하고, 가격이 하락하면 공급량이 감소한다는 것을 의미한다. 이와 같이 가격과 공급량 간의 양의 함수적 관계를 공급법칙(law of supply)이라고 한다. 앞 장에서 공급곡선을 도출할 때 평균가변비용의 최저점, 생산중단점보다 위에 위치하는 한계비용이 공급곡선이라고 했다. 따라서 공급법칙이 성립하는 이유는 생산량을 늘림에 따라 한계비용이 상승하기 때문이다. 그렇지만 공급법칙은 언제나 성립하는 것은 아니며, 오로지 완전경쟁시장에서만 단기적으로 성립하는 법칙이다. 고급이론에 접하게 되면 완전경쟁시장에서 장기공급곡선이 우하향할 수도 있음을 알게 될 것이다.

공급의 변화와 여건

공급량의 변화는 가격의 변화에 따라 발생하는 공급곡선상의 이동을 나타내며, 반면에 공급의 변화는 여건의 변화로부터 유발되는 가격과 공급량 간의 전반적인 관계, 즉 공급곡선 자체의 이동을 의미한다. 이제 공급의 변화를 발생시키는 요인들을 검토해 보자.

첫째로 생산기술의 변화를 들 수 있다. 생산기술이 진보하면 주어진 생산량을 생산하는 데 더 적은 비용이 소요되며, 이것은 한계비용곡선을 아래로 이동시킨다. 따라서 [그림 4-4]에서 동일한 공급량을 공급하려면 가격이 더 낮아져도 되므로 공급곡선은 S_0에서 S_1으로 우측 이동한다. 이를 공급의 증가라고 한다.

둘째로 생산요소의 가격변화를 들 수 있다. 예컨대 임금과 같은 생산요소의 가격이 하락한다면 비용이 절감되므로, 한계비용곡선을 아래로 이동시키며, 그에 따라 공급곡선도 우측으로 이동한다. 반면에 생산요소의 가격이 상승한다면 한계비용곡선이 위로 이동하며, 그 결과 동일한 공급량을 공급하려면 더 높은 가격이 요구된다. 즉 공급곡선이 좌측으로 이동한다. 이를 공급의 감소라고 한다.

＊ 기술진보

기술진보는 생산기술이 발전하는 것으로 이해할 수 있으며, 이런 기술진보의 결과는 생산공정의 개선을 통해서 비용의 하락으로 나타날 수도 있고, 품질의 개선으로 나타날 수도 있으며, 기존의 제품을 대체하는 새로운 상품의 출현으로 나타날 수도 있다. 우리는 여기서 비용의 하락만을 기술진보로부터 얻어지는 결과라고 간주했다.

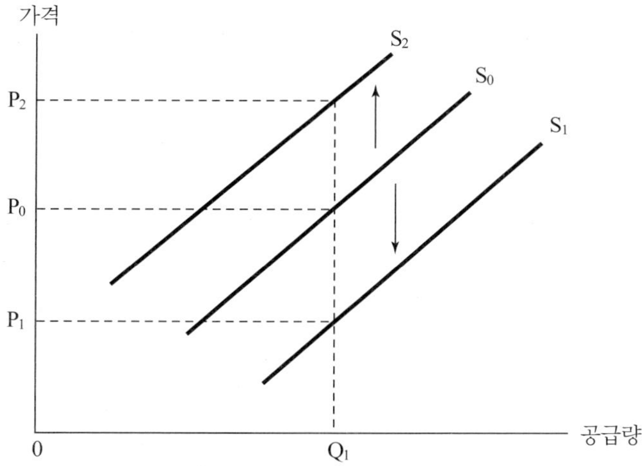

| 그림 4-4 | 여건의 변화와 공급곡선의 이동

셋째로 공급자의 숫자가 변할 수 있다. 공급자의 숫자가 많아지면 증가된 공급자의 한계비용만큼 우측으로 공급곡선이 이동한다. 즉 공급증가가 발생한다. 반면에 공급자의 숫자가 감소하면 공급곡선이 좌측으로 이동한다.

넷째로 관련된 재화의 가격변화를 들 수 있다. 유사한 생산기술이 사용되는 어떤 재화의 가격이 변화하면, 기업은 생산물의 종류를 바꿀 수 있다. 예컨대 만약 아동 의류의 가격이 폭등한다면, 남성 내의를 생산하는 기업은 아동 의류로 생산을 전환할 것이다. 혹은 콩의 가격이 상승할 때 조를 생산하는 농부는 콩을 생산하려 할 것이다.

반면에 생산 공정 하나에서 여러 가지 생산물이 생산되는 결합생산물의 경우에는 공급곡선의 움직임이 다르게 나타날 것이다. 예컨대, 쇠가죽의 가격이 상승한다면 쇠가죽의 공급을 늘리기 위해 소의 도축이 늘게 되고, 그에 따라 쇠고기의 공급도 증가할 것이다. 다른 사례로는 원유로부터 휘발유, 경유, 나프타 등을 추출하는 원유정제산업이 여기에 해당한다.

마지막으로 예상의 변화를 들 수 있다. 여건에 대한 예상 혹은 시장가격에 대한 예상은 공급에 영향을 미칠 수 있다. 이를테면 가격이 인상될 것으로 예상된다면 미래에 공급하는 것이 유리하다. 따라서 생산자들은 현재의 공급을 줄이고 미래의 공급을 증대시킬 것이다. 즉 현재의 공급곡선이 좌측으로 이동한다.

3 시장가격의 결정과 그 변화

균형가격

이제 수요곡선과 공급곡선을 결합해서 균형가격을 결정할 수 있다. 시장균형(market equilibrium)은 소비자가 수요하는 수량과 공급자가 공급하는 수량이 정확히 일치할 때 나타나며, 이런 시장균형에서 나타나는 가격과 수량을 각각 균형가격(equilibrium price), 균형교환량 혹은 균형거래량(equilibrium quantity)이라고 한다.

균형이 어떻게 유도되는지를 [그림 4-5]에 의해 설명하여 보자. 어떤 재화의 가격이 P_1이라고 하자. 이 가격에서 공급량은 AC이고, 수요량은 AB이어서, 공급량이 수요량보다 더 많다. 초과된 공급량이 BC이며, 이를 초과공급량(excess quantity supplied)이라 한다. P_1의 가격에서는 판매하지 못한 생산자들이 있을 것이며, 이들은 가격을 낮추어서라도 판매하고자 할 것이다. 따라서 초과공급량이 존재하면 가격이 하락하는 경향을 보일 것이다. 가격이 하락함에 따라 수요량은 증가하고 공급량은 감소하므로, 초과공급량이 점진적으로 감소할 것이다.

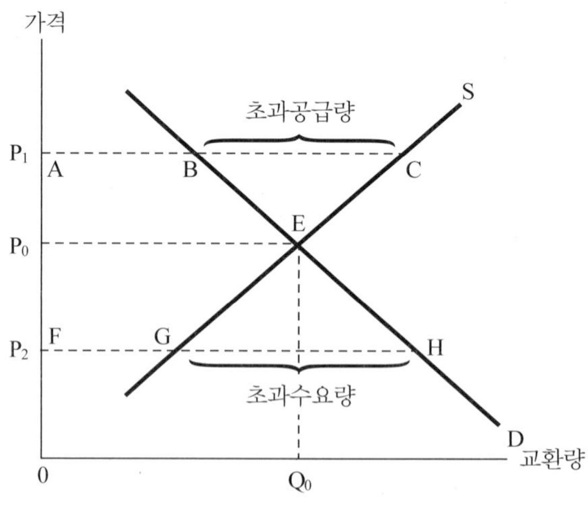

| 그림 4-5 | 균형가격의 결정

반면에 가격이 P_2라면 수요량이 FH이고 공급량이 FG가 되므로, 공급량에 비해 수요량이 더 많게 된다. 이런 초과된 수요량 GH를 초과수요량(excess quantity demanded)이라고 한다. P_2의 가격에선 구매하지 못한 소비자들이 존재할 것이며, 이들은 가격을 올려서라도 재화를 구매하려고 할 것이다. 따라서 초과수요량이 존재하면 가격이 상승하려는 경향을 보인다. 가격이 상승함에 따라 수요량은 감소하고 공급량은 증가하므로, 초과수요량이 점진적으로 작아질 것이다.

따라서 수요곡선과 공급곡선이 교차하는 E점에서 가격이 P_0로 결정된다면, 수요량과 공급량이 정확히 일치하며 가격이 더 이상 변동할 유인을 갖지 않을 것이다. 이런 상태를 균형(equilibrium)이라고 한다. 이런 균형에서는 여건이 변동하지 않는 한 균형이 교란되지 않는다. 이때 형성된 가격을 균형가격이라고 하였으며, 이때 수요되고 공급되는 수량을 균형교환량이라고 하였다.

시장균형의 변화

초과공급량이 나타나면 가격이 하락하려는 경향을 보이고, 초과수요량이 존재하면 가격이 상승하려는 경향을 보인다는 것은 균형가격의 결정에 있어서 대단히 중요한 사실이다. 그런데 여건이 변동하지 않는 한 시장균형은 교란되지 않지만, 여건에 어떤 변화가 발생하면 수요곡선이나 공급곡선이 이동하여 시장균형이 교란되고 그 결과 균형가격도 변동하게 된다. 이제 수요와 공급이 변하여 수요곡선과 공급곡선이 이동하면 균형가격과 균형교환량에 어떤 변화가 유발되는지를 살펴보자.

예컨대 소비자들이 앞으로 어떤 재화의 가격이 상승할 것이라고 예상했다고 가정하자. 이런 예상은 그 재화에 대한 수요를 증가시키고, 그 결과 [그림 4-6]에서 수요곡선을 D_0에서 D_1으로 이동시키며, 그에 따라 초과수요(이때 그 수량을 초과수요량이라고 한다)를 발생시킨다. 초과수요는 균형가격을 P_1을 향하여 하락시키게 하고, 그에 따라 늘어난 수요량은 다소 감소하고 반면에 공급량은 증가한다. 따라서 최종적으로 P_1의 가격에서 수요량과 공급량이 정확히 Q_1이 되고 더 이상의 가격 변동이 나타나지 않는 균형이 달성된다. 반면에 수요의 감소는 균형가격을 P_2로 낮추고 균형교환량도 Q_2로 감소시키는데, 독자들은 여건의 변화가 왜 수요곡선의 그런 이동을 유발하는지를 포함하여 가격 변화와 거래량 변화를 논리적으로 설명해 보기 바란다.

그리고 예컨대 기술진보의 결과로 비용이 감소하면, [그림 4-7]에서 공급곡선이 S_0에서 S_1으로 아래로 혹은 우측으로 이동시키며(공급 증가), 그에 따라 초과공급(이때의 수량을 초과공급량이라고 한다)을 발생시킨다.

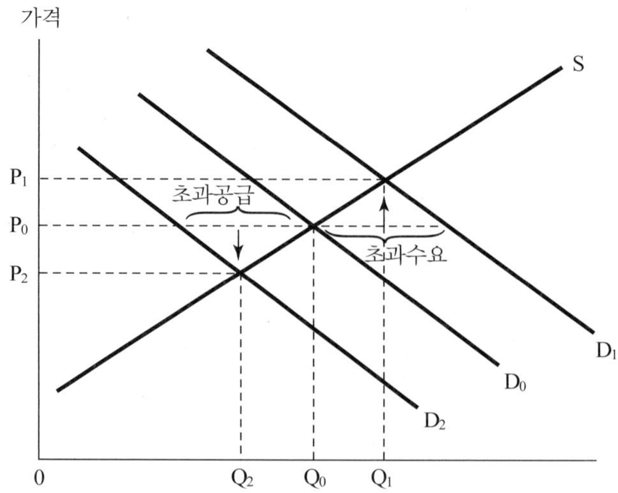

| 그림 4-6 | 수요의 변화

초과공급은 균형가격을 P_1을 향하여 하락하도록 만들며, 그에 따라 수요량을 증가시키고 반면에 늘어난 공급량을 다소 감축시키고, 그 결과 최종적으로 P_1의 가격에서 공급량과 수요량이 정확히 Q_1이 되고 더 이상의 가격 변동이 나타나지 않는 균형이 성취된다. 반면에 공급의 감소는 균형가격을 P_0에서 P_2로 상승시키고 균형교환량을 Q_0에서 Q_2로 감소시키는데, 마찬가지로 독자들은 여건의 변화가 왜 공급곡선의 그런 변화를 유발하는지를 포함하여 가격 변화와 거래량 변화를 논리적으로 설명해 보기 바란다.

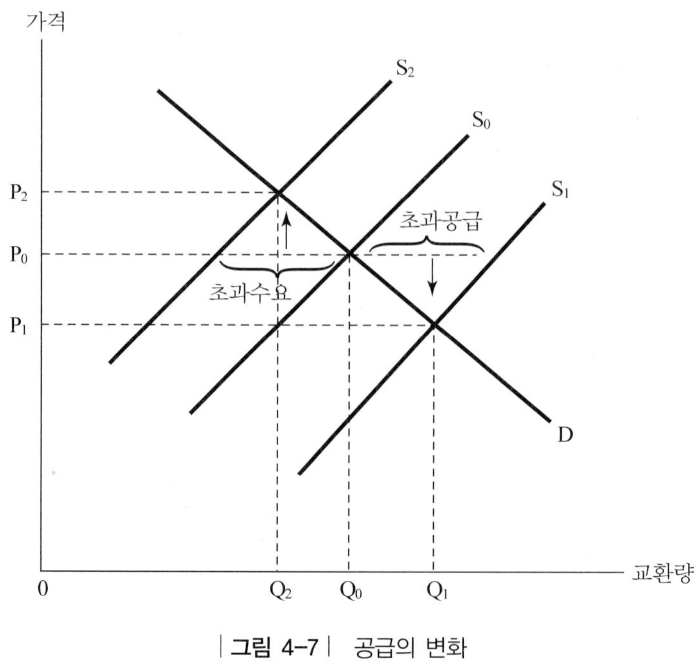

| 그림 4-7 | 공급의 변화

시장균형의 변화와 관련해서 두 가지 중요한 사실이 있다. 첫째로 우리는 여기시 시장에서 형성되는 가격은 항상 균형가격이라고 가정하였다. 현실적으로 균형가격에서 거래되는 사례는 농산물과 수산물 공판장에서 경매인들이 참여하는 경매 정도에 불과하다. 대부분의 시장에서는 불균형가격에서 거래가 이루어지며, 그 결과 초과공급이나 초과수요가 상당기간 잔존한다고 볼 수 있다.

둘째로 우리는 균형이 교란되어도 즉각 새로운 균형가격으로 이동한다고 가정했다. 그러나 실제로는 더 이상의 여건 변화가 없어도 한번 균형이 교란되면 균형으로의 수렴이 상당히 오랜 시간이 소요될 수 있다. 그리고 현실적으로 여건이 계속 변하는 경우가 많기 때문에 균형으로 복귀하기 전에 또다시 수요 혹은 공급곡선이 이동하는 현상이 나타난다. 소위 불균형 상태가 지속되는 것이 일반적일 수 있다.

현실에선 일반적으로 불균형가격에서 거래가 이루어지지만, 이런 불균형분석은 대단히 복잡하며, 이것에 대한 분석은 고급미시경제학에서 연구해야 할 것이다.

4 가격의 기능

시장제도에 근거하는 경제체제는 자본주의이다. 이 체제는 모든 경제가 당면하는 가장 기본적인 문제 즉, 생산물의 종류와 양, 생산방법 및 소득의 분배문제를 시장에서 결정되는 가격에 의해서 해결하고 있다. 이런 가격은 어떤 기능을 가지고 있기에 누구의 간섭 없이도 경제의 모든 문제를 해결할 수 있는가? 가격은 다음의 세 가지 기능을 가지고 있다.

첫째로 정보제공의 기능이다. 어떤 재화의 시장가격은 그 재화의 생산과 소비와 관련된 매우 복합적인 정보를 하나의 가격에 의해서 소비자와 생산자에게 제공한다. 이를테면 소비자의 선호 강도, 소비자의 기호변화, 생산자의 기술변화, 생산요소의 가격변화, 다른 재의 가격변화 등에 관한 정보가 시장가격에 내재해 있는 것이다. 예컨대 어떤 재화의 시장가격이 상승한다는 것은 생산자와 소비자 모두에게 그 재화의 희소성이 상대적으로 커졌다는 복합적인 정보를 제공한다. 비유를 든다면, 보행신호가 초록색으로 바뀌었다면 보행자는 건너도 된다는 정보를 얻는 것과 유사하다.

둘째로 자원배분을 조정하는 기능이다. 시장참여자들은 가격에 내포된 정보에 입각하여 행동한다. 예컨대 어떤 재화의 가격이 오르고 있다는 것은 그 재화의 희소성이 상대적으로 강해졌다는 정보이므로, 생산자는 그 재화의 생산량을 증대시키기 위하여 더 많은 자원을 사용할 것이다. 반면에 가격이 하락하는 재화의 생산에 사용되었던 자원들은 이 재화의 생산에서 이탈할 것이다. 앞의 비유에 따르면, 초록색 보행신호에서 보행자는 안전하다고 느끼면 실제로 건넌다는 것이다. 그렇지만 보행신호에서도 교통사고가 발생할 수 있으므로 불안한 경우에는 잠시 주춤할 수도 있다. 즉 가격이 상승하는 재화 쪽으로 자원이 많이 이동하는 것은 대부분 사실이지만, 가격이 하락하는 재화 쪽에도 자원이 남아있거나 혹은 (기술진보가 빨리 일어나는 산업에선 가격이 하락할 수도 있다) 더 많은 자원이 몰려올 수도 있기 때문이다. 어떻든 시장가격은 자원의 이동 및 자원배분을 조정하는 기능을 갖추고 있다.

셋째로 동기를 유발하는 기능을 갖는다. 자원배분의 기능도 사실상 동기 유발 기능에서 파생했다. 시장가격은 시장참여자들에게 소득분배를 확정짓는 강력한 방법을 제공한다. 많은 소득을 얻기 위하여 시장참여자들은 다른 많은 사람들이 원하는 생산물을 공급하거나 혹은 다른 많은 사람들이 원하는 기술을 개발하길 원할 것이다. 그렇게 해야만 그들은 그들의 행동의 대가로 더 많은 것을 얻을 수 있다. 어떤 재화를 공급하거나 혹은 어떤 기술을 개발하는 것이 유리한가는 결국 어떤 재화의 가격이 더 높은가 혹은 어떤 기술을 보유한 노동의 임금이 더 높은가에 달려 있다.

가격이 왜 이런 기능을 갖는가? 스미스가 『국부론』(1776)에서 언급했듯이 인간만이 교환의 습성을 갖고 있는데, 개개인은 자신의 이기심에 따라 바로 이런 교환 활동을 하기 때문에 가격이 그런 세 가지 기능을 갖게 되었다. 정부나 어느 누구도 개인에게 무엇을 어떻게 하라고 지시하지 않는 체제가 바로 자본주의인데, 이 체제에서는 모든 정보를 함축하는 가격이라는 신호체계에 따라 개개인이 자신의 이익을 위해 자신의 행동을 조정하며, 이런 과정에서 경제의 모든 문제가 저절로 그리고 매우 효율적으로 해결된다.

제 2 절 수요공급이론의 응용

1 최고가격제와 최저가격제

여기서는 정부가 시장에서 결정되는 가격에 간섭할 때 이런 간섭이 경제에 어떤 문제를 야기하며, 그리고 이런 문제의 해결책은 무엇인가를 검토한다.

최고가격제와 암시장

최고가격제(price ceilings)는 시장에서 결정되는 균형가격보다 낮은 가격에서 가격의 상한을 정하여 그 이상의 가격에서는 상품의 거래를 금지하는 제도이다. [그림 4-8]에서 가격결정이 시장에 위임되면 균형가격 P_e가 결정된다. 그런데 정부는 이런 균형가격이 너무 높다고 생각하여 최고가격 P_c를 정하여 그 이하의 가격에서만 거래가 이루어지도록 하였다. P_c에서는 공급량이 Q_s인데 반하여 수요량은 Q_d이어서 초과수요, 즉 공급부족이 발생한다. 가격상한이 존속하는 한 이런 공급부족은 지속될 것이며, 공급부족의 근본적인 원인은 최고가격이다.

최고가격이 유지되는 한 공급부족은 지속되며, 정부는 가격 이외의 다른 방법에 의해서 누가 부족한 상품을 사용할 것인가를 결정하여야 한다. 예컨대 배급제, 선착순, 판매자선호 등의 방법이 도입될 것이다. 그러나 어떤 방법을 동원하더라도 초과수요는 해결되지 않을 것이며, 궁극적으로 암시장(black market)이 등장할 것이다. 이런 암시장은 설정된 최고가격보다 높은 가격에서 상품이 거래되는 불법적인 시장을 지칭한다.

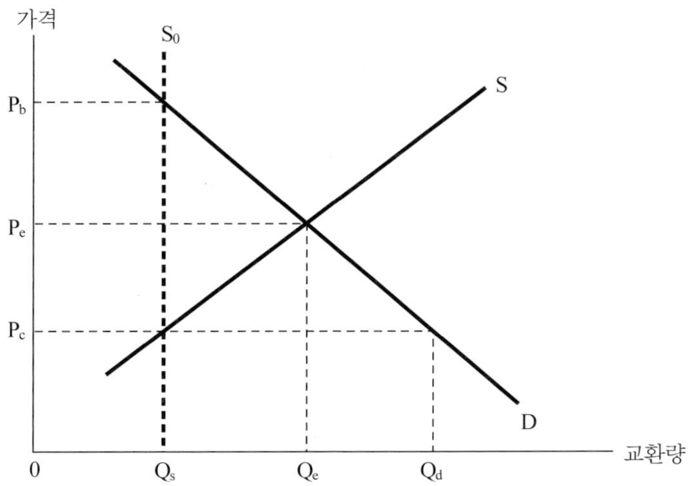

| 그림 4-8 | 최고가격제와 암시장가격

만약 상품이 전부 암시장에 출하된다면(이것은 달리 말하면 공급곡선이 S_0로 수직인 경우와 동일할 것이다), 가격은 P_b까지 상승할 것이다. 비록 암시장이 불법적인 시장이기는 하지만 암시장은 P_c보다 높은 가격에서 수요하고자 하는 사람들에게 자원(상품)을 배분할 수 있다는 면에서 암시장도 부분적으로나마 효율적인 자원배분의 기능을 수행하고 있는 것이다.

*** 최고가격제의 사례**

최고가격제는 1960년대에 미국의 케네디 정권 때 물가상승을 억제하기 위하여 실시된 적이 있으나, 실패했으며, 우리나라에서는 1980년대 제5공화국 독재정권 하에서 실시하여 물가를 2~3% 수준으로 낮추는 데 성공했다. 그리고 그 이후 민주화가 진행되면서, 시내버스, 택시, 전기료 등의 일부 품목에서 최고가격제 성격의 정책이 서민생활 보호라는 명분하에서 아직도 시행되고 있다.

암시장을 발생시키는 최고가격제의 정당성은 어디에 있는가? 전쟁 혹은 천재지변과 같은 긴박한 용도에 자원과 인력을 사용하기 위하여 소비를 줄여야 하는 특별한 경우를 제외한다면, 최고가격제의 실시는 암시장을 발생시키고 아울러 가격을 균형가격 이상으로 높이므로 바람직한 정책이라고 볼 수 없다. 따라서 자유시장에 자원배분을 위임시키는 것만이 공급부족을 해결하는 유일한 방책이다. 특히 최고가격제의 최대의 문제점은 가격의 상한제가 저소득집단에게 혜택이 돌아간다기보다는 영향력을 가지거나 권력을 보유한 집단들에게 그 혜택이 돌아간다는 것이다. 즉 배급제에서 많은 수량을 배급받을 수 있는 권력을 보유하였거나 공급자를 잘 알기 때문에 특별히 할당받을 수 있는 사람들은 최고가격제를 선호할 것이다.

최저가격제와 농산물가격지지정책

최저가격제(price floors)는 시장에서 결정되는 균형가격보다 높은 수준의 가격을 책정하고 그 이상의 가격에서만 거래가 이루어지도록 하는 제도이다. 이 제도의 대표적인 사례는 농산물가격지지정책과 최저임금제이다. [그림 4-9]는 농산물가격지지정책의 결과를 예시하고 있다. 수요공급에 의해 결정되는 균형농산물가격이 농가의 적절한 소득을 보상하는 데 불충분하다고 생각한 정부는 균형가격 P_e보다 더 높은 P_f에서 농산물가격을 지지하려고 노력할 것이다. 이런 최저가격은 $Q_s - Q_d$만큼의 초과공급, 즉 공급과잉을 유발한다. 물론 이런 공급과잉은 최저가격에 의해 유발되며, 이런 제도가 유지되는 한 공급과잉은 언제나 발생한다.

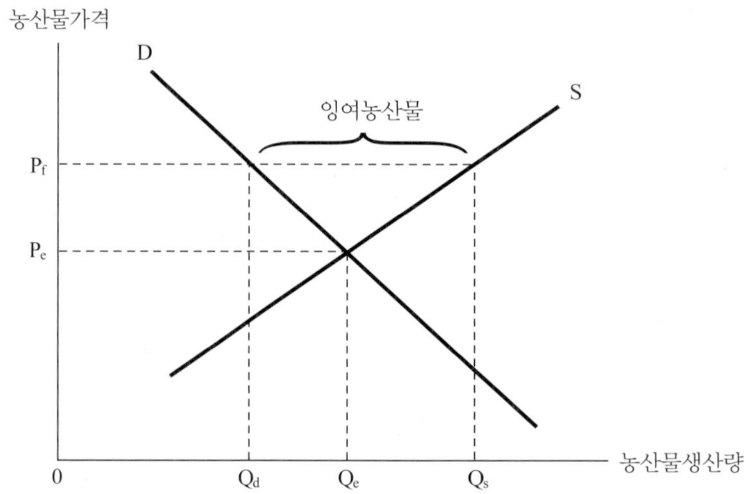

| 그림 4-9 | 농산물가격지지정책

이런 공급과잉을 해결하는 방안은 정부가 잉여농산물을 수매하는 것이다. 그 결과 농가의 총수입은 $Q_d \times P_f$로 표현되는 민간의 수요와 $(Q_s - Q_d) \times P_f$로 표현되는 정부부문의 구매로 구성된다. 원래의 농가 총수입 $Q_e \times P_e$에 비하면 엄청난 수입의 증가가 나타난다. 이런 농가의 수입 증가는 농업생산을 자극하지만, 이런 제도를 채택하는 나라에서는 농산물의 과잉생산과 더불어 재정적자의 누적이 유발되었다.

*** 후진국의 농산물 최고가격제**

농산물가격지지정책은 공급자를 보호하는 정책이며, 최고가격제는 소비자를 보호하는 정책이다. 과거 후진국에선 빈곤층을 보호하려는 목적으로 농산물에 대해 최고가격제를 실시했는데, 그 결과 농산물 생산이 감소하고 농가수입이 엄청나게 감소했으며, 그 결과 농업국가에서 농산물이 부족하여 기아가 만연하는 아이러니가 발생했다. 왜 그렇게 되는지를 독자들은 [그림 4-8]을 이용하여 설명해 보기 바란다.

농산물가격지지정책은 미국에서도 실행되었으며, 그리고 미국은 1960~70년대에 자본주의 이데올로기를 수출하기 위하여 남아도는 잉여농산물을 자본주의를 채택한 후진국 원조에 이용했고, 우리나라도 그런 혜택을 누렸다. 우리나라는 1970년대 이후에 농산물가격지지정책을 통해서 적어도 쌀을 자급자족하고 또한 농가소득을 향상시키는 데 크게 기여했다.

최저임금제

[그림 4-10]에서 임금은 종축에, 노동수요량과 노동공급량은 횡축에 측정되며, 그리고 공급곡선 L^S와 수요곡선 L^D는 각각 노동자들의 노동공급곡선과 기업들의 노동수요곡선을 나타낸다. 노동수요곡선이 우하향한다는 것은 실질임금(w)이 하락함에 따라 기업의 노동수요가 증가한다는 것을 의미하며, 반면에 노동공급곡선이 우상향한다는 것은 실질임금이 상승함에 따라 노동자들의 노동공급이 증가한다는 것을 의미한다. [그림 4-10]에서 임금의 결정을 노동시장에 위임하면 균형임금 w_e와 균형고용량 L_e가 결정된다. 이 임금에서 고용되기를 원하는 노동자들은 모두 고용된다.

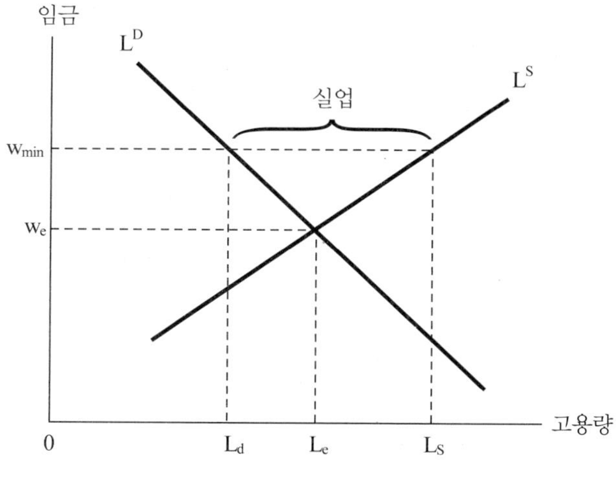

| 그림 4-10 | 최저임금제와 실업

그런데 정부는 이런 균형임금이 노동자들의 최저생활의 유지에 부적절하다고 생각하고 최저임금을 설정한다. 최저임금(minimum wage)은 노동시장에서 결정되는 균형임금(P_e)이 노동자의 생계유지에 불충분하다고 생각한 정부가 설정한 최저한도의 임금(w_{min})이며, 이런 임금은 [그림 4-10]에서 노동의 초과공급, $L_s - L_d$를 유발한다. 즉 실업을 발생시킨다. 이때 발생하는 실업의 해결책은 실업자들이 최저임금제가 적용되지 않는 직종에서 일자리를 탐색하거나 혹은 자영업을 운영하는 것이지만 완전한 해결책이라고 할 수 없다.

경제학자들은 최저임금제의 실시가 노동자의 생활수준을 향상시킬 수 있어서 바람직하다고 생각하지만, 또한 실업률을 높인다는 데에도 동의하고 있다. 그럼에도 불구하고 최저임금제가 실행되고 있는 것은 실증경제학적 분석의 결과라기보다는 다른 정치적 판단에 근거하고 있다. 소위 이익집단들의 강력한 요구가 바로 그것이다. 최저임금제로 실업이 증가하는 것은 사실이지만, L_d에 소속된 노동자나 강력한 노동조합의 조합원들은 최저임금제로부터 이익을 얻고 있으므로, 이들의 요구가 정치집단에게 영향을 주고 그에 따라 최저임금제가 채택되는 것이다. 환언하면 경제학은 최저임금제가 고용을 감소시킨다고 예측하지만, 정치적으로 우리는 균형임금률에서 원하는 사람들이 전부 고용되기보다는 더 높은 임금률에서 더 적은 사람들이 고용되기를 선택할지도 모른다.

2 농산물가격파동

배추, 무, 수박, 감귤 등의 농산물의 가격이 매년 들쭉날쭉 하여, 농가는 어느 연도에는 엄청난 수입을 얻을 수도 있지만 다른 연도에는 가격폭락으로 영농비도 제대로 건지지 못하기도 한다. 이 문제도 수요공급이론에 의해 해명될 수 있다.

이 문제에 접근하기 위해선 수요곡선과 공급곡선의 탄력성에 관한 설명이 약간 필요하다. 가격이 하락할 때 수요량이 크게 늘어나면, 즉 수요량이 민감하게 반응하면 그 수요곡선은 탄력적이라고 하며, 수요곡선은 상대적으로 (정확하지는 않지만) 완만한 기울기를 갖는다. 반면에 가격이 하락할 때 수요량이 별로 늘어나지 않으면, 즉 수요량이 민감하게 반응하지 않으면 그 수요곡선은 상대적으로 비탄력적이라고 하고, 수요곡선의 기울기는 대체적으로 가파른 기울기를 갖는다. 공급곡선의 경우에도 가격이 상승할 때 공급량이 크게 증가하면 공급곡선이 탄력적이라고 하며, 공급곡선은 상대적으로 완만한 기울기를 갖는다. 반면에 가격이 상승하여도 공급량이 별로 증가하지 않으면 비탄력적이라고 하며, 공급곡선은 대체적으로 가파른 기울기를 갖는다.

농산물가격파동의 원인은 첫째로 농산물 특유의 저장 불가능성에서 기인하며(저장성이 뛰어난 농산물은 가격파동이 상대적으로 심하지 않다), 둘째로 농산물에 대한 수요가 대단히 비탄력적이라는 것이다. 첫째의 원인은 배추, 무, 수박, 감귤 등의 농산물은 저장성이 매우 낮으므로, 생산과 동시에 판매되어야 하며, 그 결과 이런 농산물의 공급곡선은 극단적으로 표현하면 수직으로 표현할 수 있다. 즉 가격의 변화와 관계없이 이들 농산물의 공급은 그 연도의 작황에 의존한다. [그림 4-11]에서 평년작일 때에는 공급곡선이 S_0로, 흉작일 때에는 공급곡선이 S_1으로, 풍작일 때에는 S_2로 표현되었다. 둘째 원인은 수요곡선이 가파른 기울기를 갖는 것으로 표현된다. 즉 가격이 하락하여도 수요량이 별로 늘어나지 않기 때문에 수요곡선은 가파르게 된다. 일반적으로 생활필수품의 수요곡선은 비탄력적이다.

수요공급이론에 따르면, 평년작인 연도에는 S_0의 공급곡선과 D의 수요곡선이 교차하는 데에서 P_0의 가격이 결정되며, 이때 농가의 총수입은 $Q_0 \times P_0$이다. 이제 흉작으로 공급곡선이 S_1으로 이동한 연도에는 가격이 P_1으로 대폭적으로 상승하며 농가의 총수입도 $Q_1 \times P_1$으로 대폭 증가하였다. 반면에 풍작으로 공급곡선이 S_2으로 이동한 연도에는 가격이 P_2로 폭락하여 농가의 총수입은 $Q_2 \times P_2$로 대폭 감소하였다.

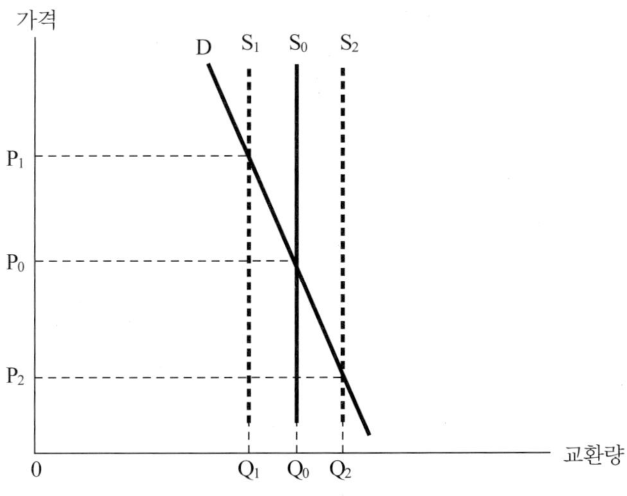

| 그림 4-11 | 농산물 가격파동

이와 같이 농가수입이 큰 폭의 변동을 보이는 것은 농산물에 대한 수요가 대단히 비탄력적이라는 데에서 그 원인을 찾을 수 있다. 따라서 풍작일 때 농산물 생산이 증가하는 경우에도 가격 하락에 따라 농산물의 수요가 폭발적으로 증가한다면 가격 하락이 별로 크지 않지만, 불행하게도 가격 하락에도 불구하고 수요가 별로 증가하지 않음으로 인하여 가격 하락폭이 크게 되었다. 그 결과 풍작이었을 적에 농가의 수입이 대폭적으로 줄어들고 반면에 흉작일 때 오히려 농가수입이 많아지는 역설적인 현상이 나타난다.

3 보건의료경제학

소득수준의 향상과 식생활패턴의 변동은 사람들로 하여금 건강에 관심을 갖게 만들고 나아가서는 보건의료(health care)에 대한 수요를 증대시키고 있다. 아울러 양질의 의료서비스가 제공됨과 동시에 의료수가가 계속적으로 상승하는 현상을 보여주고 있다. 보건의료수가의 상승 역시 수요공급이론에 의하여 분석할 수 있다.

[그림 4-12]의 보건의료시장에서 보건의료에 대한 수요곡선 D_0와 공급곡선 S_0가 교차하는 점에서 균형의료수가 P_0가 결정된다. 그런데 이런 의료수가가 최근에 점진적으로 상승하는 경향을 보이고 있다. 의료수가가 P_1으로 상승하는 현상은 공급측면과 수요측면에서의 여건변동에 의해 설명된다. 우선 공급측면에서는 병원과 의사들이 그들이 공급하는 의료의 질을 향상시켰다고 볼 수 있다. 즉 진단설비, 외과수술설비 혹은 치료설비에서 엄청난 기술진보가 계속적으로 이루어져 왔고, 의료의 질을 향상시키기 위하여 이런 장비들을 계속 도입하여야 했으며, 그리고 그 가격은 계속적으로 상승해 왔으며, 그 결과 보건의료를 공급하는 비용을 상승시켰다. 또한 의사와 간호사 등에 대한 인건비의 상승도 보건의료를 공급하는 비용을 증가시켰다. 따라서 첨단의료설비의 설치와 인건비의 상승은 공급곡선을 S_0에서 S_1으로 상방향 이동시키고 있다.

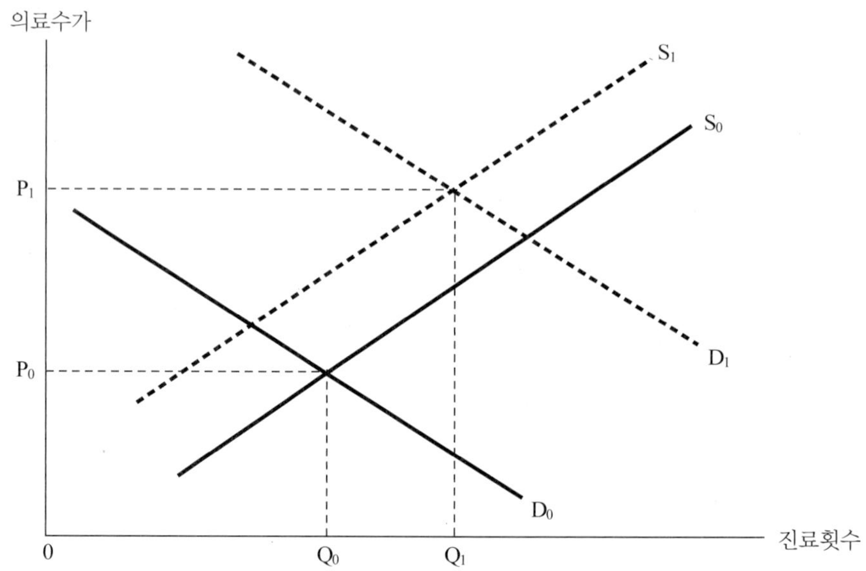

그림 4-12 보건의료시장

반면에 수요측면에서도 여건의 변화가 발생하였다. 첫째로 국민들의 소득수준이 점진적으로 증가하고 있다. 보건의료는 정상재라고 할 수 있으며, 그 결과 소득의 증가는 당연히 보건의료에 대한 수요를 증대시킨다. 둘째로 의료보험제도의 도입 및 적용대상의 확대이다. 처음에는 직장 중심으로 나중에는 전국민을 대상으로 하는 의료보험의 확대실시는 보건의료에 대한 수요를 증대시켰다. 즉 국민들의 진료비부담이 전에 비해 낮아졌으므로, 동일한 진료수가(의료보험공단 부담액 + 본인부담액)에서 국민들의 보건의료에 대한 수요는 증가한다. 셋째로 보건의료서비스의 질 향상은 인간의 생명을 연장시킴으로써 추가적인 수요를 창출한다. 즉 보건의료가 잘 수행됨에 따라 생명이 연장되고, 인구가 점차 고령화됨에 따라 고령인구에 대해서는 더 많은 보건의료가 요구된다. 대체적으로 이런 세 가지 원인으로 인하여 보건의료에 대한 수요곡선이 D_0에서 D_1으로 우측 이동하였다.

*** 선택적 의료보험의 필요성**

암, 중화상, 신장 투석 등 중병에 대한 진료비 무료화는 중산층 이하의 환자 및 가족들의 경제적 부담을 완화하기 위해선 반드시 필요하다. 이를 위해선 중병에 대해선 모든 사람들이 가입해야 하는 의무적인 의료보험, 반면에 경증의 병에 대해선 본인이 선택하도록 하는 선택적 의료보험과 같은 제도 개선이 필요하다. 중병과 경증의 병에 대한 정확한 구분은 있을 수 없으나 임의적으로 분류하고 점진적으로 조정해 가는 방안이 있을 수 있다. 가장 비참한 삶은 아파도 치료비가 없어서 그냥 죽어야만 하는 상황이라고 할 수 있으며, 인간의 존엄을 위해선 의료보험제도의 개혁은 꼭 필요하다고 본다.

이런 수요곡선과 공급곡선의 이동으로 인하여 보건의료수가는 [그림 4-12]에서 보는 것처럼 크게 상승하고 있다. 그리고 이런 상승추세는 앞으로도 지속될 것으로 예측된다. 이런 의료수가의 상승에 어떻게 대처해야 하는가? 이 문제에 대해선 두 가지를 생각해 볼 수 있다. 첫째는 가격통제, 즉 최고가격제를 실행하여 의료수가의 상승을 억제하는 것이다. 이런 방법은 최고가격제의 문제점인 보건의료의 공급부족이 명백하게 유발될 것이며, 아울러 보건의료의 질 저하가 수반될 것이다. 반드시 이런 문제를 야기한다고는 볼 수는 없지만 최고가격제의 대표적인 형태는 맹장, 제왕절개, 치질 등의 수술에 대한 포괄의료수가제일 것이다. 둘째의 방법은 의료보험제도의 확대실시이다. 즉 의료보험이 적용될 수 있는 진료의 범위를 확대하고, 환자의 본인 부담비율을 줄이는 방법이다. 이에 수반되는 비용은 의료보험공단이 보다 누진적인 보험료를 부과함으로써, 즉 고소득층에게 더 많은 보험료를 부과함으로써 혹은 재정부문이 일부를 부담함으로써 조달할 수 있을 것이다.

4 조세부담의 귀착

정부는 지출재원으로 대부분 조세에 의존한다. 대표적인 조세로는 거래되는 상품에 과세되는 간접세와 소득에 대해 과세되는 소득세가 있다. 여기서는 부가가치세, 특별소비세, 담배세 등과 같이 물품에 과세되는 간접세의 경제적 효과를 살펴보자.

상품 한 단위당 일정액이 부과되는 조세를 종량세(ad valorem tax)라고 하며, 상품 가격의 일정비율을 과세하는 조세를 종가세(specific tax)라고 하는데, 종가세가 보편적인 조세이나 분석의 편의를 위해 종량세를 가정하였다. [그림 4-13]에서 조세가 부과되지 않는 경우 수요곡선 D와 공급곡선 S_0가 교차하는 데서 균형가격 P_0와 균형교환량 Q_0가 결정된다. 이제 상품 한 단위당 t원의 조세가 부과되고, 부과된 조세는 생산자가 세무당국에 납부하여야 한다고 가정하자. 조세의 부과는 생산자에게는 비용의 상승과 동일한 효과를 갖는다. 그 까닭은 일정량을 판매할 때 수취해야 하는 액수가 생산비용에 추가해서 이제는 조세까지 포함시켜야 하기 때문이다. 따라서 조세만큼 정확히 공급곡선을 상방향으로 이동시킨다. 즉 공급곡선이 S_0에서 S_1으로 이동한다.

[그림 4-13]에서 새로운 공급곡선 S_1과 수요곡선이 교차하는 곳에서 새로운 균형가격 P_1과 균형교환량 Q_1이 결정된다. 그런데 조세가 한 단위당 t원 부과되었을 때 생산자가 조세를 전부 부담하는 것이 아니라 일부는 물론 생산자가 부담하고, 나머지 일부는 소비자가 부담한다. 즉 생산자가 소비자에게 조세부담의 일부를 전가시키고 있다. 이를 조세의 전가(tax shifting)라고 한다. 우선 소비자는 조세가 없었을 적에 P_0의 가격을 지불하다가 조세부과로 인하여 P_1의 가격을 지불하고 있으므로 P_1-P_0원이 소비자의 부담액이다. 반면 생산자는 원래 한 단위당 P_0원을 수취하였으나 이제는 P_1원을 수취하지만 이중 t원을 조세로 납부하여야 하므로 조세를 납부한 연후에 생산자가 수령하는 금액은 한 단위당 P_2원이다. 따라서 생산자가 부담하는 조세는 P_0-P_2가 된다.

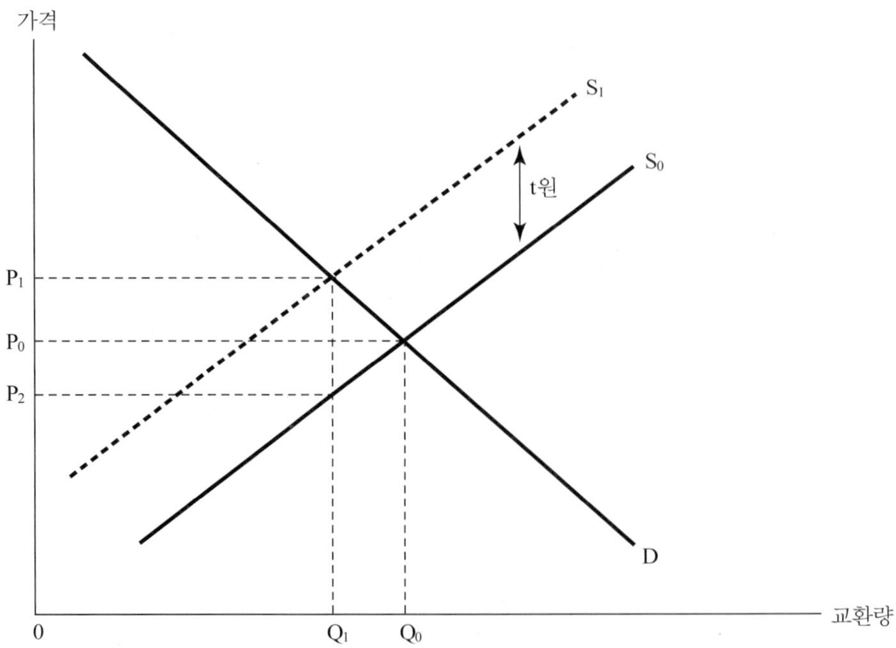

| 그림 4-13 | 조세부담의 귀착

부과된 물품세를 누가 종국적으로 부담하는가를 조세부담의 귀착(tax incidence)이라고 하는데, [그림 4-13]에서는 소비자와 생산자의 부담이 거의 비슷하게 나타나 있다. 그러나 공급곡선과 수요곡선의 기울기에 따라 소비자와 생산자의 부담이 달라진다. 공급곡선이 주어진 상태에서 수요가 탄력적일수록, 즉 수요곡선의 기울기가 대체적으로 완만할수록 소비자의 부담은 적어진다. 반면에 수요곡선이 주어진 상태에서 공급이 탄력적일수록, 즉 공급곡선의 기울기가 대체적으로 완만할수록 소비자의 부담은 커진다. 이 문제에 대한 연습은 독자들에게 맡긴다.

＊ 간접세의 역진성

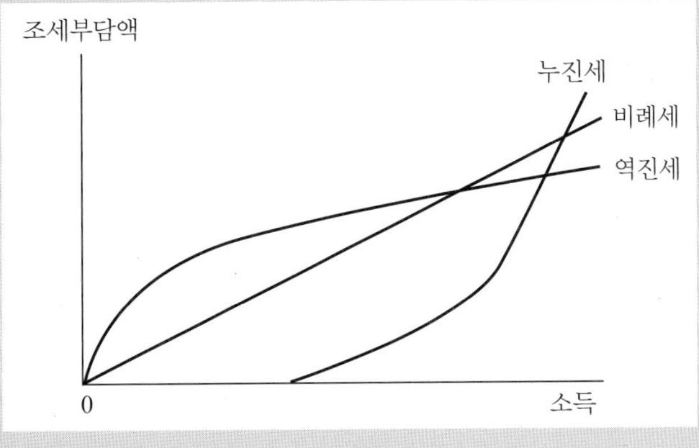

소득에 대한 조세의 부담 비율을 '담세율'(=조세/소득)이라고 하는데, 소득이 증가함에 따라 담세율이 일정하면 '비례세', 담세율이 증가하면 '누진세', 담세율이 감소하면 '역진세'라고 한다. 소득세는 일반적으로 누진세의 형태를 취하며 소득이 많을수록 조세를 비례 이상으로 부담하므로 선진적인 조세제도라고 할 수 있으나 조세저항이 강하다는 단점이 있다. 반면에 간접세는 소득이 낮을수록 조세를 많이 부담하는 역진세 형태를 취하며 빈곤층에 더 많은 세금을 부담시키는 후진적인 조세제도이나 조세저항이 약하다는 장점을 갖는다.

제 5 장

독과점시장과 시장실패

본 장에서는 자본주의 경제체제가 의존하는 시장제도 중에서 독점과 과점이 분석된다. 지금까지의 논의의 과정에서 우리는 완전경쟁시장을 암묵적으로 혹은 명시적으로 가정하였다. 그러나 현실의 경제에서는 과점이나 독점적 경쟁시장이 보편적인 시장형태이다. 독점은 완전경쟁과 같이 현실적으로 많이 볼 수 있는 시장은 아니지만, 완전경쟁에 대비되는 시장형태로서 고려하고 있으며, 정책적인 시사점을 많이 얻을 수 있다.

그리고 자본주의 경제체제가 시장에 의해 모든 문제를 해결하고 있지만, 시장만으로는 해결이 불가능한 경제현상들이 존재하고 있다. 이와 같이 시장이 해결할 수 없는 경제현상들을 시장실패라고 하며, 이의 해결을 위해선 정부 간섭이 정당화되고 있다. 이때의 경제정책이 미시경제정책이다.

제 1 절 독점시장

1 독점의 특징과 그 발생 원인

독점(monopoly)이란 밀접한 대체재가 없는 어떤 재화에 대한 수요자는 무수히 많지만, 그 재화의 공급자가 하나인 그런 시장형태를 지칭한다. 즉 독점이 성립하기 위해선 밀접한 대체재가 없어야 하고, 또한 공급자가 1인이어야 한다. 물론 공급자가 2인 이상이라면 당연히 독점이 아니겠지만, 밀접한 대체재가 존재하여도 그 시장은 결코 독점시장이 아니다. 따라서 독점은 공급자가 1인이어야 하고 또한 밀접한 대체재가 존재하지 않아야 한다는 두 가지 특징을 가지고 있다.

완전경쟁과 마찬가지로 순수 독점도 실제 세계에서는 존재하지 않는 이론적인 모형이다. 그러나 이 이론은 실제 세계의 상황을 검토하거나 이해하기 위한 도구로서는 여전히 유용하다. 독점을 현실적으로 발견하기는 곤란하지만, 실제로 독점력(monopoly power)을 가졌다고 언급할 수 있는 기업들은 무수히 많다. 이런 기업들에 대해선 독점이론의 응용이 가능하다. 독점력이란 순수 독점모형에서 예측되는 몇몇 경제적 효과를 실행할 수 있는 능력을 지칭한다. 그 중에서 가장 중요한 경제적 효과는 기업의 이윤을 극대화하는 가격을 임의대로 설정할 수 있는 능력이다. 이런 능력을 가진 기업을 가격설정자(price setter)라고 하며, 이런 기업은 이윤을 극대화하는 가격과 생산량 혹은 판매량의 조합을 발견하려고 노력한다. 따라서 독점의 또 다른 세 번째 특징은 가격을 임의대로 조정할 수 있는 독점력을 가지고 있다는 것이다.

*** 시장에 따른 독점력의 정도**

독점력은 자기 마음대로 가격을 설정할 수 있는 능력을 나타낸다. 독점 공급자는 가격을 마음대로 설정할 수 있으므로 가장 독점력이 크다고 볼 수 있으나, 잠재적 경쟁자들을 고려해서 가격을 설정해야 한다. 왜냐하면 너무 높은 가격과 그에 따른 막대한 독점이윤은 잠재적 경쟁자들이 실제로 시장에 진입해오게 만드는 유인이기 때문이다. 과점시장에선 다른 경쟁자들의 눈치를 살펴야 하기 때문에 독점력이 독점시장에 비해 다소 약화되며, 독점적 경쟁시장에선 독점력이 아주 약간 남아 있을 정도이다. 반면에 완전경쟁시장에선 독점력이 전혀 존재하지 않는다.

이런 독점이 왜 발생하겠는가? 가장 중요한 첫째의 원인은 규모의 경제이다. 규모의 경제는 생산량이 증대함에 따라 장기적으로 평균비용이 하락하는 현상을 말한다. 시장 전체의 수요량을 충족시키고도 남을 만큼의 생산규모에 이를 정도로 규모의 경제가 대규모로 나타난다면, 여러 기업이 생산하는 것보다는 한 기업이 생산하는 것이 유리하다. 그러나 만약 규모의 경제에 비해 시장규모가 더욱 더 커진다면 여러 기업이 생산하는 것이 유리하며, 그에 따라 독점이 종식될 수 있다. 따라서 독점이 성립하려면 시장규모에 비해 규모의 경제가 크게 나타나야 한다. 그리고 특히 규모의 경제가 지속적으로 나타나서 자연히 한 기업이 독점하게 되는 현상을 자연독점(natural monopoly)이라고 한다. 일반적으로 설비투자와 시장규모가 대단히 큰 시장, 예컨대 전력, 철도, 수도 등의 공익사업이 이에 해당된다.

둘째로 특허권에 의해 다른 기업의 진입이 원천적으로 봉쇄되거나 혹은 법적으로 특정기업에게 전매권이 부여되는 경우에 독점이 발생한다. 기업의 연구개발에 의해 새로운 물질이나 새로운 상품을 개발한 경우에 특허가 정부에 의해 주어지면, 새로운 물질 혹은 상품에 대해서 독점적으로 생산할 수 있는 권한이 주어지며, 그에 따라 독점이 형성된다. 그리고 우리나라의 담배인삼공사에게 담배와 홍삼에 대한 전매권이 부여되었기 때문에 독점이었지만, 지금은 과점시장으로 변모했다.

그 외에도 특정 상품을 만드는 데 필요한 원료를 특정기업이 독점하고 있다면 독점이 발생하고, 다른 기업들을 합병함에 의해서, 혹은 정부의 경제정책과 법령의 비호에 의해서, 혹은 특정산업이나 특정기업에 대한 저리융자에 의해서 독점이 발생하기도 한다.

2 독점기업의 시장수요곡선과 총수입곡선 및 한계수입곡선

완전경쟁기업이 당면하는 수요곡선은 수평이며, 그 결과 가격과 한계수입이 일치하였다. 그러나 독점시장에서는 공급자가 1인이므로, 우하향하는 시장수요곡선이 독점기업이 생산하는 상품에 대한 수요곡선이 된다. 시장수요곡선은 우하향하므로 이런 구분은 대단히 중요하다. 수요곡선은 음의 기울기를 가지므로, 한계수입곡선은 평균수입곡선인 수요곡선보다 아래에 있다. 한계수입곡선이 아래에 있게 되는 이유는 독점기업이 더 많은 상품을 판매하기 위해선 가격을 낮추어야 하기 때문이다. 가격인하는 독점자가 판매하는 상품의 모든 단위에 대해서 적용된다. 추가로 판매되는 한 단위의 가격만큼 총수입이 증가되지만, 그러나 그 전에 판매된 상품의 각 단위에 대한 가격의 인하분만큼 총수입이 감소한다. 그 결과 수입의 이런 변화(한계수입)는 가격보다 더 적어야 한다.

독점기업에 대한 총수입, 평균수입 및 한계수입 간의 관계에 관한 사례가 <표 5-1>에 마련되었다. 3단위가 판매될 때 총수입은 21원(3×7원)이다. 4단위를 판매하기 위하여 독점자는 가격을 7원에서 6원으로 인하하여야 한다. 이 때 총수입은 24원으로 3원만큼 증가할 것이다. 왜냐하면 새로 추가되는 단위는 6원으로 판매되어서 총수입이 6원만큼 증가하지만, 그러나 처음의 3단위가 각각에 대해서 1원이 낮아진 6원에서 판매되므로 총수입이 3원(3×1원)만큼 감소하므로, 전체적으로는 총수입이 3원만큼만 증가하기 때문이다. 따라서 판매량이 3개에서 4개로 한 단위 증가할 때 총수입이 3원만큼 증가하므로 한계수입은 3원이다. 여기서 판매량 4단위에 대해서 가격(평균수입)이 6원이며, 한계수입이 3원이라는 점, 즉 가격보다는 한계수입이 낮다는 것을 주목하여야 한다. 판매량을 증가시킬 때마다 가격을 인하시켜야 할 때에는 언제나 한계수입은 평균수입(즉 가격)보다 낮아야 한다.

| 표 5-1 | 독점기업의 가격, 한계수입 및 총수입 간의 관계

판매량	가격(평균수입)	총수입	한계수입
1개	9원	9원	9원
2	8	16	7
3	7	21	5
4	6	24	3
5	5	25	1
6	4	24	-1
7	3	21	-3
8	2	16	-5
9	1	9	-7

이런 관계를 매끄러운 곡선으로 표현한 것이 [그림 5-1]이다. [그림 5-1(b)]는 직선형태의 수요곡선으로부터 총수입곡선(TR)을 유도하였다. 그림에 따르면 판매량을 증가시킴에 따라 처음에는 판매수입이 체감적으로 증가하다가 Q_0의 산출량(=판매량)에서 최대를 이루고 있으며, 그 이후의 판매량에서는 오히려 총수입이 감소하고 있다. 경쟁기업의 경우에는 가격이 일정하기 때문에 총수입은 판매량에 비례해서 원점을 지나는 직선으로 표현되었다. 그러나 독점에서는 판매량을 늘리기 위해서는 가격을 인하시켜야 하며, 그 결과 처음에는 가격인하에 비해 판매량이 빠른 속도로 증가하므로(이 경우를 수요가 탄력적이라고 하였다) 총수입이 증가하였으나, 나중에는 가격인하에 비해 판매량이 크게 증가하지 않아서(이 경우를 수요가 비탄력적이라고 하였다) 총수입이 오히려 감소하였다.

[그림 5-1(a)]는 평균수입(=가격=수요곡선)과 한계수입 간의 관계를 예시하고 있다. 기하학적으로 한계수입(MR)은 총수입곡선상에서 접선의 기울기로 표현되는데, [그림 5-1(b)]에서 Q_0의 산출량까지는 접선의 기울기(즉 한계수입)가 양의 값을 갖고 있고 점진적으로 작아지고 있으며, Q_0의 산출량에서는 그 기울기(한계수입)가 0이다. 그리고 Q_0의 산출량을 넘어서면 오히려 그 기울기(한계수입)가 음의 값을 갖고 있다. 이것이 [그림 5-1(a)]에 그려져 있다. 한계수입곡선(MR)은 수요곡선 아래에서 우하향하면서 Q_0의 산출량까지는 양의 값을, Q_0의 산출량에서는 0의 값을 그리고 Q_0의 산출량을 넘어서면 음의 값을 갖는다.

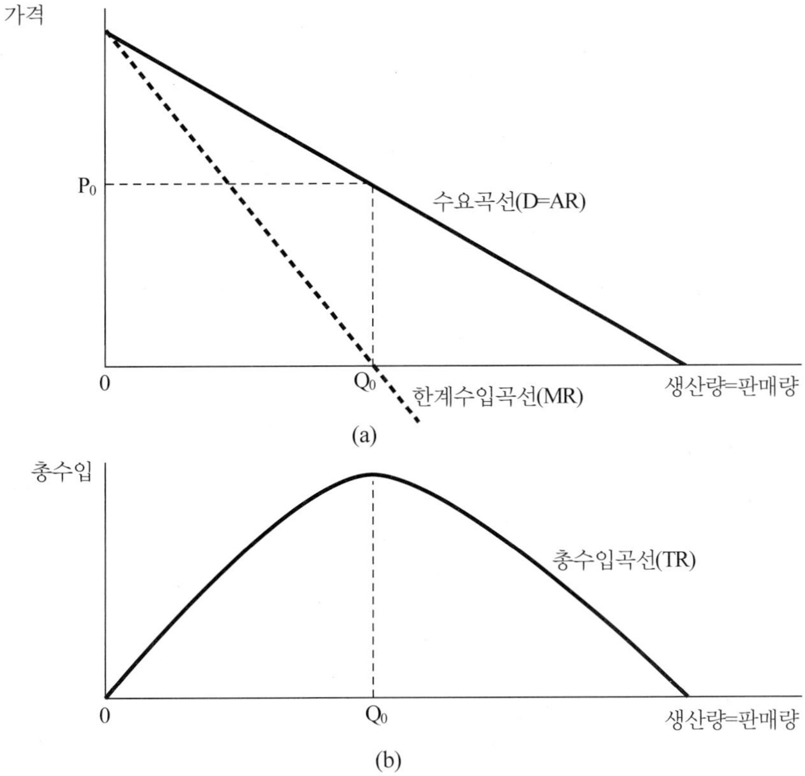

| 그림 5-1 | 독점기업의 수요곡선과 한계수입곡선 및 총수입곡선

3 독점기업의 균형

완전경쟁기업은 가격순응자이지만, 독점자는 가격설정자이다. 독점기업은 가장 높은 가격을 설정하는 것이 아니라 이윤을 극대화시키는 가격을 설정할 것이다. 이런 과정은 총수입과 총비용을 비교함으로써 설명할 수 있고, 한계수입과 한계비용을 비교함으로써 설명할 수도 있다.

[그림 5-2(a)]는 총수입과 총비용을 고려하여 이윤을 극대화하는 균형점을 예시하고 있다. 총비용곡선은 완전경쟁의 경우와 같지만, 그러나 총수입곡선은 완전경쟁의 경우 원점을 지나는 직선이었지만 독점의 경우에는 [그림 5-1(b)]에서처럼 아래로 오목한 곡선을 이루고 있다. 독점기업이 이윤을 극대화하려면 총수입곡선과 총비용곡선 간의 수직거리를 최대로 만드는 산출량을 결정하면 된다. 그림에서는 산출량 Q_0를 선택하였을 때 수직거리 AB가 최대를 이루고 있으며, 이것이 독점기업의 이윤의 크기를 나타내며, 이때의 이윤을 독점이윤(monopoly profit)이라고 한다. 그런데 A점과 B점에서의 기울기는 각각 한계수입과 한계비용인데, 그 기울기가 동일하므로, 우리는 독점기업이 이윤을 극대화할 때에는 한계수입과 한계비용이 일치함을 알 수 있다.

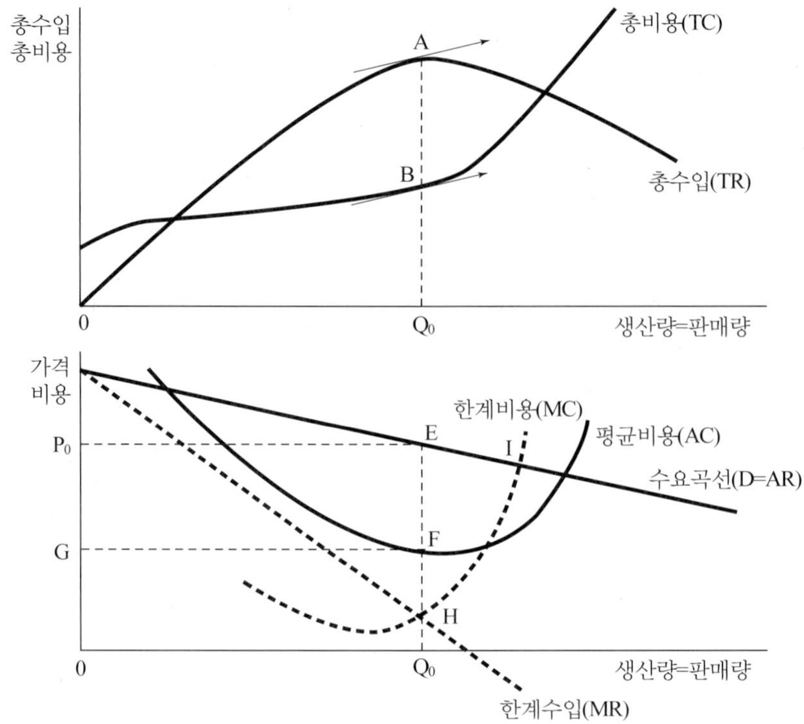

| 그림 5-2 | 독점기업의 균형

따라서 우리는 동일한 현상을 한계수입과 한계비용에 의해 설명할 수도 있다. [그림 5-2(b)]에서 생산량이 Q_0일 때 한계수입과 한계비용이 일치하고 있어서 독점기업의 이윤이 극대화되고 있다. 만약 한계수입이 한계비용보다 크다면(MR > MC), 즉 산출량이 Q_0보다 적다면, 판매량(생산량)의 증가에 따른 총수입의 증가분(즉 한계수입)이 생산량(=판매량)의 증가에 따른 총비용의 증가분(한계비용)보다 크기 때문에 생산량의 증가에 따라 이윤이 증가한다. 따라서 이 경우에는 생산량을 증가시키는 것이 독점기업에게 유리하다. 반면에 한계비용이 한계수입보다 크다면(MR < MC), 즉 산출량이 Q_0보다 많다면, 판매량 증가에 따른 총수입의 증가분(한계수입)이 생산량 증가에 따른 총비용의 증가분(한계비용)보다 적으므로, 생산량의 증가는 오히려 손실을 발생시킨다. 따라서 이 경우에는 생산량을 감축시키는 것이 기업에게 유리하다. 결과적으로 한계수입과 한계비용이 일치하는 H점에서 이윤의 극대화가 이루어지므로 독점기업은 H점에서 산출량을 결정한다.

H점에서 산출량 Q_0가 결정되면, 독점기업은 Q_0를 판매할 수 있도록 수요곡선 상의 E점에서 가격 P_0를 설정한다. 이 가격에서 Q_0를 판매한다면 총수입은 □OP_0EQ_0이며, 반면에 Q_0를 생산하기 위해선 □$OGFQ_0$만큼의 총비용이 소요된다. 따라서 두 사각형의 차이, 즉 □P_0EFG가 독점기업의 독점이윤이며, [그림 5-2(a)]에서의 선분 AB의 길이와 동일하다.

이런 독점기업의 균형상태에 관해서 몇 가지 특징이 존재한다. 첫째로 완전경쟁시장에서는 가격이 한계비용(MC)와 같았지만, 독점에서는 가격이 한계비용보다 더 큰 값을 가지고 있다. 만약 완전경쟁처럼 가격과 한계비용이 일치하는 점에서 생산이 결정된다면, [그림 5-2(b)]에서는 I점에서 생산이 결정될 것이다. 그러나 독점기업이 이윤을 극대화하는 과정에서 생산을 줄이고 가격을 높임으로써 생산량이 Q_0로 축소되었다.

둘째로 독점기업에서는 공급곡선이 정의될 수 없다. 완전경쟁시장에서는 가격의 변화에 따라 공급자들의 공급량이 수요측면과는 무관하게 결정되었다. 그러나 독점시장에서는 수요곡선이 주어져야만 그것으로부터 한계수입곡선이 도출되고, 그에 따라 한계비용과 한계수입이 일치하는 데에서 독점기업의 공급량 및 가격이 결정된다. 따라서 독점시장에서는 수요곡선과는 무관한 공급곡선의 도출이 불가능하고, 단지 수요곡선에 대응하는 하나의 공급량과 가격이 결정될 뿐이다.

셋째로 독점시장에서는 언제나 양의 독점이윤이 획득되는 것은 결코 아니다. [그림 5-2(b)]처럼 수요곡선이 평균비용곡선보다 높은 곳이 존재할 때에는 독점이윤이 양의 값을 가질 수 있으나, 만약 수요곡선이 어느 곳에서나 평균비용곡선보다 아래에 있을 때에는 어떤 생산량과 가격에서도 음의 독점이윤만 나타날 것이다. 후자의 경우는 새로운 상품이 출현하였으나, 그 상품에 대한 인지도가 낮아서 주어진 가격에서 수요량이 극히 적을 때 나타난다. 이런 경우에는 광고를 통해서 새로운 상품에 대한 인지도가 높아질 때까지 독점기업은 음의 이윤을 감수하여야 하거나, 혹은 퇴출되어야 할 것이다.

4 독점력과 가격차별

독점력은 기업이 시장에서 가격을 임의대로 설정할 수 있는 능력을 지칭하는데, 독점기업은 이런 독점력을 이용하여 시장을 구분하고 상이한 시장의 소비자에게 상이한 가격을 매길 수 있다. 이와 같이 상이한 시장의 소비자에게 상이한 가격을 매기는 현상을 가격차별(price discrimination)이라고 한다. 이런 가격차별은 비록 독점기업은 아니라고 하더라도 독점기업과 같은 독점력을 가진 기업이라면 어느 정도 가능하다.

가격차별이 가능하려면 적어도 두 가지 조건이 충족되어야 한다. 첫째로 수요의 가격탄력성이 각기 다른 두 시장이 존재하여야 하고, 또한 독점기업은 두 시장을 구분할 수 있어야 한다. 둘째로 두 시장 간의 전매매가 불가능하여야 한다. 예컨대 가격이 낮은 시장에서 판매되는 상품을 구입하여, 가격이 높은 시장에서 그 상품을 판매할 수 있다면 가격차별이 불가능하게 된다.

만약 이런 두 가지 조건이 충족된다면, 독점력을 가진 기업은 수요의 탄력성이 상대적으로 낮은 시장(가격의 변화에 수요량이 상대적으로 둔감하게 반응하는 시장)에서는 상대적으로 높은 가격을 책정하며, 반면에 수요의 가격탄력성이 상대적으로 높은 시장(가격의 변화에 수요량이 상대적으로 민감하게 반응하는 시장)에서는 상대적으로 낮은 가격을 책정하면, 그 기업은 이윤을 극대화할 수 있다. 이것을 그림에 의해 설명하여 보자.

수요의 탄력성이 서로 다른 두 시장의 수요곡선과 한계수입곡선이 [그림 5-3]과 같다고 가정하자. 제1시장의 수요곡선이 제2시장의 수요곡선에 비하여 상대적으로 가파르므로, 제1시장은 수요의 탄력성이 상대적으로 낮은 시장이며, 반면에 제2시장은 수요의 탄력성이 상대적으로 높은 시장이다. 이런 두 시장에 직면한 독점기업은 제1시장과 제2시장의 한계수입곡선을 수평으로 합한 시장 전체의 한계수입곡선, 즉 $MR = MR_1 + MR_2$가 독점기업의 한계비용곡선과 일치하는 데에서 독점기업의 생산량을 결정한다. 즉 $MC = MR_1 + MR_2$인 곳에서 생산량, $Q=Q_1+Q_2$를 결정한다.

독점기업이 전체 생산량을 결정하면, 이제는 각 시장에서의 판매량이 결정되어야 한다. 제1시장에서는 전체시장에서의 한계비용과 제1시장의 한계수입이 일치하는 점, 즉 $MC=MR_1$이 되는 점에서 판매량 Q_1과 가격 P_1이 결정된다. 제2시장에서도 역시 $MC=MR_2$인 점에서 판매량 Q_2와 가격 P_2가 결정된다. 따라서 수요의 탄력성이 상대적으로 낮은 제1시장에서는 가격이 상대적으로 높고, 반면에 수요의 탄력성이 상대적으로 높은 제2시장에서는 가격이 상대적으로 낮다.

가격차별의 사례는 앞에서 언급한 것처럼 독점력이 어느 정도 효력을 발휘하는 시장에서 관찰되고 있다. 학생과 일반인에게 입장료를 다르게 매기는 영화관, 공원, 관광지 등이 그 사례이다. 밤에 낮게 요금을 매기는 장거리 전화요금, 산업용과 가정용의 전력요금 혹은 수도요금, 시내버스의 학생할인 등과 같은 공공요금도 그 사례이지만, 이 경우는 이윤극대화보다는 자원의 효율적인 배분 차원에서 가격차별화가 이루어지고 있다.

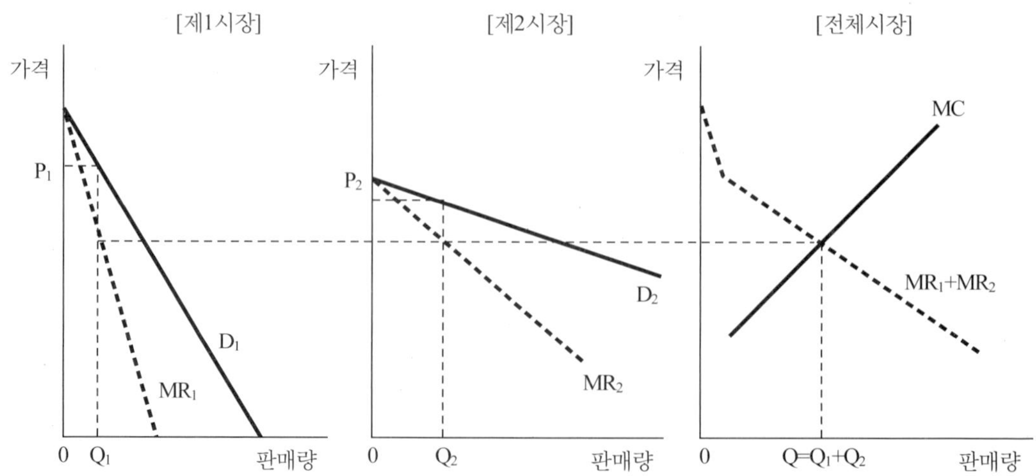

| 그림 5-3 | 가격차별

5 독점의 경제적 성과

독점은 여러 가지 폐해를 안고 있다. 첫째로 내부비효율(internal inefficiency) 혹은 X-비효율(X-inefficiency)이 발생할 수 있다. 경쟁기업이 존재하지 않으므로, 주어진 조건에서 비용을 극소화하려는 노력이 적게 되고 그에 따라 완전경쟁에 비해 생산물 1단위당 비용이 높다. 이런 비효율은 기업 내부에서 발생하는 비효율이며, 보편적으로 독점력이 존재하는 시장, 예컨대 독점이나 후술하는 과점시장에서 많이 발생한다.

둘째는 배분적 비효율(allocation inefficiency)이다. 독점은 완전경쟁에 비하여 생산량을 줄이고 가격을 인상함으로써 이윤을 극대화한다. 비록 독점기업의 입장에서는 바람직할지 모르나 사회적으로는 자원의 비효율적인 배분이 나타난다. 이것을 그림에 의해서 설명해 보자.

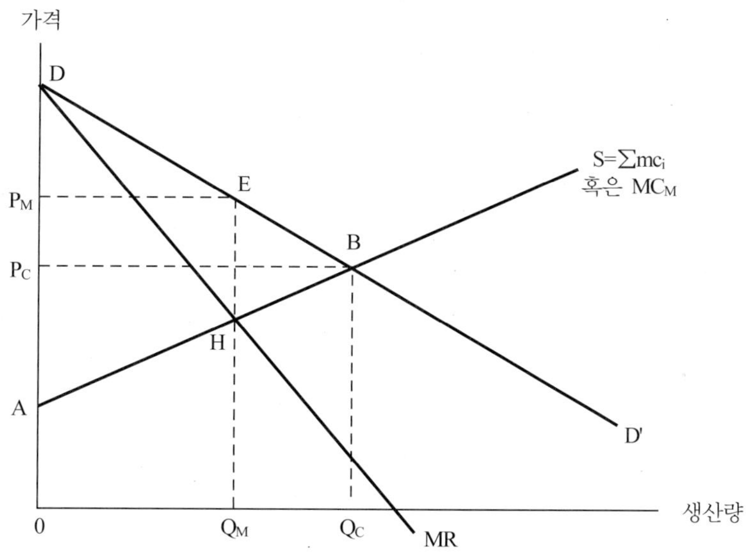

| 그림 5-4 | 사회적 후생의 손실

[그림 5-4]는 완전경쟁시장과 비교할 때 독점시장에서 사회적 후생이 얼마나 감소하는가를 예시하고 있다. 만약 완전경쟁기업들의 한계비용곡선의 수평 합계, 즉 산업의 공급곡선이 S이고, 이것이 독점기업의 한계비용곡선 MC_M과 동일하다고 가정한다면, 완전경쟁시장에서는 B에서 균형이 이루어지고 P_C의 가격과 Q_C의 산출량이 결정된다. 이때 Q_C를 생산하기 위하여 경쟁기업들은 사다리꼴 $OABQ_C$를 반드시 수취하여야 한다. 그 까닭은 그 넓이가 가변비용과 같기 때문이다. 그런데 기업의 실제 총수입은 사각형 OP_CBQ_C이므로 삼각형 AP_CB만큼의 잉여만족을 얻고 있는데, 이것을 생산자잉여(producer's surplus)라고 한다. 생산자잉여는 사실상 고정비용과 이윤의 합계와 동일하다. 그리고 추가적으로 소비자는 삼각형 P_CDB만큼의 소비자잉여를 얻고 있다. 따라서 사회 전체적으로는 Q_C를 생산하여 삼각형 ADB에 해당

되는 잉여만족을 얻고 있는 셈이다. 삼각형 ADB를 사회적 후생(social welfare)이라고 한다. 바로 완전경쟁은 사회적 후생을 극대화하고 있는 것이다.

반면에 독점기업은 이윤을 극대화하기 위하여 산출량을 Q_M으로 줄이고 가격을 P_M으로 인상시키고 있다. 그 결과 소비자잉여는 삼각형 P_MDE로 대폭 축소되었고, 반면에 생산자잉여는 사다리꼴 P_MAHE로 크게 증가하였으며, 그에 따라 여기에는 그 크기가 안 나타났지만 독점이윤을 극대화하고 있다. 생산자잉여 및 독점이윤은 극대화했지만, 사회적 후생은 삼각형 HEB만큼 감소시키고 있다. 이런 손실을 자중손실(自重損失, deadweight loss)이라고 한다.

셋째는 소득과 부의 분배 및 기회의 균등 등과 같은 형평에 미치는 효과이다. 독점이윤은 막대하기 때문에, 독점기업의 주식을 소수가 소유한다면 소득분배의 불균형, 나아가서는 부의 분배의 불균형을 유발한다. 그리고 독점은 생산량을 감소시키므로 그만큼 노동자의 취업기회가 감소하며, 그리고 독점시장에서는 새로운 진입자의 시장 참여가 대단히 곤란하므로 시장참여의 기회도 그만큼 적어진다.

독점이라고 반드시 나쁜 점만 있는 것은 아니다. 비록 독점기업이 생산량을 줄이고 가격을 인상시킨다고 할지라도, 기술진보에 의해 비용을 낮춤으로써 높아진 독점가격이 완전경쟁에서 결정되는 가격보다 더 낮아질 수도 있고, 또한 한 국가의 경제도 기술진보를 통해서 더 빨리 성장하고 발전할 수 있으므로, 독점에서 기술진보가 더 빨리 나타난다면, 앞에서 언급된 독점의 폐해를 충분히 상쇄시킬 수 있을 것이다. 이런 현상을 동학적 효율성(dynamic efficiency)이라고 한다.

문제는 독점기업이 기술진보를 가능케 하는 연구개발에 많은 자금을 투입할 의사와 능력이 있느냐 하는 것이다. 독점기업은 막대한 독점이윤을 획득하고 있으므로 연구개발에 투자할 자금능력은 풍부하지만, 순수독점에서는 경쟁기업이 없으므로 투자할 의사가 존재하지 않을 가능성이 있다. 그러나 순수독점은 이론적인 모형이므로 현실경제에서는 직접적인 경쟁이 없다고 할지라도 밀접한 대체재와의 간접적인 경쟁이 상존하고 있으며 그리고 독점이윤이 과다하다면 잠재적인 경쟁자가 현실적인 경쟁자로 등장할 수도 있으므로, 독점기업은 다른 기업의 진입을 막고 독점시장을 독식하기 위해서 적극적인 연구개발투자를 실행할 수도 있다. 이런 관점에서 본다면 상당히 많은 이윤을 얻고 있으면서 치열한 경쟁이 이루어지는 과점시장이 동학적 효율성이 확실하고 그리고 대단히 큰 시장이라고 할 수 있을 것이다.

제 2 절 과점시장

지금까지 설명한 완전경쟁과 독점은 시장구조의 두 극단이며, 현실적으로 보기 힘든 시장형태이다. 두 시장 사이에는 매우 다양한 시장형태가 존재하는데, 공급자의 숫자가 상대적으로 소수인 경우에는 과점시장(oligopoly)이며, 그 숫자가 상대적으로 많아지면 독점적 경쟁시장(monopolistic competition)이다. 후자의 대표적인 사례는 커피숍, 음식점, 약국, 세탁소, 미용실 등이며, 이 시장은 장기적으로 정상적 이윤만을 얻을 수 있다는 관점에서 완전경쟁과 유사하면서도 가격에 대해서 약간의 독점력을 행사할 수 있는 시장조직이다. 이런 시장에서의 기업행태나 경제적 성과는 과점시장의 경우와 유사하므로 본서에서는 과점시장만을 다루기로 한다.

1 과점의 특징

과점시장은 복잡다단한 구조를 갖고 있으며, 이런 복잡한 구조 때문에 과점이론도 상당히 많다. 과점의 복잡성을 통해서 과점시장의 특징을 검토하여 보자. 우선 공급자가 소수인 시장이 과점이라고 하였으나, 그 때 소수는 2인 이상 적게는 50인, 많게는 100인 이상을 의미하기도 한다. 특히 공급자가 2인인 시장을 복점(duopoly)이라고 한다. 따라서 이런 시장에서는 경쟁상대가 누구인지를 어느 정도 파악할 수 있으며, 그리고 자신의 행동이 경쟁상대에게 현저한 영향을 미치기 때문에, 각 기업들은 상대방의 행동을 고려하면서 자신의 행동을 결정한다. 즉 기업들 간의 상호의존관계가 명시적으로 드러난다. 따라서 기업들 간에는 치열한 경쟁이 발생할 수도 있으며, 그렇지 않을 경우에는 기업들 간에 담합이 결성될 수도 있다.

둘째로 과점시장에 출하되는 제품이 동질적일 수도 있지만, 내용물이나 품질이 약간씩 다르거나 혹은 상호, 상표, 디자인 및 광고 등에 기인한 소비자의 차별적인 선호 등으로 제품차별화(product differentiation)가 나타날 수 있다. 전자를 순수과점, 후자를 차별형 과점이라 한다. 전자의 경우에는 가격경쟁이 보편적인 현상이지만, 후자의 경우에는 품질, 디자인, 상표, 광고 등과 관련된 비가격경쟁과 가격경쟁이 혼재되어 있으므로, 과점을 설명하는 일관된 하나의 이론이 제시될 수 없다.

셋째로 독점처럼 진입장벽이 완벽하지는 않지만, 규모의 경제, 정부의 인허가, 특허, 광고 등으로 인해 신참기업이 진입하는 데 어려움이 존재한다. 이런 진입장벽은 산업에 따라 높낮이가 다양하다. 따라서 과점기업은 다른 기업의 진입이 불가능할 정도로 사전에 공급가격을 낮추거나(이런 경우를 진입저지가격을 설정한다고 한다), 혹은 품질 개선, 디자인 개선, 광고활동 등의 제품차별화를 통해서 다른 기업들의 진입을 저지하기도 한다.

2 대표적인 과점이론

과점시장에서 기업가의 행동유형은 매우 다양하며, 그에 따라 다양한 과점이론이 등장하고 있다. 여기서는 담합과 관련된 대표적인 두 가지 이론, 그리고 담합을 결성하지 않은 경우에 적용 가능한 두 가지 이론을 각각 간략히 살펴보자.

첫째로 명시적 담합(explicit collusion)이 과점기업들 간에 이루어질 수 있다. 가격이나 판매량, 판매조건, 지역분할 등에 관해서 해당기업들 간에 서면으로 협약을 맺고, 이런 협약을 위반했을 때에는 자체적으로 여러 가지 벌칙을 부과한다. 이런 명시적 담합 중에서 가장 강력한 형태가 카르텔(cartel)이다. 카르텔은 경쟁하지 않는다는 데에 합의하고, 가격과 수량을 협의하여 결정하기로 합의한 독립된 기업들의 집단이다. 완전한 카르텔은 중앙통제기구를 만들어서 참여 기업을 관리하고 감독할 경우 독점과 동일한 경제적 결과를 얻을 수 있다.

*** 기업 결합의 세 가지 유형**

기업의 결합에는 크게 카르텔, 트러스트, 콘체른 등 세 가지 유형이 있다. 카르텔은 기업들이 완전한 독립성을 유지하면서 명시적 담합을 통해서 마치 한 기업처럼 행동하는 기업결합의 한 형태이다. 트러스트(trust)는 두 기업이 합병이라는 절차를 통하여 완전히 한 개의 기업으로 통합되어 독립성을 완전히 상실해 버리는 기업결합의 한 형태이다. 콘체른(concern)은 각 기업이 독립성을 유지하지만 주식 소유를 통해서 지배구조가 만들어지는 모회사, 자회사, 손자회사 등의 형태로 이루어지는 기업 집단을 형성하는 기업결합 방식이다.

카르텔은 카르텔 전체의 이윤극대화를 추구하는데, 참여 기업의 한계비용곡선을 수평으로 합한 전체 기업의 한계비용과 시장의 한계수입이 일치하는 데에서 생산량을 결정하고, 각 기업의 생산량은 각 기업의 한계비용이 공통되는 한계수입과 일치하는 점에서 결정된다. 즉 $MR = MC_A + MC_B = MC_A = MC_B$. [그림 5-5]는 완전한 카르텔의 결합이윤극대화를 예시하고 있다. 이 그림은 독점이론을 이해할 수 있는 독자에게는 쉽게 이해될 수 있으므로, 더 이상 상세한 설명은 생략한다.

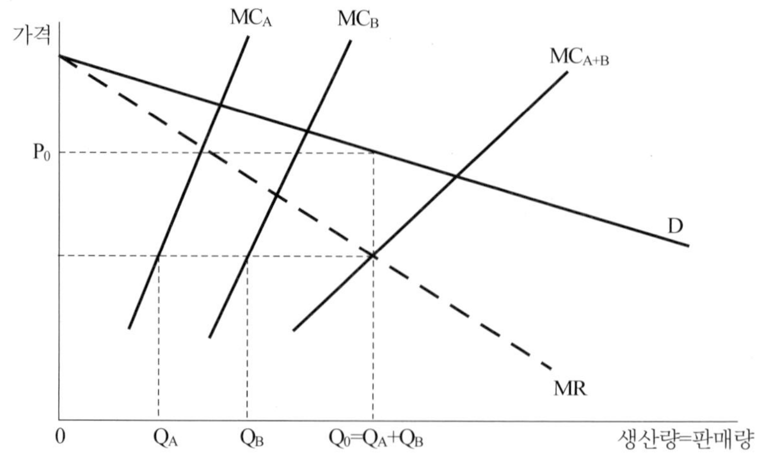

| 그림 5-5 | 완전한 카르텔의 결합이윤극대화

카르텔과 관련된 중대한 사항은 바로 이윤을 분배하는 방식이다. 참여기업의 생산량, 카르텔 결성 이전의 판매량, 기업의 교섭능력 등을 감안하여 이윤 몫이 결정된다. 이런 이윤분배 방식에 불만을 품은 기업들이 반드시 존재할 것이다. [그림 5-5]는 카르텔 전체의 이윤을 극대화할 뿐이며, 결합이윤극대화가 반드시 참여기업의 개별적인 이윤극대화를 의미하지는 않는다. 따라서 개별기업은 독자적인 행동을 통해 더 많은 이윤을 확보하려고 노력할지도 모른다. 따라서 카르텔의 이윤분배에 대한 불만이 존재하는 한 카르텔은 조만간 붕괴된다. 그리고 일반적으로 카르텔은 대부분의 국가에선 불황의 경우를 제외하곤 금지되고 있다. 우리나라의 경우 1980년대 건설 경기가 침체되었을 때 기간산업을 보호한다는 명분으로 잠시 동안 시멘트 카르텔이 허용된 적이 있다.

둘째로 명시적 담합이 대부분의 국가에서 법으로 금지됨에 따라 과점시장에서는 행동의 통일을 기하기 위하여 문서화하지는 않지만 암묵적으로 혹은 이심전심에 의해서 담합하는 비조직화된 행동이 등장한다. 단체 행동에서 이탈하더라도 제재가 이루어지지 않으므로, 카르텔에 비해 담합이 붕괴될 가능성은 더욱 높다. 이런 암묵적 담합(implicit collusion)에 관한 이론 중에서 대표적인 이론 중의 하나가 가격선도(price leadership)이론이다.

가격선도제는 특정한 기업이 특정한 가격을 설정하면 다른 기업들이 추종하는 가격설정의 한 관행이다. 한 산업에서 가장 영향력이 큰 가격선도기업은 일반적으로 시장점유율이 가장 높은 지배적 기업(dominant firm)이지만, 그러나 가장 비용이 낮거나 혹은 시장에 관한 정보에 능통한 기업일 수도 있다. 어떻든 시장 지배적 기업이나 비용이 낮은 기업이 어떤 가격을 설정하면, 다른 소규모 기업들이 동일한 가격을 그대로 설정하거나 혹은 그와 유사한 가격을 설정한다. 만약 시장 지배적 기업이 가격을 높이면 다른 기업들도 그런 가격인상을 추종한다.

이런 관행은 우리나라의 경우 맥주, 소주, 칼라 TV, 자동차 등과 같은 과점시장과 커피전문점, 음식점, 세탁소, 사우나 등의 독점적 경쟁시장에서 흔하게 나타날 가능성이 크다. 실제로 2009년 LPG를 판매하는 기업들의 가격 담합이 공정거래위원회에 발각되어 일부 기업들은 막대한 과징금을 부과 받았으며, 처음에 가격 담합을 자진 신고한 모기업은 과징금을 면제 받았다. 우리나라에선 가격 담합을 자진 신고하는 기업에 대해서는 과징금을 면제하거나 감면해 주는 제도를 시행하고 있는데, 이 제도는 공정거래위원회가 암묵적 담합을 색출하고 공정한 가격경쟁이 시장에서 이루어지도록 장려하기 위하여 도입되었다.

셋째로 과점시장이 다른 시장구조에 비하여 가격이 보다 경직적인 이유를 설명하는 이론으로 굴절수요곡선(kinked demand curve)이론이 있다. [그림 5-6]처럼 수요곡선이 두 부분으로 나뉘어 있다. 특정 기업은 만약 가격을 인하하면 경쟁기업들도 가격을 인하할 것이고 그에 따라 가격 인하에 기인한 판매량의 증가도 적을 것이라고 믿으며(수요곡선 중 AD' 부분), 반면에 가격을 인상시키면 경쟁 기업들이 가격 인상을 추종하지 않아서 판매량의 대폭적인 감소가 발생할 것이라고 믿는다(수요곡선 중 DA 부분). 그림처럼 굴절된 수요곡선으로부터 도출되는 한계수입곡선은 B와 C에서 단절되며, 그리고 만약 한계비용곡선(MC)이 B와 C점 사이를 통과한다면 과점기업은 가격 P를 변경시킬 유인을 전혀 갖지 않을 것이다.

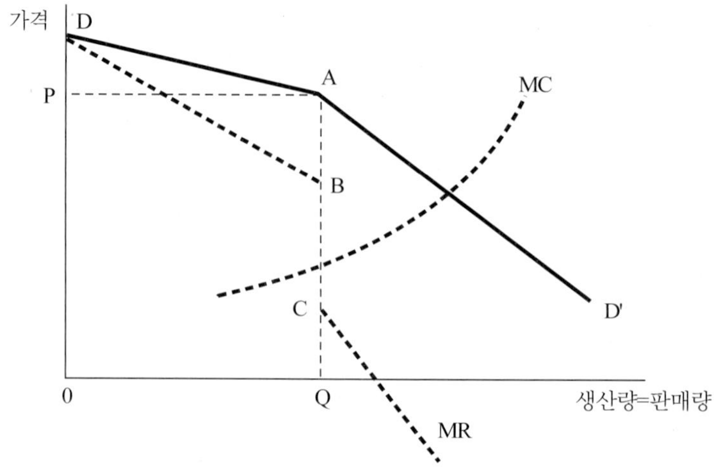

| **그림 5-6** | 굴절수요곡선

굴절수요곡선이론은 시장가격이 경직적인 이유를 잘 설명한다고 평가되나, 경직적인 최초의 가격이 어떻게 해서 현재의 가격인가에 대해선 설명하지 못한다고 지적되고 있다. 그렇지만 이런 경직적인 가격은 우리 주위에서 흔히 볼 수 있는 현상이다. 예컨대, 라면, 주류, 전자제품, 자동차 등의 가격은 한번 결정되면 짧게는 6개월 길게는 2~3년 동안 고정되는 경향을 보여준다.

한편 최근에 많이 나타나는 현상처럼 가격인상에는 기업들이 추종하고 가격인하에는 기업들이 반응을 보이지 않는다면, 역의 굴절수요곡선을 그릴 수 있으며, 한계비용곡선이 한계수입곡선과 두 곳에서 교차할 수도 있다. 이 경우에는 균형점이 둘일 수 있다. 구체적인 그림과 설명은 독자들에게 위임한다.

넷째로 암묵적 담합을 하든 하지 않든 모든 과점기업들은 가격 이외의 영역에서 치열하게 경쟁한다. 우리는 이것을 비가격경쟁(nonprice competition)이라고 한다. 실제 세계에서 과점시장의 상품들은 대부분 이질적이기 때문에 기업들은 상품의 질, 색, 구조, 디자인, 크기, 기타 다른 속성 및 광고의 양 등을 변경시킬 수 있다. 그리고 비록 동질적인 상품이라고 하더라도 고객에 대한 서비스의 질을 차별화하기도 한다.

비가격경쟁은 과점기업이 시장점유율을 높이기 위하여 시도된다. 그러나 비가격경쟁은 단순히 판매량을 증대시킬 수는 있지만, 이 역시 다른 경쟁기업의 반응에 따라 기업의 매출액에 미치는 영향은 다르게 나타날 수 있다. 이를테면 새로운 광고 프로그램을 검토하고 있는 과점기업은 그 프로그램이 시장점유율을 증대시킬 것인가 아니면 경쟁기업으로 하여금 유사한 프로그램을 실행하도록 재촉하지는 않을 것인가를 검토할 필요가 있다. 따라서 우선은 광고 프로그램이 유익할는지 모르나, 경쟁기업의 반응을 촉발한다면 시장점유율의 증대 없이 단지 비용만 증가시킬지도 모른다. 결국은 비가격경쟁의 경우에도 과점기업들은 상호의존적이며 그에 따라 경쟁기업의 반응을 고려하여야 한다.

아마도 비가격경쟁은 우리 주위에서 가장 흔하게 볼 수 있는 현상으로, 제품차별화의 가장 대표적인 행위가 광고활동이다. 유명 인사, 혹은 탤런트, 배우들을 동원하는 광고는 소비자에게 차별화를 유도하고, 신생기업은 엄청난 광고비 때문에 시장에 진입하기가 대단히 어렵다. 광고활동은 사실상 낭비적이며, 그 비용은 고스란히 소비자에게 전가된다는 문제점을 안고 있다.

3 과점의 경제적 성과

과점은 독점에 비해선 덜 하지만 독점과 유사한 폐해를 갖고 있다. 첫째로 물론 과점기업들 간의 경쟁으로 인하여 비효율의 정도가 덜 하지만, 독점과 같이 내부비효율이 발생할 수 있다. 즉 치열한 가격경쟁만 존재한다면 내부비효율은 극히 낮은 수준에 이를 수 있으나, 과점시장에선 일반적으로 암묵적 담합이 이루어지거나 혹은 비가격경쟁이 일반적이기 때문에 과점기업은 비용을 완전경쟁기업의 비용수준까지 낮추지 않으며, 그에 따라 내부비효율이 상존할 수 있다.

둘째로 배분적 비효율이 발생한다. 과점시장의 가격결정관행은 MR=MC이므로, 가격이 한계비용과 같지 않고 가격이 한계비용보다는 높은 곳에서 결정된다. 즉 생산량을 줄이고 가격을 올리기 때문에 사회적 후생의 손실이 발생한다. 경쟁이 존재하므로 독점에 비해선 상대적으로 작을 수는 있다.

셋째로 소득과 부 및 기회의 불균등이 발생한다. 과점에서 발생하는 이윤은 독점에 비해선 적을지 모르나 막대한 크기를 갖기 때문에 이런 이윤이 극소수의 소유주들에게 귀속되고, 그 결과 소득과 부의 불공평화가 유발된다. 아울러 시장진입에는 독점에서 나타나는 것과 유사한 규모의 경제, 특허 등의 진입장벽과 광고활동 같은 비가격경쟁에 따른 진입장벽이 존재하므로 시장참여의 기회가 좁아지며, 그리고 생산량의 감소로 고용기회도 축소된다.

반면에 동학적 효율성이 돋보인다. 이미 언급했듯이 독점에서는 기술개발에 투자할 재원으로 막대한 독점이윤이 존재하지만 경쟁자가 존재하지 않기 때문에 기술개발에 투자할 의욕이 전혀 존재하지 않을 수 있다. 그러나 과점에서는 기술개발을 위한 연구개발지출(research and development expenditure, R&D)에 쓰일 수 있는 막대한 과점이윤이 존재하며 아울러 경쟁자의 존재로 연구개발에 투자할 강력한 유인이 존재한다. 즉 소비자에게 차별화된 제품을 공급하기 위하여 제품의 질을 개선하거나 디자인을 변경하기 위하여 막대한 과점이윤을 연구개발에 투자할 의향이 대단히 높다고 하겠다. 따라서 독점에 비해 과점시장이 보다 바람직한 시장구조라고 할 수 있다.

제3절 시장실패와 그 대책

자본주의는 시장에 의존해서 모든 경제문제를 해결하려고 노력하지만, 시장이 완전하게 해결할 수 없는 문제가 바로 시장실패(market failure)이다. 정부는 간섭에 의해서 시장실패를 해결하려고 노력한다. 물론 그 과정에서 정부간섭이 지나칠 수 있다는 문제점도 안고 있다.

1 시장실패란?

자본주의 경제체제에서 경제의 기본문제를 해결하는 방법은 시장에서의 가격기구이다. 소위 가격에 의해서 소비자와 생산자 간의 자발적인 교환을 통해서 경제에서 필요한 재화들이 생산된다. 그러나 자본주의 경제체제에서 시장에 의해서 모든 문제들이 해결되는 것은 결코 아니며, 시장이 해결할 수 없는 문제들이 상존한다. 가격기구를 통해서 해결할 수 없는 문제들을 시장실패라고 하며, 이런 시장실패는 자본주의 경제체제에서 정부간섭의 필요성을 야기한다. 미시분야에서 대표적인 시장실패의 원인으로는 규모의 경제, 외부성, 공공재, 빈곤 등을 들 수 있다(거시분야의 대표적 시장실패인 실업문제는 거시경제정책의 대상이므로 본 장에선 다루지 않는다). 이하에서는 시장실패의 원인들을 살펴보고, 그 해결책도 모색해 본다.

2 규모의 경제

규모의 경제는 장기평균비용이 하락하는 현상이라고 언급했다. 규모의 경제가 지속적으로 발생하는 경우에는 자연독점이 나타나며, 그리고 규모의 경제가 지속적으로 나타나지 않는다고 할지라도 시장규모에 비해서 규모의 경제가 상대적으로 크게 나타나는 경우에도 독점이 발생한다는 것을 앞의 절에서 살펴보았다. 어떻든 규모의 경제로 독점이 발생한다면 완전경쟁은 소멸하고, 시장의 가격은 독점자에 의해 임의대로 설정되며, 그리고 효율적인 자원배분의 기준인 '가격=한계비용'이 성립하지 않는다. 따라서 시장은 재화의 적절한 수량과 그에 맞는 적절한 가격을 제시하지 못한다. 환언하면, 시장 실패가 발생한다.

이런 시장실패에 대해선 정부의 간섭이 정당화된다. 첫째로 수도, 전기, 통신, 철도 등과 같은 공익사업은 시장규모가 확대됨에 따라 규모의 경제가 지속적으로 나타나며, 결과적으로 자연스럽게 독점이 발생한다. 이런 경우를 자연독점(natural monopoly)이라 하였는데, 정부는 일반적으로 공기업 방식으로 공익사업을 직접 운영한다. 정부독점 하에서의 가격은 이윤극대화보다는 효율적 자원배분의 관점에서 대략 평균비용에 상응하는 낮은 가격이 채택된다. 반면에 정부가 개인의 독점을 허용하는 경우에도 정부는 독점기업의 경영에 간섭하며, 특히 가격결정에 간섭하여야 하고, 높은 가격의 설정을 규제하여야 한다.

우리나라에서는 과거에 전기, 통신이 공기업이었으나 전기를 생산하는 한국전력은 아직도 거의 독점적 지위를 누리고 있으나 주식회사로 형태로 전환되었으며, 한국통신 역시 주식회사로 바뀌었고 다른 통신회사들과 과점을 이루고 있다. 미국은 시장규모가 워낙 크기 때문에 철도, 전철, 통신, 전기 등의 공익사업들이 민간 기업들의 과점적 경쟁체제로 운영되고 있다.

둘째로 시장규모에 비해 규모의 경제가 상대적으로 크게 나타나는 경우에는 독점이나 과점이 형성된다. 그럼에도 불구하고 시장규모가 점진적으로 확대된다면 보다 경쟁적인 시장으로 변모할 것이다. 그렇지만 실제로는 독과점이 그대로 유지되는 경향이 있기 때문에, 선진국에서는 독점금지정책이 운영되고 있으며, 우리나라의 경우에도 공정거래법에 의해서 경쟁을 제한하는 행위를 규제하고 있다. 각국의 독점금지법이나 공정거래법은 시장구조를 되도록 경쟁적인 시장으로 만들거나 혹은 현재의 시장구조에서 기업들 간의 담합을 억제함으로써 기업들 간의 경쟁을 촉진시키는 데에 그 목적을 두고 있다.

3 외부성

외부성(externality) 혹은 외부효과(external effect)란 어떤 경제주체의 경제활동의 결과가 시장을 통하지 않고, 즉 가격기구를 거치지 않고 다른 경제주체의 후생을 증가시키거나 혹은 감소시키는 현상을 말한다. 예컨대 농부가 사과 과수원을 경작할 때 양봉업자는 꿀벌을 이용하여 사과꽃에서 화밀(花蜜)을 얻으면서도 화밀에 대한 대가를 농부에게 지불하지 않고 있으며, 그리고 공장이 매연과 폐수를 방출할 때 기업은 공장 주변의 주민들에게 더러운 공기와 오염된 물을 호흡하고 마시게 하면서도 공기와 물을 오염시킨 것에 대한 대가를 주민들에게 보상하지 않고 있다. 전자처럼 다른 경제주체의 후생을 증대시키는 행위를 외부경제(external economy)라 하고, 후자처럼 다른 경제주체의 후생을 감소시키는 행위를 외부불경제(external diseconomy)라 한다.

외부성이 자원배분에 미치는 영향은 사회적 한계비용(social marginal cost)과 사적 한계비용(private marginal cost)을 구분함에 의해서 분석될 수 있다. 사적 한계비용은 경제주체가 실제로 부담하는 비용이며, 사회적 한계비용은 사회 전체가 부담하는 비용이다. 만약 외부성이 존재하지 않는다면 사회적 한계비용과 사적 한계비용은 일치하지만, 외부성의 존재로 괴리가 발생한다. 외부경제는 사적 한계비용이 사회적 한계비용을 초과할 때, 즉 개인이 부담하는 비용에 비해 사회가 부담하는 비용이 더 낮을 때 발생하며, 외부불경제는 사회적 한계비용이 사적 한계비용을 초과할 때, 즉 개인이 부담하는 비용에 비해 사회가 부담하는 비용이 더 높을 때 발생한다.

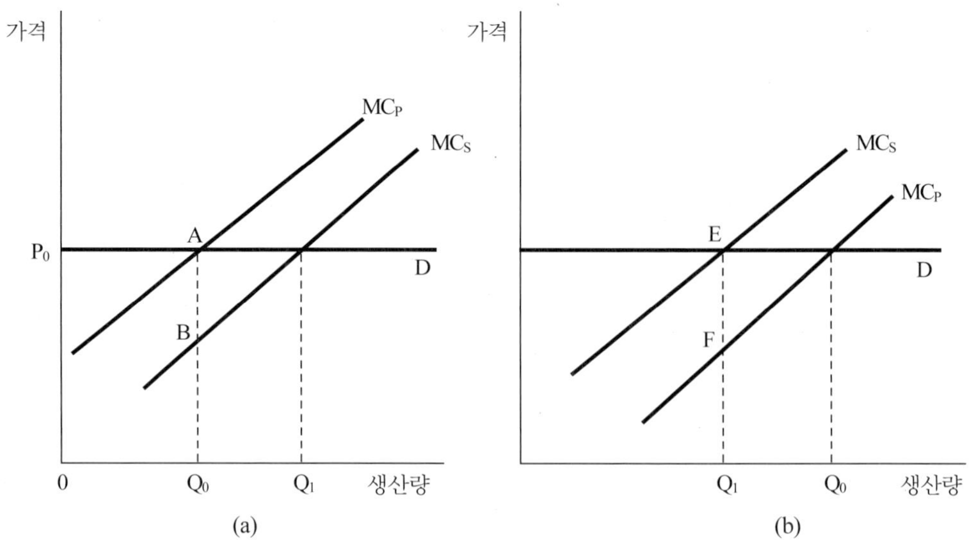

| 그림 5-7 | 외부경제와 외부불경제

[그림 5-7]에서 개별기업이 당면하는 수요곡선 D는 수평이며, 그에 따라 가격도 P_0로 고정되며, 그리고 사적 한계비용과 사회적 한계비용은 각각 MC_P, MC_S이다. [그림 5-7(a)]는 외부경제를 나타내며, 만약 자원배분이 시장경제에 위임되면 가격과 사적 한계비용이 일치하는 점에서 생산량 Q_0가 결정된다. 사회적 차원에서는 사회적 한계비용과 가격이 일치하는 Q_1에서 생산이 이루어져야 바람직한 자원배분 상태가 된다. 즉 $P=MC_P$가 아니라 $P=MC_S$. 따라서 실제 생산량은 사회적으로 바람직한 생산량에 비해서 적기 때문에 시장실패가 발생하고 있고, 이를 교정하기 위해선 정부의 간섭이 필요하다. 반면에 외부불경제가 발생하는 [그림 5-7(b)]에서는 Q_1이 생산되어야 하는데, Q_0가 생산되고 있어서 생산량 감소를 위한 정부의 간섭이 필요하다.

외부성을 해결하기 위해선 두 가지 방법이 제시되고 있다. 첫째는 사적 한계비용과 사회적 한계비용을 일치시키는 정부의 간섭이다. 외부경제가 발생할 때에는 외부경제를 발생시키는 그 생산자에게 [그림 5-7(a)]에서 AB만큼의 보조금을 줌으로써 사적 한계비용을 아래로 이동시켜서 사적 한계비용과 사회적 한계비용을 일치시킨다. 그 결과 생산량은 Q_1으로 증가한다. 이런 보조금을 주어야 하는 대표적인 사례로는 교육, 예방접종, 시궁창의 소독 행위 등을 들 수 있다. 이런 활동들은 농부가 (대가를 못 받고 있는) 화밀을 생산하는 것과 유사하게 사회에 대해서 유익한 파급효과(예컨대 지식 확산에 따른 사회의 지적 수준 향상, 전염병 확산 저지 등)를 발산시키기 때문에 정부가 보조금을 주는 정책이 바람직하다.

반면에 [그림 5-7(b)]처럼 외부불경제가 발생할 때에는 좋지 않은 효과(실제로 측정하기는 어렵지만)에 해당하는 EF만큼의 벌과금을 부과하여 사적 한계비용을 상승시키거나, 혹은 공해방지시설을 설치 및 가동하도록 만듦으로써 사적 한계비용을 인상시킴으로써 사적 한계비용과 사회적 한계비용을 일치시킬 수 있고 그에 따라 생산량을 감소시킬 수 있다.

특히 외부불경제와 관련하여 중요성을 갖는 둘째 방법은 외부성이 발생하는 원인을 찾아서 그 곳에서 해결책을 모색한다. 외부성이 발생하는 원인은 어떤 자원에 대한 소유권, 예컨대 맑은 공기에 대한 주민의 재산권이 정의되지 못하고 있다는 데에 있다. 따라서 맑은 공기를 호흡할 수 있는 주민의 재산권을 인정하고, 이런 재산권을 자발적인 교섭과 계약에 의해서 양도함으로써 외부성이 사적 비용으로 산입되며, 그 결과 두 비용이 일치하는 결과를 발생시킬 수 있다. 이를 코오즈정리(Coase theorem)라고 부른다. 이 코오즈정리는 맑은 공기에 대한 재산권을 교환함으로써 기업은 공해를 발생시킬 수 있는 공해권(공해를 일으킬 수 있는 권리)을 획득하고 반면에 주민들은 공해의 피해를 재산권의 판매로 보상받을 수 있으며, 그 결과 외부성을 시장기구에 의해 해결할 수 있다는 주장이다.

그러나 이 정리는 교섭, 계약 및 관리 등을 실행하는 과정에서 소요되는 비용이 상대적으로 적을 경우에만 성립한다. 실제로는 그 비용이 대단히 클 수 있어서 현실적으로 그 정리가 제대로 적용되기는 곤란하지만, 공해문제를 해결하는 한 가지 방법으로 제시되었다는 데에 그 의의가 있다. 또한 공해에 대한 정확한 정보가 존재하는 경우에만 재산권의 합당한 가치가 결정될 수 있으며, 그렇지 않으면 그 재산가치가 극히 낮게 평가될 수도 있다. 그런데 최근에 피해 주민들과 공해기업 간에 피해에 대한 보상을 직접 협상하는 사례가 늘고 있다는 것은 어쩌면 코오즈정리가 나름대로 실제 적용된다고 볼 수 있을 것이다.

4 공공재

공공재(public goods)는 두 가지 독특한 성격을 갖는다. 첫째로 공공재가 일단 생산되면 비록 소비에 대한 대가를 지불하지 않았다고 할지라도 그 재화의 소비로부터 어느 누구도 배제될 수 없다. 이것을 비배제성(nonexcludability)이라고 하는데, 이것은 그 대가를 지불한 사람과 지불하지 않은 사람을 구분할 수 없다는 것, 즉 대가를 지불하지 않는 사람들을 배제할 수 없다는 것이다. 반면에 민간재의 경우 일반적으로 대가를 지불하지 않은 사람은 민간재의 소비로부터 배제될 수 있는데, 이를 배제의 원리라고 한다. 예컨대 어떤 사람이 옷가게에서 옷의 대가를 지불하지 않고선 그 옷을 입을 수 없을 것이다.

둘째로 공공재는 소비에 의해서 고갈되지 않는다. 이것을 비경합성(nonrivalry)이라고 하는데, 이것은 한 개인이 공공재를 소비한다면 이런 행위는 다른 개인이 소비할 수 있는 재화의 양을 감소시키지 않는다는 것이다. 반면에 사적재의 경우 한 사람이 일정량을 소비하면 정확히 그만큼 다른 사람들이 소비할 수 있는 수량이 줄어드는데, 이를 경합성의 원리라고 한다. 예컨대 어떤 사람이 옷가게에서 옷 한 벌을 사면 다른 사람이 옷을 살 수 있는 수량은 정확히 한 벌만큼 줄어든다. 그렇지만 예컨대 영화관에서 한 사람의 영화 관람은 다른 사람의 영화 관람을 감소시키지 않으므로, 사적재 중에서도 비경합성이 나타나날 수 있다.

국방, 치안, 도로, 항만, 공원 등의 공공재는 비배제적이면서 비경합적인 유익한 외부효과를 발생시키는 재화들이다. 그런데 도로, 공원, 도서관 같은 공공재는 어떤 단계에 이르면 포화상태에 이르고, 그에 따라 소비에서 경합성이 나타날 수도 있는데, 이를 혼잡현상(congestion phenomena)이라 한다. 이런 재화를 개인이 생산한다면, 다른 사람들이 아무런 대가도 지불하지 않으면서 그 재화를 소비하려고 할 것이다. 이것이 소위 무임승차자(free-rider)의 문제이며, 이런 문제는 공공재의 첫째 특징인 비배제성 때문에 나타난다. 이런 무임승차자가 존재한다면 어느 누구도 자신의 비용을 투입하면서 공공재를 생산하려고 하지 않을 것이다. 따라서 공공재의 생산을 시장에 위임한다면 공공재는 사회에서 필요한 것보다 훨씬 적게 생산될 것이다. 결국 시장실패가 발생하고 있으며, 정부는 공공재를 직접 생산함으로써 시장실패에 직접적으로 대처할 수 있다.

5 빈곤

자원배분의 기준을 공평의 관점에서 본다면, 소득분배를 시장기구에 위임할 경우 자본주의의 속성상 소득분배의 불공평이 심화할 수 있다. 이런 불공평은 경제적 후생의 불균등한 분배를 의미하며, 특히 빈곤한 사람들의 생활수준이 매우 낮아질 수 있다. 인도주의적 입장에서 모든 인간은 최소한 인간다운 생활을 할 권리를 갖고 있으므로, 이 문제를 시장에만 위임한다면 해결될 수 없는 문제이다.

소득분배의 불공평을 해결하기 위하여 정부는 고소득자로부터 많은 세금을 거두어서 저소득자나 극빈자에게 여러 가지 형태로 재정지출을 하여 소득분배의 불공평을 완화시키고자 하는데, 이를 소득재분배정책이라고 한다.

특히 선진국의 경우 많은 사람들은 정부의 소득재분배정책을 지지하는 경향을 보이고 있다. 왜냐하면, 첫째로, 어떤 사람들은 그들의 후생수준이 다른 사람들의 후생수준에 의존한다고 생각하기 때문이다. 즉 다른 사람들의 후생수준이 높아지면 자신들의 후생수준도 높아진다고 믿기 때문이다. 이런 유형의 사람들은 재분배정책이 그들의 후생수준을 높인다고 생각하므로 소득재분배정책을 지지한다. 둘째로 어떤 사람들은 빈곤이 환경을 불유쾌하게 만드는 공기의 오염처럼 유해한 외부효과를 갖는다고 생각하기 때문이다. 이들도 재분배정책이 공기의 오염을 제거하는 것처럼 불유쾌한 환경을 개선시킨다고 보고 그 정책을 지지한다. 셋째로 어떤 사람들은 소득의 재분배를 일종의 보험으로 간주하기 때문이다. 자신들 혹은 자신들의 후예들도 언젠가는 가난하게 될지 모르며, 그때에는 도움을 받을 수도 있기 때문에 재분배정책을 지지한다고 생각할 수 있다.

이런 근거에서 정부는 소득분배에 간섭하게 되는데, 재분배와 관련하여 많은 문제들이 제기되고 있다. 우선 결과로서 나타난 소득 자체만을 재분배하여, 보다 공평한 소득분배가 되도록 만들 것인가? 아니면 그것과 더불어 장기적으로 기회의 균등(주로 교육이나 직업재훈련)에 초점을 맞출 것인가? 만약 소득의 재분배에 초점을 맞춘다면 소득세와 재산세 등의 조세제도를 시행할 것인가 아니면 실업수당, 의료보험 등과 같은 정부지출을 통해서 할 것인가? 정부는 어느 정도까지 간섭하여야 할 것인가 등의 많은 문제가 있다.

제4절 정부실패

시장실패는 앞에서 언급한 것처럼 독과점, 외부성, 공공재, 빈곤 및 거시적인 실업(후술)에 의해 나타나며, 정부는 이런 실패를 교정하기 위하여 독과점과 공해에 대한 규제를 강화하고, 공공재의 공급을 늘리며, 소득재분배정책을 실시하고 또한 실업문제를 해결하기 위한 재정지출을 증대시키기도 한다.

이런 정부의 간섭이 시장실패를 어느 정도 교정하고 있지만, 그러나 새로운 문제들을 야기하기도 한다. 우선 독과점과 공해에 대한 정부의 규제 강화는 민간기업의 자유로운 경영에 커다란 제약요인으로 등장하며, 그에 따라 국내 기업들은 독과점이나 공해에 대한 규제가 약한 후진국으로 진출하기도 한다. 그리고 공공재의 공급 역시 경제적 요인보다는 정치적 요인에 의해 더 많이 영향 받음으로 인해 적절한 배분이 불가능한 경우가 다반사로 나타난다. 예컨대 선거와 관련하여 불필요한 공항이나 도로 등에 대한 공약은 공공재의 과잉 공급을 야기한다. 또한 소득재분배정책의 경우 과도한 사회보장제도는 국민의 근로의욕을 감퇴시키는 도덕적 해이(道德的 解弛)를 유발하여 국민경제의 생산성을 크게 떨어뜨리고 있다.

＊ 도덕적 해이

도덕적 해이는 원래 보험에서 유래했다고 전해진다. 자동차보험이나 건강보험에 가입하지 않을 때에는, 자동차 사고가 나거나 건강이 나빠졌을 때 본인이 스스로 책임을 져야 하고 그에 따라 경제적인 손실이 불가피하므로 조심스럽게 운전하고 건강을 위해 열심히 운동하거나 음식에 관심을 기울일 것이다. 그러나 일단 보험에 가입하면 보험회사에서 모든 것을 처리하기 때문에 난폭하게 운전할 수도 있고 건강을 위한 여러 가지 조치를 취하지 않을 수도 있는데, 이런 해이해진 사고방식을 도덕적 해이라고 한다.

여기서 도덕적 해이(moral hazard)는 사회보장제도 하에서 생산성이 낮은 저소득집단들이 사회보장급부금으로 높은 생활수준을 영위할 경우 저소득집단은 물론 생산성이 높은 고소득 집단들도 근로의욕을 상실하여 자신들의 능력을 충분히 발휘하지 않으려는 현상을 지칭한다. 일반적으로 도덕적 해이는 인센티브가 마련되지 않거나 더욱이 역의 인센티브가 도입되는 경우 특정인들이 자신의 능력을 발휘하지 않고 무사안일을 도모하는 현상으로 해석된다.

그리고 거시경제적 차원에서 경기변동 완화를 위한 재량적 재정정책(후술) 역시 경제를 오히려 불안정화시키는 결과를 유발하기도 한다. 이와 같이 정부간섭이 오히려 효율적인 자원배분을 저해하고 또한 공평의 성취를 방해하는 현상을 정부실패(government failure)라고 한다.

따라서 정부간섭이 이상(理想)과는 괴리되어서 오히려 시장실패와 같은 정부실패를 유발한다면 정부간섭을 줄이는 것이 보다 합당할 것이다. 이런 현상이 발생하는 원인은 집단적인 정치적 의사결정에 참여하는 사람들이 경제학에서 가정되는 것과는 전혀 상이한 인센티브에 반응하기 때문이다. 즉 집단적인 의사결정에 참여하는 행정관료나 정치인들은 특정한 집단, 특정 기업 혹은 특정 기업집단의 이익을 옹호하거나 혹은 자신의 직위 유지 등에 목적을 두는 경우 이들에 의한 의사결정은 필연적으로 정부간섭의 실패로 귀결한다. 따라서 최근에는 정부의 규제와 간섭을 줄여야 한다는 목소리가 점진적으로 더 높은 설득력을 갖게 되는 것도 이것 때문이다.

제 6 장

국민소득이론

본 장은 거시경제학의 기본적인 개념들을 다룬다. 먼저 외부의 간섭 없이도 소득이 수요를 결정하고 수요가 생산을 결정하며 생산이 소득을 결정하는 국민경제의 순환과정에 대해 민간경제, 국내경제 및 개방경제의 모형별로 살펴보고 국민소득의 개념 및 측정방법과 우리나라의 국민소득 통계에 대해서도 살펴본다. 그리고 국민소득의 결정과정을 고전학파 모형과 케인즈의 단순모형으로 나누어 살펴본다.

제 1 절 국민경제의 순환 및 국민소득

1 국민경제의 순환

국민경제를 구성하고 있는 경제주체는 소비의 주체인 가계, 생산의 주체인 기업, 가계와 기업을 규제하고 조정하면서 소비와 생산 활동을 하는 주체인 정부, 그리고 국내경제와 수출입을 하는 해외부문 등이 있다.

기업은 재화나 서비스를 생산하여 생산물시장을 통해 가계에게 공급하고 가계는 이를 수요한다. 가계가 기업이 생산한 생산물을 구입하고 그에 대한 대가를 지불하기 위해서는 소득이 있어야 한다. 가계는 이러한 소득을 생산요소시장을 통해서 얻게 된다. 즉, 가계가 생산요소시장에서 노동, 토지, 자본 등 생산요소를 공급하고 그에 대한 대가로 받은 임금, 지대, 이자 등이 가계의 소득이 되는 것이다.

한편, 기업은 생산물시장에서 재화나 서비스를 판매하고 얻은 수입으로 생산요소시장에서 생산요소를 제공하는 가계에게 그 대가를 지불한다. 그리하여 경제는 생산물시장을 통하여 생산물이 소득으로 바뀌고 생산요소시장을 통하여 소득이 다시 생산물로 바뀌는 순환과정을 자율적으로 되풀이하는데 이를 국민경제의 순환이라고 한다. 여기서는 여러 가지 모형별로 국민경제의 순환과정을 살펴보기로 한다.

민간경제모형

가계와 기업으로만 구성된 경제를 민간경제(private economy)라고 하는데 [그림 6-1]은 가계와 기업으로 구성된 민간경제모형에서 국민경제의 순환과정을 나타내고 있다. 시장을 통해 가계와 기업 간에 자금과 실물이 순환하는 과정을 그림으로 나타낸 경제모형을 경제순환모형도(circular flow diagram)라고 하는데 그림에서 나타내고 있듯이 시장은 생산물시장과 생산요소시장 두 개로 구성되어 있고, 여기서 C는 소비(Consumption), S는 저축(Saving), 그리고 I는 투자(Investment)를 나타낸다. 기업이 생산한 소비재에 대한 가계의 수요를 소비라 하고 기업이 생산한 자본재에 대한 기업의 수요를 투자라고 한다. 그리고 가계의 소득 중에서 소비재를 구입하고 남은 것을 저축이라고 하는데 이 저축은 금융시장(그림에는 나타나지 않지만)을 통해서 기업의 투자에 이용된다. 그림에서 실선은 화폐의 흐름을 나타내고 점선은 실물의 흐름을 나타낸다. 즉, 생산물시장에서 실선은 가계에서 기업으로의 지출의 흐름을 나타내고 점선은 기업에서 가계로의 생산물의 흐름을 나타내고 있다. 또한 생산요소시장에서 실선은 기업에서 가계로의 요소소득의 흐름을 나타내고 점선은 가계에서 기업으로의 생산요소의 흐름을 나타내고 있다.

이러한 순환과정에서 안으로부터 밖으로 유출되어 소득의 순환을 줄이는 역할을 하는 것이 있는데 이를 누출(leakage)이라고 하며 민간경제모형에서는 저축이 누출이다. 또한 순환과정에서 밖으로부터 안으로 구매력이 유입되어 소득의 순환을 늘이는 역할을 하는 것이 있는데 이를 주입(injection)이라고 하며 민간경제모형에서 투자가 주입이다. 한편, 순환과정에서 주입이 누출보다 크게 되면 소득순환이 증대되어 경제가 성장하고 누출이 주입보다 크게 되면 소득순환이 감소하여 경제가 위축된다. 또한 주입과 누출의 양이 같으면 소득순환의 크기가 변하지 않게 되는데 이를 균형(equilibrium)이라고 한다. 경제가 균형 상태에 있다는 것은 누출과 주입의 양이 같다는 의미이므로 민간경제모형에서의 균형조건은 S=I 이다.

*** 확대재생산, 축소재생산 및 단순재생산**

총수요(C+I)가 요소소득, 즉 총공급(C+S)보다 크면 생산물의 판매호조로 재고투자가 계획된 적정수준 이하로 감소하게 되며, 이를 보충하기 위하여 기업은 생산을 확대하게 되고 그에 따라 확대재생산이 이루어지게 된다. 반대로 총수요가 총공급에 미달하면 재고투자가 쌓이게 되고 기업은 적정재고를 유지하기 위하여 생산을 줄이게 되고 축소재생산이 이루어진다. 그런데 총수요와 총공급이 일치하면 계획된 적정재고가 유지되므로 기업을 생산규모를 변경시킬 유인을 갖지 못하고 단순재생산이 이루어지며, 이를 균형이라고 한다.

그리고 이 순환과정에서 볼 수 있는 특징은 소득과 지출이 같다는 것이다. 가계가 기업으로부터 재화와 서비스를 구입하기 위해 지출한 돈은 기업의 소득이 된다. 또한 기업이 재화와 서비스를 판매하고 받은 돈으로 생산요소를 제공한 가계에서 임금, 지대, 이윤을 지불하는데 이것은 가계의 소득이 된다. 즉, 가계의 지출은 기업의 소득이 되고 기업의 지출은 가계의 소득이 되므로 소득과 지출은 항상 같게 된다.

*** 소득과 지출의 사후적 항등식**

거시에서 언급되는 투자, 소비, 저축, 정부지출 등은 미시처럼 사전적인 계획된 지출이다. 사전적으로 $C+I \neq C+S$인 경우 재고투자의 증가 혹은 감소를 통해서 사후적으로 C+I와 C+S는 항상 일치하며, 이때 I는 사후적인 실현된 투자를 의미하며, 앞에서 언급된 확대재산에선 실현된 투자가 계획된 투자보다 작아지고, 반면에 축소재생산에선 그 반대가 된다. 그리고 참고로 투자는 기계, 설비, 장치 등의 고정자본형성과 완성품, 재공품, 원자재 등의 재고투자로 구성된다.

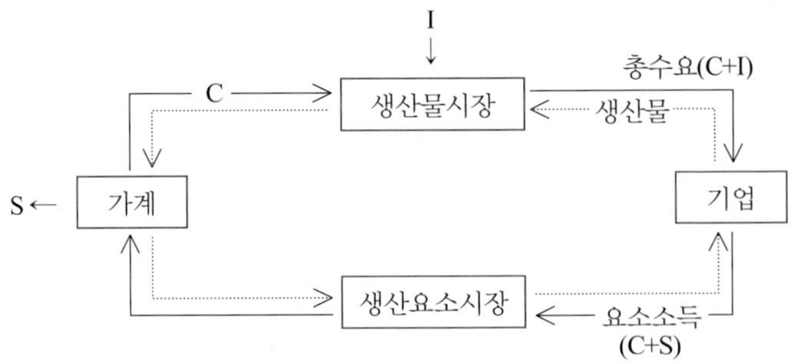

| 그림 6-1 | 국민경제의 순환(민간경제)

국내경제모형

가계, 기업, 그리고 정부로 구성된 경제를 국내경제(domestic economy)라고 하는데 [그림 6-2]는 가계, 기업 및 정부로 구성된 국내경제모형에서 국민경제의 순환과정을 나타내고 있다. 그림에서 C, S, I는 앞의 모형과 같고 G는 정부지출(Government expenditure), 그리고 T는 세금(Tax)을 나타낸다. 정부가 공공의 욕구를 충족시키기 위하여 지출하는 것을 정부지출이라고 하며 정부지출을 충당하기 위한 재원을 위해 정부가 강제적으로 획득하는 수입을 세금이라고 한다. 정부는 가계로부터 세금을 거두어 생산물시장을 통해 기업이 생산한 재화와 서비스를 구매한다. 그림에서 실선은 화폐의 흐름을 나타내고 점선은 실물의 흐름을 나타낸다.

국내경제모형에서는 저축과 세금이 누출이며 투자와 정부지출이 주입이다. 따라서 국내경제모형에서 균형조건은 S+T=I+G이다.

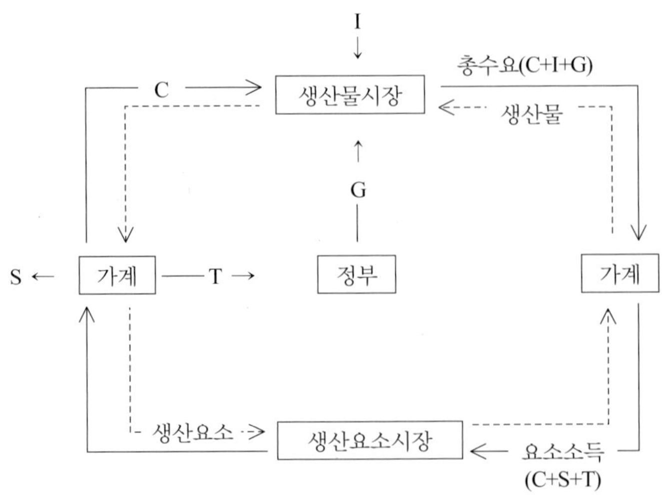

| 그림 6-2 | 국민경제의 순환(국내경제)

개방경제모형

가계, 기업, 정부, 그리고 해외부문으로 구성된 경제를 개방경제(open economy)라고 하는데 [그림 6-3]은 개방경제모형에서 국민경제의 순환과정을 나타내고 있다. 그림에서 C, S, I, G, T는 앞의 모형과 같고 X는 수출(eXport), 그리고 M은 수입(iMport)을 나타낸다. 수출이란 국내기업이 생산한 재화와 서비스에 대한 해외 경제주체들의 수요를 나타내고 수입이란 외국기업이 생산한 재화와 서비스에 대한 국내 경제주체들의 수요를 나타낸다.

개방경제모형에서는 수출은 우리나라의 기업이 생산한 재화와 서비스에 대한 외국의 구입을 나타내는데 외국으로부터 국내로 구매력이 유입되는 것이므로 주입이고 수입은 국내의 구매력이 외국으로 빠져나가는 것이므로 누출이다. 따라서 개방경제모형에서는 저축, 세금 및 수입이 누출이며 투자, 정부지출 및 수출이 주입이 되고 균형조건은 S+T+M=I+G+X 이다.

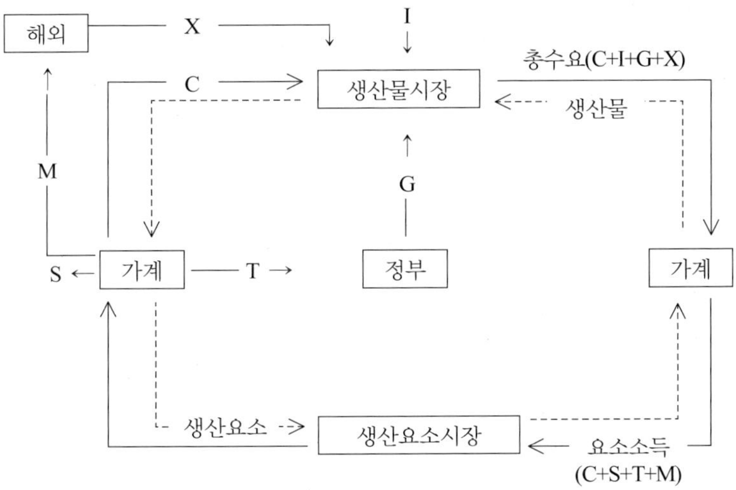

| 그림 6-3 | 국민경제의 순환(개방경제)

한편, 위에서 언급한 세 가지 모형을 누출 및 주입, 그리고 균형조건에 대해서 요약해 보면 <표 6-1>과 같다.

| 표 6-1 | 모형별 요약

모 형	누 출	주 입	균형조건
민간경제모형	S	I	S=I
국내경제모형	S, T	I, G	S+T=I+G
개방경제모형	S, T, M	I, G, X	S+T+M=I+G+X

2 국민소득의 개념 및 한계점

가계, 기업, 정부 등 경제주체 간에 반복적으로 일어나는 국민경제의 순환과정을 일정한 계정양식에 맞추어 기록한 국민소득계정은 1971년도 노벨경제학상을 수상한 쿠즈네츠(Simon Kuznets)에 의해 한나라의 경제수준과 국민들의 생활수준을 종합적으로 파악할 수 있는 국민소득지표로 개발되었는데 이를 국민총생산 또는 국내총생산이라고 한다.

> *** 쿠즈네츠(Simon Kuznets, 1901-1985)**
> 벨라루스 태생이며, 경제성장 및 발전이론에 대한 계량경제학적 공헌으로 1971년 노벨경제학상을 수상했다. 우선 15~20년의 주기를 갖는 중기적 경기순환이론을 제시했고, 현재 많이 활용되는 국민소득계정을 개발하고 발전시키는 데 기여했으며, 경제성장에 대한 역사적 사실들을 계량화하려고 노력했고 특히 소득불평등과 경제성장 간의 U 형태의 쿠즈네츠 곡선을 제시하면서 경제성장이 빈국에선 불평등을 심화시키지만 선진국에선 그것을 완화시킨다고 주장했다.

정의

국민총생산(Gross National Product: GNP)이란 일정한 기간 동안 국민들에 의해서 새로이 생산된 최종생산물의 시장가치의 합계를 말하며, 그리고 국내총생산(Gross Domestic Product: GDP)이란 일정한 기간 동안 한 나라 안에서 새로이 생산된 최종생산물의 시장가치의 합계를 말한다. 우리나라를 비롯한 대부분의 국가에서 국내 생산 활동은 주로 내국인에 의해서 이루어지므로 일반적으로 국내총생산(GDP)의 개념을 많이 사용하고 있는데 국내총생산의 정의를 좀 더 구체적으로 살펴보면 다음과 같다.

'일정한 기간'이란 GDP는 1년, 반년 또는 분기 등 일정한 기간 동안 생산된 것으로 측정하는 유량(flow)변수라는 의미이다.

'한 나라 안에서'란 GDP는 한나라의 영토 내에서 생산된 생산물의 가치만을 포함한다는 의미이다. 예를 들어 외국 근로자가 우리나라에 산업연수를 와서 벌어들인 수입은 우리나라의 GDP 계산에는 포함되지만 우리나라의 근로자가 중동에 가서 일을 하고 벌어들인 외화는 우리나라의 GDP 계산에 포함되지 않는다. 우리나라 국민이 외국에 나가서 생산 활동에 참가하여 벌어들인 소득은 우리의 입장에서 보면 국외수취 요소소득이 되고 외국인이 우리나라에 와서 생산 활동에 참가하여 벌어들인 소득은 우리의 입장에서 보면 국외지불 요소소득이 된다. 따라서 GDP에서 국외수취 요소소득을 더하고 국외지불 요소소득을 차감하면 GNP가 된다. 그러므로 해외투자를 많이 한 나라는 GDP가 GNP보다 작고 해외투자보다는 외국인의 투자가 많은 나라는 GDP가 GNP보다 크다.

국민총생산(GNP) = 국내총생산(GDP) + 국외순수취 요소소득

'새로이'란 GDP는 일정한 기간 동안 새로이 생산된 것만을 계상하며 이전에 생산된 중고품의 거래나 외상거래에 대한 금기의 지불은 금기의 GDP 계산에 포함되지 않는다는 의미이다.

'최종생산물'이란 원재료나 반제품 또는 기업 간에 거래된 중간생산물의 시장가치와 자산의 거래는 GDP 계산에 포함되지 않으며 최종사용자에 의해 구매된 것만 GDP 계산에 포함된다는 의미이다. 그러나 중간재라 하더라도 생산된 해에 사용되지 않고 장래의 판매나 생산을 위해 보관되는 경우는 그 가치를 재고투자로 계상한다.

'시장가치'란 시장에서 거래된 것만 GDP 계산에 포함되고 시장에서 거래되지 않는 것은 포함되지 않는다는 의미이다. 따라서 물물교환은 GDP 계산에 포함되지 않으며 같은 주부의 노동이라 하더라도 파출부로 일해서 벌어들인 돈은 GDP 계산에 포함되지만 가사노동은 포함되지 않는다.

분류

국민소득은 생산의 포괄범위나 가격의 평가방법 등에 따라 여러 가지로 구분된다.

첫째, GDP를 명목 GDP와 실질 GDP로 분류한다. GDP는 시장가치로 측정하기 때문에 재화와 서비스의 생산량이나 가격의 변동에 따라 그 가치가 변한다. 따라서 수량의 변화와 가격변화를 구분하기 위해서 명목 GDP는 해당연도의 생산량에다 해당연도의 가격(경상가격)을 곱하여 계산한다. 즉, 명목 GDP는 재화와 서비스 생산의 가치를 현재 가격으로 계산한 것으로 해당연도의 경제활동규모와 실적을 나타내는 데 유용하며 경상 GDP라고도 한다. 실질 GDP는 해당연도의 생산량에다 기준연도의 가격(불변가격)으로 계산한다. 즉, 실질 GDP는 재화와 서비스의 생산을 불변가격으로 계산한 것으로 다른 연도와 비교하여 해당연도의 경제가 실질적으로 얼마나 변동했느냐를 나타내는데 유용하며 불변 GDP라고도 한다. 실질 GDP를 계산할 때 사용되는 기준연도는 보통 5년마다 변경한다.

한편, 가격과 생산량의 변동을 동시에 포함하고 있는 명목 GDP를 생산량의 변동만을 포함하고 있는 실질 GDP로 나누어 100을 곱하면 GDP 디플레이터가 계산된다. 즉, GDP 디플레이터는 명목 GDP중에서 생산량의 변동이 아닌 물가변동으로 인한 변동분을 나타내기 때문에 물가수준을 나타내는 물가지수의 하나가 되는데 이 지수는 GDP추계에 포함되는 모든 재화와 서비스의 국내가격뿐만 아니라 수출가격의 변동까지를 포함하는 가장 포괄적인 물가지수이다.

$$\text{GDP디플레이터} = \frac{\text{명목 GDP}}{\text{실질 GDP}} \times 100$$

A 국은 최종 재화로 쌀, 자동차, 의류만을 생산한다고 가정하고 생산량 및 시장 가격이 <표 6-2>와 같다고 하자. 기준연도가 2010년이라고 가정하고 명목 GDP 및 실질 GDP를 계산해 보면 다음과 같다.

명목 GDP는 해당연도의 생산량에 해당연도의 가격을 곱한 후 더하면 되므로 2010년의 명목 GDP는 (6×50)+(7×30)+(10×70)=1,210이고, 2013년의 명목 GDP는 (11 × 40) + (4 × 100) + (12 × 90) = 1,920이다.

실질 GDP는 해당연도의 생산량에 기준연도의 가격을 곱한 후 더하면 되므로 2010년의 실질 GDP는 2010년의 명목 GDP와 동일한 1,210이고, 2013년의 실질 GDP는 (11 × 50) + (4 × 30) + (12 × 70)=1,510이다.

GDP 디플레이터는 명목 GDP를 실질 GDP로 나눈 후 100을 곱하면 되므로 기준연도인 2010년 GDP 디플레이터는 100이고, 2013년 GDP 디플레이터는 (1,920÷1,510)×100=127.1523이 된다. 이는 GDP 디플레이터가 2010년부터 2013년까지 27.1523% 상승하였음을 나타낸다.

| 표 6-2 | GDP 계산 예시

구분	2010(기준연도)		2013	
	생산량	가격	생산량	가격
쌀	6	50	11	40
자동차	7	30	4	100
의류	10	70	12	90

GDP는 실제 GDP와 잠재 GDP로 분류되기도 한다. 실제 GDP(actual GDP)는 한나라의 경제가 실제로 생산한 모든 최종생산물의 시장가치를 평가한 것을 말하고, 잠재 GDP(potential GDP)란 한나라에 존재하는 모든 생산자원을 정상적으로 고용했을 때 생산 가능한 모든 최종생산물의 시장가치를 평가한 것을 말하며 완전고용 GDP라고도 한다. 또한 인플레이션을 가속화시키지 않고 실현할 수 있는 최대 GDP라는 의미에서 자연 GDP라고도 한다. 실제 GDP에 대한 자료는 분기별로 한국은행에서 추계하여 발표하고 있지만 잠재 GDP에 대한 자료는 우리나라에서는 공식적으로 발표되지 않고 있어 여러 가지 방법으로 잠재 GDP를 추정하여 사용한다. 그리고 실제 GDP와 잠재 GDP의 차이를 GDP 갭이라고 하는데, 경제가 호황일 때는 실제 GDP가 잠재 GDP를 초과하여 GDP 갭의 부호가 양(+)이 되고 경제가 불황일 때는 실제 GDP가 잠재 GDP에 미치지 못하여 GDP 갭이 음(-)의 부호를 가진다. 우리나라의 잠재 GDP 성장률은 대체적으로 4.0% 내외로 추정되고 2013년도 실제 GDP 성장률은 3.0% 로 나타나 GDP 갭은 마이너스가 된다.

GDP 갭 = 실제 GDP − 잠재 GDP

둘째, 생산지표인 국내총생산(GDP)과 소득지표인 국민총소득(Gross National Income: GNI)으로 구분된다. GNI는 한나라의 국민이 국내외 생산 활동에 참여한 대가로 받은 소득의 합계로서 자국민(거주자)이 국외로부터 받은 소득(국외수취요소소득)은 포함되는 반면에 국내총생산 중에서 외국인(비거주자)에게 지급한 소득(국외지급요소소득)은 제외된다. 따라서 명목GNI는 명목GNP와 같다.

명목 GNP = 명목 GNI = 명목 GDP + 명목 국외순수취 요소소득

한편, 실질 GDP를 소득지표인 실질 GDI(Gross Domestic Income; 국내총소득) 또는 실질 GNI로 전환하기 위해 교역조건(=수출물가지수/수입물가지수)의 변화에 따른 실질소득의 국외 유출 또는 국외로부터의 유입분을 나타내는 「교역조건 변화에 따른 실질 무역손익」개념이 도입되었다. 즉, 실질 GDI는 한 나라가 생산 활동을 통하여 획득한 소득의 실질구매력을 나타낸다.

실질 GDI = 실질 GDP + 교역조건 변화에 따른 실질 무역손익 실질 GNI = 실질 GDI + 실질 국외순수취 요소소득

셋째, 고정자본소모의 포함여부에 따라 국민총생산과 국민순생산으로 구분하기도 한다. 생산 활동 과정에 이용되는 기계와 같은 자본재는 일정 기간이 경과하면 못쓰게 되는데, 이 경우 새 기계로 바꾸는 데 필요한 돈을 고정자본소모 또는 감가상각이라고 한다. 국내총생산에서 고정자본소모를 뺀 것을 국내순생산(Net Domestic Product: NDP)이라 한다. 개념적으로는 NDP가 GDP보다 더 정확하게 국민소득을 나타낸다고 볼 수 있으나 감가상각을 측정하기가 어렵고 또한 GDP에 대한 감가상각의 비중이 어느 정도 일정하므로 GDP개념을 현실적으로 많이 사용한다.

NDP = GDP − 고정자본소모

추계방법

국민소득의 추계방법은 생산접근방법, 소득접근방법 및 지출접근방법 등 세 가지 유형으로 분류할 수 있다.

생산접근방법(production approach)이란 한 나라의 부가가치를 생산면에서 추계한 것이다.

부가가치(added value)란 생산과정에서 새로 추가된 가치이며 각 생산단계에서 부가된 가치의 총액에 감가상각의 총액을 합산하면 최종생산물의 시장가치와 같아지므로 이 방법으로 추계한 생산국민소득은 국내총생산의 정의와 같다. 우리나라에서는 주로 경제활동별 국내총생산의 추계에 이 방법이 이용되고 있다.

국내총생산 (시장가격) = 경제활동별 부가가치 + 감가상각(기초가격) + 순생산물세 (생산물세-생산물보조금)

[그림 6-4]는 감귤 원과를 이용하여 최종적으로 감귤 쥬스를 만드는 과정을 이용하여 중간생물과 부가가치를 설명하고, 생산단계에서의 부가가치와 감가상각의 합이 최종생산물인 오렌지 쥬스의 시장가치와 같다는 것을 예시해 주고 있다. A 농부가 감귤을 생산하여 200원을 받고 감귤 원액을 제조하는 B 회사에 판매했다고 하자. 이 200원은 A 농부가 사용한 노동, 자본, 토지의 생산요소에 들어간 비용인 임금, 이자, 지대와 농기구 등에 대한 감가상각 및 농부의 순이윤으로 구성되어 있다. 부가가치란 생산과정에서 새로 추가된 가치이므로 생산액에서 원재료 구입비와 감가상각을 차감하여 구한다. 이 예에서 A 농부가 원재료를 사용하지 않았다고 가정하면 A 농부의 생산액은 200원이고, 부가가치는 200원에서 감가상각을 공제한 것이다.

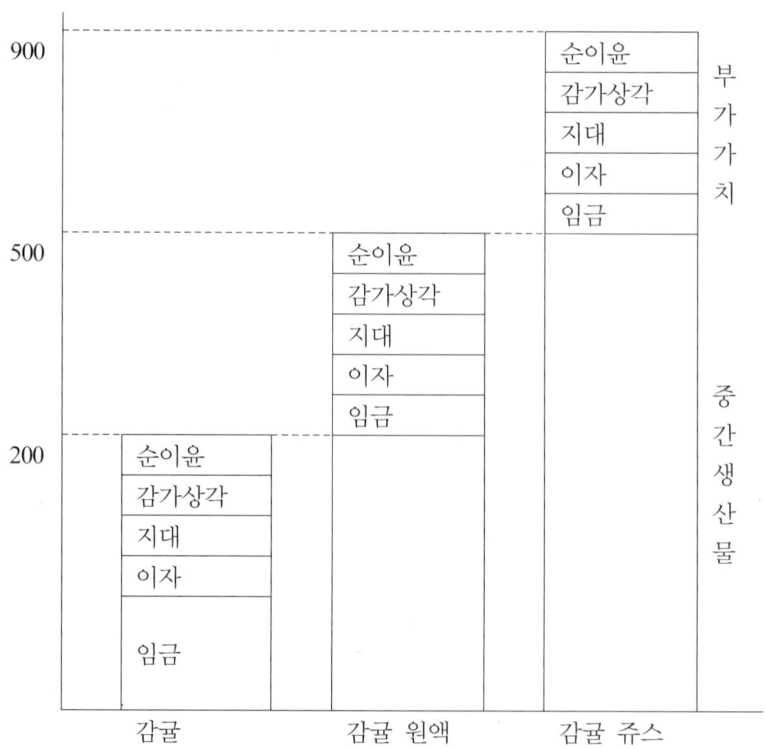

그림 6-4 중간생산물과 부가가치

B 회사가 노동, 자본, 토지의 생산요소를 이용하여 감귤 원과로 감귤 원액을 생산하여 500원을 받고 감귤 주스를 생산하는 C 회사에 판매했다고 하자. B 회사의 생산비는 감귤 원과 구입비 200원과 생산요소에 지불한 300원이다. 이 300원은 감귤 원액 생산에 사용된 생산요소의 소득이 되고, B 회사가 창출한 부가가치와 감가상각의 합과 같다.

한편, C 회사가 감귤 원액으로 감귤 쥬스를 생산하여 소비자에게 900원에 판매했다고 하면, 이 900원은 감귤 원액 구입비 500원과 생산요소에 지불한 400원이다. 이 400원은 감귤 쥬스 생산에 사용된 생산요소의 소득이 되고, C 회사가 창출한 부가가치와 감가상각의 합과 같다.

이 예에서 최종생산물의 시장가치인 900원은 A 농부, B 회사 및 C 회사의 부가가치 및 감가상각의 합과 같음을 알 수 있다.

소득접근법(income approach)이란 일정 기간에 새로이 생산된 부가가치를 그것이 귀속하는 각 생산요소별로 산출하여 종합함으로써 부가가치액을 발생면에서 포착하는 방법이다. 우리나라에서는 주로 분배국민소득의 추계에 이 방법이 이용되고 있는데 분배국민소득은 임금, 이자, 지대, 이윤, 순간접세 및 감가상각을 합한 금액이 된다.

국내총생산	=	피용자보수 + 영업잉여 + 고정자본소모 + 순생산물세 및 수입세

지출접근법(expenditure approach)은 최종수요에 충당된 자금의 원천, 즉 가계, 기업 및 정부 등 각 경제주체가 그들의 소득을 소비와 저축 또는 소비와 투자로 어떻게 지출하였는가를 추적함으로써 최종수요를 소득의 처분면에서 추계하는 방법인데 이 방법으로 측정한 국민소득을 지출국민소득이라고 한다. 지출국민소득은 민간최종소비지출, 정부최종소비지출, 총고정자본형성, 재고증감, 재화나 서비스의 순수출을 합한 금액이 된다.

국내총생산	=	민간최종소비지출+정부최종소비지출 + 총고정자본형성+재고증감+ 수출−수입+통계상 불일치

한편, 생산주체가 노동, 자본, 토지 등 생산요소를 투입하여 재화와 서비스를 생산하는 측면(생산국민소득), 생산된 국민소득이 생산요소를 제공한 자에게 분배되는 측면(분배국민소득), 분배된 소득을 경제주체가 지출하는 측면(지출국민소득) 등 세 가지 측면에서 포착된 국민소득은 이론적으로 그 크기가 똑같은데(실제로 같지 않을 경우 지출접근법에서 통계상 불일치로 계상함) 이를 국민소득 3면 등가의 원칙이라고 한다.

유용성 및 한계점

GDP는 생산, 고용, 물가 등 한 나라의 경제활동수준을 측정하는 좋은 지표가 된다. GDP가 증가한다는 것은 생산 활동이 증가하며 고용이 증가한다는 것을 의미한다. 또한 GDP는 국민소득수준을 나타내는 좋은 지표가 되기도 한다. GDP는 1년 동안 한 나라에서 생산 활동 결과 얻은 총소득규모를 나타내 주므로 한 나라의 경제력을 나타내는 지표가 되고, 1인당 GDP는 국민들의 생활수준을 측정하기 위한 지표로 이용된다. 그리고 GDP는 국가 간 비교에도 이용되는데 GDP의 국제비교를 통해 국가 간의 경제력, 국민의 생활수준 및 후생수준을 비교할 수 있고 경제발전단계를 파악할 수 있다. 예를 들면, 2013년 현재 우리나라의 1인당 GDP는 23,837달러로 세계 33위를 기록하고 있으며 GDP는 1조 1,975억 달러로 세계 15위를 기록하고 있는데 이를 통해 세계 속에서 한국의 경제력의 위치를 파악할 수 있다.

이러한 여러 가지 유용성에도 불구하고 GDP는 몇 가지 한계점을 가지고 있다.

첫째는, 시장에서 거래되지 않은 재화와 용역은 포함되지 않는다는 것이다. 따라서 동일한 성질을 가진 노동에도 불구하고 가정주부의 가사노동은 GDP계산에 포함되지 않고 파출부의 보수는 포함된다는 모순을 가지고 있다. 또한 밀수·마약거래·무자료거래 등 소위 지하경제도 시장에서 거래되지 않은 것이므로 포함되지 않는다.

둘째는, 인간의 삶의 질을 높여주는 여가(leisure)가 계상되지 않는다는 것이다. 똑같이 하루 8시간을 일하더라도 남은 시간을 여가생활에 보내는 사람들은 그렇지 못한 사람들에 비해서 효용이 높아질 것이나 GDP는 증가하지 않는다.

셋째는, 매연, 폐수, 산업폐기물, 소음 등 효용을 감소시키는 외부불경제를 도외시하고 있다는 것이다. 산업의 발전으로 GDP는 증대하겠지만 그 과정에서 발생하는 환경오염은 국민생활의 질을 떨어뜨린다.

이러한 GNP개념의 한계점을 보완하고 진정한 의미의 경제적 후생을 측정하기 위하여 경제후생지표(Measure of Economic Welfare; MEW) 또는 순경제후생(Net Economic Welfare: NEW)이 개발되었다. 이 지표는 토빈(J. Tobin)과 사뮤엘슨(P. A. Samuelson) 등 일부 경제학자들이 도입한 새로운 지표로 국민소득에 가사서비스나 여가 등의 가치를 더하고 대기오염, 수질오염, 소음 등 공해의 비용을 공제하여 산출한다. 그러나 여가의 가치나 공해의 비용 등을 금액으로 환산하는 것이 어려워 널리 이용되지 않고 있다.

*** 토빈(James Tobin, 1918~2002)**

미국에서 출생했으며, 경제를 안정화하고 공황을 회피하기 위하여 적극적인 재정간섭을 주창하는 케인즈학파 경제학자이며, 1981년 노벨경제학상을 수상했다. 그는 투자 및 금융·재정정책의 연구에 많은 기여를 했고, 분산투자이론의 개척자이기도 하며, 또한 국제금융시장에서 비생산적인 투기를 축소시키기 위하여 외환거래에 대한 조세, 즉 '토빈세'의 도입을 주장했다.

*** 사뮤엘슨(Paul Samuelson, 1915~2009)**

미국에서 출생했으며, 토빈과 더불어 케인즈경제학의 발전에 기여했으며, 1970년 노벨 경제학상을 수상했다. 소비이론, 후생경제학, 재정학, 국제경제학 등에서 많은 저술을 남겼으며, 솔로우와 더불어 케인즈거시경제학과 미시경제학을 결합한, 즉 케인즈적 재정·금융정책으로 완전고용을 달성한 이후 미시적 자원배분문제를 다룬 신고전학파종합(neoclassical synthesis)을 제시하기도 했다.

또한 현재 편제되고 있는 국민소득통계는 시장에서 거래되는 경제자산만을 측정대상으로 하고 있기 때문에 생산과정에서 발생하는 환경오염에 따른 물, 공기, 자연 등 환경자산의 질적 악화나 광물채굴 또는 산림벌채 등에 따른 자연자원의 감소 등과 같은 사회적 손실을 반영하지 못하고 있어 복지후생지표로서의 한계가 있다. 따라서 환경오염이나 자원고갈 등으로 인한 경제적, 사회적 비용을 감안한 새로운 지표가 개발되었는데 이 지표는 기존의 국민소득지표인 GNP에서 환경파괴 등에 따른 경제적 손실액을 차감한 지표로 Green GNP라고 한다. Green GNP는 국민계정상의 공식개념이나 명확히 정의된 학술상의 개념은 아니며 1993년 UN이 경제활동과 환경간의 상호관계를 체계적으로 분석하기 위하여 도입한 새로운 총량지표인 환경요인조정 국내순생산(Environmentally Adjusted Net Domestic Product; EDP)과 유사한 개념이다. EDP란 국민소득통계상의 국내순생산(Net Domestic Product)에서 생산과정중 소모된 자연자원과 환경악화 등 사회적 손실을 화폐로 평가하여 차감시킨 수정총량지표를 말한다.

3 우리나라의 국민소득

현재 우리나라의 국민소득통계는 UN 등 국제기구가 마련한 '1993년 국민계정체계(1993 SNA : 1993 System of National Accounts)'를 기준으로 편제되고 있다. 우리나라의 국민소득은 분기잠정, 연간잠정, 연간확정, 연간최종확정의 단계를 거쳐 추계되어 한국은행에서 발표하고 있다. 분기잠정(1/4분기-3/4분기) 추계는 분기종료 2개월 후에, 4/4분기를 포함한 연간잠정 추계는 연도종료 3개월 후에 발표하고 연간확정추계는 연도종료 1년 3개월 후에 발표한다.

<표 6-3>은 1970년부터 2011년까지 우리나라의 국민소득을 나타내고 있는데 2011년 현재 우리나라의 경상GDP와 경상GNI는 각각 1,237조 128억 원, 1,240조 504억 원이며, 이를 달러로 환산하면 각각 1조 1,164억 달러와 1조 1,195억 달러로 우리나라의 경우 경상GNI가 경상GDP보다 크다. 그리고 2011년 현재 우리나라의 불변GDP와 불변GNI는 각각 1,081조 594억 원과 1,018조 255억 원이다. 또한, 1인당 GNI는 2011년 2,492만원이며, 이를 달러로 환산하면 22,489달러이다.

| 표 6-3 | 우리나라의 여러 가지 국민소득(단위: 10억 원)

구분	'70	'80	'90	'00	'05	'10	'11
경상GDP	2,775	39,110	191,383	603,236	865,241	1,173,275	1,237,128
경상GDP(억$)	81	643	2,703	5,335	8,447	10,147	11,164
경상GNI	2,812	38,479	191,284	600,159	864,427	1,174,753	1,240,504
경상GNI(억$)	82	633	2,702	5,308	8,439	10,160	11,195
불변GDP('05기준)	61,851	145,903	368,986	694,628	865,241	1,043,666	1,081,594
불변GNI('05기준)	70,238	151,485	417,542	717,901	864,427	1,003,475	1,018,255
1인당GNI(만원)	9	101	446	1,277	1,796	2,378	2,492
1인당GNI($)	255	1,660	6,303	11,292	17,531	20,562	22,489

자료 : 한국은행 경제통계시스템(ecos.bok.or.kr)

<표 6-4>는 1970년 이후 우리나라의 국내총생산을 생산, 지출, 분배 등 세 가지 측면에서 측정한 국민소득을 각각 나타내고 있는데 국민소득 3면 등가의 원칙이 성립하고 있음을 보여주고 있다. 생산국민소득에서는 서비스업생산의 비중이 가장 크고, 지출국민소득에서는 민간소비지출의 비중이 가장 크며, 분배국민소득에서는 노동을 제공한 대가로 가계에 분배되는 피용자보수가 가장 큰 비중을 차지하고 있다.

| 표 6-4 | 우리나라의 국내총생산(경상가격기준, 단위 :10억 원)

종류	분 류	'70	'80	'90	'00	'05	'10
국내총생산		2,775	39,110	191,383	603,236	865,241	1,173,275
생산	농림어업	737	5,576	14,998	24,939	25,853	27,832
	광공업	510	9,042	47,228	153,852	215,639	321,498
	(제조업)	469	8,557	45,920	152,177	213,646	319,275
	전기가스수도업	34	739	3,576	13,706	17,612	21,474
	건설업	129	2,750	17,943	37,414	59,285	66,157
	서비스업	1,121	16,718	88,756	308,637	457,502	616,972
	총부가가치(기초가격)	2,530	34,824	172,502	538,548	775,890	1,053,933
	순생산물세	245	4,285	18,881	64,688	89,351	119,342
지출	민간소비	2,067	24,532	96,948	330,390	465,431	616,983
	정부소비	282	4,968	22,527	72,101	120,010	178,396
	총고정자본	707	12,492	69,368	180,748	249,690	331,734
	재고증감	17	370	3,531	3,616	7,176	14,696
	재화와서비스 수출	366	12,215	52,907	232,633	339,757	613,368
	(-)재화와서비스 수입	652	15,564	54,201	215,398	316,378	583,157
	통계상불일치	-10	98	304	-852	-445	1,255

분배	피용자보수	933	15,245	85,281	258,944	396,338	526,279
	영업잉여	1,369	15,875	64,976	190,695	258,129	363,901
	고정자본소모	213	3,332	20,532	83,177	113,846	150,911
	생산 및 수입세(-)보조금,	260	4,657	20,595	70,421	96,928	132,184

자료 : 한국은행 경제통계시스템(ecos.bok.or.kr)

한편, [그림 6-5]는 1975년 이후 우리나라의 분기별 불변 GDP의 추이를 나타내고 있는데 여기서 발견할 수 있는 특징적인 사실들은 먼저 시간이 흐름에 따라 불변 GDP가 증가하였다는 것이다. 1975년 3분기부터 1998년 3분기까지 계절조정한 분기별 GDP의 평균성장률은 약 1.9%로 연율로 환산하면 약 7.6%가 된다. 이러한 고도의 경제성장으로 인해 우리나라의 국민들은 이전보다 높은 수준의 경제생활을 영위할 수 있게 되었다. 다음으로 불변 GDP의 증가율이 일정하지 않다는 것이다. 장기적으로는 경제가 성장하는 추세를 보이고 있지만 때때로 경기침체가 발생하여 성장률이 둔화되는 현상을 보이고 있다. 그림에서 빗금친 부분은 통계청에서 발표하는 공식 불황기간을 나타내는데 이 기간 중에는 경제성장률의 둔화로 실업이 증가하고 기업의 이윤이 감소하기도 한다.

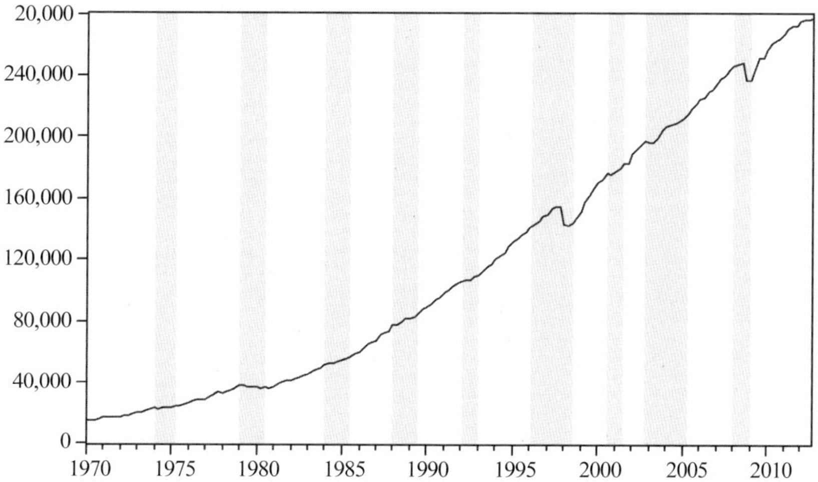

| 그림 6-5 | 우리나라의 불변GDP 추이

제2절 국민소득의 결정 : 고전학파모형

국민소득이 어떻게 결정되는가를 설명하는 이론은 크게 고전학파모형과 케인즈모형으로 나누어진다. 본 절과 다음 절에서는 가장 단순한 모형에 근거하여 국민소득이 어떻게 결정되는가를 검토할 것이며, 우선 본 절에서는 고전학파모형이 다루어지고, 다음 절에서는 케인즈모형이 검토될 것이다. 보다 완전한 형태의 모형은 제7장에서 살펴보게 될 것이다.

＊ 고전학파와 케인즈학파

마샬의 숲이론에서 숲 속으로 들어가서 숲을 관찰하는 방법이 미시경제학이며, 반면에 숲에서 멀리 떨어진 곳에서 망원경으로 숲을 관찰하고서 "대충 숲이 어떻다"라고 단정하는 방법이 거시경제학이다. 소위 색이 들어간 망원경, 즉 색안경을 끼고 숲을 관찰한다고 보면 적절한 비유일 것이다. 고전학파는 시장이 잘 작동한다는 고정관념을 갖고 있으며, 반면에 케인즈학파는 시장이 제대로 작동하지 않는다는 고정관념을 갖는다.

고전학파는 생산기술, 자본량, 노동량 등 공급측면이 국민소득을 결정한다고 주장하였다. 먼저 노동시장에서 노동의 수요 및 공급에 의해 균형고용량이 결정되면 총생산함수를 통해 국민소득이 자동적으로 결정된다고 보았다. 그리고 고전학파는 가격 및 임금이 완전히 신축적이므로 시장기구에 의해 완전고용이 자동적으로 달성된다고 주장하였다.

＊ 고전학파 추종자

18세기 경제학의 창시자인 A. Smith, 19세기의 D. Ricardo와 J.S. Mill, 19세기말의 한계효용학파, A. Marshall, 20세기 M. Friedman 등의 통화주의자, R.E. Lucas, T.J. Sargent 등의 합리적 기대학파, A.B. Laffer의 공급측 경제학 등이 여기에 속한다.

1 기본가정

공급측면을 중시한 고전학파모형은 다음과 같은 몇 가지 기본가정을 전제로 하고 있다.

첫째, 공급은 스스로 자체의 수요를 창출한다는 세이의 법칙(Say's law)을 가정한다. [그림 6-1]에서 살펴본 바와 같이 생산 → 소득 → 수요 → 생산의 순환관계가 과잉생산을 초래하지 않고 원활하게 이루어질 수 있다고 본다. 즉, 가계와 기업으로 구성된 단순경제에서 기업이 생산물을 공급하면 생산물가치만큼 가계의 소득이 창출되고 가계는 그 소득으로 기업이 생산한 생산물을 구입하는 데 지출하고 또한 그러한 수요가 있기 때문에 기업이 생산을 한다.

둘째, 물가·임금·이자율 등 모든 생산물가격과 요소가격이 완전히 신축적이라고 가정한다. 특히 물가와 (명목)임금이 완전히 신축적이라는 가정은 고전학파의 노동시장을 설명하는 데에 있어 아주 중요한 의미를 갖는다. 시장에서 초과공급이나 초과수요 등의 불균형이 발생하면 수량조정보다는 신속한 가격조정에 의해 균형으로 회복된다고 가정한다. 예를 들어 노동시장에서 노동에 대한 초과공급이나 초과수요가 발생하면 고용량보다는 노동시장에서의 가격인 명목임금이 신속하게 조정되어 완전고용상태로 회복된다는 것이다.

셋째, 노동시장은 완전경쟁적이며 노동의 수요와 공급 모두 실질임금의 함수라고 가정한다. 실질임금이란 노동자가 받는 화폐(명목)임금을 물가수준으로 나눈 값인데 물가와 명목임금이 완전히 신축적이라고 가정하고 있으므로 실질임금도 당연히 신축적이다.

2 노동시장

고전학파는 완전경쟁적인 노동시장에서 임금과 물가가 완전히 신축적으로 변하므로 완전고용이 자동적으로 달성된다고 본다.

노동수요곡선

노동을 수요하는 경제주체는 기업이다. 고전학파는 생산물시장과 노동시장이 모두 완전경쟁적이라고 보기 때문에 기업은 생산물시장에서 결정된 생산물 가격과 노동시장에서 결정된 임금을 그대로 받아들이는 가격순응자(price taker)이다. 완전경쟁기업은 이윤을 극대화하는 수준으로 생산량을 결정하며 단기에 자본을 고정시키고 노동의 고용량을 변경시킴으로써 생산량을 변경한다. 노동을 한 단위 더 고용하여 증대된 생산량을 노동의 한계생산물이라고 하는데 이를 시장에 판매하여 기업이 벌어들일 수 있는 것 즉, 노동의 한계생산물에다 시장가격을 곱한 것을 노동의 한계생산물가치라고 하고 이는 기업이 노동을 한 단위 추가적으로 고용함으로써 얻게 되는 편익(benefit)이다.

한편, 노동을 한 단위 더 고용하기 위해서는 명목임금을 지급해야 하는데 이는 기업의 비용(cost)이 된다. 기업은 노동의 추가적인 고용으로 인한 편익이 비용보다 크면 노동을 고용할 것이고 비용이 편익보다 크면 노동을 고용하지 않을 것이다. 따라서 노동의 한계생산물가치가 명목임금과 같아지는 수준까지 노동을 고용하면 완전경쟁기업의 이윤이 극대화된다. 이를 실질임금으로 표현하면 노동의 한계생산물과 실질임금이 같아질 때까지 노동을 고용하면 완전경쟁기업의 이윤이 극대화된다는 것을 의미한다.

노동의 한계생산물은 기업이 고용을 증가시킬 것인지 감소시킬 것인지를 결정하는 요소이므로 노동에 대한 수요로 볼 수 있으며, 그리고 다른 조건이 일정하다(ceteris paribus)면 노동고용을 계속 증가시키면 노동의 한계생산물이 감소하므로 노동에 대한 개별기업의 수요곡선은 실질임금과 역의 관계에 있다고 할 수 있다. 그리고 국민경제 전체적으로 볼 때 노동에 대한 시장수요곡선은 개별기업들의 노동수요곡선을 수평으로 합하여 도출되므로 노동에 대한 시장 수요곡선 역시 실질임금과 역의 관계에 있다.

노동공급곡선

일반적으로 사람들은 일을 하려는 것보다 여가시간을 많이 가지고 싶어 한다. 우리가 사용할 수 있는 시간은 제한되어 있으므로 여가시간을 많이 가질수록 노동시간은 줄어들고 소득도 줄어든다. 실질임금이 증가하면 노동의 공급을 증가시키려는 효과와 이전과 동일한 시간으로 더 높은 소득을 벌 수 있으므로 여가를 즐기고 노동시간을 줄이려는 효과가 발생한다. 일반적으로 실질임금이 낮은 수준일 때는 노동의 공급을 증가시키려는 효과가 크고 실질임금이 높은 수준일 때는 여가를 즐기려는 효과가 크므로, 실질임금의 변화에 따른 개인의 노동공급곡선은 실질임금이 일정수준에 이를 때까지는 노동공급이 증가하다가 일정수준을 지난 후부터는 노동공급이 감소하는 후방굴절형 노동공급곡선으로 나타난다.

한편, 노동시장의 총공급곡선은 개인의 노동공급곡선과는 달리 실질임금이 증가함에 따라 노동공급이 증가하는데 그 이유는 사회 전체적으로 볼 때 실질임금이 상승하면 그 동안 임금수준이 낮아서 노동시장 밖에 있던 사람들이 새로이 노동시장으로 진입하고 또한 기존의 노동자 중에도 초과근무 등을 통해 추가적으로 노동시간을 증가시킬 사람들이 있기 때문이다. 따라서 노동의 총공급곡선은 실질임금의 증가함수이다.

노동시장의 균형

노동시장의 균형은 노동에 대한 수요와 노동의 공급이 일치하는 점에서 달성된다. 노동시장이 균형을 이룰 때의 노동의 고용량을 균형고용량(L_e)이라 하고 실질임금을 균형실질임금($\frac{W^e}{p}$)이라고 한다. [그림 6-6]는 노동시장의 균형이 E점에서 달성되고 있음을 나타내고 있다.

만약 총수요 부족으로 물가가 하락하여 실질임금이 균형실질임금보다 상승하면 노동에 대한 수요는 줄어들고 노동공급은 증가하여 AB만큼의 노동의 초과공급이 발생하고 비자발적 실업이 존재하게 된다. 노동시장이 완전경쟁적이라는 가정에 의해 비자발적 실업자들 간에 일자리를 차지하기 위한 경쟁이 발생하여 명목임금이 낮아지고 이에 따라 실질임금이 다시 하락하면서 노동에 대한 수요는 증가하고 노동공급은 감소하여 이전의 균형실질임금 수준에서 완전고용이 다시 달성된다. 이와 같이 고전학파는 노동시장에서 신축적인 임금조절로 일할 능력과 일할 의사를 가진 사람이면 모두 고용되는 완전고용이 달성된다고 본다.

고전학파는 노동시장이 완전경쟁적이어서 명목임금이 신축적으로 조절된다면 비자발적 실업은 단기적으로는 발생할 수 있지만 장기적으로는 지속될 수 없다고 주장하였다. 따라서 실업이 장기적으로 지속된다는 것은 노동시장에서 가격기구가 제대로 작동되지 못하기 때문이므로 그 요인을 찾아서 해결하면 실업문제를 해결할 수 있다는 것이다. 1930년대에 발생한 대량실업은 임금이 신축적으로 조절되지 못하고 하방경직성을 보였기 때문인데 그 이유는 강력한 노동조합 때문이었다는 것이다. 따라서 노동의 공급독점과 노동의 수요독점 등 노동시장의 독점적 요소를 제거하여 노동시장을 완전경쟁시장으로 만들면 장기적인 실업문제는 발생하지 않는다는 것이 고전학파의 주장이다.

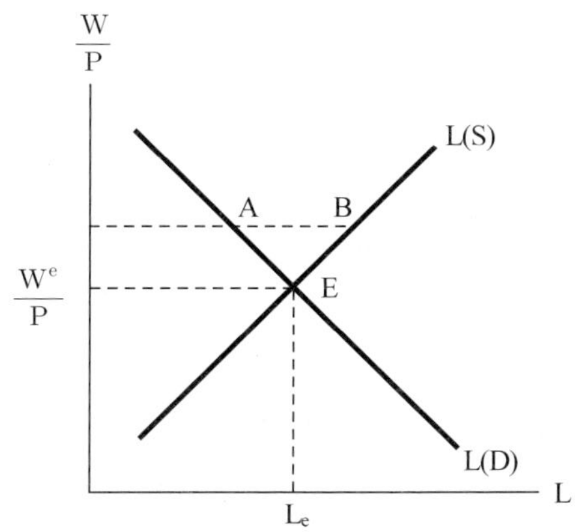

| 그림 6-6 | 노동시장의 균형

3 총생산함수

미시적 관점에서 본 개별기업이나 개별산업의 생산함수란 노동, 자본, 토지 등 생산요소의 투입량과 생산량 사이에 성립하는 기술적인 관계를 나타낸다. 단기에 있어서 자본・토지 등이 일정하다고 가정할 때 단기의 생산량은 노동의 고용량에 의해 결정된다. 이와 같은 개별기업이나 개별산업의 생산함수를 국민경제 전체로 확대하면 단기총생산함수는 다음의 (6-1)식과 같이 나타낼 수 있다.

$$Y = F(L,\ \overline{K}) \tag{6-1}$$

여기서 Y는 경제 전체의 총생산량, L은 노동의 총고용량, K는 총자본량을 각각 나타내며 K 위의 가로선은 자본이 단기에 고정되어 있음을 나타낸다. 한편, 단기에는 자본 외에도 경제 전체의 기술수준이나 인구도 일정하다고 가정하므로 총생산량은 생산에 투입된 노동자의 수나 노동시간 등의 노동량에 비례한다.

[그림 6-7]은 총생산함수를 나타내고 있는데 생산함수의 모양은 단기가변생산요소인 노동의 투입량이 증가함에 따라 생산량이 증가하지만 증가속도는 체감하는 '한계생산물체감의

법칙'을 반영하여 원점에 대해 오목한 형태를 보이고 있다. 이 그림에서 나타나고 있듯이 노동의 고용량이 L_e로 주어지면 산출량은 Y_e가 된다.

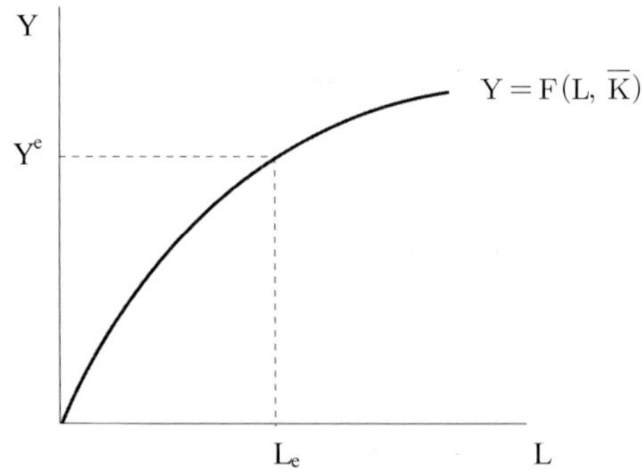

| 그림 6-7 | 단기총생산함수

4 균형국민소득의 결정

고전학파모형은 [그림 6-8]에서 나타내고 있듯이 노동시장에서 노동에 대한 수요와 노동공급이 일치하는 E점에서 노동의 균형고용량 L_e가 결정되면, 그 균형고용량은 총생산함수를 통해 총생산량 Y_e를 자동적으로 결정한다. 따라서 총생산함수와 노동수요곡선 및 노동공급곡선을 결정하는 요인들이 곧 고용량과 총생산량을 결정하는 요인들이 되므로 총생산량은 공급측 요인에 의해서 결정된다고 고전학파는 본다.

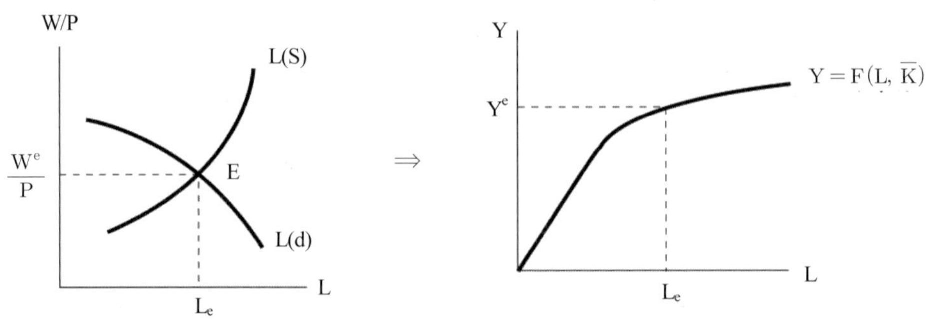

| 그림 6-8 | 균형국민소득의 결정

환언하면 노동자들의 노동의욕, 기술수준, 자본량 등과 같은 공급측 요인들이 총생산량, 즉 국민소득을 결정한다. 이런 고전학파모형에서는 수요측 요인은 국민소득의 결정에 아무런 역할도 하지 못한다.

제 3 절 국민소득의 결정 : 케인즈모형

1930년대 발생한 대량실업으로 고전학파의 국민소득결정이론은 현실 설명력을 잃었다. 이에 케인즈는 공급측보다는 가계의 소비수요, 기업의 투자수요, 정부 및 해외수요 등 수요측에 의해 국민소득이 결정된다고 보았다.

＊ 케인즈학파 추종자

1936년에 발간된 케인즈의 『일반이론』에서 출발하여 J.R. Hicks, A. Hansen 등의 케인지안, P. Samuelson, J. Tobin 등의 네오케인지안, S. Fischer, N.G. Mankiw 등의 새케인지안 등이 여기에 속한다.

1 기본가정

수요측면을 중시한 케인즈모형은 다음과 같은 몇 가지 기본가정에 근거하고 있다.

첫째, 총수요가 국민경제의 생산량 및 고용량을 결정한다고 가정한다. 이 가정은 국민경제에 잉여생산능력(excess capacity)이 존재하지만 수요부족으로 경제가 침체에 빠지고 실업이 발생한다고 보았다. 즉, 공급이 수요를 창출한다는 세이의 법칙을 부정하고 수요가 공급을 창출한다고 보았다. 따라서 수요가 증가하면 공급은 자동적으로 그 크기만큼 증가한다.

둘째, 물가수준은 단기적으로 불변이라고 가정한다. 잉여생산능력이 있기 때문에 수요가 증대되더라도 물가가 상승하기보다는 오히려 생산과 국민소득이 증가한다고 보았다.

셋째, 국민소득과 고용량은 비례한다고 가정하였다. 즉, 자본이나 기술 등 노동 이외의 생산요소들은 고정되어 있다고 보는 단기이론이다.

넷째, 소비와 저축은 소득이 증가함에 따라 증가한다고 가정하였다. 소비에 영향을 주는 요인들은 소득수준, 재산, 학력, 연령, 가족의 수 등 많이 있지만 소비수준을 결정하는 가장 중요한 요인은 소득수준이라고 보았다. 소비(C)와 소득(Y)간의 함수관계는 다음의 (6-2)식과 같이 나타낼 수 있으며 이를 소비함수라고 한다. 분석의 편의를 위하여 소비함수를 선형으로 표시하면 (6-3)식과 같이 나타낼 수 있는데 여기서 a는 생존에 필요한 최소한의 소비수준인 독립소비 또는 기초소비를 나타내고 b는 소득의 변화분에 대한 소비의 변화분의 비율인 한계소비성향(Marginal Propensity to Consume: MPC)을 나타낸다.

$$C = C(Y) \qquad (6\text{-}2)$$

$$C = a + bY,\ a > 0,\ 0 < b < 1 \qquad (6\text{-}3)$$

한편, 저축은 소득 중에서 소비지출에 사용되고 남은 부분을 말한다. 따라서 저축에 영향을 주는 가장 큰 요인은 소득수준이며 저축(S)과 소득(Y)간의 함수관계도 다음의 (6-4)식과 같이 나타낼 수 있으며 이를 저축함수라고 한다. 소비함수가 선형일 경우 저축함수 역시 선형이며 (6-5)식과 같이 나타낼 수 있다.

$$S = S(Y) \tag{6-4}$$

$$S = Y - C = Y - (a + bY) = -a + (1-b)Y \tag{6-5}$$

다섯째, 투자(I)는 이자율이나 소득수준과는 관계없이 독립적으로 이루어진다고 가정한다. 현실적으로 투자는 소득수준에 영향을 받는 유발투자도 있고 또한 이자율에도 영향을 받지만 여기서는 이자율과 소득수준에 영향을 받지 않는 독립투자만 있다고 본다.

2 단순모형과 국민소득의 결정

민간경제

기본적으로 국민소득은 총공급과 총수요에 의해서 결정된다. 그러나 케인즈의 단순모형에서 총공급은 총수요에 의해서 자동적으로 결정된다. 가계와 기업으로 구성되어 있는 민간경제에서 총수요는 가계의 소비수요와 기업의 투자수요의 합이다. 선형의 소비함수를 가정하면 소비수요는 소득의 증가에 따라 증가하고 투자수요는 독립투자만을 가정하고 있으므로 소득이 증가하더라도 전혀 변하지 않는다.

이것을 그림으로 그려보면 [그림 6-9]와 같다.

먼저 위의 그림은 총수요와 총공급에 의한 균형국민소득의 결정을 나타내고 있다. 총수요에 의해 총공급은 자동적으로 결정되므로 총공급곡선은 원점을 지나는 45°선이 된다. 소비수요는 절편이 a이고 기울기는 b인 직선이 되고 투자수요는 소득수준과 관계없이 일정하므로 수평선이 된다. 따라서 총수요는 소비수요와 투자수요의 합이 되고 총수요와 총공급이 만나는 E점에서 균형이 달성되며 이때의 국민소득을 균형국민소득(Y_E)이라고 한다.

한편, 아래 그림은 누출과 주입에 의한 균형국민소득의 결정을 나타내고 있는데 <표 6-1>에 나타나 있듯이 민간경제에서의 균형조건은 S=I이다. 저축 역시 소득수준의 증가에 따라 증가하므로 저축은 절편이 -a이고 기울기가 (1-b)인 직선이 되고 투자는 수평선이 된다. 따라서 누출인 저축과 주입인 투자가 같아지는 E'점에서 균형이 달성된다. 그림에서 나타나고 있듯이 총수요와 총공급에 의해 살펴보든 누출과 주입에 의해 살펴보든 균형국민소득의 크기는 똑같다.

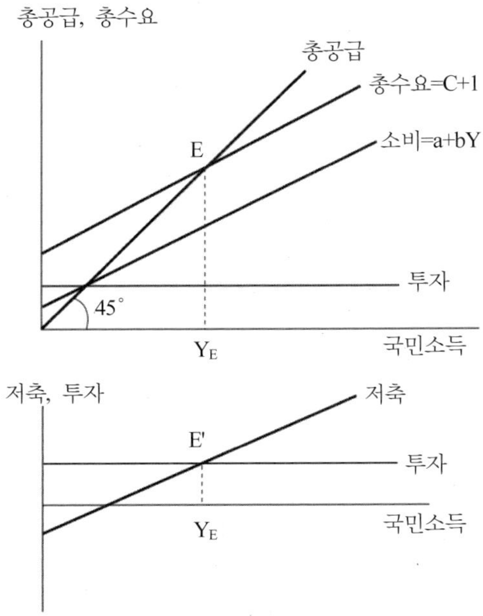

| 그림 6-9 | 민간경제의 국민소득결정

케인즈의 단순모형에서는 총공급은 총수요에 의해 자동적으로 결정되므로 총수요가 어디에 위치하느냐에 따라 균형국민소득의 크기가 결정된다. 한편, 민간경제에서 총수요는 소비수요와 투자수요의 합이므로 이들의 크기에 의해 총수요의 크기가 결정된다. 즉, 균형국민소득은 독립적으로 결정되는 투자수요, 소비수요를 결정하는 기초소비 및 한계소비성향에 의해 결정된다.

국내경제

가계, 기업 및 정부로 구성되어 있는 국내경제에서 총수요는 가계의 소비수요, 기업의 투자수요 및 정부의 정부지출수요의 합이다. 정부가 정부지출을 하기 위해서는 세금을 거두어들이는데 조세는 가계에만 부과되며 소득과 관계없이 일정한 금액을 세금으로 부과하는 정액세만 있다고 가정한다. 그러면 가계의 소비는 소득에서 정액세를 차감한 소득, 즉 가처분소득에 영향을 받는다. 그리고 앞에서와 마찬가지로 투자수요는 독립투자만을 가정하고 정부지출 역시 소득수준과 관계없이 일정하다고 가정한다.

*** 소비와 가처분소득**

정부가 없을 때 소비는 소득의 증가함수이지만, 정부가 존재하면 가계는 소득에서 우선 조세를 납부해야 한다. 소득 중 조세를 공제한 이후에 남는 소득을 가처분소득(disposable income, Y_D)이라고 한다. 즉 Y_D=Y-T. 가계는 가처분소득을 저축하거나 외국 물품의 수입에 쓰거나 혹은 소비하는 데에 지출한다.

이것을 그림으로 그려보면 [그림 6-10]과 같다.

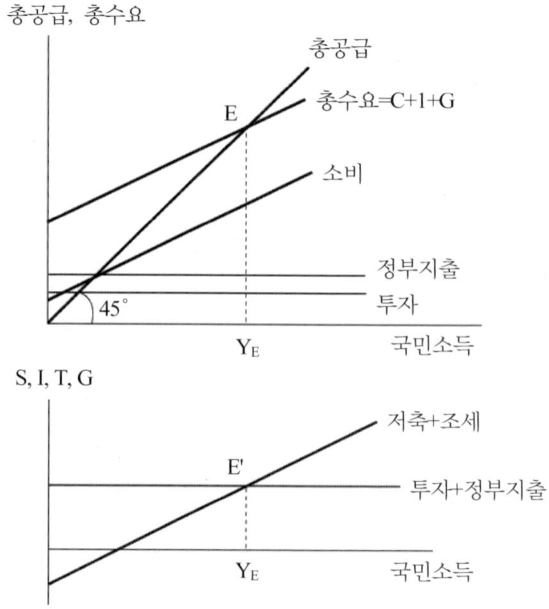

| 그림 6-10 | 국내경제의 국민소득결정

먼저 위의 그림은 총수요와 총공급에 의한 균형국민소득의 결정을 나타내고 있다. 소비수요의 절편은 민간경제의 경우와 달라지지만 기울기는 b인 직선이 되고 투자수요와 정부지출수요는 소득수준과 관계없이 일정하므로 수평선이 된다. 따라서 총수요는 소비수요, 투자수요 및 정부지출수요의 합이 되고 총수요와 총공급이 만나는 E점에서 균형이 달성되며 이때의 균형국민소득은 Y_E이다.

한편, 아래 그림은 누출과 주입에 의한 균형국민소득의 결정을 나타내고 있는데 <표 6-1>에 나타나 있듯이 국내경제에서의 균형조건은 S+T= I+G이다. 저축 역시 소득수준의 증가에 따라 증가하므로 저축의 절편은 민간경제의 경우와는 달라지지만 기울기는 (1-b)인 직선이 되고 투자와 정부지출은 각각 수평선이 된다. 따라서 누출인 저축과 조세의 합과 주입인 투자와 정부지출의 합이 같아지는 E'점에서 균형이 달성되고 이때의 균형국민소득 역시 Y_E이다.

국내경제에서 총수요는 소비수요, 투자수요 및 정부지출수요의 합이므로 이들의 크기에 의해 총수요의 크기가 결정되고 총수요의 크기에 의해 균형국민소득의 크기가 결정된다. 즉, 균형국민소득은 독립적으로 결정되는 투자수요, 정부지출수요 및 조세의 크기 그리고 소비수요를 결정하는 기초소비 및 한계소비성향에 의해 결정된다.

국내경제에서 케인즈의 단순모형을 이용하여 균형국민소득을 계산하는 예를 들어 보자. 먼저 모형경제과 다음과 같다고 하자.

$$Y = C + I + G$$
$$C = 100 + 0.75\,Y_d$$
$$Y_d = Y - T$$
$$I = 100$$
$$T = 100$$
$$G = 100$$

위 모형을 풀어보자. $Y = C + I + G$이므로 C, I, G를 이 항등식에 대입하면 다음과 같다.

$$\begin{aligned} Y &= C + I + G \\ &= 100 + 0.75(Y - 100) + 100 + 100 \\ &= 0.75\,Y + 225 \end{aligned}$$

위 식을 Y에 대해 풀면 $Y = 900$이 되고, 이를 이용하여 Y_d 및 C에 대해 풀면 $Y_d = 800$, $C = 700$ 이 된다. 한편, 저축 S는 $Y - T - C$이므로 $S = 100$이 된다.

개방경제

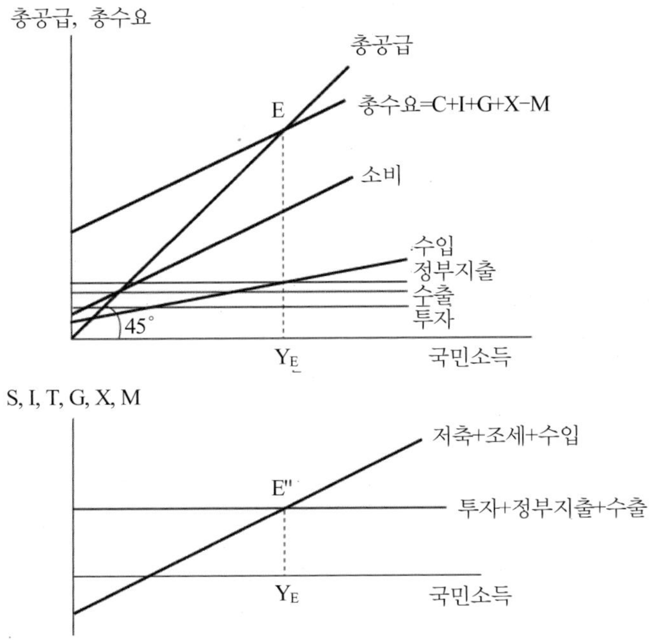

| 그림 6-11 | 개방경제의 국민소득결정

가계, 기업, 정부 및 해외부문으로 구성되어 있는 개방경제에서 총수요는 가계의 소비수요, 기업의 투자수요, 정부의 정부지출수요 및 수출액에서 수입액을 차감한 순수출의 합이다. 소

비, 투자, 정부지출, 조세에 대한 가정은 앞에서의 모형과 같고 외국인이 국내상품을 구입하는 수출은 국내의 국민소득과 관계없이 일정하고 외국인이 생산한 상품을 내국인이 구입하는 수입은 국내의 국민소득수준이 증대됨에 따라 증가한다고 가정한다.

이것을 그림으로 그려보면 [그림 6-11]과 같다.

먼저 위의 그림은 총수요와 총공급에 의한 균형국민소득의 결정을 나타내고 있다. 소비수요, 투자수요, 정부지출수요는 국내경제의 경우와 같고 수출은 소득수준과 관계없이 일정하므로 수평선이 된다. 그리고 수입은 소득수준이 증대됨에 따라 증가하므로 양(+)의 기울기를 갖는 직선이라고 가정한다. 따라서 총수요는 소비수요, 투자수요, 정부지출수요 및 수출의 합에서 수입을 차감한 것이 되고 총수요와 총공급이 만나는 E점에서 균형이 달성되며 이때의 균형국민소득은 Y_E이다.

*** 총수요와 순수출**

총수요는 국내에서 생산된 생산물에 대한 총수요를 의미하므로 그 구성은 C+I+G+X이어야 한다. 그런데 현실적으로 소비, 투자, 정부지출 및 수출에는 사실상 국내에서 생산되지 않은 원자재, 부분품, 완제품 등이 포함되고 있으므로 총수요에서 수입을 공제하였다. 즉 수출이 아니라 순수출이 총수요를 구성하고 있다.

한편, 아래 그림은 누출과 주입에 의한 균형국민소득의 결정을 나타내고 있는데 <표 6-1>에 나타나 있듯이 개방경제에서의 균형조건은 S+T+M =I+G+X이다. 따라서 누출인 저축, 조세 및 수입의 합과 주입인 투자, 정부지출 및 수출의 합이 같아지는 E'점에서 균형이 달성되고 이때의 균형국민소득 역시 Y_E이다. 개방경제에서 총수요는 소비수요, 투자수요, 정부지출수요 및 순수출수요(=수출-수입)의 합이므로 이들의 크기에 의해 총수요의 크기가 결정되고 총수요의 크기에 의해 균형국민소득의 크기가 결정된다. 다시 말해서, 균형국민소득은 독립적으로 결정되는 투자수요, 정부지출수요, 조세 및 수출 그리고 소비수요를 결정하는 기초소비 및 한계소비성향과 수입에 의해 결정된다.

3 균형국민소득의 변화

경제 환경이 변함에 따라 국민소득의 크기도 변한다. 국내경제를 예로 들면 독립적으로 결정되는 투자수요, 정부지출수요 및 조세 그리고 소비수요를 결정하는 기초소비 및 한계소비성향이 변함에 따라 균형국민소득의 크기도 달라진다. 국내경제를 이용하여 이를 구체적으로 살펴보면 다음과 같다.

한계소비성향의 변화

한계소비성향이 일정하더라도 소득수준이 증대되면 소비는 증가한다. 그러나 소득수준이 일정한데 한계소비성향이 증가하면 균형국민소득은 어떻게 될까? 사람들의 한계소비성향이 높아지면 소비가 증가한다. 소비의 증가는 총수요의 증가를 가져오고 총수요의 증대에 따라 총공급도 자동적으로 증가한다. 따라서 증대된 총수요와 증대된 총공급이 같아지는 점에서 결정되는 균형국민소득도 증가한다. 케인즈가 소비를 미덕이라고 한 것도 한계소비성향의 증가로 인한 소비수요의 증가가 국민소득을 증대시키기 때문이다.

[그림 6-12]은 소비성향의 변화가 균형국민소득에 미치는 영향을 나타내고 있다. 최초에 경제가 E에서 균형을 이루고 있고 균형국민소득은 Y이다. 다른 조건은 변화가 없는데 한계소비성향이 b에서 b'로 증가하면 소비는 C에서 C'로 이동하고 따라서 총수요도 C+I+G에서 C'+I+G로 이동한다. 따라서 새로운 균형은 E'에서 달성되고 새로운 균형국민소득은 Y'가 되어 이전에 비해 증가한다. 이와는 반대로 한계소비성향이 감소하면 균형국민소득도 감소한다.

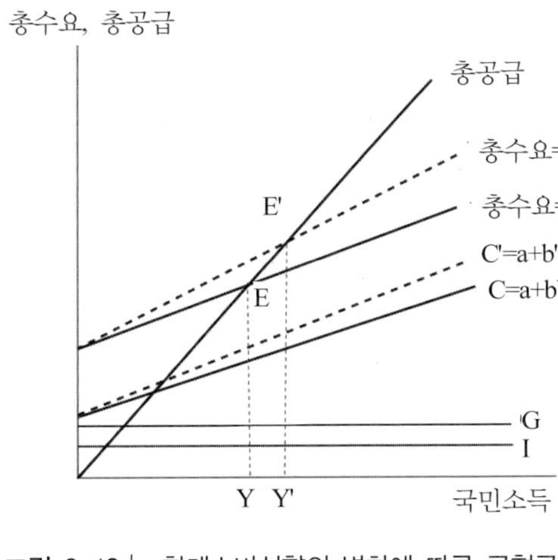

| **그림 6-12** | 한계소비성향의 변화에 따른 균형국민소득의 변화

정부지출의 변화

정부가 실업자에게 생계수단을 제공해 주기 위해 공공사업 등을 시행하여 정부지출을 증가시키면 균형국민소득은 어떻게 될까? 정부가 정부지출을 증대시키면 정부지출수요가 증가한다. 정부지출수요의 증가는 총수요의 증가를 가져오고 총수요의 증대에 따라 총공급도 자동적으로 증가한다. 따라서 증대된 총수요와 증대된 총공급이 같아지는 점에서 결정되는 균형국민소득도 증가한다. 케인즈가 정부지출을 증가시키는 확장적 재정정책을 통하여 경제에 대한 정부간섭(government intervention)을 주장하는 것도 정부지출의 증가가 국민소득을 증대시키기 때문이다.

[그림 6-13]은 정부지출의 변화가 균형국민소득에 미치는 영향을 나타내고 있다. 최초에 경제가 E에서 균형을 이루고 있고 균형국민소득은 Y이다. 다른 조건은 변화가 없는데 정부지출이 G에서 G'로 증가하면 총수요도 C+I+G에서 C+I+G'로 이동한다. 따라서 새로운 균형은 E'에서 달성되고 새로운 균형국민소득은 Y'가 되어 이전에 비해 증가한다. 이와는 반대로 정부가 정부지출을 감소시키면 균형국민소득도 감소한다.

한편, 한계소비성향의 증가와 정부지출의 증가 외에도 독립투자의 증가나 조세의 감소 역시 균형국민소득의 증가를 가져온다. 또한 개방경제를 가정할 경우 수출의 증가나 수입의 감소는 균형국민소득의 증가를 가져온다. 독자들은 정말 그런지를 그림을 그리면서 꼭 연습해 보기 바란다.

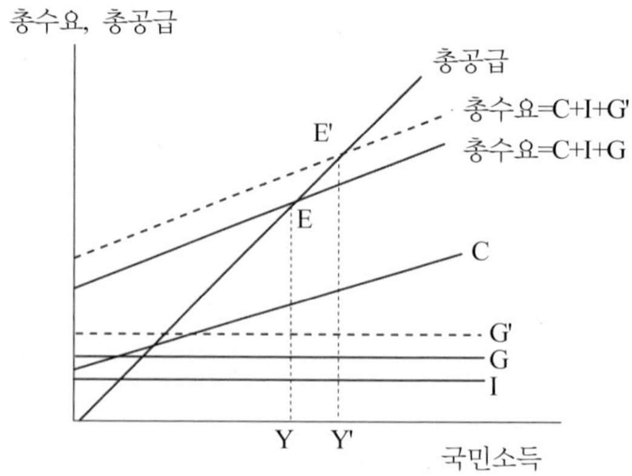

| 그림 6-13 | 정부지출의 변화에 따른 균형국민소득의 변화

4 단순모형의 응용

절약의 역설

케인즈는 저축은 소비주체인 가계에 의해 결정되고 투자는 생산의 주체인 기업에 의해 결정되므로 저축과 투자의 결정이 독립적으로 이루어져 저축의 증가가 반드시 투자의 증가를 가져오지 않는다고 보았다. 저축이 투자로 바로 연결되지 않을 때 저축의 증대(소비의 감소)로 총수요가 감소하면 국민소득도 감소하게 되고 그 결과 국민경제 전체로 총저축이 늘어나지 않거나 오히려 감소하는 것을 절약의 역설(paradox of thrift)이라고 한다.

이러한 절약의 역설은 케인즈의 단순모형으로 설명할 수 있는데 <그림 6-14>는 민간경제의 경우 절약의 역설을 나타내고 있다. 경제가 최초에 E에서 균형을 이루고 있고 그때의 균형국민소득은 Y이다. 저축이 S에서 S'으로 증가하면 E'에서 새로운 균형이 달성되고 새로운 균형국민소득은 Y'로 감소한다.

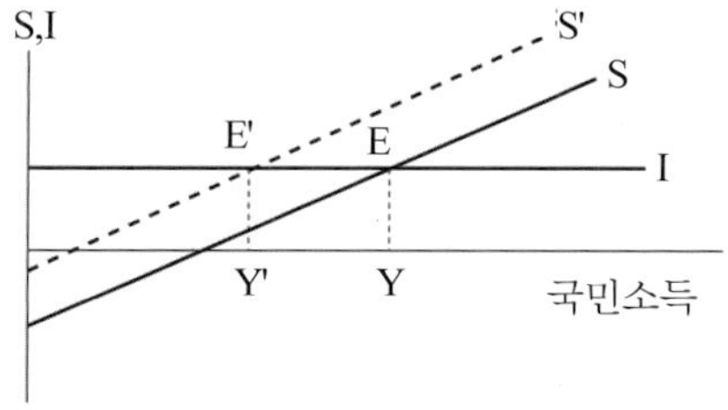

| 그림 6-14 | 절약의 역설

＊ 유발투자와 절약의 역설

투자가 소득의 증가함수가 되는 유발투자를 가정한다면, 저축의 증가는 소득의 감소만이 아니라 저축의 감소도 유발할 수 있다. 독자들은 <그림 6-14>에서 I가 우상향한다고 가정하여 그림을 그려서 정말 그런지를 확인해 보기 바란다.

이러한 절약의 역설은 투자에 애로가 있어 저축이 투자로 바로 연결되지 않을 경우에 성립하는데 우리나라와 같이 투자율이 저축률을 초과하는 개발도상국에는 적합하지 않다고 할 수 있다. 오히려 개발도상국과 같이 투자기회는 많고 저축이 부족한 국가에서는 저축의 증가는 투자의 증가로 이어지기 때문에 저축이 미덕이라고 할 수 있다.

승수이론

단순모형에서 투자, 정부지출, 조세, 수출 등 독립지출이 증가(또는 감소)하면 국민소득은 독립지출의 증가(또는 감소)분만큼 증가(또는 감소)하는 것이 아니라 그 이상 몇 배수로 증가(또는 감소)하는 효과를 승수효과(multiplier effect)라고 한다. 그리고 독립지출 변화분에 대한 균형국민소득 변화분의 값을 승수라고 한다. 예를 들어 정부지출을 10억 증가시켰는데 균형국민소득이 50억 증가하면 승수는 5가 된다. 국내경제를 예로 들어 승수효과를 그림으로 살펴보자.

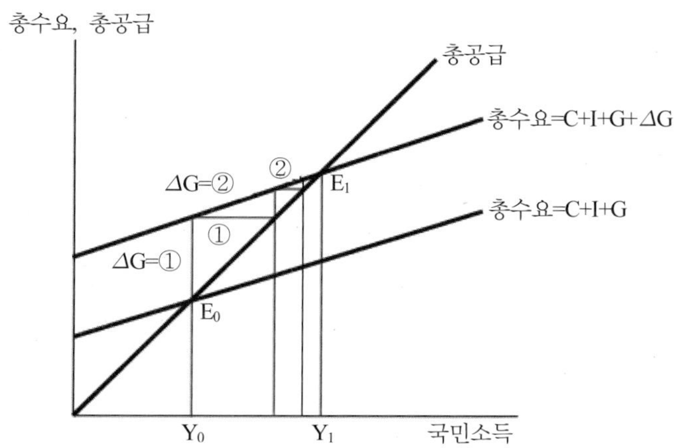

| 그림 6-15 | 승수효과

[그림 6-15]에서 최초에 경제는 E_0에서 균형을 이루고 있고 그때의 균형국민소득은 Y_0이다. 정부가 ΔG의 크기에 해당하는 정부지출을 증가시켰다고 하자. 그러면 총수요는 ΔG(=①)의 크기만큼 위로 이동하고 새로운 균형은 E_1에서 달성되고 새로운 균형국민소득은 Y_1이 된다. 그림에서도 나타나고 있듯이 새로운 균형에서의 국민소득은 이전 국민소득과 비교하여 ΔG(=①)보다 더 큰 크기로 증대되었는데 이를 승수효과라고 한다.

그러면 승수효과는 어떤 경로를 통해서 발생하며 승수의 크기는 얼마인가? 먼저 정부지출이 ΔG(=①)만큼 증가하면 총수요도 같은 크기만큼 증가하고 따라서 국민소득도 같은 크기만큼 증가한다. 국민소득이 ΔG(=①)만큼 증가하면 소비도 증가하는데 (6-3)식에서 소득의 변화분에 대한 소비의 변화분의 비율인 b의 크기가 한계소비성향을 나타내므로 소비의 변화분은 b×소득의 변화분, 즉 b×ΔG(=②)가 되고 소비의 증가에 따라 총수요도 같은 크기만큼 증가하고 따라서 국민소득도 같은 크기만큼 증가한다. 그리고 국민소득이 b×ΔG(=②)만큼 증가하면 소비 또한 b×(b×ΔG)만큼 추가적으로 증가하고 총수요와 국민소득도 같은 크기만큼 추가적으로 증가한다. 정부지출증가 → 소득증가 → 소비증가 → 소득증가 → 소비증가 → 소득증가 → …의 연속적인 과정을 거쳐서 최종적으로 E_1에서 새로운 균형이 달성되고 새로운 균형국민소득은 Y_1이 된다. 이를 표로 나타내면 <표 6-5>와 같다.

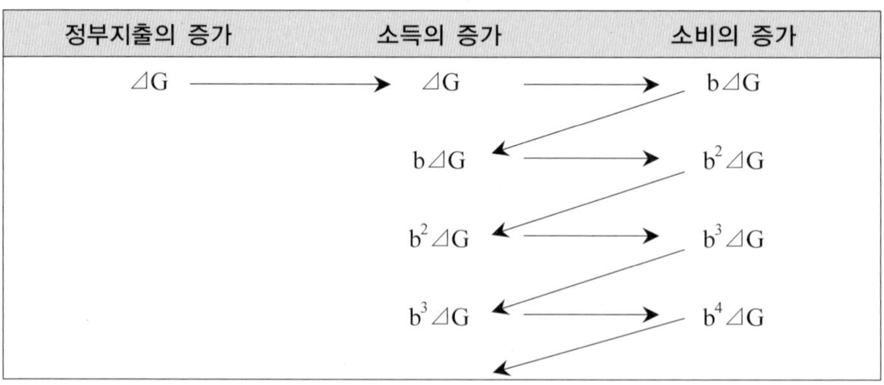

| 그림 6-5 | 정부지출 증가에 따른 소득의 증가

새로운 국민소득 Y_1과 Y_0의 차이 즉, 국민소득의 변화분 ΔY는 (6-6)식과 같이 나타낼 수 있다. 그리고 승수는 독립지출 변화분에 대한 균형국민소득 변화분의 값이므로 $\frac{\Delta Y}{\Delta G}=\frac{1}{1-b}$가 되는데 이를 정부지출승수라고 한다. 한편, 독립투자지출 역시 정부지출과 동일한 승수효과를 가지며 승수의 크기도 $\frac{\Delta Y}{\Delta I}=\frac{1}{1-b}$가 되는데 이를 투자승수라고 한다.

$$\Delta Y=\Delta G+b\Delta G+b^2\Delta G+\dots=\frac{1}{1-b}\Delta G \qquad (6-6)$$

승수효과에 따르면 정부지출을 증대시키는 확장적인 재정정책은 매우 강력한 국민소득 증대 효과를 가져온다. 그러나 승수이론이 성립하기 의해서는 다음과 같은 조건이 만족되어야 한다. 첫째로, 실업이 존재하고 자원이 완전히 고용되지 못하여 재화나 서비스를 공급하는데 애로가 없어야 한다. 둘째로, 소비함수나 수입함수 등이 안정적이어서 한계소비성향이나 한계수입성향(소득의 증가분에 대한 수입의 증가분의 비율) 등이 변하지 않고 안정적이어야 한다. 셋째로, 일회적인 정부지출의 증가나 독립투자의 증가로 승수효과가 발생하는 것이 아니고 새로운 균형에 이를 때까지 정부지출의 증가나 독립투자의 증가가 매기 지속적으로 같은 크기로 이루어져야 한다.

앞에서 주어진 모형경제를 이용하여 정부지출 변화에 따른 균형국민소득의 변화를 계산해 보자. 정부지출이 50 증가한다고 가정하면 모형경제는 다음과 같게 된다.

$$Y = C + I + G$$

$$C = 100 + 0.75\,Y_d$$

$$Y_d = Y - T$$

$$I = 100$$

$$T = 100$$

$$G = 150$$

위 모형을 위와 같은 방법으로 풀면 $Y = 1{,}100,\ C = 850,\ S = 150$ 이 된다. 정부지출승수가 $\frac{1}{1-b} = \frac{1}{1-0.75} = 4$이므로 정부지출 증가 50에 따른 균형국민소득의 증가는 $\Delta Y = 4 \times \Delta G = 4 \times 50 = 200$이다.

제 7 장

총수요-총공급 이론

개별상품의 가격과 거래량을 수요–공급이론으로 설명하는 것과 같이 경제 전체의 물가수준과 국민소득도 총수요–총공급이론으로 설명할 수 있다. 본 장에서는 먼저 총수요곡선과 총공급곡선의 개념, 도출, 특징 및 이동에 대해 살펴보고 다음으로 총수요–총공급모형을 이용하여 물가수준과 국민소득의 결정과정을 살펴본다. 그리고 총수요관리정책과 총공급관리정책에 대해 살펴보고 우리나라의 거시경제균형에 대해서도 실제자료를 이용하여 설명해 본다.

이미 언급한 것처럼 거시경제를 보는 시각은 크게 두 조류로 분류되는데, 총공급곡선의 형태에서 두 견해의 차이가 극명하게 드러날 것이다.

제 1 절 총수요곡선

총수요곡선의 형태는 고전학파모형이냐 케인즈학파모형이냐에 따라 상이하게 나타나기도 하지만 동일한 모형 내에서도 매우 다양하게 나타나기 때문에, 여기서는 보편적이면서도 중립적인 견해를 따라서 총수요곡선을 유도하기로 한다.

1 총수요 및 총수요곡선

총수요곡선

수요량(quantity demanded)이란 일정기간 소비자가 구매력을 가지고 구매하고자 하는 재화나 서비스의 최대수량임을 앞에서 배운 바 있다. 즉, 컴퓨터에 대한 수요량은 주어진 가격 하에 소비자가 구매하고자 하는 수량을 나타낸다. 그러나 국가경제 전체적으로 보면 컴퓨터만을 생산하는 것이 아니고 수많은 재화나 서비스를 생산하고 있으며 생산된 재화나 서비스마다 개별시장에서 형성된 가격이 다르다. 따라서 국가경제 전체적으로는 생산된 모든 재화와 서비스의 수량과 가격을 더해야 하는데 서로 측정단위가 달라 직접 더할 수 없기 때문에 새로운 측정방법이 필요하다. 한 국가에서 일정기간 동안 새로이 생산된 재화와 서비스의 총생산량(aggregate quantity of goods and services produced)은 국내총생산(GDP)으로 측정되며, 모든 재화와 서비스의 평균적인 가격은 GDP디플레이터로 측정된다.

재화나 서비스의 총수요량(aggregate quantity of goods and services demanded) 혹은 총수요(aggregate demand:AD)는 경제주체들의 재화나 서비스에 대한 수요량을 더하면 된다. 우리는 앞 장에서 가계가 소비하는 재화나 서비스의 수요량을 소비(C), 기업이 소비하는 재화의 수요량을 투자(I), 정부가 소비하는 재화나 서비스의 수요량를 정부지출(G)이라고 하였다. 한편, 우리나라가 생산한 재화나 서비스에 대한 외국인들의 수요량을 수출(X)이라 하고 외국에서 생산된 재화나 서비스에 대한 우리나라 국민들의 수요량을 수입(M)이라 하였다. 따라서 총수요는 경제주체들의 경제행위에 영향을 받으며 다음의 (7-1)식과 같이 나타낼 수 있다. 이 식에서 소비는 소득에서 세금을 공제한 가처분소득에 영향을 받고, 투자는 이자율에 영향을 받는다고 가정한다.

$$\text{총수요량} = \text{소비}(C) + \text{투자}(I) + \text{정부지출}(G) + \text{수출}(X) - \text{수입}(M) \qquad (7-1)$$

총수요곡선(aggregate demand curve)은, 총수요에 영향을 주는 다른 조건들의 변화가 없다는 전제하에, 주어진 각각의 물가수준에서 수요되는 각각의 실질국내총생산의 수준을 그려놓은 곡선을 말한다. 이와 같이 물가수준과 수요되는 실질국내총생산의 전반적인 관계를 총수요(aggregate demand)라고 하며, 이때 주어진 물가수준에서 수요되는 실질국내총생산을 총수요라고도 한다. <표 7-1>은 가상적인 물가수준과 수요되는 실질국내총생산(이하 총수요라고 함)을 나타내 주고 있으며, <그림 7-1>은 이를 그림으로 나타낸 것으로 총수요곡선이다. 표에서 각 행의 물가수준과 실질국민총생산은 그림에서의 각 점과 일치한다. 예를 들어, 표에서 c행은 만약에 GDP디플레이터로 측정한 물가수준이 120일 경우 수요되는 실질국내총생산은 300조가 된다는 것인데 이를 그림으로 나타내면 총수요곡선상의 c점이 된다.

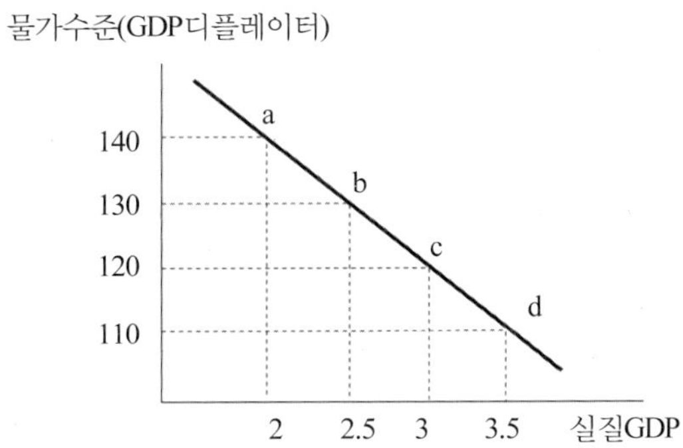

| 그림 7-1 | 총수요곡선

총수요곡선은 총수요에 영향을 주는 다른 요인들이 변하지 않고 물가만 변화한다는 가정하에 도출된 것이므로, 물가변화에 따른 총수요변화의 영향은 총수요곡선 위에서 나타난다. 한편, 물가 이외의 다른 요인들의 변화가 총수요에 미치는 영향은 총수요곡선의 이동으로 나타난다.

| 표 7-1 | 물가와 총수요

	물가수준	실질국내총생산(100조원)
a	140	2.0
b	130	2.5
c	120	3.0
d	110	3.5

총수요곡선은 왜 우하향하는가?

수요법칙에 따르면 특정 재화의 가격이 상승하면 그 재화의 수요량이 감소하고 가격이 하락하면 수요량은 증가한다. 가령 자동차시장을 예로 들어보자. 자동차 가격변화에 따른 자동차 수요량의 변화는 대체효과와 소득효과라는 두 가지 효과의 합과 같다. 대체효과란 상대적으로 싼 재화나 서비스를 많이 소비하고 상대적으로 비싼 재화나 서비스는 적게 소비하는 효과를 말하는데 다른 모든 것은 일정한데 자동차 가격이 상승하면 자동차가 다른 교통수단(예를 들어 스쿠터)에 비해 상대적으로 비싸지게 된 것이므로 자동차의 수요량이 감소한다. 소득효과란 가격의 하락은 소비자의 가용소득을 늘리며 가격의 상승은 소비자의 가용소득을 줄이는 효과를 말한다. 만약에 자동차 한 대 가격이 1000만원에서 900만원으로 하락하면 소비자는 자동차 한 대를 구입하고 100만원의 소득이 여유가 발생하여 다른 재화를 더 구입할 수 있다.

그러면 한 국가에서 생산된 모든 재화와 서비스의 수량을 더한 실질국내총생산에 대한 수요, 즉 총수요는 왜 물가수준과 역의 관계를 가지고 있을까? 즉, 왜 물가가 오르면 총수요는 감소하고 물가가 내리면 총수요는 증가하는가? 총수요곡선이 우하향하는 기울기를 가지는 이유로는 크게 3가지 정도를 들 수 있는데 미시적으로 본 소득효과 및 대체효과와 유사한 개념이다.

첫째, 물가가 오르면 명목이자율이 오르고 이자율의 상승은 총수요의 감소를 가져오는데 이를 이자율 효과(interest rate effect) 또는 세대 간 대체효과(intertemporal substitution effect)라고 한다.

은행의 예금이자율이 연 10%라고 할 때 연초에 100만원 예금하면 연말에 이자로 10만원을 받는다. 여기서 말하는 이자율은 명목이자율을 말한다. 일 년 동안 물가가 변화지 않았다면 10만원에 해당하는 만큼 상품 또는 서비스에 대한 실질구매력이 증가한다. 이 경우 명목이자율과 물가변화를 고려한 실질이자율은 같게 된다. 그러나 일 년 동안 물가가 오르면 상품 또는 서비스에 대한 실질구매력은 10만원만큼 증가하지 못한다. 따라서 물가가 상승할 경우 실질이자율은 명목이자율보다 낮게 된다. 피셔(Fisher)는 명목이자율은 실질이자율과 물가상승률의 합과 같다는 피셔방정식(Fisher equation)을 세우고, 물가가 상승하면 명목이자율이 상승한다고 하였는데 이를 피셔효과(Fisher effect)라고 한다.

*** 피셔(Irving Fisher, 1867~1947)**

미국에서 태어났고, 효용이론을 일반균형이론으로 발전시키는 데 기여했으며, 특히 이시적(異時的) 균형에 초점을 맞추면서 명목이자율에 영향을 미치는 인플레이션의 중요성을 발견했다. 무엇보다 중요한 기여는 고전학파 이전부터 전해오는 화폐수량설을 MV=PT(M은 화폐총량, P는 물가수준, T는 거래량, V는 화폐의 거래적 유통속도)로 알려진 '교환방정식'으로 정형화시켰고, 그 결과 후대의 통화주의학파의 창설에 기여했다는 것이다.

물가상승에 따른 이자율의 상승을 다른 방법으로 설명할 수도 있다. 예를 들어 물가가 상승하면 전과 동일한 재화나 서비스를 구입하기 위해서는 전보다 많은 양의 화폐가 필요하게 된다. 즉, 화폐수요가 증가한다. 이자율은 화폐시장에서 화폐에 대한 수요와 공급에 의해 결정되므로 물가상승에 따른 화폐수요의 증가는 이자율의 상승을 가져온다.

이와 같이 물가상승에 따라 이자율이 상승하면 경제주체들의 경제행위가 변하는데, 먼저 가계는 내구소비재를 중심으로 소비를 줄인다. 예를 들어 자동차나 집을 할부로 구입해야 할 경우 이자율의 상승은 가계에 높은 이자부담을 가져오기 때문에 구입을 연기하거나 포기할 것이다. 여기서 구입을 연기한다는 것은 현재 구입을 포기하고 미래에 구입을 한다는 것이다. 즉, 이자율의 상승으로 현재소비가 줄어들고 미래소비가 늘어나 소비에 있어서 시간에 걸친 대체효과가 나타나게 되는데 이를 세대 간 대체효과라고 한다.

또한 물가상승에 따라 이자율이 상승하면 자기자본으로 투자한 기업의 경우는 투자의 기회비용이 증가하고 차입금으로 투자한 기업의 경우는 금융비용이 증가하므로, 이자율이 상승할 경우 기업은 설비투자를 줄일 것이다. (식 7-1)에서 보여주듯이 물가상승으로 이자율이 오르고 이자율의 상승으로 총수요를 구성하고 있는 가계의 소비와 기업의 투자가 감소하면 총수요가 감소한다.

둘째, 물가가 오르면 전과 동일한 화폐로 구입할 수 있는 재화나 서비스의 구입액이 감소하므로 총수요가 감소하는데 이를 실질잔고효과(real balance effect)라 하며 미시적으로 본 소득효과와 유사한 개념이다.

가계와 기업이 보유하고 있는 현금, 은행 및 기타 금융기관에 대한 예금을 화폐량(quantity of money)이라 하며, 실질화폐(real money)란 실제로 구입할 수 있는 재화의 양에 근거하여 측정한 화폐량을 말한다. 따라서 실질화폐는 화폐액을 물가수준으로 나눈 값이 된다. 예를 들어, 갑이라는 사람이 20만원의 현금과 480만원의 은행예금을 가지고 있으면 갑이 보유하고 있는 화폐량은 500만원이다. 갑은 이 돈으로 500만원 해당하는 재화나 서비스를 구입할 수 있다. 만약에 갑이 500만원의 화폐량을 계속 보유하고 있는데 물가가 25% 상승하였다면 갑이 현재 보유하고 있는 500만원은 물가가 상승하기 전의 400만원(=500만원÷1.25)에 해당하는 화폐량(실질화폐)이 될 것이므로 현재의 500만원으로 물가상승 이전의 400만원에 해당하는 재화나 서비스만을 구입할 수 있다. 다시 말해서, 물가상승으로 실질화폐가 적어지면 더 적은 양의 재화와 서비스를 구입할 수 있게 되는데 이를 실질잔고효과라고 한다. 경제주체들이 모두 갑과 같은 행동을 할 경우 물가상승은 총수요를 감소시킨다.

셋째, 물가가 오르면 수출이 감소하고 수입이 증가하여 순수출이 감소함으로써 총수요가 감소하는데 이를 무역수지효과 또는 국가 간 대체효과(international substitution effect)라고 한다.

만약에 자동차 수입이 완전 개방된 상태에서 다른 모든 조건은 변화가 없는데 한국산 자동차 가격이 오르면, 한국의 소비자는 한국산 자동차 구입을 줄이고 상대적으로 싸진 외국산 자동차를 구입할 것이므로 자동차 수입이 증가한다. 한편, 외국 소비자의 입장에서 보면 상대적으로 비싸진 한국산 자동차를 구입하지 않을 것이므로 한국산 자동차의 수출이 감소한다. 즉, 국내물가가 오르면 (식 7-1)에서 보여 주듯이 총수요를 구성하고 있는 수출이 감소하고 수입은 증가하여 총수요가 감소한다.

2 총수요곡선의 이동

한 상품의 수요곡선이란 그 상품의 수요량에 영향을 미치는 다른 요인들은 일정하다고 가정하고 그 상품의 가격과 수요량의 역관계를 나타내 주는 곡선이다. 한 상품의 가격은 변화가 없고 수요를 결정하는 요인들 즉 소득, 소비자의 기호, 다른 상품의 가격, 미래에 대한 예상 중 하나가 변하면 수요변화가 일어나는데 이러한 수요변화는 수요곡선의 이동으로 나타낼 수 있다.

마찬가지로 국민경제 전체적으로 볼 때에도 물가변화 이외에 총수요에 영향을 주는 요인들의 변화에 따른 총수요의 변화는 총수요곡선의 이동으로 나타낼 수 있다. 그러면 총수요에 영향을 주는 요인들에는 어떠한 것들이 있나? 물가수준과 관계없이 총수요를 구성하고 있는 항목이 증가하면 총수요곡선은 오른쪽으로 이동하고, 총수요를 구성하고 있는 항목이 감소하면 총수요곡선은 왼쪽으로 이동한다.

정부지출의 변화를 예로 들어보자. 다른 요인들은 변화가 없는데 정부가 선거철을 맞이하여 각종 사회간접자본시설들을 건설한다고 하자. 그러면 총수요를 구성하고 있는 항목들 중 정부지출이 증가할 것이므로 총수요가 증가하고 총수요곡선은 우측으로 이동할 것이다.

또한 조세의 변화 역시 총수요를 변화시킨다. 예를 들어, 정부가 국민들의 조세부담을 덜어주기 위해 세율을 낮추었다고 하자. 그러면 국민들이 세금을 납부한 후 사용할 수 있는 소득인 가처분소득이 증가하므로 재화나 서비스에 대한 수요도 증가할 것이다. 따라서 세율의 인하는 총수요를 증가시키므로 총수요곡선은 우측으로 이동할 것이다.

한편, 통화량이 증가하면 총수요도 증가하여 총수요곡선이 우측으로 이동한다. 만약 한국은행이 헬리콥터에 만 원권을 가득 싣고 전국을 돌아다니며 하늘에서 뿌려 모든 국민들이 만원권 한 장씩을 주웠다고 가정하자. 그러면 통화량은 증가하며, 만일 만 원권 주운 사람들이 전부 저축하지 않고 일부를 재화나 서비스를 구입하는 데 사용한다면 총수요는 증가할 것이다. 이를 화폐우(money rain) 또는 헬리콥터투하(helicopter drop)라고 한다. 이 예는 통화량의 증가가 총수요의 증가를 가져오는 것을 보여 주지만 현실적으로 이러한 일은 일어나지 않는다. 현실적으로 한국은행은 다른 방법으로 통화량을 조절한다. 예를 들어 한국은행이 통화의 공급량을 늘리면 통화의 수요와 공급에 의해 화폐시장에서 결정되는 이자율은 떨어진다. 이자율이 떨어지면 위에서 설명한 세대 간 대체효과에 의해서 가계의 현재소비와 기업의 투자가 증가하며, 따라서 총수요도 증가한다.

이와 같이 정부지출이나 세율변경 등 재정정책의 수단을 사용하거나 통화량의 변화 등 금융정책을 이용하여 총수요를 변화시키는 정책을 총수요관리정책이라고 하는데 전통적으로 우리나라는 경기를 조절하는 정책으로서 총수요관리정책을 사용하여 왔다.

이 외에도 과소비라는 사회적 분위기라든지, 투자여건의 개선으로 인한 투자확대라든지,

외국인들의 우리 제품에 대한 수요증가 등은 총수요를 증가시켜 총수요곡선을 우측으로 이동시킨다.

총수요에 영향을 주는 요인들의 변화에 의한 총수요곡선의 이동을 그림을 그려 설명해 보자. [그림 7-2]에서 X축은 총수요를 측정하는 지표로서 실질국내총생산을 나타내고 있고 Y축은 물가수준을 나타내고 있다. 물가가 P_0일 때 실질국내총생산으로 측정한 총수요는 Y_0이다(C점). 물가는 변화가 없고 정부지출이 증가하였다고 하자. 정부지출의 증가는 총수요를 Y_0에서 Y_1로 증가시킨다. 주어진 물가수준 P_0에서 총수요가 Y_1이 되기 위해서는 총수요곡선이 AD_0에서 AD_1로, 즉 우측으로 이동해야 한다. 세율의 인하나 통화량의 증가 등도 같은 방법으로 총수요곡선을 우측으로 이동시킨다.

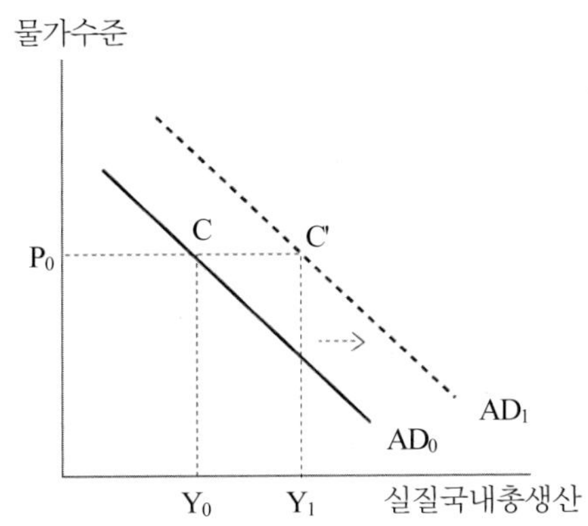

| 그림 7-2 | 총수요곡선의 이동

제2절 총공급곡선

고전학파와 케인즈학파의 거시모형은 총공급곡선의 형태에서 뚜렷하게 구분된다. 결론적으로 말하면, 고전학파의 총공급곡선은 수직선형태를 띠며 반면에 케인즈학파의 총공급곡선은 우상향하는 모습을 보이다가 나중에는 수직선의 기울기를 갖는다.

1 총공급 및 총공급곡선

총공급곡선

경제 전체의 균형을 분석하기 위해서는 공급측면이 필요한데 이를 나타내 주는 것이 총공급곡선이다. 총공급(aggregate supply)이란 한 나라가 가지고 있는 인적 및 물적 자원을 사용하여 생산한 재화와 서비스의 양을 합한 것을 말하며, 총공급곡선(aggregate supply curve)은 총공급에 영향을 주는 다른 조건들이 변화가 없다는 전제하에 주어진 각각의 물가수준에서 공급되는 각각의 실질국내총생산의 수준을 그려 놓은 곡선을 말한다. 즉, 총공급곡선은 물가가 변동할 때 생산량이 어떻게 변화하는가를 나타내는 곡선이다.

경제 전체적으로 볼 때 한 나라가 가지고 있는 인적 및 물적 자원과 기술로 재화와 서비스를 생산할 수 있는데 이를 총생산함수(aggregate production function)라고 하며, 총생산함수에는 역시 단기총생산함수와 장기총생산함수가 있다. 본 장에서는 단기분석에 초점을 맞추기 때문에 장기생산함수와 관련된 장기총공급곡선은 고려되지 않을 것이다. 따라서 우리는 단기총생산함수만 검토할 것이며, 단기총생산함수는 자본은 고정생산요소이고 노동은 가변생산요소일 때의 총생산함수를 말하는데 수식으로 나타내면 앞 장에서 살펴본 (6-1)식과 같다.

고전학파는 수직의 총공급곡선을 주장하고 케인즈학파는 우상향하는 총공급곡선을 각각 주장하고 있다. 일반적으로 총공급곡선(aggregate supply curve: AS)은 생산요소의 가격 특히, 임금이 일정하다는 전제하에 물가수준과 총생산과의 관계를 나타내는 것으로도 정의된다. 이 정의를 이용하면 총공급곡선이 왜 우상향하는 기울기를 가지는지를 쉽게 설명할 수 있다. 개별기업의 입장에서 보면 노동자에게 지급하는 임금이 변하지 않고 상품의 가격이 오르면 기업은 더 많은 양을 생산할 것이다. 총공급곡선이 우상향하는 이유는 개별기업의 공급곡선이 우상향하는 이유와 기본적으로 같다. 따라서 물가수준이 상승하면 재화나 서비스의 총공급은 증가하고 물가수준이 하락하면 총공급은 감소한다.

또한 총공급곡선은 일정수준 이상에서는 수직의 총공급곡선이 되는데 그 이유는 한 나라 경제가 생산할 수 있는 재화나 서비스의 양은 무한한 것이 아니라 한계가 있다는 것을 의미한다. 물가가 상승함에 따라 기업은 고용하고 있는 노동자들에게 초과근무를 하게 함으로써 생산을 증가시키거나 또는 새로 노동자를 고용하여 생산을 증가시킬 수도 있다. 그러나 어떠한 방법을 사용하든 노동의 고용에 한계가 있고 따라서 물가가 상승하더라도 더 이상 생산을 증가시킬 수 없는 한계점에 도달하기 때문에 총공급곡선은 일정수준까지는 우상향하는 기울기를 가지다가 일정수준을 지나면 수직의 기울기를 갖게 된다.

<표 7-2>는 가상적인 물가수준과 공급되는 실질국내총생산(총공급)을 나타내 주고 있으며 [그림 7-4(a)]는 이를 그림으로 나타낸 것으로 케인즈학파의 총공급곡선이다. 표에서 각 행의 물가수준과 실질국내총생산은 그림에서의 각 점과 일치한다. 예를 들어, 표에서 c'행은 만약에 GDP 디플레이터로 측정한 물가수준이 120일 경우 공급되는 실질국내총생산은 300조가 되는데 이를 그림으로 나타내면 총공급곡선상의 c'점이 된다.

| **표 7-2** | 물가와 총공급

	물가수준	실질국내총생산 (100조원)
a'	110	2.0
b'	115	2.5
c'	120	3.0
d'	125	3.5
e'	140	3.5

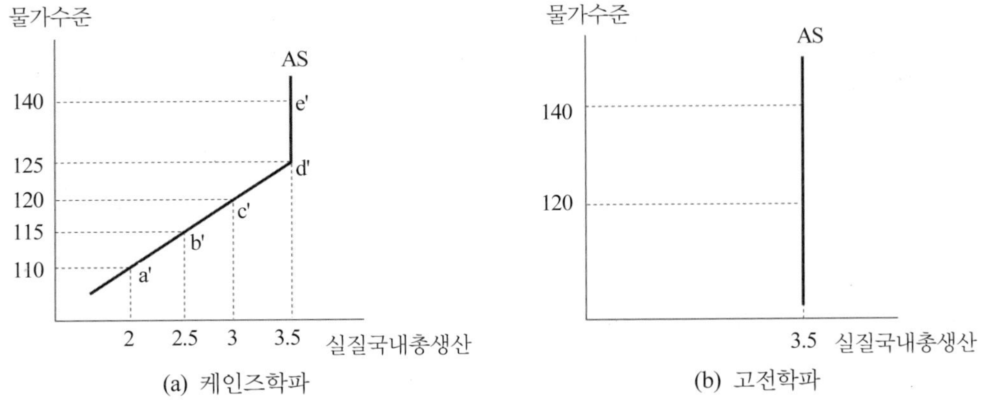

| **그림 7-3** | 총공급곡선

한편 고전학파의 총공급곡선은 수직선이다. 앞 장에서 이미 설명하였듯이 노동에 대한 수요와 노동의 공급이 실질임금의 함수이고 또한 명목임금이 상하로 항상 신축적이어서 노동시장이 언제나 완전고용상태에서 균형을 이룬다. 이때 결정되는 완전고용량에 대응하여 실질국내총생산이 결정된다. 만약 물가가 상승한다면 노동시장에 어떤 일이 벌어지겠는가? 명목임금이 불변인 상태에서 물가가 상승하면 실질임금이 하락할 것이고 이런 실질임금의 하락은 노동공급을 감소

시킬 것이며, 반면에 실질임금의 하락은 기업의 노동수요를 증가시킬 것이다. 따라서 노동에 대한 초과수요가 발생하며, 그에 따라 명목임금이 상승하기 시작할 것이고 실질임금이 전과 동일한 수준으로 회복되었을 때 노동시장이 다시 균형을 이룰 것이고, 또한 그때의 고용량 역시 전과 동일한 완전고용량일 것이다. 따라서 물가가 상승하였음에도 불구하고 고용량은 불변이며 그 결과 실질국내총생산의 크기, 즉 총공급도 전과 마찬가지일 것이다. 이것은 곧 총공급곡선이 완전고용국민소득수준에서 수직임을 의미한다. 이것을 그림으로 표현한다면 [그림 7-4(b)]에서 완전고용상태에 대응하는 실질국내총생산이 350조원이라면, 물가수준이 140이든 120이든 350조의 실질국내총생산에서 AS곡선이 수직으로 표현되고 있다.

2 총공급곡선의 이동

한 상품의 공급곡선이란 그 상품의 공급량에 영향을 미치는 다른 요인들은 일정하다고 가정하고 그 상품의 가격과 공급량의 관계를 나타내 주는 곡선이다. 한 상품의 가격은 변화가 없고 공급을 결정하는 요인들 즉 생산요소 가격, 기술, 다른 상품의 가격, 미래에 대한 예상 중 하나가 변하면 공급변화가 일어나는데 이러한 공급변화는 공급곡선의 이동으로 나타낼 수 있다.

국민경제 전체적으로 볼 때에도 물가수준 이외에 총공급에 영향을 주는 요인들이 변동하면 총공급곡선이 이동할 것이다. 그러면 총공급에 영향을 주는 요인들에는 어떠한 것들이 있나? 총공급곡선의 이동에 영향을 주는 요인들로는 노동력, 자본의 양, 원재료, 기후, 기술, 임금 및 원재료 가격 등이 있다.

예를 들어 새로운 마이크로프로세서가 개발되어 PC의 처리속도를 획기적으로 향상시킨다고 하자. 이러한 기술의 발전으로 인한 생산성의 향상은 총공급곡선을 우측으로 이동시킨다. [그림 7-5]는 이러한 이동을 나타내 주고 있다. 최초에 총공급곡선은 AS_0이고 물가수준은 120이며 실질국민총생산은 300조라고 하자. 생산성의 향상되면 물가수준이 변하지 않더라도 실질총생산이 증대되므로 총공급곡선은 AS_1로 이동한다.

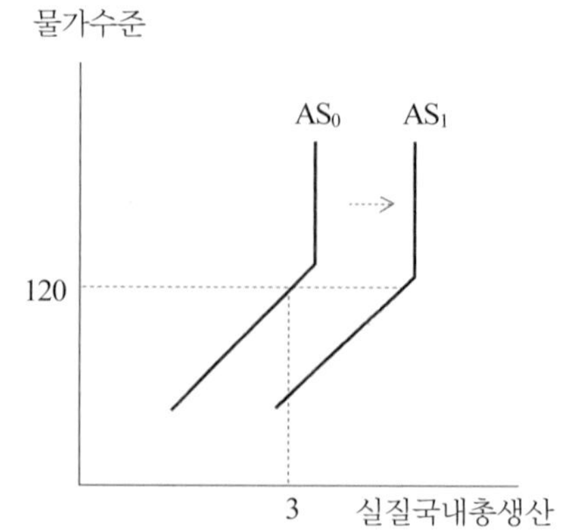

| 그림 7-4 | 총공급곡선의 이동

다음으로 생산요소 가격의 변화가 총공급곡선에 미치는 영향을 살펴보자. <그림 7-6>은 이를 나타내 주고 있는데 최초에 총공급곡선은 AS_0이고 물가수준은 120이며 실질국민총생산은 300조라고 하자. 예를 들어 임금 또는 원재료의 가격이 20% 상승하면 기업은 20% 가격상승이 있어야만 이전과 동일한 300조를 공급할 것이다. 따라서 기업이 이전과 동일한 생산수준을 유지하려면 모든 생산수준에서 가격이 20% 상승해야 하므로 총공급곡선은 위로 이동하여 새로운 총공급곡선 AS_1은 물가수준이 144가 되는 점까지 이동한다.

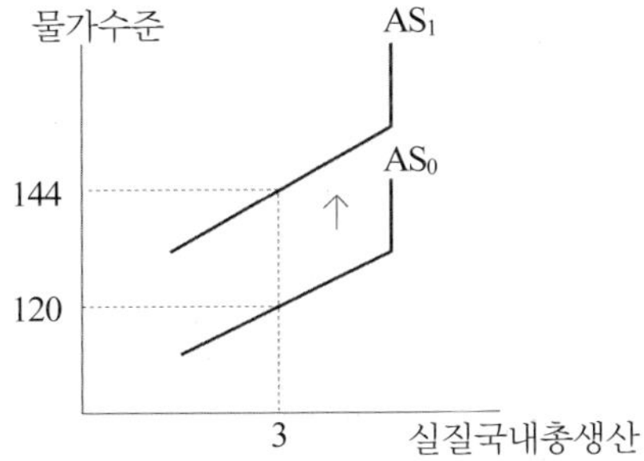

| 그림 7-5 | 총공급곡선의 이동

고전학파의 총공급곡선은 케인즈학파의 총공급곡선 중 수직인 부분의 이동 방향과 동일하게 움직일 것이다. 따라서 기술진보가 발생하는 경우에는 동일한 고용량에서 생산량이 더 많아지므로 수직인 총공급곡선이 우측으로 평행 이동하며, 반면에 요소가격이 상승하는 경우에는 수직인 총공급곡선이 상방향으로만 이동하므로 수직인 총공급곡선은 그 자리에 그대로 있을 것이다.

제 3 절 총수요-총공급모형

본 절에서는 지금까지 유도한 총수요곡선과 총공급곡선에 의해서 경제 전체의 균형이 달성되는 과정을 살펴보고, 이런 균형을 교란시키는 수요충격과 공급충격의 영향과 그 해결책도 검토해 본다. 본 절에서는 특별한 경우를 제외하면 케인즈학파의 총공급곡선에 의해서 설명이 전개될 것이다.

1 물가와 국민소득의 결정

총수요와 총공급을 결합한 총수요-총공급모형을 이용하면 물가수준과 실질국내총생산의 결정과정을 이해할 수 있고 또한 그 변화를 예측할 수 있다. 총수요곡선은 주어진 물가수준에서의 총수요량을 나타내고 총공급곡선은 주어진 물가수준에서의 총공급량을 나타낸다. 총수요량과 총공급량이 일치하는 것을 거시경제균형(macroeconomic equilibrium)이라 하는데 거시경제균형을 가져다주는 물가는 단 하나밖에 없다.

케인즈학파의 모형에 따르면 [그림 7-6(a)]에서 c점은 이러한 거시경제균형을 나타내고 있는데 이 경우 균형물가수준은 120이고 균형국민소득은 300조이다. 왜 이 점이 균형인지를 살펴보자. 예를 들어 물가수준이 140이면 총수요량은 200조이고(a점) 총공급량은 350조가 되어(e'점) 150조의 초과공급이 발생한다. 이 경우 기업들이 생산한 모든 것들을 팔 수 없고 재고가 쌓이므로 기업들은 낮은 가격에도 기꺼이 재화나 서비스를 팔 것이다. 가격이 초과공급이 없어지는 물가수준인 120으로 떨어지게 되면 기업들도 더 이상 낮은 가격에 팔지 않아도 된다. 한편, 물가수준이 110이면 총수요량은 350조이고(d점) 총공급량은 200조가 되어(a'점) 150조의 초과수요가 발생한다. 재화와 서비스의 부족이 발생하므로 가계는 더 높은 가격에도 기꺼이 재화나 서비스를 살 것이고 기업들은 이를 인식하여 가격을 더 높일 것이다. 가격이 초과수요가 없어지는 물가수준인 120으로 올라가게 되면 가계는 더 이상 높은 가격에 사지 않아도 된다. 따라서 물가수준이 120이 되면 초과공급이나 초과수요가 발생하지 않아 가격이 어느 쪽으로도 움직일 유인이 없게 되는데 이를 거시경제균형이라고 한다.

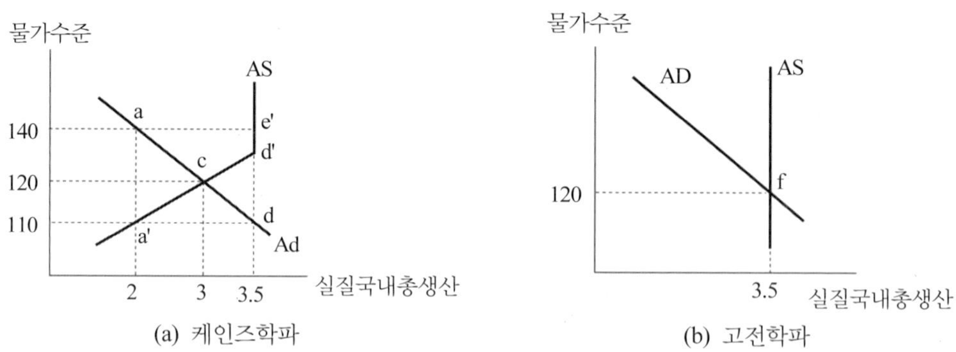

(a) 케인즈학파 (b) 고전학파

| 그림 7-6 | 거시경제균형

한편 고전학파의 모형에 따른 거시경제균형은 [그림 7-6(b)]의 f점에서 이루어지고 있는데, 이때의 물가수준 120에서 총수요의 크기와 총공급의 크기가 정확히 350조원으로 동일하며, 따라서 물가수준이 변동할 유인이 전혀 존재하지 않는다.

2 수요충격과 총수요관리정책

수요충격(demand shocks)이란 예상치 못한 수요측면에서의 충격으로서 이를테면 과소비현상이 발생하거나 혹은 수입이 갑자기 급증하거나, 기업가들의 비관적인 기대로 투자가 갑자기 위축되거나, 국제환경의 변화로 수출이 증대되는 등의 현상이 발생할 때 총수요곡선이 우측으로 혹은 좌측으로 이동한다. 그 결과 물가가 상승 또는 하락하거나 혹은 고용량이 증가 또는 감소하는 등의 현상이 나타날 수 있다.

[그림 7-7]은 예컨대 과소비현상으로 총수요가 AD_0에서 AD_1으로 갑자기 증대한 경우를 예시하고 있다. 물가수준과 실질국내총생산이 각각 120과 300조원인 최초의 균형상태 E_0에서 과소비현상에 의한 수요충격으로 인하여 총수요가 AD_0에서 AD_1로 증가하면 총공급곡선 AS_0과 교차하는 E_1에서 새로운 균형이 이루어질 것이다. 그 결과 물가수준이 120에서 150으로 상승하였고 실질국내총생산은 350조원으로 50조원 증가하였다. 생산이 증가한 것은 좋은 현상이라고 할 수 있으나 물가수준이 지나치게 상승하였으므로 정책당국은 이런 물가의 상승을 억제하여야 할 것이다.

이런 수요충격을 교정하기 위한 정책이 바로 총수요관리정책인 것이다. 총수요관리정책이란 총수요를 변화시켜 경제성장, 물가안정, 완전고용 등 정책목표를 달성하려는 여러 가지 경제정책을 말하는데 총수요를 조절하는 데는 일반적으로 오랜 시간이 요구되지 않으므로 이를 단기안정화정책이라고도 한다. 여기에는 정부지출이나 조세를 변화시키는 재정정책, 통화량이나 이자율을 조절하는 금융정책 등이 있다.

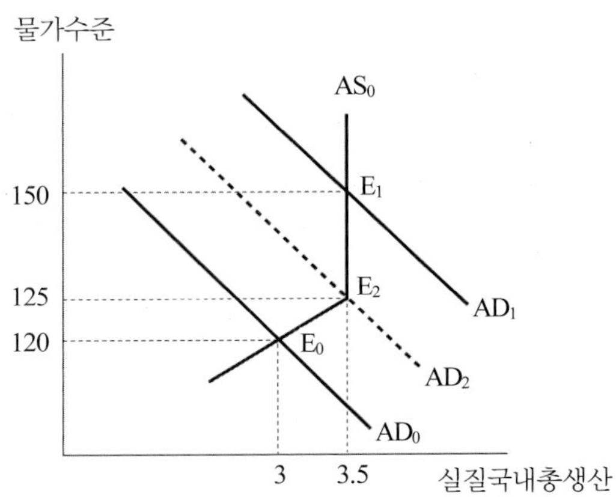

| 그림 7-7 | 수요충격과 총수요관리정책의 효과

[그림 7-7]에서 수요충격으로 인해 총수요가 과다하게 증가하여 물가가 너무 높게 상승한다면 이런 문제의 해결은 총수요를 감소시키는 긴축적인 총수요관리정책으로 간단하게 해결할 수 있을 것이다. 이를테면 한국은행이 통화 공급을 감소시킨다면 사람들은 재화나 서비스에 대한 수요를 줄이게 되고 이로 인해 총수요곡선은 AD_1에서 AD_2로 이동한다. 이러한 긴축적인 총수요관리정책으로 인하여 총공급곡선 AS_0과 새로운 총수요곡선 AD_2가 만나는 점인 E_2에서 새로운 균형이 달성된다. 이 새로운 균형에서는 실질국민총생산은 350조원을 그대로 유지하면서 물가수준을 150에서 125로 인하시켰다. 이런 긴축적인 수요관리정책은 정부지출

의 감소나 조세율의 인상을 통해서도 실행될 수 있으며, 그 효과는 통화량을 줄이는 경우의 효과와 대동소이하다.

그런데 만약 장래의 경제에 대한 기업가들의 비관적인 전망으로 인하여 투자가 갑자기 위축되거나 국제환경의 악화로 수출이 갑자기 위축되는 등의 수요충격이 발생한다면 물가수준은 하락하는 반면에 실질국내총생산과 그에 따른 고용량은 감소할 것이다. 이런 수요충격은 정부지출을 늘리거나 세율을 인하하거나 혹은 통화량을 증대시키는 확장적인 총수요관리정책에 의해 해소시킬 수 있다. 이런 수요충격과 확장적인 총수요관리정책의 효과를 독자들은 그림을 그리면서 꼭 연습해 보기 바란다.

한편 이런 수요충격은 고전학파모형에서는 물가수준에만 영향을 주며 실질국내총생산에는 전혀 영향을 주지 않는다. 예컨대 총수요를 갑자기 증대시키는 수요충격은 총수요를 증가시키며, 이런 총수요의 증가는 실질국내총생산에는 아무런 영향을 주지 않으면서 물가만 상승시킬 것이다. 이런 수요충격에 대해선 긴축적인 총수요관리정책으로 대응하면 물가를 낮출 수 있을 것이다. 그림에 의한 자세한 설명을 독자들을 짜증나게 할 것이므로 여기서는 생략하기로 한다.

3 공급충격과 총수요관리정책 및 총공급관리정책

공급충격(supply shocks)은 공급측면에서 발생하는 예상치 못한 충격을 말하며, 예컨대 원유 가격과 같은 원자재의 가격이 상승하거나 혹은 노동조합이 노동생산성증가율을 상회하는 임금인상을 요구하는 경우 등이다.

[그림 7-8]에서 최초에 경제가 완전고용 상태인 E_0에서 균형을 이루고 있는데 원유 가격이 상승하였다고 하자. 1973년 제1차 원유충격 및 1978년의 제2차 원유충격이 대표적인 예라고 할 수 있다. 원유가격의 상승은 기업의 비용을 증가시키므로 부(−)의 공급충격이라고 하는데 이로 인해 총공급곡선은 AS_0에서 AS_1로 상방향으로 이동하고 총수요곡선 AD_0과 만나는 점인 E_1에서 새로운 균형이 달성된다.(노동조합의 임금인상도 동일한 효과를 갖는다) 이 새로운 균형에서는 실질국내총생산이 50조원 감소하여 완전고용국민소득을 하회하며, 따라서 실업률은 자연실업률보다 높게 되고 물가수준은 140으로 상승하게 된다. 이 균형에서는 경제침체와 인플레이션이 동시에 진행되는 스태그플레이션(stagflation)이 발생한다.

이런 스태그플레이션이 진행될 때 총수요관리정책을 실행한다면 어떤 효과를 발휘할 것인가? 정책당국이 완전고용에 초점을 맞춘다면 총수요를 AD_0에서 AD_3로 증대시킴으로써 실질국내총생산을 350조원으로 증가시킬 수 있을 것이고 완전고용을 성취할 수 있을 것이지만, 그러나 그 정책은 물가수준을 150으로 더욱 상승시키는 부작용을 낳는다. 반면에 물가상승에 초점을 물가를 낮추려는 정책당국의 의지는 총수요를 AD_0에서 AD_2로 감소시킴으로써 물가수준을 원래의 125로 낮출 수는 있으나, 실질국내총생산이 200조로 크게 감소하여 실업률이 늘어나는 희생을 감수해야 한다. 따라서 공급충격이 발생하는 경우 총수요관리정책은 물가 혹은 완전고용 중 어느 하나를 희생시켜야 하며, 두 가지 모두를 결코 성취할 수는 없는 것이다.

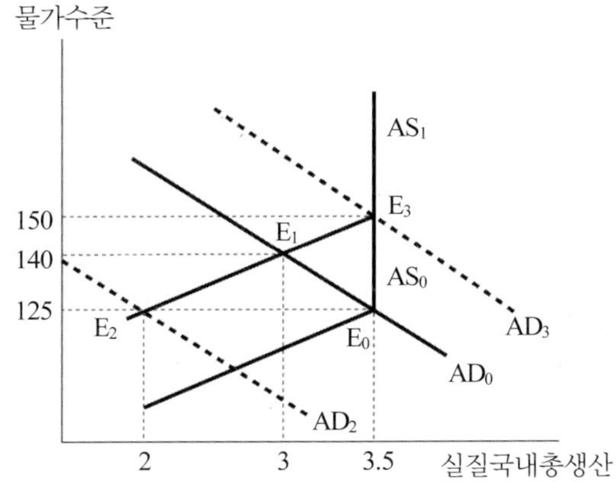

| 그림 7-8 | 공급충격과 총수요관리정책의 딜레마

이와 같이 총수요관리정책은 딜레마에 빠지기 때문에 공급충격에 대해선 궁극적으로 총공급관리정책에 의해 해결해야 한다. 총공급관리정책이란 총공급을 변화시켜 경제성장, 물가안정, 완전고용 등 정책목표를 달성하려는 경제정책을 말하는데 총공급을 조절하는 데에는 일반적으로 장시간이 요구되므로 이를 장기성장정책이라고도 한다. 구체적으로는 기업의 기술개발을 촉발시키는 정부의 각종 지원정책, 기업의 비용을 낮추기 위한 조세감면정책 등이 있는데, 이런 정책들은 장기적으로 총공급곡선을 오른쪽으로 이동시키는 효과를 갖는다. 따라서 총수요곡선이 불변으로 유지된다면 장기적으로 그리고 점진적으로 물가수준의 하락과 더불어 실질국내총생산의 증가가 발생할 것이다.

한편, 원유 가격이 하락하면 어떻게 될까? 원유가격의 하락은 우리가 위에서 살펴본 것과 정반대의 결과를 가져온다. 단기적으로 총공급곡선이 아래로 이동하여 새로운 단기균형이 달성된다. 최초의 균형점이 [그림 7-8]에서 E_1과 같다면 새로운 균형점은 E_0에서 달성되는데 실질국내총생산은 증가하고 물가수준은 하락하게 된다.

4 우리나라의 거시경제균형

우리나라의 거시경제균형을 살펴보자. [그림 7-9]는 1970년부터 2011년까지 우리나라의 실제 실질GDP와 실질 잠재GDP의 연도별 추세를 나타내고 있다.

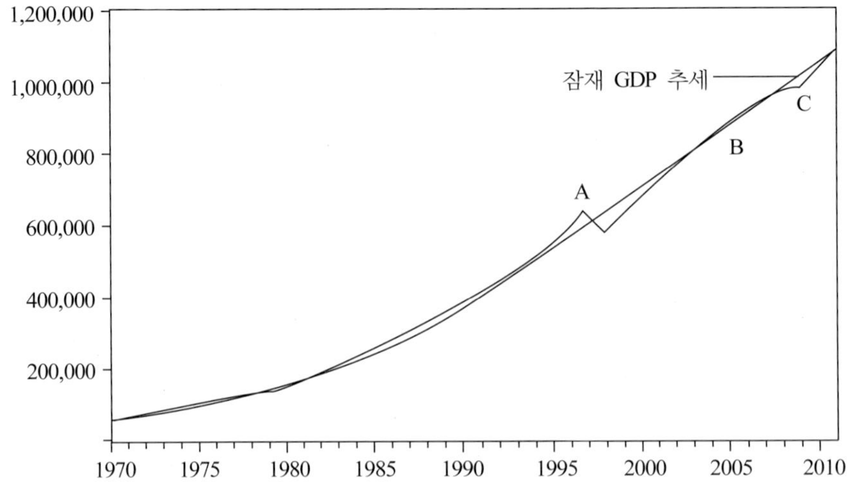

| 그림 7-9 | 실제 실질GDP와 실질 잠재GDP의 추세

실질 잠재GDP를 추정하는 방법에는 여러 가지가 있으나 여기서는 추세선을 이용하여 추정하였는데 우리나라의 경우 실질 잠재GDP의 연평균증가율은 7.4% 정도인 것으로 추정되었다. 그림에서 실질 잠재GDP를 나타내는 추세선 위의 모든 점들은 장기균형으로 해석될 수 있고 실제 실질GDP를 나타내는 각 점들은 단기균형으로 해석될 수 있다. 먼저 A점은 실제 실질GDP가 실질 잠재GDP를 상회하고 있으므로 장기균형을 초과한 상태에서 단기적으로는 균형을 이루고 있는 과열경기균형을 나타낸다. 다음으로 B점은 실제 실질GDP와 실질 잠재GDP가 일치하고 있으므로 장기균형과 일치하는 점에서 단기균형을 이루고 있는 완전고용균형을 나타낸다. 마지막으로 C점은 실제 실질GDP가 실질 잠재GDP에 미치지 못하고 있으므로 이 점은 장기균형에 미치지 못하는 상태에서 단기균형을 이루고 있는 경우인데 이때는 실업이 발생하므로 실업균형이라고 한다.

제 8 장

경제정책이론

본 장에서는 경제정책에 대해 살펴보는데 먼저 경제정책에 대한 개요를 살펴보고 다음으로 금융정책과 재정정책에 대해 살펴본다. 금융정책에서는 통화, 금융정책의 체계, 수단 및 파급경로에 대해 살펴보고 우리나라의 실제자료를 이용하여 금융정책에 대해 살펴본다. 재정정책에서는 재정과 재정정책에 대해 살펴보고 실제자료를 이용하여 우리나라의 재정정책에 대해서도 살펴본다.

제 1 절 경제정책 개요

1 경제정책이란?

경제정책이란 경제문제와 관련한 국가의 정치적 행위라고 일반적으로 정의할 수 있는데 이를 더 구체적으로 정의해 보면 국가가 경제와 관련 있는 목표변수와 상관관계에 있는 통제 가능한 변수를 조정하여 원하는 목적을 달성하려는 정책당국의 행위를 말한다고 할 수 있다. 여기서 말하는 경제정책의 거시적 목표변수로는 물가안정, 경제성장, 국제수지균형, 완전고용, 경제복지증대 등을 들 수 있는데 그 중에서 어떤 목표가 가장 중요한지는 정책입안자나 국민들의 선호(preference)에 따라 달라진다.

틴버건 원칙(Tinbergen's principle)에 따르면 경제정책을 통해 바람직한 결과를 얻기 위해서는 목표의 수와 수단의 수가 일치해야 한다. 그러나 현실에서는 항상 사용 가능한 정책수단에 비해 목표변수의 수가 많으므로 원하는 목표를 모두 달성할 수 없고 몇 개를 우선적으로 선택하거나 하나를 선택하는 대신 다른 하나는 포기하는 절충은 불가피하다.

> *** 틴버건(Jan Tinbergen, 1903~1994)**
>
> 네덜란드에서 출생했으며, 1969년 최초의 노벨경제학상을 수상했다. 1936년에 최초로 네덜란드의 거시경제모형을 개발했으며, 특히 거시경제모형 및 경제정책과 관련해 경제정책당국자가 영향을 미치고자 하는 거시경제변수를 '목표'로, 그리고 당국자가 직접 통제할 수 있는 거시경제변수를 '수단'이라고 정의하고, 어떤 숫자의 목표 달성을 위해선 동일한 숫자의 수단을 통제할 수 있어야 한다고 보았다.

거시경제정책의 종류로는 시간으로 구분해 볼 때 단기거시경제정책과 장기거시경제정책이 있다. 단기거시경제정책으로는 정부가 정부지출 또는 조세를 변화시켜 정책목표를 달성하려는 재정정책과 정부 및 금융정책당국이 통화량 또는 이자율을 조절하여 정책목표를 달성하려는 금융정책이 있다. 재정정책과 금융정책의 차이점은 경제에 미치는 파급경로가 서로 다르다는 점인데 일반적으로 재정정책은 직접적인 효과가 있는 반면에 금융정책은 그 효과가 간접적으로 나타난다. 그리고 장기거시경제정책으로는 경제활동의 양적 증대를 도모하는 경제성장정책과 경제활동의 양적 증대와 함께 질적 향상을 도모하는 경제발전정책이 있다.

경제정책을 수립하고 집행하고 그에 따른 효과를 거두기까지는 시간이 걸릴 수 있는데 이를 경제정책의 시차(time lag)라고 한다. 경제정책의 시차에는 경제문제를 인식하고 정책에 대한 의사결정을 하며 정책을 집행하는데 따르는 내부 시차와 정책 수단을 변화시킨 후 목표변수가 변하기까지의 외부시차가 있다. 일반적으로 재정정책은 내부시차가 길고 금융정책은 외부시차가 길다.

2 경제정책의 원칙

어떠한 경제정책이 바람직한가? 어떠한 경제정책이 올바른가? 이 두 질문은 경제정책의 두 가지 측면을 각각 나타내고 있다. 첫 번째 질문은 경제정책의 공평성(equity)에 관한 것이고 두 번째 질문은 경제정책의 효율성(efficiency)에 관한 것이다. 효율성이란 자원배분에 있어 최소비용의 원칙 또는 최대효과의 원칙이 성립하는 것을 말하고 공평성이란 부와 소득이 사회구성원에게 평등하게 나누어지는 것을 말한다. 두 가지를 경제정책을 평가하는 기준으로 삼을 수 있는데 전통적으로 이 두 가지는 서로 상충관계(trade-off)에 있어 동시에 달성할 수 없는 것으로 여겨왔다. 따라서 경제적으로 자유시장경제를 신봉하는 자나 정치적으로 보수적인 자들은 합리적이고 논리적인 자원배분의 계산에 근거하여 효율성만을 추구하며 사회구성원 중 가지지 못한 자들에 대해서는 상대적으로 등한시해 왔다. 한편, 경제적으로 자유시장경제의 한계점을 인정하는 자나 정치적으로 진보주의적인 자들은 가지지 못한 자들의 필요를 제공해 주는 공평성만을 추구하며 그러한 것을 하기 위해 필요한 자원의 조달방법을 계산하여 제시하는 데는 상대적으로 등한시해 왔다.

그러나 마샬(Marshall)은 이 두 가지를 경제학자가 가져야 할 요소로 간주하고 이 두 가지를 각각 '냉철한 두뇌(cool heads), 뜨거운 가슴(warm hearts)'으로 불렀는데 이것들은 서로 대립적인 것이 아니고 양립할 수 있음을 말하고 있다. 경험적으로 볼 때 일본과 대만의 경우와 같이 경제가 제대로 성장하는 나라에서 공평성이 잘 실현되는 경우가 있고 인도와 같이 빈부격차가 심한 나라에서 경제도 효율적으로 운영되지 않은 경우도 있다. 따라서 경제정책은 이 두 가지 중 최소한 하나를 달성할 수 있어야 하고 나아가서는 두 가지를 모두 달성하거나 또는 어느 하나를 희생하지 않고 다른 하나를 달성할 수 있어야 한다.

경제정책을 평가하는 방법을 나타내면 [그림 8-1]과 같다. 경제정책을 크게 네 가지로 나눌 수 있는데 먼저 최선의 정책(best policy)이란 효율성과 공평성을 모두 달성할 수 있는 정책을 말하고 차선의 정책(second best policy)이란 효율성과 공평성 중 하나를 달성할 수 있는 정책을 말한다. 그리고 효율성과 공평성을 달성하지 못하더라도 최소한 국익과는 일치하는 정책을 최소한의 정책(minimum policy)이라 할 수 있고 국익과도 일치하지 않는 정책은 전혀 가치가 없는 최악의 정책(worst policy)이라 할 수 있다.

3 한국의 경제정책

역대정권들이 어떠한 경제철학을 가지고 경제개발을 추진하였는지를 살펴보자. 먼저 박정희정권은 크게 집권전반기와 후반기로 나누어 볼 수 있는데 집권전반기(1960년대)의 경제철학은 '빈곤추방'이었고 집권후반기(1970년대)의 경제철학은 '성장우선'이었다. 전두환 정권이

들어서면서 그 동안 성장우선정책의 추진과정에서 발생한 경제의 불안정 및 불균형을 해결하기 위해 안정에 역점을 둔 '선진조국건설'이 경제철학이었다고 볼 수 있다. 노태우정권에 들어서는 사회전반에 걸쳐 확산된 민주화의 영향으로 공평성에 역점을 둔 '경제의 민주화'가 경제철학으로 채택되었고 문민정부에 들어서는 개방화의 영향으로 '국제화, 세계화'가 경제철학으로 채택되었다고 볼 수 있다.

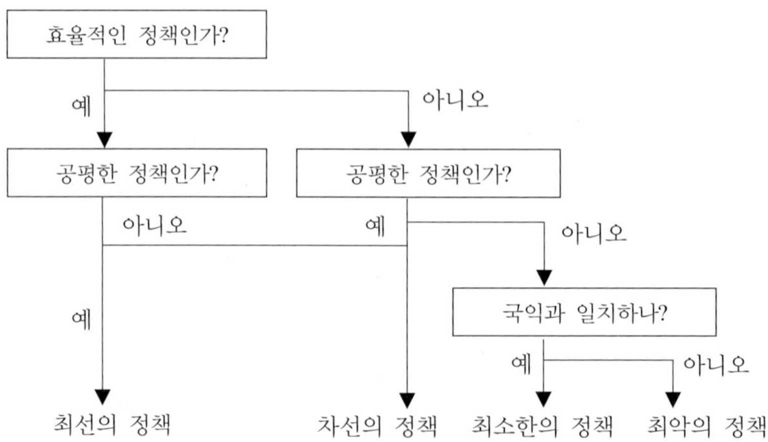

| 그림 8-1 | 경제정책의 평가방법

제 2 절 금융정책

1 화폐의 정의, 수요 및 공급

정의 및 측정

생산, 소비, 교환, 분배 등 모든 경제활동은 돈을 사용함으로써 이루어진다. 따라서 한 나라 경제에서 돈의 역할은 인체에 있어서 혈액의 역할에 비유되기도 한다. 이처럼 경제 내에 유통되는 돈을 통화(또는 화폐)라고 한다.

한편, 시중에 돌아다니고 있는 화폐의 유통량을 통화량이라고 하고 통화량의 크기와 변동을 파악할 수 있는 지표를 통화지표라고 하는데 금융정책의 자료가 된다. 통화를 어떻게 정의하느냐에 따라 여러 가지 통화지표가 작성되며 국가별로 차이를 보이고 있다.

우리나라의 통화지표는 협의통화(M_1), 광의통화(M_2), 금융기관유동성(L_f), 광의유동성(L) 등 4가지로 측정된다. 특히, 금융기관유동성(L_f), 광의유동성(L) 지표는 일반적인 지불수단은 아니지만 유동성이 높다는 의미에서 유동성지표라고도 한다.

협의통화(M_1)는 상품매매와 채권 및 채무의 청산 등 일상거래에서 일반적으로 통용되는 지불수단으로 사용되는 민간보유현금(현금통화), 요구불예금(예금통화) 및 수시입출입식예금으로 구성된다.

협의통화(M_1)	=	현금통화 + 요구불예금 + 수시입출입식예금

광의통화(M_2)는 통화(M_1)에 구매력의 일시적인 은신처의 역할을 수행하는 저축성예금까지 포함하여 측정한다.

광의통화(M_2)	=	M_1 + 정기예적금 + 시장형금융상품 + 실적배당형금융상품 + 기타 예금 · 금융채

금융기관유동성(L_f)은 종전 총유동성(M_3)의 구성상품을 그대로 가져오고 이름만 바꾼 것으로 M_2에 예금취급기관의 만기 2년 이상 장기금융상품들과 생명보험보험회사의 보험계약준비금, 증권금융회사의 고객예탁금 등을 포함하여 측정한다.

금융기관유동성(L_f)	=	M_2 + 2년 이상 장기금융상품 등 + 생명보험계약준비금 및 증권금융예수금

광의유동성(L)은 한 나라의 경제가 보유하고 있는 전체 유동성의 크기를 측정하기 위한 지표로 금융기관이 공급하고 있는 유동성에 금융자산이나 금융자산 발행부문까지 포함하여 측정한다.

광의유동성(L)	=	L_f + 회사채, CP + 국채, 지방채 + 기타금융기관상품

화폐수요

일정 시점에서 사람들이 보유하고자 하는 화폐의 양을 화폐수요라고 한다. 그러면 사람들은 왜 화폐를 보유하고자 하는가? 케인즈는 화폐수요의 동기를 세 가지로 구분하고 있다. 첫째는 상품이나 서비스를 구매하기 위해 보유하는 거래적 화폐수요(transactions money demand)로 소득이 증가하면 거래적 화폐수요도 증가한다. 둘째는 예측하지 못한 사태에 대비하기 위하여 보유하는 예비적 화폐수요(precautionary money demand)로 소득이 증가하면 예비적 화폐수요도 증가한다. 셋째는 수익을 위한 투기적 목적에서 화폐를 보유하는 투기적 화폐수요(speculative money demand)로 이자율이 상승하면 화폐를 보유하는 기회비용이 증가하므로 투기적 화폐수요는 감소한다.

이상을 종합해 볼 때 화폐수요는 소득 및 이자율과 관계를 가지고 있으며 그 외에도 인플레이션이 진행됨에 따라 화폐수요도 증가한다. 따라서 일반적으로 화폐수요함수는 소득 및 인플레이션과는 정(+)의 관계를 이자율과는 부(-)의 관계를 보인다고 할 수 있다.

화폐의 공급경로

중앙은행의 창구를 통하여 시중에 나온 현금을 본원통화(reserve money)라 하는데 통화당국은 시중의 통화량을 직접 조절할 수는 없지만 이 본원통화의 규모는 조절할 수 있다. 중앙은행이 공급한 본원통화가 은행조직을 통하여 예금통화를 창출하여 통화량을 크게 증가시키며 이 때 통화량과 본원통화간의 비율을 통화승수(money multiplier)라고 한다. 따라서 중앙은행은 본원통화와 각종 통화지표간의 비율인 통화승수를 감안하여 본원통화의 공급을 조절하는데 본원통화가 시중에 공급되는 경로는 정부부문, 금융부문 및 해외부문이 있다.

먼저 정부는 한국은행에 정부예금계좌를 개설해 놓고 세금을 거두어들이고 세출을 집행하고 있다. 이 과정에서 세출이 세입을 초과하면 정부예금계좌에서 민간으로 돈이 지출되므로 본원통화의 공급이 증가한다. 다음으로 자금의 최종대부자인 중앙은행이 금융기관에 대출해 주거나 금융기관이 보유한 국공채를 매입할 경우 본원통화의 공급이 증가한다. 한편, 해외부문에서의 본원통화 공급 증가는 수출증가와 외국자본의 도입으로 외화의 국내유입이 증가하여 중앙은행이 외화를 매입할 경우 발생한다.

2 금융정책의 체계

금융정책(monetary policy)이란 통화당국이 통화량 또는 이자율을 조절하여 경제성장, 물가안정, 국제수지 균형, 완전고용 등 국민경제의 안정적인 성장을 실현하고자 하는 경제정책을 말하며 통화정책, 통화신용정책, 통화금융정책 등으로 불려진다.

금융정책의 목적이 경제성장, 물가안정, 국제수지 균형, 완전고용 등을 달성하는 것이라 하더라도 이러한 목적을 직접적으로 달성할 수 없고 이러한 목적을 달성하기 위해서는 정책수단을 활용한다. 즉, 구체적인 정책수단을 이용하여 이러한 목적을 달성하는 과정을 체계화시킨 것을 금융정책의 체계(system)라고 한다.

금융정책의 체계는 [그림 8-2]에서 나타내는 바와 같이 최종목표, 운영지표, 정책수단 등 3가지 요소로 구성되어 있다. 먼저 최종목표(final goals)란 정책당국이 실현하고자 하는 목표로써 일반적으로 경제성장, 물가안정, 국제수지 균형, 완전고용 등이 있다. 이러한 최종목표들은 일반적으로 동시에 달성될 수 없고 선택을 해야 하는데 어떠한 목표를 선택할 것인지는 정책입안자나 국민들의 선호에 따라 달라진다.

다음으로 운영지표(operating targets)란 최종목표와 밀접한 관련을 가지고 있으면서 정책당국의 조정과 통제가 가능한 지표로써 일반적으로 양적 지표인 통화량과 질적 지표인 이자율이 있으며 중간목표라고도 한다. 통화정책의 중간목표로 무엇을 선택할 것인가에 대해서는 많은 논쟁이 있는데 일반적으로 금융부문이 실물부문보다 안정적이거나 물가안정기조가 확립되어 있지 않은 경우는 통화량을 중간목표로 선택한다. 우리나라의 경우 대부분의 금리지표가 시중자금사정을 제대로 반영하지 못하며 물가안정기조가 확립되어 있지 않은 것으로 보아 금리보다는 주로 통화량을 중간목표로 채택하여 왔는데 이를 통화목표관리제라고 한다. 그러나 1997년 말 한국은행법 개정 때 물가안정목표제를 도입하여 1998년부터 운용하고 있는데 이 제도는 중간목표 없이 통화정책수단을 사용하여 인플레이션 목표를 직접 달성하려고 하는 방식이다.

마지막으로 정책수단(policy instruments)이란 정책당국이 직접 사용 가능한 정책도구를 말하는데 일반적으로 통화량을 조절하는 수단으로는 공개시장조작(open market operation), 재할인율 정책, 지급준비율 정책, 대출한도제 등이 있고 이자율을 조정하는 수단으로는 이자율규제가 있다.

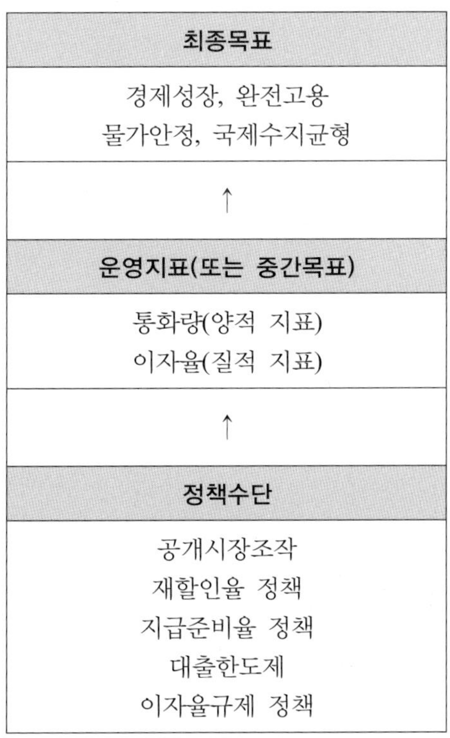

| 그림 8-2 | 금융정책의 체계

3 금융정책수단 및 파급경로

금융정책수단

금융정책의 수단은 일반적 수단과 선별적 수단 등 두 가지로 나눌 수 있다. 먼저 일반적 수단이란 정책의 효과가 국민경제 전반에 미치는 정책수단으로 간접적 수단이라고도 한다. 일반적 수단에는 공개시장조작, 지급준비율 정책, 재할인율 정책 등이 있다. 그리고 선별적 수단이란 정책의 효과가 특정부문에 미치는 정책수단으로 직접적 수단이라고도 한다. 선별적 수단에는 대출한도제, 이자율규제 정책 등이 있다.

정책수단의 파급경로

금융정책의 수단을 사용하여 운영지표를 변경시키고 이를 통하여 최종목표를 달성하는 과정을 금융정책의 파급경로(propagation mechanism)라고 한다. 특히 [그림 8-3]에서 나타내는 바와 같이 중앙은행인 한국은행이 공개시장조작이나 금융기관 대출, 지급준비율 변경 등의 정책수단을 통해 단기금리에 영향을 주게 되며 이는 장단기 금융자산간의 재정거래를 통해 장기금리를 변동시킴으로써 최종목표인 물가안정과 경제성장을 유도하는 것을 금리정책의 파급경로라고 하는데 이러한 수단들의 파급경로를 구체적으로 살펴보자.

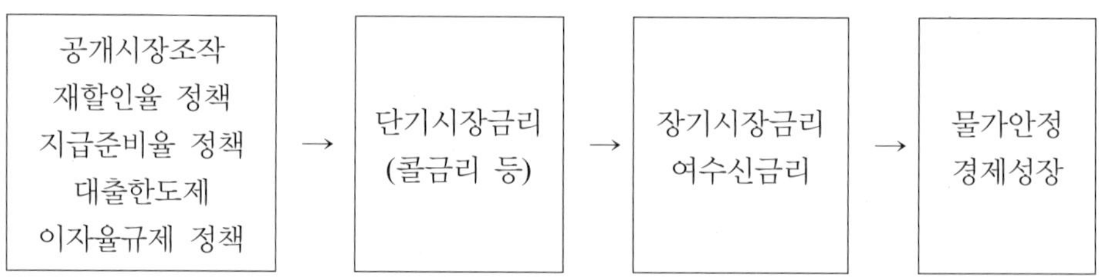

| 그림 8-3 | 금리정책 파급경로

첫째, 공개시장조작(open market operation)이란 중앙은행이 유동성이 높은 증권을 공개시장에서 매입 또는 매도하여 통화량이나 이자율을 조절하는 정책수단을 말한다. 현재 우리나라의 중앙은행인 한국은행이 사용하고 있는 공개시장조작으로는 통화안정증권의 발행과 환매조건부채권의 매매가 있다. 통화안정증권이란 한국은행이 통화량을 조절하기 위하여 발행하는 단기증권으로 1980년대 중반 국제수지 흑자로 해외부문을 통해 많은 돈이 풀리자 이를 흡수하기 위하여 많이 사용되었다. 예를 들어 물가안정이 금융정책의 최종목표라고 할 경우 통화안정증권을 매도하면 시중의 통화량이 줄어들고 물가가 안정될 수 있다. 한편, 환매조건부채권 매입(repurchase agreements: RP) 이란 한국은행이 일정기간이 경과한 후에 채권을 다시 매각한다는 조건으로 딜러로부터 채권을 매입하는 거래이다. 환매조건부채권 매각(reverse

RP)은 환매조건부 매입과 정반대되는 거래로서 한국은행이 일정기간 이내에 채권을 다시 매입한다는 조건으로 채권을 딜러에게 파는 거래인데 최근 금융기관의 단기 유동성을 조절하기 위해 한국은행은 국공채를 이용한 환매조건부채권 매매를 자주 사용하고 있다. 예를 들어 물가안정이 금융정책의 최종목표라고 할 경우 환매조건부채권을 매각하면 시중의 통화량이 줄어들고 물가가 안정될 수 있다.

*** 공개시장과 고객시장**

한 시장에서 한 상품이 한번만 거래되는 시장을 고객시장(customer market)이라 하며, 대부분의 시장이 여기에 속한다. 반면에 한 시장에서 동일한 상품이 반복적으로 여러 번 거래되는 시장을 공개시장이라 하며, 주식이나 채권 등이 거래되는 시장이 여기에 속한다.

둘째, 재할인율 정책(rediscount rate policy)이란 중앙은행이 금융기관에 빌려주는 자금의 금리를 변경시켜 통화량을 조절하는 정책수단을 말한다. 예금은행이 상업어음을 할인해 준 후 이 할인어음을 중앙은행에 제시할 경우 중앙은행은 이를 다시 할인하여 예금은행에게 자금을 공급해 주는데 이를 재할인이라 하고 이 때 적용되는 할인율을 재할인율(rediscount rate)이라 한다. 예를 들어 물가안정이 금융정책의 최종목표라고 할 경우 한국은행이 재할인율을 높이면 시중의 통화량이 줄어들고 물가가 안정될 수 있다. 우리나라의 경우 1993년 1월 26일 이후 현재까지 한국은행의 상업어음 재할인율은 연 5%이다.

셋째, 지급준비율 정책(reserve ratio policy)이란 금융기관이 예금자의 예금인출 요구에 응할 수 있도록 예금의 일정비율을 현금으로 보유하거나 중앙은행에 예치하도록 되어 있는 법정지급준비율을 변경시켜서 통화량을 조절하는 정책수단을 말한다. 예를 들어 물가안정이 금융정책의 최종목표라고 할 경우 한국은행이 법정지급준비율을 높이면 금융기관이 대출할 수 있는 재원이 줄어들고 따라서 시중의 통화량이 줄어들어 물가가 안정될 수 있다. 우리나라의 경우 1996년 11월 8일 이후 현재까지 요구불예금과 저축성예금의 법정지급준비율은 연 7%이다.

넷째, 대출한도제란 중앙은행이 자금을 용도별 또는 예금은행별로 대출규모를 한정하는 제도인데 중앙은행의 창구를 통하여 시중에 흘러나오는 현금인 본원통화를 규제하기 위하여 중앙은행 자산의 최고한도를 정하거나 민간은행 자산의 최고한도를 정해놓고 통화량을 조절한다.

다섯째, 이자율규제 정책이란 금융시장이나 금융기관의 이자율을 규제함으로써 통화량을 조절하는 정책이다. 예를 들어 예금이자율을 인상하면 현금통화보유비율이 감소하고 따라서 통화량이 증가하며, 또한 대출이자율이 인하되면 대출이 증가하고 따라서 통화량이 증가한다. 우리나라의 경우 자본축적이 부족하여 경제개발에 자금을 우선적으로 공급해 주기 위해 이러한 이자율규제 정책을 시행해 왔으나 경제 환경의 변화로 1991년 8월 4단계 금리자유화

방안이 마련되어 금리자유화가 빠른 속도로 진행됨에 따라 이 수단은 더 이상 의미를 가지지 못하게 되었다.

4 금융정책의 효과에 대한 두 견해

경제정책의 궁극적인 목적은 국민경제의 안정적인 성장이다. 금융정책 역시 국민소득의 증대여부에 따라 그 효과를 판단할 수 있다. 이러한 금융정책의 효과에 대해 고전학파와 케인즈학파의 견해를 살펴보면 먼저 고전학파는 전통적으로 화폐수량설에 근거하여 통화량의 증대는 실질국민소득을 변화시키지 못하고 물가만을 변화시킨다고 보았다. 그러나 통화주의자는 단기적으로 물가가 변하지 않을 경우 중앙은행이 통화공급량을 증가시키면 이는 상품에 대한 지출을 증가시키고, 상품에 대한 지출 증가는 실질국민소득을 증가시키므로 금융정책이 효과가 있으나, 장기적으로 볼 때 통화량이 증가되면 물가가 비례적으로 상승하므로 통화량의 증가는 실질국민소득을 변화시키지 못하고 명목국민소득만을 증가시키므로 금융정책은 효과가 없다고 본다. 이와 같이 통화량의 변화가 실질국민소득, 실질임금, 고용량, 생산량 등과 같은 실질변수에는 아무런 영향을 미치지 못하고 명목변수인 물가, 명목임금 등만을 변화시키는 것을 화폐의 중립성(money neutrality)이라고 한다.

한편, 케인즈학파는 통화량의 증가는 이자율을 하락시키고 이자율의 하락은 투자의 증대를 통하여 국민소득을 증대시키므로 금융정책이 유효하다고 보며 정부가 적절히 개입하여 재량적인 금융정책을 통하여 경제를 안정시켜야 한다고 주장한다. 그러나 투자의 이자율탄력성이 매우 작기 때문에 즉, 통화량의 증가로 이자율이 하락하지만 이자율의 하락은 투자를 조금밖에 증가시키지 못하므로 금융정책의 효과가 아주 크지 않으며 재정정책의 효과가 상대적으로 크다고 본다.

5 우리나라의 금융

통화지표

현재 우리나라는 M_1, M_2, L_f, L 등 여러 종류의 통화지표 및 유동성지표를 작성하고 있는데 이를 요약하면 <표 8-1>과 같다. 이들 통화지표 중에서 국민경제와 밀접한 관계를 가지며 통화당국에 의해 조정 및 통제가 가능한 지표를 중심통화지표라고 하는데 우리나라의 경우 1978년까지는 통화(M_1)와 본원통화 등을 중심통화지표로 사용해 왔고 1979년 이후는 총통화(M_2)를 중심통화지표로 사용해 오다가 1997년부터는 MCT지표를 총통화(M_2)와 함께 중심통화지표로 사용되었다. 1997년 12월 외환위기 이후에는 IMF와의 협의에 의해 M_3이 중심통화지표로 활용되었고, 1998년부터 도입된 물가안정목표제 하에서도 중간목표로 활용되다가

2003년부터는 금리중시 통화정책의 운용체제가 정착됨에 따라 각종 통화지표는 모두 정책운용의 정보변수로 활용되고 있다.

| **표 8-1** | 우리나라 통화 및 유동성지표의 구성(2009년 12월 잔액) (단위: 조원)

M1(협의통화) (389.4)	M2(광의통화) (1,566.9)	Lf (금융기관 유동성) (2,018.8)	M3(광의유동성) (2,526.4)
			회사채, CP (164.3)
			국채, 지방채 (152.1)
			기타금융기관상품 (191.1)
		생명보험계약준비금 및 증권금융예수금 (298.4)	좌동
		2년 이상 장기금융상품 등 (153.5)	
	기업 예금 · 금융채 (69.1)	좌동	좌동
	실적배당형금융상품 (320.2)		
	시장형금융상품 (110.1)		
	정기예적금 (678.0)		
수시입출식예금 (261.2)	좌동	좌동	좌동
요구불예금 (99.0)			
현금통화 (29.2)			

출처: 알기쉬운 경제지표해설, 한국은행(2010).

통화공급방식

경제의 실물부문을 우리 인체에 비유한다면 금융부문은 혈관과 같다고 볼 수 있다. 혈액순환이 잘되어야 육체적으로 건강을 유지할 수 있듯이 자금의 융통이 원활하게 이루어져야 실물부문도 성장할 수 있게 된다. 그러면 한 나라 경제에 어느 정도의 통화를 공급해야 하는가? 국가별로 일정한 원칙을 가지고 통화공급량을 결정하고 있는데 우리나라의 경우 가장 일반화된 방식으로 1972년 유럽공동체(European community) 각료이사회가 전 회원국에 채택할 것을 권고한 소위 EC방식을 채택하고 있다. 이 방식은 피셔(Fisher)의 교환방정식에 근거한 것으로 통화증가율은 실질경제성장률에다 물가상승률과 통화유통속도 변화율을 더하고 기타 정책변수를 더한 것이다. 예를 들어 1996년도의 통화공급목표는 총통화(M_2)를 기준으로 1995년에 비해 11.5%~15.5% 범위에서 증가하는 수준을 유지하는 것으로 정하였는데 이는 경제성장률 7%, 물가상승률 4%, 유통속도 하락률 2% 내외를 전제로 하되 금융시장개방 및 자본자유화 진전 등을 고려한 것이다.

통화관리방식

우리나라 통화관리방식의 변천과정을 보면 1965년 금리현실화 직후와 1970년대 초반의 경기침체기를 제외하고는 한국은행이 재할인한도 및 금융기관의 대출한도를 정하거나 민간신용의 한도를 관리하는 등 직접규제방식으로 통화관리를 실시해 왔다. 그러나 1980년대 들어서 우리나라의 경제운용방식이 정부주도형에서 민간주도형으로 바뀌어 감에 따라 금융면에서 통화관리방식도 중앙은행이 전통적 규제수단인 본원통화의 관리에 중점을 두는 간접규제방식으로 전환되어 갔으며 이 방식이 현재 사용되고 있다.

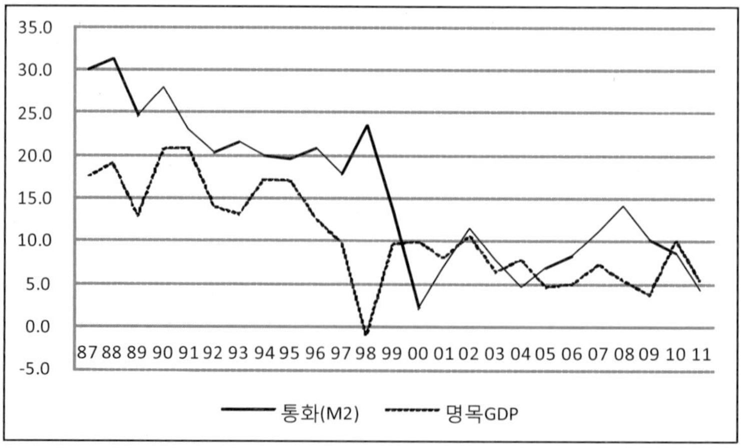

| 그림 8-3 | 우리나라의 연도별 광의통화(M_2)증가율

한편, [그림 8-3]은 1987년부터 2011년까지 우리나라의 연도별 총통화증가율과 명목GDP 성장률을 나타내고 있는데 서로 같은 방향으로 증감현상을 보이고 있고 총통화증가율은 1970년대는 증가율도 상당히 높았고 변동폭도 컸으나 1980년대 이후는 증가율도 둔화되고 안정적인 증가율을 보이고 있다.

제 3 절 재정정책

1 재정

개념

정부의 수입과 지출에 관련된 모든 경제활동을 재정이라 하며 공공경제(public economy)라고도 한다. 경제를 크게 민간경제와 공공경제 등 크게 둘로 나눌 수 있는데 민간경제에서의 경제주체는 가계와 민간 기업이고 공공경제에서의 경제주체는 정부와 공기업이다. 또한 민간경제에서는 사적재(private goods)를 생산하는 반면에 공공경제에서는 국방, 도로, 공원 등 공공재(public goods)를 생산하며, 민간경제는 이윤극대화 또는 사적 후생의 극대화가 목표인 반면에 공공경제는 사회적 후생의 극대화가 목표라고 할 수 있다.

예산

정부의 수입과 지출을 회계연도별로 정리한 것을 예산이라고 한다. 정부는 세금을 거두어 들여 여러 가지 정부활동에 지출하는데 세입이 세출보다 많은 경우를 흑자재정, 세입과 세출이 같은 경우를 균형재정, 그리고 세입이 세출보다 적은 경우를 적자재정이라고 한다. 적자재정일 경우 정부는 통화 공급을 증가시킨다든지, 국채를 발행한다든지 아니면 해외에서 차입을 한다든지 여러 가지 방법으로 부족재원을 조달하는데 이를 정부의 예산제약식(government budget constraint)이라고 하고 다음의 (8-1)식과 같이 나타낸다.

$$\text{세출} - \text{세입} = \text{통화공급증가} + \text{국채발행증가} + \text{해외차입증가} \tag{8-1}$$

세입 및 세출

정부는 나라의 살림살이에 필요한 돈을 여러 가지 방법으로 마련하는데, 이 때 정부의 모든 수입을 세입이라고 한다. 세입은 경상수입과 자본수입으로 구분되며 경상수입은 조세수입과 세외수입으로 구성되어 있다. 국민들로부터 세금으로 거두어들인 조세수입은 세입 중에서 가장 큰 비중을 차지하고 있으며, GNP에서 조세수입이 차지하는 비중을 조세부담률이라고 하는데 우리나라의 경우 중앙정부부문에 대한 조세부담률은 최근 20%를 약간 상회하고 있다. 아담 스미스(Adam Smith)는 조세의 원칙으로 평등의 원칙, 명료성의 원칙, 지불편의의 원칙, 최소징수비의 원칙을 들고 있다. 또한 수수료, 입장료, 벌과금 등의 수입도 있는데 이를 세외수입이라고 한다. 조세수입과 세외수입을 합한 것을 경상수입이라고 한다. 그리고 정부소유의 토지나 건물 등을 팔았을 때 발생하는 수입을 자본수입이라고 한다. 그 외에 외국 또는 국제기구의 원조 등으로 발생하는 수입을 원조수입이라고 한다.

한편, 정부가 그 역할을 수행하기 위하여 행하는 모든 지출을 세출이라고 한다. 세출은 크게 경제적 분류와 기능적 분류 등 두 가지 기준으로 분류되고 있는데 먼저 재정지출의 경제적 효과를 분석하기 위한 분류방식인 경제적 분류에는 경상지출과 자본지출이 있다. 경상지출은 공무원에 대한 봉급 등의 지급과 사무용품 구입, 임대료 등으로 지출되는 재화 및 서비스 구입, 정부가 국내외에서 차입한 채무에 대해 지불하는 이자지급, 정부가 금융기관 및 비금융공기업 등에 재정 원조를 목적으로 무상으로 지급하는 경비나 지방정부・학교・병원 등의 비영리기관 및 실업자 등에게 무상으로 지급하는 경비인 보조금 및 경상이전 등이 있다. 자본지출이란 건물・기계・차량 등 내구재의 취득에 따른 고정자산 취득, 토지・임야 등과 광업권・특허권 등의 매입에 따른 토지 및 무형자산매입, 국내외 기관에 무상으로 이전하는 자본이전 등이 있다.

한편, 기능적 성격에 따라 세출을 분류해 보면 행정・소방・경찰 등 각종 행정활동과 관련되어 지출되는 경비인 일반공공행정비, 국군을 유지하고 방위산업을 육성하는데 지출되는 국방비, 각급 학교의 설립・운영 및 지원 등 교육행정에 지출되는 교육비, 병원의 운영・방역・요양 등에 지출되는 보건비, 각종 연금・보조금 및 구호시설 등에 지출되는 사회보장 및 복지비, 주택사업・상하수도・환경오염방지사업 등에 지출되는 주택 및 지역사회개발비, 도로 및 항만을 건설하고 자원을 개발하며 경제발전에 필요한 산업을 지원하는 경제 사업비, 국가의 균형적인 발전을 기하기 위하여 지방자치단체에 지원하는 교부금 등이 있다.

경제적 효과

위에서 설명한 여러 가지의 세입과 세출(공공지출)로 인해 기대되는 경제적 효과로는 자원배분효과, 소득재분배효과, 경제안정효과, 경제성장효과 등이 있다.

국방・경찰・공원 등과 같이 어떤 대가를 지불하지 않더라도 사람들을 소비혜택에서 배제할 수 없는 공공재는 자유시장에서 공급이 이루어지지 않으므로 정부가 이러한 서비스를 공급한다. 이와 같이 자원을 임의적으로 배분하거나 또는 자유시장기구에 맡길 경우 효율적인 자원배분을 달성해 주지 못하는 시장실패를 해소하는 것을 자원배분효과라고 한다. 저소득층에 대한 생계보조금이나 실업자에 대한 실업수당 등은 고소득층에서 징수한 세금으로 저소득층의 소득을 보전해 주는 이전적 지출인데 이것을 통해 사회의 부와 소득을 재분배하는 것을 소득재분배효과라고 한다. 한편, 재정지출로 인해 경제변동의 진폭을 줄여주는 것을 경제안정효과라고 하는데 고전학파는 누진세나 사회보장제도의 도입을 통해 불황이나 호황 때 자동적으로 재정수입과 재정지출이 변화하여 경제를 안정시켜 주는 제도 즉, 재정제도 자체에 내재하는 재정의 자동안정화장치(automatic stabilizer, built-in stabilizer)를 주장하는 반면에 케인즈학파는 경제 상황에 따라 정부지출이나 세율을 적절히 조정하여 경제를 안정시켜 주는 적극적인 정책을 주장하는데 이를 재량적 재정정책(discretionary fiscal policy) 또는 보정적 재정정책(compensatory fiscal policy)이라고 한다. 또한 재정지출의 증가는 투자와 마찬가지로 승수효과를 통해 경제성장에 기여할 수 있는데 이를 경제성장효과라고 한다.

＊ 재정의 자동안정화장치

정부의 인위적인 재량적 조치 없이도 조세와 복지지출의 변화를 통해서 경제가 자동적으로 안정화된다고 보는 견해이다. 즉, 호경기 때에는 누진세제도로 인해 조세수입이 대폭적으로 늘어나고 실업수당 등의 복지지출은 대폭적으로 감소하여 가계의 가처분소득의 증가를 둔화시켜서 경기의 확장을 자동적으로 진정시킨다. 반면에 불경기 때에는 조세수입이 대폭적으로 감소하고 복지지출은 대폭적으로 증가하여 가계의 가처분소득의 감소를 완화시켜서 경기위축을 진정시키는 효과를 갖는다.

2 재정정책

정의 및 체계

재정정책(fiscal policy)이란 정부가 정부지출 또는 조세를 변화시켜 경제성장, 물가안정, 국제수지 균형, 완전고용 등 국민경제의 안정적인 성장을 실현하고자 하는 경제정책을 말한다.

재정정책의 목적은 경제성장, 물가안정, 국제수지 균형, 완전고용 등을 달성하는 것이며 이러한 목적을 달성하기 위해서 여러 가지 정책수단이 활용된다. 즉, 구체적인 정책수단을 이용하여 이러한 목적을 달성하는 과정을 체계화시킨 것을 재정정책의 체계(system)라고 한다.

재정정책의 체계는 [그림 8-3]에서 나타내는 바와 같이 최종목표, 정책수단 등 2가지 요소로 구성되어 있다. 먼저 최종목표(final goals)란 정책당국이 실현하고자 하는 목표로서 일반적으로 경제성장, 물가안정, 국제수지 균형, 완전고용 등이 있다. 이러한 최종목표들은 일반적으로 동시에 달성될 수 없고 선택을 해야 하는데 어떠한 목표를 선택할 것인지는 정책입안자나 국민들의 선호에 따라 달라진다. 다음으로 정책수단(policy instruments)이란 정책당국이 직접 사용 가능한 정책도구를 말하는데 일반적으로 정부지출과 조세 등이 있다.

정책수단		최종목표
정부지출 조세	→	경제성장, 완전고용 물가안정, 국제수지균형

| 그림 8-3 | 재정정책의 체계

정책수단 및 파급경로

재정정책의 수단으로는 국공채를 발행하여 정부지출을 변화시키는 수단과 조세율을 변경시키는 수단을 들 수 있다. 먼저 경제성장이 최종목표라고 할 때 국공채를 발행하여 정부지출을 증가시키면 국민소득이 증가한다. 예를 들어, 정부가 도로, 교량, 댐 등 사회간접자본시설을 확충하는 데 공공지출을 증가시키면 총수요가 증가하고, 총수요 증가는 국민소득을 증대시킨다. 또는 사회안전망 구축을 위해 실업자나 저소득계층에게 실업수당이나 생계보조비를 지급하는 데 정부지출을 증가시키면 이는 가계의 가처분소득을 증가시키고, 가처분 소득의 증대는 소비 증가를 통해 총수요와 국민소득을 증대시킨다. 이 수단은 중앙은행으로부터의 차입에 의한 통화 공급 증가를 초래하지 않기 때문에 순수한 의미의 재정정책 수단이라고 할 수 있다. 또한 중앙은행으로부터 차입하여 정부지출을 변화시키는 수단을 들 수 있는데 이 수단은 통화 공급 증가를 초래하므로 금융정책과 재정정책이 동시에 실시되는 것이므로 순수한 의미의 재정정책 수단이라고 할 수는 없다.

다음으로 경제성장이 최종목표라고 할 때 조세를 인하시키면 국민소득이 증가한다. 예를 들어, 근로소득세나 부가가치세의 세율 인하 등을 통해 조세율을 인하하면 가처분소득이 증대되고, 가처분소득의 증가는 소비 증가를 통해 총수요와 국민소득을 확대시키고 또는 법인세율의 인하를 통해 조세율을 인하하면 기업의 투자활동이 활발해져 국민소득이 증가한다.

3 재정정책의 효과에 대한 두 견해

재정정책 역시 국민소득의 증대여부에 따라 그 효과를 판단할 수 있다. 이러한 재정정책의 효과에 대해 고전학파와 케인즈학파의 견해를 살펴보면 먼저 케인즈학파는 6장에서 설명한 바 있는 승수효과를 이용하여 정부지출의 증가는 총수요를 증가시키고, 총수요의 증가는 실질국민소득을 증가시키므로 재정정책은 유효하다고 주장한다. 따라서 정부가 적절히 개입하여 경기가 과열되었을 때는 정부지출을 감소시켜 경기를 진정시키며, 경기가 침체되었을 때는 정부지출을 증대시켜 경기를 진작시키는 재량적인 재정금융정책을 통하여 경제를 안정시켜야 한다고 주장한다. 그리고 재정정책은 그 효과가 직접적이고 정책을 집행하고 효과가 나타나기까지의 시간이 금융정책에 비해 짧기 때문에 재정정책이 금융정책에 비해 상대적으로 효과가 크다고 본다.

한편, 고전학파는 정부지출의 증가가 실질국민소득의 증대를 가져오지 못하기 때문에 효과가 없다고 주장한다. 정부가 통화 공급 증가를 통하지 않고 국공채를 발행하여 정부지출을 증가시킬 경우 총수요는 증가한다. 그러나 국공채 발행이 증가하면 이자율이 상승하며, 이자율의 상승은 민간투자의 감소를 통하여 총수요를 감소시켜 최종적으로 총수요가 변하지 않고 국민소득도 변하지 않는다. 이와 같이 정부지출의 증가로 이자율이 상승하고, 그에 따라 총수요가 감소하는 현상을 구축효과(crowding out effect)라고 한다. 따라서 재정정책은 효과가 없다는 것이 고전학파의 견해이다. 고전학파는 재정정책이 효과가 없으므로 재정정책을 통해 경기를 조절하기보다는 누진적 소득세, 실업보험, 사회보장이전지출 등의 재정제도를 통해 경기를 안정화시킬 것을 주장한다. 예를 들어 소득세가 누진적으로 되어 있으면 경기가 과열되면 국민소득이 급속히 상승한다. 국민소득이 급속히 증가하면 누진적인 소득세율로 인해 가처분소득이 감소하고, 가처분소득의 감소는 소비감소를 통해 총수요를 억제하며 따라서 경기과열이 해소된다. 이와 같이 재정제도를 통해 경기를 자동적으로 안정화시켜 주는 것을 이미 앞에서 언급했던 재정의 자동안정화장치(built-in stabilizer)라고 한다.

4 우리나라의 재정

세입

세금은 국민이 의무적으로 부담하기 때문에 그 종류와 세율 등은 국회에서 법률로 정하고 있는데 우리나라의 조세는 14개의 국세 세목과 11개의 지방세 세목으로 구성되어 있는데 이를 정리해 보면 <표 8-2>와 같다. 우리나라의 조세는 과세권의 주체에 따라 국세와 지방세로 구성되어 있다. 국세는 내국세, 관세, 목적세 등으로 구성되어 있고 지방세는 보통세와 목적세 등으로 구성되어 있다. 내국세는 부담의 전가여부에 따라 직접세와 간접세로 구분된다. 직접세는 납세의무자가 조세를 부담하는 세금인데 소득세, 법인세, 상속세, 증여세, 종합부동산세와 같이 소득과 재산을 과세대상으로 하는 세목이 이에 속한다. 간접세는 납세의무자가 조세부담을 다른 사람에게 전가시키는 세금인데 부가가치세, 개별소비세, 주세, 증권거래세, 인지세와 같이 소비를 과세대상으로 하는 세목이 이에 속한다. 또한, 조세는 그 사용목적을 기준으로 보통세와 목적세로 구분되는데 보통세는 일반적인 재정수요를 위해 부과되는 세금이며 목적세는 특별한 목적을 위하여 부과하는 세금이다. 국세는 교육세, 교통·에너지·환경세, 농어촌특별세 3개의 보통세가 있다. 한편, 11개 지방세 중에는 취득세, 등록면허세, 재산세, 자동차세 등 9개의 보통세와 지역자원시설세, 지방교육세 2개의 목적세가 있다.

| 표 8-2 | 우리나라의 조세체계(2012년 현재)

국 세	지방세
내국세	도세
(직접세)	(보통세)
소득세	취득세
법인세	등록면허세
상속세	지방소비세
증여세	레저세
종합부동산세	(목적세)
(간접세)	지역자원시설세
부가가치세	지방교육세
개별소비세	
주세	시 · 군세
증권거래세	(보통세)
인지세	주민세
관세	재산세
목적세	자동차세
교육세	지방소득세
교통 · 에너지 · 환경세	담배소비세
농어촌특별세	

한편, <표 8-3>과 <표 8-4>는 우리나라의 연도별 국세수입 및 지방세수입의 추이를 나타내고 있는데 지방세수입에 비해 국세수입의 비중이 훨씬 높다.

| 표 8-3 | 연도별 국세수입(단위: 10억 원)

구분	1990	1995	2000	2005	2010	2011
국세	22,678	51,749	86,601	120,424	166,015	180,153
소득세	4,723	13,618	17,509	24,651	37,462	42,288
법인세	3,226	8,663	17,878	29,805	37,268	44,873
상속세	-	-	-	702	1,203	1,259
증여세	-	-	-	1,171	1,873	2,074
종합부동산세	-	-	-	441	1,029	1,102
부가가치세	6,964	14,637	23,212	36,119	49,121	51,907
개별소비세	1,912	2,617	2,985	4,400	5,066	5,537
주세	1,022	1,825	1,962	2,595	2,878	2,529
증권거래세	224	503	2,736	2,371	3,667	4,279

인지세	19	32	39	50	52	62
교통·에너지 · 환경세	-	-	-	10,288	13,970	11,546
교육세	521	2,993	5,798	3,527	4,643	4,245
농어촌특별세	-	940	1,296	1,749	2,867	3,659

자료 : 통계청 국가통계포털(kosis.kr)

| 표 8-4 | 연도별 지방세수입 (단위: 10억 원)

구분	2000	2005	2008	2009	2010	2011
지방세	20,126	35,344	44,887	44,568	48,505	51,572
취득세	3,148	6,649	6,916	6,644	6,825	13,877
등록면허세	-	-	-	-	-	1,242
레저세	566	692	989	1,002	1,067	1,072
지방소비세	-	-	-	-	2,679	2,961
지역자원시설세	-	-	-	-	-	813
지방교육세	-	3,841	4,864	4,794	4,871	4,967
주민세	3,426	5,500	8,163	7,552	223	262
지방소득세	-	-	-	-	8,145	9,478
재산세	728	2,587	4,411	4,423	4,817	7,617
자동차세	2,007	1,902	2,611	2,834	3,120	6,490
담배소비세	2,251	2,448	2,920	3,011	2,875	2,785

자료 : 통계청 국가통계포털(kosis.kr)

우리나라 조세정책의 특징은 다음과 같다.

첫째, 직접세보다 간접세에 의존하는 비중이 높아 선진국과는 반대되는 양상을 보이고 있다. 일반적으로 간접세는 소득에 대비해 볼 때 역진세적인 성격을 지니고 있으므로 간접세의 비중이 높으면 조세의 소득재분배기능이 약화되고 빈부의 격차가 심화될 수 있다.

둘째, 직접세의 경우 노동소득에는 세금을 높게 부과하고 재산소득에는 세금을 낮게 부과하여 세제를 통한 소득재분배 기능이 미약하다는 것이다.

셋째, 경제성장을 주도하는 부문에 각종 조세감면혜택을 부여하는 불공정한 정책이라고 할 수 있다. 이러한 조세정책의 불합리성을 시정하기 위하여 문민정부가 들어서면서 재정개혁의 합리화를 추구하기 위하여 조세의 형평성과 효율성을 증진시키고 조세부조리를 척결하는 각종 조치를 취해 왔지만 아직도 개선되어야 할 부분이 많이 남아 있다고 할 수 있다.

세출

우리나라 중앙정부 세출을 기능적 분류에 의해 1990년대 이후에 대해서 그 내역을 살펴보면 <표 8-5>와 같다. 우리나라 세출 중에서 가장 큰 비중을 차지하는 것은 농림수산, 산업·중소기업 및 에너지, 교통 및 물류, 통신 등 경제 사업을 위한 지출인데 이는 우리 정부가 산업발전 및 사회간접자본시설 확충에 우선순위를 두고 있다는 것을 보여주고 있다. 그 다음으로 큰 비중을 차지하는 것은 국공립교육기관의 유지와 사립학교에 대한 재정지원 등에 대한 지출을 나타내는 교육비와 국방비인데 교육비는 인적자본 형성에 대한 투자가 높다는 것을 나타내 주고 있고 국방비는 우리나라의 분단된 현실 때문이다. 그 외에 일반공공행정, 공공질서 및 안전 등의 공공행정을 위한 지출, 사회복지에 대한 지출과 국토 및 지역개발을 위한 지출 등도 사회의 요구에 부응하여 지속적으로 증가하고 있다.

| 표 8-5 | 연도별 세출 내역 (단위: 10억 원)

구분	2007	2008	2009	2010	2011
총계	196,905	222,894	252,182	248,653	258,946
일반공공행정	33,504	37,489	42,373	43,753	46,131
공공질서 및 안전	11,024	11,376	12,198	12,670	13,760
외교·통일	1,757	2,036	1,568	1,807	1,964
국방	24,392	27,197	29,654	30,066	32,472
교육	30,944	36,339	37,330	38,136	41,525
문화 및 관광	1,736	1,968	2,191	2,324	2,462
환경	5,017	5,530	7,641	7,442	8,242
사회복지	15,798	18,654	23,282	22,670	23,863
보건	3,771	4,409	5,616	5,827	5,821
농림수산	18,161	17,442	18,093	18,811	19,029
산업·중소기업 및 에너지	8,125	12,045	13,220	10,199	9,894
교통 및 물류	28,349	30,191	36,678	31,542	29,472
통신	6,056	6,523	6,707	6,700	6,806
국토 및 지역개발	5,442	8,659	11,841	12,377	12,685
과학기술	2,475	2,712	3,456	3,995	4,476

자료 : 기획재정부 디지털예산회계시스템(www.digitalbrain.go.kr)

한편, [그림 8-5]는 1971년부터 2011년까지 우리나라의 연도별 경상 GDP 및 총세출 증가율을 나타내고 있는데 서로 같은 방향으로 증감현상을 보이고 있다. 특히 1970년대에는 총세출 증가율이 경상 GDP 증가율보다 높은 확장적인 재정정책을 유지해 왔음을 나타내고 있고 1980년대 초반은 총세출 증가율이 경상 GDP 증가율보다 낮은 긴축적인 재정정책을 실시한 것으로 나타나고 있다. 그리고 1980년대 중반 이후는 다시 확장적인 재정정책 기조를 유지하고 있는 것으로 나타나고 있다.

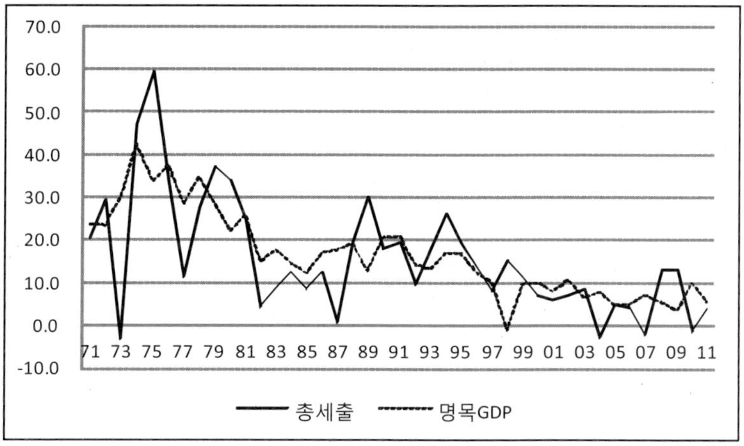

그림 8-5 | 우리나라의 연도별 총세출 증가율

제 9 장

인플레이션과 실업

본 장에서는 현대경제학의 가장 큰 두 가지 문제인 인플레이션과 실업에 대해 살펴본다. 먼저 인플레이션과 실업에 대한 일반적인 고찰을 하고 우리나라의 인플레이션과 실업률에 대해 살펴본다. 다음으로 실업과 인플레이션의 역의 관계를 나타내는 필립스곡선에 대해 살펴보고 필립스곡선을 이용한 경제정책과 우리나라의 필립스곡선에 대해서 살펴본다.

제 1 절 인플레이션

1 물가와 인플레이션

물가와 물가지수

아이스크림 1개 500원, 쌀 20kg 43,000원 등과 같이 시장에서 거래되는 개별 상품의 값을 가격이라 하고 이발요금 8,000원, 목욕요금 2,500원 등과 같이 서비스 제공에 따른 대가를 요금이라고 한다. 가격과 요금을 중요도에 따라 가중 평균한 종합적인 가격수준을 물가라고 하며 이러한 물가의 수준을 측정하기 위하여 여러 가지 물가지수가 작성된다. 물가지수는 어떤 기준 시점의 물가를 100으로 놓고 비교되는 시점의 물가를 이에 대비하여 계산한다. 따라서 기준 시점과 비교시점의 물가지수를 비교해 보면 두 시점 간에 물가수준이 얼마나 변동되었는지를 비교할 수 있다. 예를 들어 2010년을 기준연도로 한 2013년의 물가지수가 109.6이라면 이것은 2010년에 비해 2013년의 물가가 9.6% 올랐다는 것을 의미한다.

물가지수에는 일반 도시가구가 소비생활을 영위하기 위하여 구입하는 재화의 가격과 서비스 요금의 변동을 측정하는 소비자물가지수, 그리고 일반소비자들이 주로 소비지출하는 품목을 대상으로 작성한 생활물가지수, 국내시장의 제1차 거래단계에서 기업 상호 간에 거래되는 서비스를 제외한 모든 상품의 평균적인 가격변동을 측정하기 위하여 작성된 생산자물가지수, 수출입 상품의 가격변동을 파악하고 그 가격변동이 국내물가에 미치는 영향을 사전에 측정하기 위하여 작성된 수출입물가지수, GDP추계에 포함되는 모든 재화와 서비스의 국내가격뿐만 아니라 수출입가격의 변동까지를 포함하는 가장 포괄적인 물가지수인 GDP디플레이터 등이 있다.

이러한 여러 가지 물가지수 중에서 자주 이용되는 물가지수는 소비자물가지수와 생산자물가지수이다. 소비자물가지수는 최종소비자 구입단계에서의 물가변동을 파악하여 일반 도시가구의 평균적인 생계비를 측정하기 위한 목적으로 작성된다. 소비자물가지수의 조사대상품목은 소비자의 가계부를 실제로 조사한 「도시가계조사」 결과를 기초로 하여 서울을 비롯한 38개 주요 도시가계의 월평균 소비지출액 중에서 1/10,000 이상의 비중을 가지는 품목을 대상으로 하는데 2005년도를 기준으로 한 지수의 경우 대상품목 수는 489개이며 상품이 329개, 서비스가 160개 품목으로 구성되어 있다. 한편, 1995년 기준 지수부터는 소비자물가지수의 보조지수로서 생활물가지수가 작성되고 있는데 소비자물가 조사대상품목 중에서 일반 소비자들이 자주 구입하는 기본 생필품 152개를 선정하여 이들 품목의 평균적인 가격변동을 나타낸다. 이는 소비자가 피부로 느끼는 장바구니 물가에 보다 근접한 물가지수이다. 소비자물가지수는 통계청에서 조사하여 작성하는데 가격조사방법은 매월 3회(5일, 15일, 25일) 소매단계에서 실제로 현금으로 판매되는 정상 거래가격을 조사하여 평균한다.

한편, 생산자물가지수는 기업 상호 간에 거래되는 상품의 평균적인 가격변동을 측정하기 위하여 작성된 지수인데 조사대상품목은 해당품목의 거래액이 국내에서 거래되는 모든 상품거래액의 1/10,000 이상이 되는 품목을 대상으로 하는데 2005년도를 기준으로 한 지수의 경우 대상품목 수는 884개로 상품이 801개, 서비스가 83개 품목으로 구성되어 있다. 생산자물가지수는 한국은행에서 조사하여 작성하는데 가격조사방법은 국내생산품의 경우 부가가치세를 제외한 공장도가격을 원칙으로 하고 수입상품의 경우 수입상 판매 가격을 기준으로 한다.

이러한 물가지수는 단순히 물가동향의 측정뿐만 아니라 한나라 경제의 전체적인 동향분석 및 경제정책의 수립에 필요한 기초자료로 광범위하게 이용된다.

인플레이션

인플레이션이란 일반적인 물가수준이 지속적으로 상승하거나 화폐의 가치가 지속적으로 하락하는 것으로 정의된다. 따라서 위에서 설명한 물가지수가 지속적으로 상승하는 것을 인플레이션이라고 할 수 있다. GDP 디플레이터를 제외한 물가지수는 월별로 발표되는데 이러한 물가지수를 이용하여 물가상승률 즉, 인플레이션율을 구할 수 있으며 물가상승률에는 통상 전년동월대비 증가율과 전월대비 증가율이 있다.

예를 들어 P_t를 t월의 물가지수라고 할 때 해당되는 달의 물가가 1년 전 같은 달의 물가 P_{t-12}에 비해 얼마나 증가했는지를 나타내는 전년동월대비 증가율은 다음의 (9-1)식과 같이 계산할 수 있다.

$$\frac{P_t - P_{t-12}}{P_{t-12}} \times 100 \tag{9-1}$$

한편, 해당되는 달의 물가가 1개월 전의 물가 P_{t-1}에 비해 얼마나 증가했는지를 나타내는 전월대비 증가율은 다음의 (9-2)식과 같이 계산할 수 있다.

$$\frac{P_t - P_{t-1}}{P_{t-1}} \times 100 \tag{9-2}$$

2 인플레이션의 경제적 효과

인플레이션의 효과는 인플레이션이 경제주체에 의해 예상된 것인지 아니면 예상되지 못한 것인지에 따라 다르다. 경제주체에 의해 완전히 예상이 된 인플레이션(anticipated inflation)의 경우 화폐경제의 효율성을 떨어뜨리지만 모든 경제주체들이 모든 거래에서 인플레이션에 대응하여 정확하게 가격조정을 하므로 소득이나 자산의 재분배와 같은 문제가 발생하지 않는다. 그러나 경제주체가 예상치 못한 인플레이션(unanticipated inflation)의 경우 모든 거래에서 가격조정이 불충분하게 이루어지므로 소득 및 자산의 재분배로 인한 보수체계가 붕괴되는 심각한 문제가 야기된다. 이러한 예상치 못한 인플레이션의 경제적 효과를 구체적으로 살펴보면 다음과 같다.

첫째, 예금이나 증권 등 명목가치가 물가의 등락과는 아무런 관계없이 고정되어 있는 금융자산의 보유자는 인플레이션율에 해당되는 크기만큼 손해를 보는 반면에, 인플레이션이 진행됨에 따라 그 가격이 상승하는 실물자산의 보유자는 인플레이션율에 해당되는 크기만큼 이득을 보게 되어 결과적으로 금융자산 보유자로부터 실물자산 보유자에게로 부와 소득이 재분배되는 효과가 발생한다. 또한 국공채나 사채 등 금융자산을 보유하고 있는 가계나 일정한 명목소득을 받는 노동자는 손해를 보게 되고 국공채나 사채를 발행한 정부나 기업 그리고 일정한 명목소득을 지급하는 고용주는 이득을 보게 되므로 예상치 못한 인플레이션은 가계나 노동자로부터 정부와 기업 또는 고용주에게로 부를 재분배한다.

둘째, 인플레이션이 발생하면 자원배분기능이 왜곡되어 시장경제의 효율성이 저하된다. 먼저 인플레이션이 지속될 경우 경제주체들은 금융자산 대신에 실물자산을 필요 이상으로 보유하는 투기를 하게 됨으로써 자원배분이 왜곡되고 실물시장과 금융시장간의 경제구조가 왜곡된다. 또한 인플레이션으로 금융자산의 가치가 하락하면 금융저축이 감소하고 이에 따라 화폐경제는 그 기능을 상실하게 된다. 그리고 심한 물가변동으로 장기 임대차계약을 맺는데 어려움이 발생하여 자원의 효율적인 배분이 저하될 것이다.

셋째, 인플레이션이 발생하면 국내생산물의 가격이 외국 생산물의 가격에 비해 높게 되므로 수출이 둔화되고 수입이 증가하여 국제수지가 악화된다.

3 인플레이션의 종류 및 대책

인플레이션은 그 발생 원인에 따라 수요견인 인플레이션, 비용인상 인플레이션 및 혼합 인플레이션 등으로 나누어진다.

수요견인 인플레이션(demand pull inflation)이란 총수요의 과다로 발생하는 인플레이션을 말하는데 수요측 인플레이션(demand side inflation)이라고도 한다. 고전학파의 경우 화폐시장에서 총통화의 증대로 인해 총수요가 증가할 경우 인플레이션이 발생한다고 보며 케인즈학파의 경우 화폐시장과 실물시장에서의 총수요증대 압력으로 인해 인플레이션이 발생한다고 보지만 실물시장에서의 총수요증대 압력이 인플레이션에 미치는 영향이 더 크다고 본다.

<그림 9-1>은 수요견인 인플레이션에 대한 각 학파의 설명을 나타내고 있는데 초기에 경제가 E_0에서 균형을 이루고 있으며 이때 물가수준과 실질총생산은 각각 P_0과 Y_0이다. 예를

들어 중앙은행이 통화 공급을 확대하면 총수요가 AD_0에서 AD_1로 이동하여 새로운 균형 E_1에서의 물가수준은 P_1로 상승한다. 이 때 고전학파의 경우 총공급곡선(AS)이 수직이므로 실질총생산은 변동이 없고, 반면에 케인즈학파의 경우 총공급곡선이 우상향하므로 실질총생산은 Y_1로 증가한다.

한편, 정부가 사회간접자본에 대한 투자로 지출을 증대하면 고전학파의 경우 정부지출의 증가는 이자율을 상승시키고 민간투자를 감소시키는 구축효과(crowding out effect)로 인해 총수요가 변하지 않는다고 본다. 반면에 케인즈학파의 경우 총수요가 AD_0에서 AD_1로 이동하고 새로운 균형 E_1에서의 물가수준은 P_1로 상승하며 실질총생산도 Y_1로 증가한다.

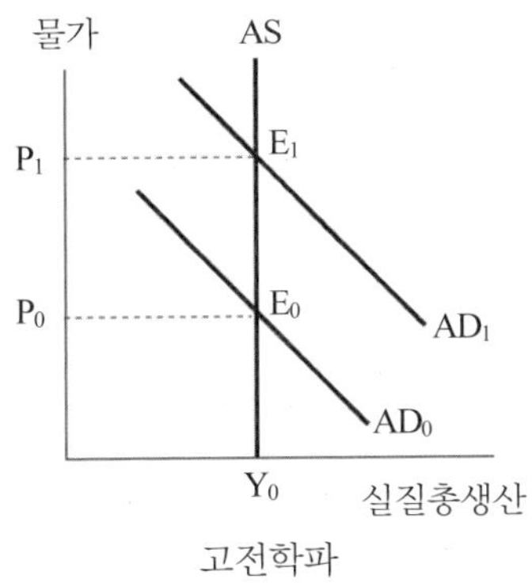

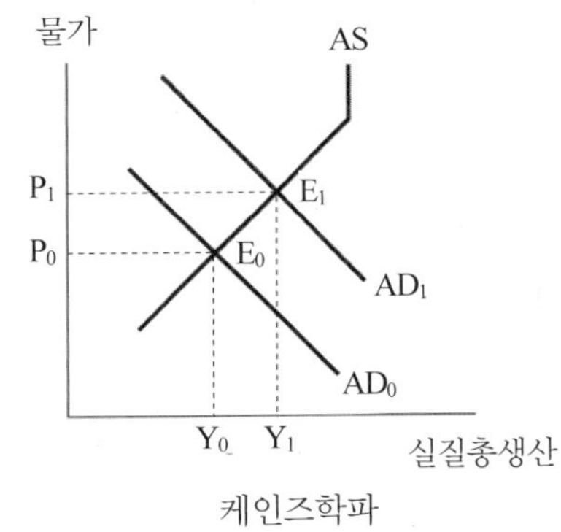

| **그림 9-1** | 수요견인 인플레이션

수요견인 인플레이션의 발생 원인이 과다한 총수요이기 때문에 이러한 인플레이션에 대한 대책은 총수요를 줄이는 것이다. 다시 말해서 통화 공급을 줄이거나 정부지출을 축소하는 등 긴축적인 금융 또는 재정정책으로 수요견인 인플레이션에 대응해야 한다.

비용인상 인플레이션(cost push inflation)이란 임금이나 원자재가격 등 기업의 생산비용이 인상됨으로써 발생하는 인플레이션을 말하는데 공급측 인플레이션(supply side inflation) 이라고도 한다. 케인즈학파는 비용인상 인플레이션을 인정하고 있는 반면에 고전학파는 이를 부인한다.

[그림 9-2]에서 좌측의 그림 (a)는 우상향하는 총공급곡선의 경우 비용인상 인플레이션을 나타내고 있는데 초기에 경제가 E_0에서 균형을 이루고 있으며 이때 물가수준과 실질총생산은 각각 P_0과 Y_0이다. 예를 들어 국제원유가의 인상으로 기업의 생산비용이 인상되면 총공급은 AS_0에서 AS_1로 이동하여 새로운 균형 E_1에서의 물가수준은 P_1로 상승하고 실질총생산은 Y_0에서 Y_1로 감소한다. 비용인상 인플레이션의 발생 원인이 임금인상이기 때문에 이러한 인플레이션에 대한 대책은 임금인상을 억제하는 것이다. 따라서 정부가 노동조합이나 기업을 설득하여 임금과 중요한 상품가격의 인상률을 직접 통제하는 정책을 쓰는데 이러한 정책을 소득정책(income policy)이라고 한다.

그 밖에 수요측과 공급측의 복합요인으로 발생하는 혼합 인플레이션(mixed inflation)이 있는데 <그림 9-2>에서 우측의 그림 (b)는 우상향하는 총공급곡선의 경우 혼합 인플레이션을 나타내고 있다. 초기에 경제가 E_0에서 균형을 이루고 있으며 이때 물가수준과 실질총생산은 각각 P_0과 Y_0이다. 예를 들어 정부가 정부지출을 증가하고 동시에 국제원유가의 인상될 경우 총수요는 AD_0에서 AD_1로 이동하고 총공급은 AS_0에서 AS_1로 이동하여 새로운 균형 E_1에서의 물가수준은 P_1로 상승하고 실질총생산은 총수요와 총공급의 이동 크기에 따라 증가할 수도 감소할 수도 있으나 그림에서는 변하지 않는 경우를 나타내고 있다.

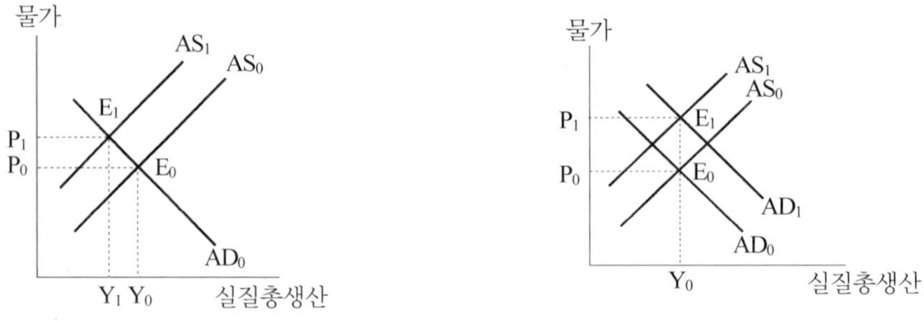

(a) 비용인상 인플레이션 (b) 혼합 인플레이션

| 그림 9-2 | 비용인상 및 혼합 인플레이션

4 우리나라의 인플레이션

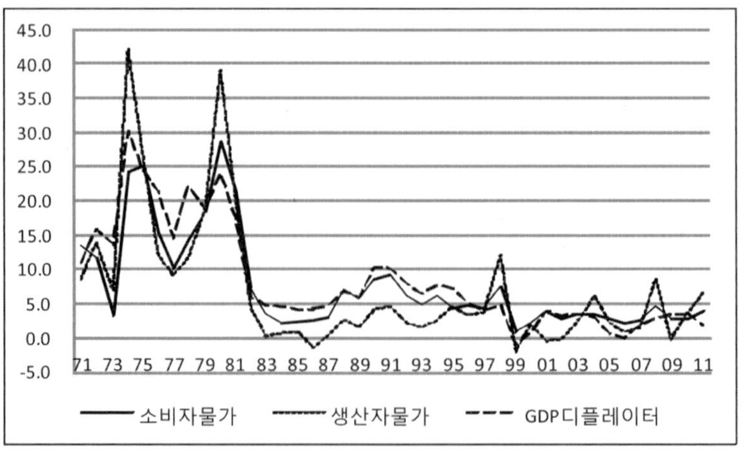

| 그림 9-3 | 우리나라 인플레이션

[그림 9-3]은 1971년부터 2011년까지 소비자물가지수, 생산자물가지수, GDP디플레이터를 이용하여 전년대비 증가율로 구한 물가상승률의 추이를 나타내고 있다. 세 가지 지수들은 각

각 그 작성방법에 있어 차이가 있으므로 물가상승률은 연도별로 차이가 있으나 우리 경제가 고속성장을 구가하던 1970년대는 15%대의 높은 상승률을 보이고 성장률이 둔화되는 1980년대 이후는 5%대의 낮은 상승률을 보이는 등 전체적인 추이는 같은 방향으로 움직이고 있다. 또한 1970년대는 높은 변동을 보여 물가가 매우 불안한 양상을 보이고 있으나 1980년대 이후는 낮은 변동을 보여 물가가 1970년대에 비해 상대적으로 안정된 양상을 보여주고 있다.

제 2 절 실업

1 정의

실업은 취업할 능력은 있으나 현재의 임금이나 근로조건 하에서는 취업할 의사가 없어서 취업하고 있지 않은 상태인 자발적 실업(voluntary unemployment)과 취업할 능력과 의사가 있으나 취업하지 못한 상태인 비자발적 실업(involuntary unemployment)으로 분류되지만 일반적으로 실업(unemployment)이란 일할 능력과 일할 의사를 가지고 있는 사람이 일자리를 가지고 있지 않은 상태의 비자발적인 실업만을 의미한다.

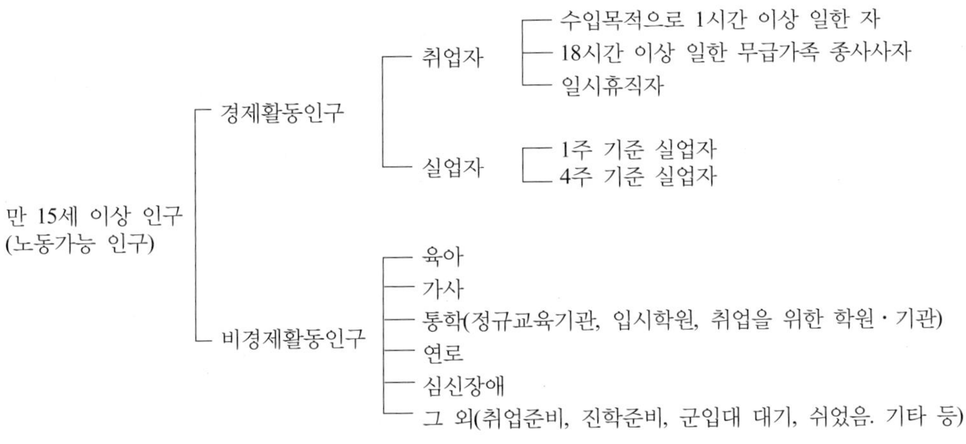

| 그림 9-4 | 경제활동인구 상태별 분류

경제활동인구(economically active population)란 15세 인구 중에서 학생, 주부, 군인 등 일할 의사가 없는 사람과 환자, 노약자 등 일할 능력이 없는 사람을 제외한 사람 즉, 15세 인구 중에서 일할 능력과 의사가 있는 사람을 말한다. 경제활동인구 중에서 매월 15일이 포함된 1주일 동안 수입을 목적으로 1시간 이상 일하는 자나 자기 가구에서 경영하는 농장이나 사업체에서 1주당 18시간 이상 일하는 무급가족종사자를 취업자(persons employed)라고 하고 경제

활동인구에서 취업자가 아닌 사람을 실업자(persons unemployed)라고 한다. 실업자에는 조사대상주간을 포함한 지난 4주간 수입이 있는 일을 하지 않았고 적극적으로 구직활동을 하였으며 일이 주어지면 즉시 일할 수 있었던 사람이 포함된다. 이를 요약해 보면 <그림 9-4>와 같다.

고용 동향은 다양한 지표로 측정한다. 경제 활동 인구가 15세 이상 인구에서 차지하는 비율을 경제 활동 참가율이라고 하는데 경제 활동 참가율이 높다는 것은 고용 상태에 관계 없이 일하려고 하는 사람이 많아 노동 시장이 활력화되어 있다는 것을 의미한다. 실업자 수가 경제 활동 인구에서 차지하는 비율이 실업률(unemployment rate)인데 실업률은 경제 상태를 파악할 수 있는 중요한 지표이지만 오랫동안 구직 활동을 했으나 취업에 성공하지 못하여 구직 활동을 포기한 구직 단념자가 실업자로 분류되어 있어 고용 동향을 파악하는데 한계를 보이고 있다. 이에 실업률의 보완 지표로서 취업자가 노동 가능 인구에서 차지하는 비율인 고용률이 있는데 고용률은 취업자의 증감을 파악하는 데 유용하다.

다음의 <표 9-1>은 2012년 우리나라의 인구 현황을 나타낸 것이다. 2012년 우리나라의 전체인구 50,948천명 가운데 15세 이상 인구는 41,852천명이며, 그 중 경제활동인구는 25,501천명으로 15세 이상 인구 대비 경제활동인구의 비율을 나타내는 경제활동참가율은 61.3%이다. 또한 경제활동인구 중 취업자수가 24,681천명으로 15세 이상 인구 대비 취업자수의 비율을 나타내는 고용률은 59.4%이며, 실업자수는 820천명으로 경제활동인구 대비 실업자수의 비율을 나타내는 실업률은 3.2%이다.

| **표 9-1** | 우리나라 인구 구성(2012년)

총인구 (50,948천명)

15세 이상 인구 (41,852천명)

경제활동인구 (25,501천명)	비경제활동인구 (16,081천명)

취업자 (24,681천명)	실업자 (820천명)

2 실업의 폐해

실업은 경제적으로도 손실일 뿐만 아니라 사회적으로나 실업자 개인적으로 큰 손실이 된다. 먼저 실업이 가져오는 경제적 손실이란 실업자들이 고용이 되었을 경우 생산할 수 있는 생산물과 소득의 감소를 말한다. 오쿤(Okun)은 실업률이 자연실업률보다 1% 높을 경우 실질 GNP는 3% 정도 감소한다고 추정하였다. 우리나라의 경우 수만 명에 달하는 고시생, 박사학위를 취득하고도 실업상태에 있는 사람, 대학을 졸업하고도 일자리를 갖지 못하고 있는 사람 등 고학력 실업자들이 가지고 있는 인적자본(human capital)이 이용되지 못함으로 발생하는 경제적 손실은 상당히 크다고 할 수 있다. 다음으로 실업률이 높아지면 범죄발생이 빈번하게 되고 자살하는 사람이 증가하며 사회적으로 불안감이 커지게 되는데 이를 실업으로 인한 사회적 손실이라고 한다. 마지막으로 어떤 개인이 실업 상태에 오래 동안 놓이게 되면 개인소득이 줄어들 뿐만 아니라 개인이 가지고 있는 기술도 퇴보하게 되고, 스트레스로 인해 병도 쉽게 발병하며 자신감도 상실하게 되는데 이를 실업으로 인한 개인적 손실이라고 한다.

3 실업의 종류 및 대책

실업에는 여러 가지 종류가 있다. 좋은 일자리를 탐색하거나 직업을 바꾸는 과정에서 당분간 실업상태에 있는 것을 마찰적 실업(frictional unemployment)이라고 한다. 이것은 일시적인 자발적 실업으로 볼 수도 있으며 이러한 마찰적 실업만 있는 상태에서의 실업률을 자연실업률(natural unemployment rate)이라고 한다. 또한 자연실업률을 완전고용상태에서 존재하는 실업률 또는 인플레이션에 영향을 받지 않는 장기적인 실업률이라고도 하는데 국가별로 다소 차이가 있으나 보통 3% 내지 4%로 간주된다. 이러한 실업은 인위적으로 줄이기는 어려우며 노동시장에 대한 정보를 원활하게 제공해 주는 것이 바람직하다.

산업의 사양화나 경제발전에 따른 소비자들의 기호변화로 어떤 특수한 종류의 노동력에 대한 수요가 부족하여 발생하는 실업을 구조적 실업(structural unemployment)이라고 한다. 우리나라의 경우 경제발전과정을 거치면서 실업상태에 빠진 버스 안내양, 광부, 가정부 등이 구조적 실업에 속한다. 이러한 실업은 노동자들에게 직업교육이나 재훈련의 기회를 제공하고 산업구조를 개편함으로써 어느 정도 줄일 수 있다.

한편, 경제 불황으로 노동력에 대한 전반적인 수요가 부족하여 발생하는 실업을 경기적 실업(cyclical unemployment)이라고 하는데 실업의 가정 전형적인 형태이며 1930년대 대공황 때의 대량실업이나 최근 우리나라의 실업을 그 예로 들 수 있다. 이러한 실업은 케인즈가 특히 중시한 실업으로써 유효수요 부족으로 인해 발생한 것이므로 유효수요를 증대시키는 대책이 필요하다.

그리고 계절의 변화에 따라 일시적으로 나타나는 실업을 계절적 실업(seasonal unemployment)이라고 하는데 농한기에 실업상태에 있게 되는 농촌의 노동자나 관광비수기 때의 관광종사자들이 그 예이다.

4 우리나라의 실업률

[그림 9-5]는 1970년부터 2012년까지 우리나라의 실업률 추이를 나타내고 있다. 우리나라의 실업률은 1970년대 경제성장으로 인해 꾸준히 하락하는 추세를 보였으나 제2차 석유파동과 정치적 불안이 있었던 1979년 이후 일시적으로 상승하다가 다시 1980년대 들어 꾸준히 하락하여 1995년 이후에는 완전고용에 가까운 2%를 기록하고 있다. 이 기간 중의 평균 실업률은 약 3.6%에 달하여 선진국보다는 상대적으로 낮은 수준을 유지하여 왔다. 그러나 IMF체제에 들어서면서 실업률이 급등하기 시작하였는데 1998년에는 빠른 속도로 상승하였으나 이후 하락하여 2000년 이후 3%대에서 등락을 거듭하고 있다.

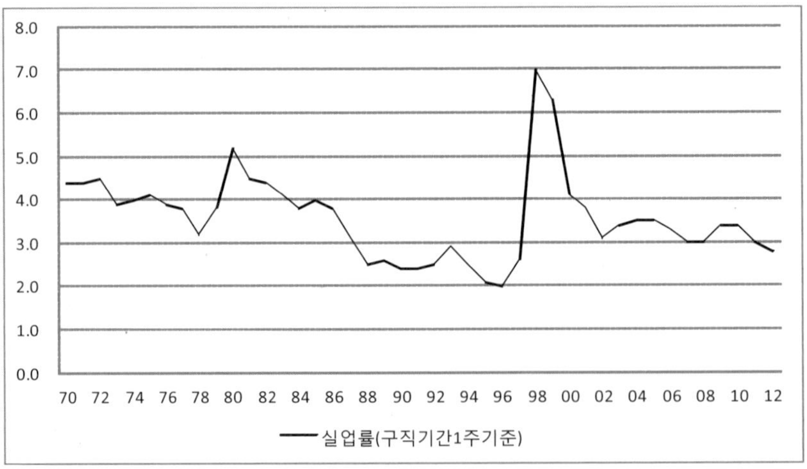

| 그림 9-5 | 우리나라 실업률

자료 : 통계청 국가통계포털(kosis.kr)

제3절 필립스곡선

1 정의

1958년 영국의 경제학자인 필립스(A. W. Phillips)는 1861년부터 1957년까지 명목임금상승률과 실업률에 관한 영국의 자료를 분석한 결과 명목임금상승률과 실업률 간에는 안정적인 역의 관계(trade-off)가 있다는 것을 발견하였다. 그 후 립시(R. G. Lipsey)는 물가상승률(인플레이션율)과 실업률 사이의 역의 관계로 변형한 후 필립스의 이름을 따서 필립스곡선(Phillips curve)이라고 하였다. 따라서 필립스곡선은 [그림 9-6]에서 나타내듯이 물가상승률과 실업률간의 안정적인 역의 관계를 말한다. 즉, 물가상승률이 높을수록 실업률은 감소하며 물가상승률이 낮을수록 실업률은 증가한다. 한편, 물가상승률이 높을수록 실업률이 감소한다는 것은 곧 실질총생산은 증가한다는 것을 의미하므로 물가상승률과 실질총생산은 정(+)의 관계를 가진다. 이것은 총공급곡선이 우상향하는 경우를 나타내므로 필립스곡선의 발견은 케인즈학파의 경제이론을 뒷받침해 주는 실증적 증거를 제시해 주었다고 볼 수 있다.

[그림 9-6]과 같이 물가상승률과 실업률 사이의 안정적인 역의 관계가 성립하는 필립스곡선을 단기필립스곡선이라고 한다.

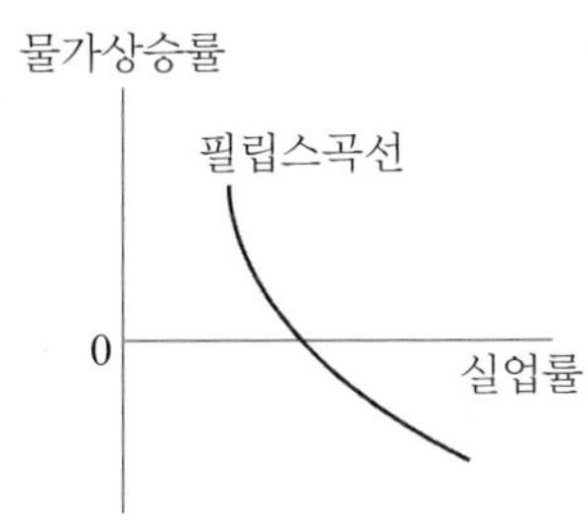

| 그림 9-6 | 필립스곡선

2 기대필립스곡선과 장기필립스곡선

1960년대 이후 경기침체(stagnation)에 따른 높은 실업률과 인플레이션(inflation)이 동시에 나타나는 현상 즉 스태그플레이션(stagflation)이 발생하였는데 이 현상은 안정적인 단기필립스곡선으로는 설명할 수 없다. 이러한 스태그플레이션 현상은 필립스곡선이 위로 이동할 때 설명이 가능하다. 따라서 프리드만(M. Friedman)과 펠프스(E. Phelps)는 단기필립스곡선에 예상인플레이션을 첨가한 필립스곡선을 주장하였는데 이를 기대필립스곡선(expectation-augmented Phillips curve)이라 한다. [그림 9-7]에서 EPC_0, EPC_1, EPC_2는 예상물가상승률(π^e)

이 각각 0%, 3%, 5%일 때 기대필립스곡선을 나타내고 있다. 즉, 기대(예상)인플레이션율에 따라 필립스곡선의 위치가 정해지므로 [그림 9-6]의 전통적인 단기필립스곡선과 구분하여 기대필립스곡선이라고 부른다. 예상인플레이션을 도입함에 있어 이들이 가정한 기대형성방식은 적응적 기대가설(adaptive expectation hypothesis)인데 이는 경제주체들이 물가를 예상함에 있어서 단기적으로는 완전하지 못하지만 점차 완전하게 적응하여 물가를 정확하게 예상한다는 것이다. 따라서 장기적으로는 인플레이션에 대한 예상이 실현되어 예상인플레이션율과 실제인플레이션율이 같아지게 되므로 기대필립스곡선은 예상인플레이션이 상승함에 따라 위쪽으로 이동한다.

한편, 적응적 기대가설에 따라 실제인플레이션율과 동일한 크기로 이동하는 기대필립스곡선을 이용하여 도출한 것을 장기필립스곡선이라고 한다. 프리드만과 펠프스가 주장한 자연실업률 가설에 따르면 경제가 장기균형상태에 있을 경우 실업률은 자연실업률에 머무르게 되고 [그림 9-7]에서는 자연실업률을 3%로 가정하고 있다. 이때 기대필립스곡선은 EPC_0이고 균형점이 1이라면 예상물가수준은 0%가 된다. 정부가 실업률을 감소시키고자 확장적인 재정정책 또는 금융정책을 시행하여 실업률은 2.5%로 하락시켰으나 실제인플레이션이 3%로 상승한 2로 이동시켰다고 하자. 프리드만이 주장하는 적응적 기대형성방식에 따라 예상인플레이션율이 점차 높아져서 3%가 되면 기대필립스곡선은 EPC_0에서 EPC_1로 이동하고 3에서 균형이 달성된다. 3에서 정부가 다시 실업률을 감소시키고자 확장적인 재정정책 또는 금융정책을 시행하여 실업률이 2.5%이고 실제인플레이션이 5%인 4로 이동시켰다고 하자. 적응적 기대형성방식에 따라 다시 예상인플레이션율이 5%가 되고 기대필립스곡선은 EPC_2에서 EPC_3으로 이동하고 5에서 균형이 달성된다. 이러한 1, 3, 5점을 이은 수직선을 장기필립스곡선이라고 한다.

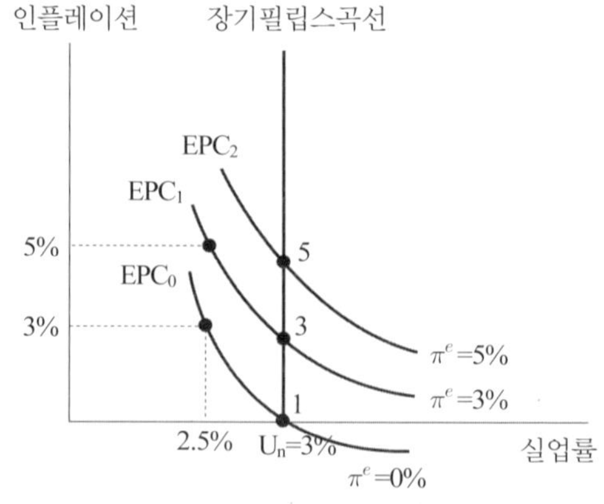

| 그림 9-7 | 기대필립스곡선 및 장기필립스곡선

3 필립스곡선과 경제정책

케인즈학파의 주장에 따르면 필립스곡선의 정책적인 시사점은 필립스곡선 위의 모든 점들은 정부가 의도적인 재량정책으로 달성할 수 있는 점들을 나타낸다는 것이다. 이는 케인즈학파가 주장하는 총수요관리를 통한 재량적인 안정화정책의 당위성을 실증적으로 뒷받침해 주는 것이었다. 그러나 필립스곡선에서 나타나듯이 현대경제학이 안고 있는 양대 문제인 인플레이션과 실업이 역의 관계에 있다는 것은 물가안정과 완전고용이라는 2가지 정책목표(2마리 토끼)를 동시에 달성할 수 없다는 것을 의미하다. 물가안정과 완전고용 중 어떤 것을 선택하는가 하는 것은 물가안정과 고용에 대한 사회구성원들의 선호를 고려한 정책입안자의 선택에 달렸다.

따라서 정책을 결정하는 당국자의 입장에서는 여론조사 등을 통하여 사회구성원들의 선호도를 조사해 보아야 할 것이다. [그림 9-8]에서 사회구성원들이 고용을 더 선호한다고 조사된다면 정책당국자는 A를 달성하려는 정책을 수립하면 되고 사회구성원들이 물가안정을 더 선호하면 B를 달성하려는 정책을 수립하면 된다. IMF경제체제로 극도의 실업문제를 안고 있었던 2000년대 초반의 한국경제의 경우 A를 달성하려는 정책을 정부가 추진하고 있다고 볼 수 있다. 일반적으로 진보당은 고용을 중시하는 정책을 시행하고 보수당은 물가안정을 중시하는 정책을 시행하는 것으로 알려져 있다. 또한 선거 전에는 고용을 중시하는 정책을 시행하고 선거 후에는 물가안정을 중시하는 정책을 시행하기도 한다.

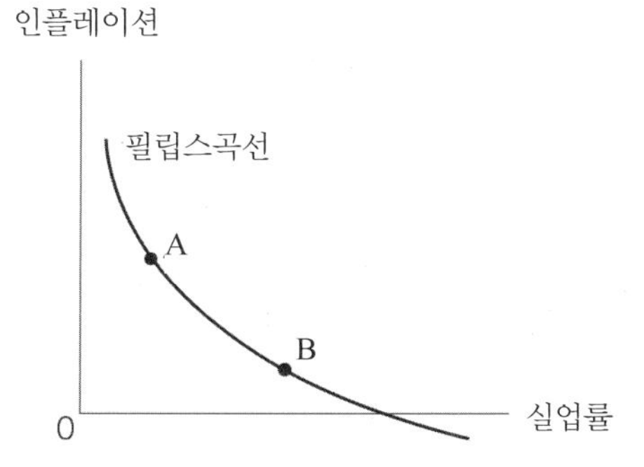

| 그림 9-8 | 필립스곡선을 이용한 정책의 선택

한편, 프리드만과 같은 통화주의자들은 자연실업률가설(natural rate unemployment hypothesis)을 주장하는데 이 가설은 노동자들이 예상인플레이션율을 노동계약에 반영시키면 재량적인 정책으로는 실업률을 일시적으로 자연실업률 이하로 감소시킬 수는 있으나 장기적으로는 실업률이 다시 자연실업률로 복귀한다는 주장이다. 즉, 장기필립스곡선은 자연실업률에서 수직이라는 것이다. 이 가설의 정책적인 시사점은 자연실업률보다 낮은 실업률을 유지하고자 하는 정부의 노력은 오히려 인플레이션만 가속시킬 뿐이며, 궁극적으로는 실업률을 자연실업률 이하로 절대

낮출 수 없다는 것이다. 따라서 단기적인 재량정책은 불필요하고 노동시장의 효율성을 높이는 구조적인 정책으로 자연실업률을 낮추는 정책이 필요하다는 것이다.

*** 인플레이션과 마약복용의 유사성**

오스트리학파의 경제학자 하이에크(Friedrich A. Hayek, 1899-1992)는 낮은 율로 진행되는 인플레이션은 기업가의 낙관적 기대를 유발하여 생산과 고용을 증대시키는 효과를 낳지만 이런 효과를 유지시키기 위해선 인플레이션의 가속화가 필요하다고 주장하면서, 이미 진행된 인플레이션을 낮추기 위해선, 마약복용에서 나타나는 굉장히 고통스런 금단현상과 같은, 높은 실업률이란 고통스런 과정이 필요하므로 정치적으로 인플레이션의 중단이 사실상 불가능하다고 보았다. 특히 인플레이션이 진행되는 과정에서 경제구조의 경직화로 인하여 장기필립스곡선이 사실상 우상향할 수 있다고 암시했다.

4 우리나라의 필립스곡선

[그림 9-9]는 1971년부터 2011년까지 소비자물가상승률과 실업률간의 관계를 그린 것이다. 필립스가 영국의 명목임금상승률과 실업률 간에 존재하던 필립스곡선을 발견한 것과 유사한 관계가 한국의 경우에도 나타나고 있다. 즉, 한국의 경우에도 소비자물가상승률과 실업률 간에는 안정적인 역의 관계가 있다는 실증을 발견할 수 있으며 이는 곧 단기필립스곡선이 우하향함을 나타낸다.

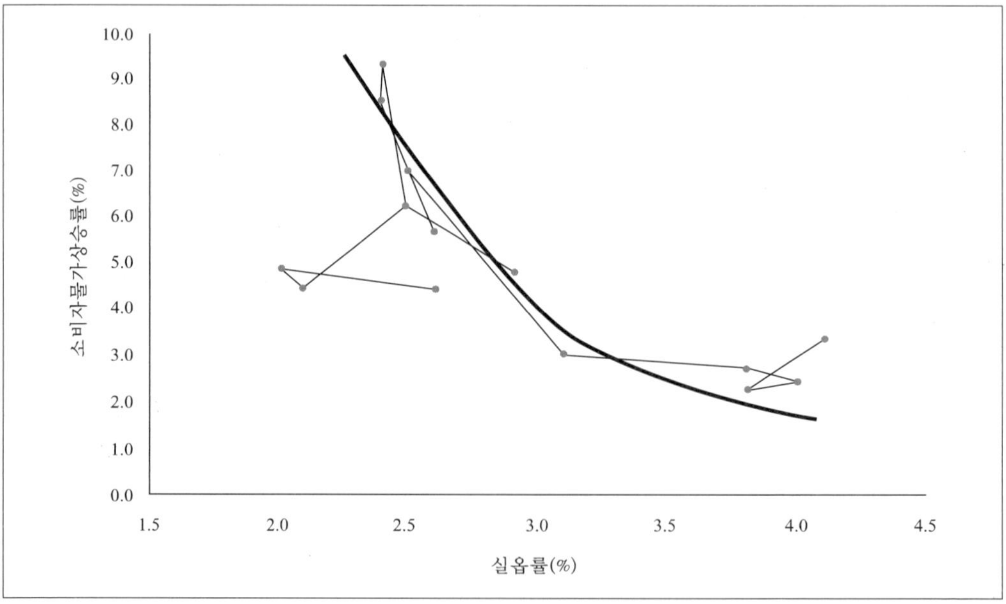

| 그림 9-9 | 우리나라의 단기필립스곡선

한편, [그림 9-10]은 우리나라의 기대필립스곡선을 나타내고 있는데 1970년대는 높은 기대인플레이션에 따라 기대필립스곡선이 높은 곳에 위치하고 있으며 1980년대 이후는 낮은 기대인플레이션으로 기대필립스곡선이 낮은 곳에 위치하고 있음을 나타내고 있다.

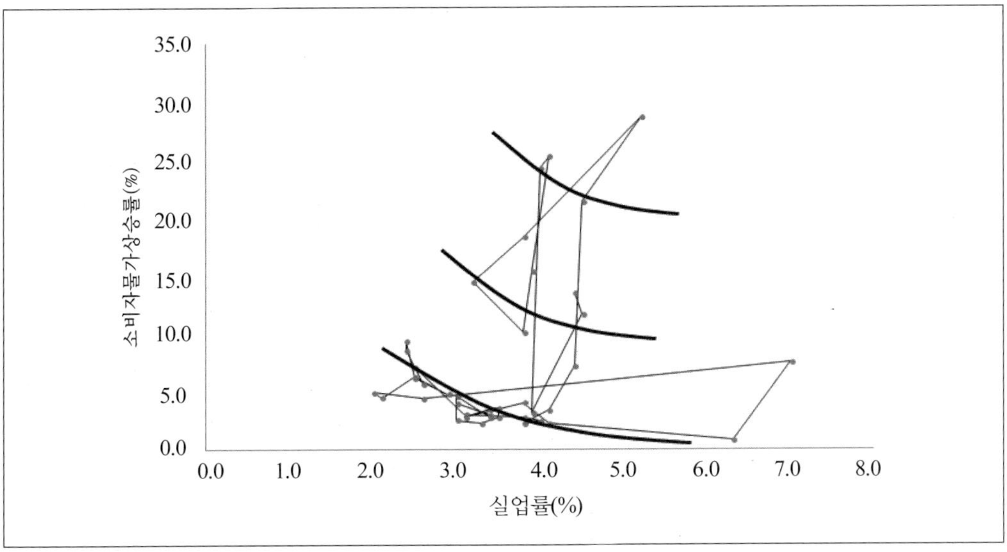

| 그림 9-10 | 우리나라의 기대필립스곡선

제10장

국제경제이론

본 장에서는 국제무역과 무역정책 등 국제무역이론과 국제수지, 환율 및 국제통화제도 등 국제금융이론에 대해 살펴본다. 먼저 이들 주제에 대한 이론적인 고찰을 하고 다음으로 한국의 무역 및 국제수지에 대한 여러 가지 특징을 살펴봄으로써 현실경제에 대한 이해를 높이고자 한다.

제 1 절 국제무역이론

1 국제무역의 의의 및 발생원인

의의

국제무역론(international trade)이란 국가 간의 경제적 상호의존관계를 연구하는 경제학의 한 분야이다. 국가 간의 경제 관계는 국내경제에서 지역 간의 경제 관계와 차이가 있기 때문에 다른 분석수단을 필요로 한다. 국내경제와 국제경제에서 재화와 서비스 등 생산물과 자본과 노동 등 생산요소가 거래의 대상이 되지만 국제경제가 국내경제와 몇 가지 다른 점은 첫째 국가 간의 거래에서는 서로 다른 통화단위를 사용하기 때문에 국제거래의 결제에 있어서는 각국 통화의 교환비율인 환율의 문제가 발생한다. 둘째 국가 간의 거래에서는 국내거래에 비해 자본・노동・기술 등 생산요소의 이동이 제한적이다. 셋째 국가 간에 언어・관습・법률・경제정책이 서로 다르므로 생산물과 생산요소의 거래에서 국제교역의 문제가 발생한다.

발생원인

국제무역의 발생원인으로는 크게 세 가지를 들 수 있다.

첫째는 생산조건의 차이이다. 두 나라 사이에 다른 모든 조건이 동일하더라도 생산요소의 부존량이 다르면 무역이 일어난다. 즉, 노동이 풍부한 국가는 노동집약적 상품을 생산하여 수출하고 자본이 풍부한 국가는 자본집약적 상품을 생산하여 수출하는 등 부존량이 상대적으로 풍부한 생산요소를 많이 사용하여 생산하는 제품을 서로 수출한다. 우리나라가 1960년대 수출을 할 때 풍부한 노동력을 이용하여 노동집약적 상품인 가발을 수출하고 1980년대 중반 이후 노동력이 부족하게 되자 반도체, 통신장비 등 부가가치가 높고 자본집약적인 상품을 수출하는 것이 그 예이다.

둘째는 규모의 경제(economies of scale)이다. 규모의 경제란 생산량을 증가시킴에 따라 평균생산비가 감소하는 것을 말하므로 국내수요를 다 충당하고도 규모의 경제가 일어나면 규모의 경제가 없어질 때까지 수출을 통하여 이득을 볼 수 있다. 우리나라의 자동차생산은 세계5위에 해당하는데 1996년도의 경우 자동차 생산량은 약 281만대로 국내수요를 다 충족시키고 121만대를 해외에 수출한 것이 그 예이다.

셋째는 기호의 차이를 들 수 있다. 두 나라의 생산조건이 같다 하더라도 각 재화에 대한 기호가 상이하면 무역이 발생한다.

2 스미스의 국제무역이론

아담 스미스(A. Smith)는 어떤 나라가 한 상품의 생산에 있어 타국보다 절대적으로 낮은 비용으로 생산하면 절대우위(absolute advantage)를 가진다고 하였다. 그리고 각국은 절대우위에 있는 산업의 생산에 특화하여 그 산업의 생산물을 수출하고 절대열위에 있는 산업의 생산물을 수입함으로써 국가 간에 무역이 발생할 수 있다고 보았는데 이를 절대우위론이라고 한다. 예를 들어 기후 및 토양조건으로 제주도는 감귤의 재배가 효율적이지만 쌀의 재배는 비효율적이며, 경기도 이천은 감귤의 재배는 비효율적이지만 쌀의 재배는 효율적이라고 하자. 따라서 제주도는 감귤의 재배에 절대우위를 가지고 있고 이천은 쌀의 재배에 절대우위를 가지고 있으므로 각 지역은 자기 지역에 절대우위를 가지고 있는 상품의 생산에 특화하여 다른 지역과 교환함으로써 두 지역이 서로 이익을 얻을 수 있다. 국가 간의 거래에 있어서도 동일한 논리가 적용될 수 있다.

<표 10-1>은 한국과 일본이 옷과 라디오만을 생산하며, 두 상품을 생산하는 데 필요한 생산요소는 노동뿐이라는 가정 하에 재화 한 단위를 생산하는 데 필요한 노동시간을 나타내고 있다. 한국은 옷을 한 단위 생산하는 데 2시간의 노동을, 라디오 한 단위를 생산하는 데 6시간의 노동을 각각 필요로 하고 일본은 옷을 한 단위 생산하는 데 8시간의 노동을, 라디오 한 단위를 생산하는데 4시간의 노동을 각각 필요로 한다. 옷을 생산하는 데 한국은 2시간의 노동이 필요하지만 일본은 8시간의 노동이 필요하여 한국은 옷의 생산에 절대우위를 가지고 있다. 라디오를 생산하는 데 일본은 4시간의 노동이 필요하지만 한국은 8시간의 노동이 필요하여 일본은 라디오의 생산에 절대우위를 가지고 있다.

이 경우 한국은 옷을 생산하고 일본은 라디오를 생산하여 서로 교환하게 되는데 그 교환비율을 1:1이라고 가정하자. 자급자족을 할 경우 한국은 라디오 1단위를 생산하기 위해서 6시간의 노동이 필요하였는데, 무역의 결과 한국은 2시간의 노동으로 옷 1단위를 생산하여 이를 일본에 수출하고 라디오 1단위를 얻을 수 있으므로 한국은 라디오 1단위를 얻는데 4단위의 노동을 절약할 수 있다. 한편, 일본은 자급자족할 경우 옷 1단위를 얻는데 8시간의 노동이 필요하였지만, 무역의 결과 일본은 4시간의 노동으로 라디오 1단위를 생산하여 이를 한국에 수출하고 옷 1단위를 얻을 수 있으므로 일본은 옷 1단위를 얻는데 4단위의 노동을 절약할 수 있다. 그리고 절약된 노동으로 한국은 더 많은 옷을 생산하여 더 많은 라디오와 교환할 수 있고 일본은 더 많은 라디오를 생산하여 더 많은 옷과 교환할 수 있으므로 양국 모두 무역의 이익이 증대된다. 이와 같이 각 국가가 절대우위에 있는 상품을 분업적으로 생산하여 서로 교역하면 양국이 모두 이익을 볼 수 있다는 것이 아담 스미스의 절대우위론이다.

| 표 10-1 | 한국과 일본의 생산비

재화 \ 국가	재화 단위당 필요 노동시간	
	한국	일본
옷	2	8
라디오	6	4

3 무역정책

무역정책에 관한 견해는 크게 보호무역주의와 자유무역주의로 나누어진다. 역사적으로 보호무역의 흐름과 자유무역의 흐름이 부침을 거듭해 왔으나 세계무역기구(WTO)의 출범으로 현재는 자유무역주의가 크게 부상하고 있다.

자유무역론

자유무역론은 아담 스미스, 리카도, 밀(J.S. Mill) 등 고전학파의 경제학자들의 주장으로 무역을 자유롭게 방임하면 각국이 각각 절대우위에 있는 상품을 생산하여 교역하므로 국내산업의 효율성이 증대되어 국가적으로 이익이 발생할 뿐만 아니라 국제분업으로 국제적으로도 자원배분의 절대성이 증대된다는 것이다.

[그림 10-1]은 자유무역을 통한 이득을 나타내 주고 있다. 먼저 절대우위론에 따라 한국은 절대우위에 있는 옷을 수출하고 절대열위에 있는 라디오를 수입하고 있다.

[그림 10-1(a)]는 절대열위 상품인 라디오를 수입함으로써 발생하는 무역의 이득을 나타내고 있다. 무역전에는 국내 수요곡선인 D_d와 국내 공급곡선인 S_d가 만나는 E점에서 균형을 이루고 이때의 가격은 P_0이고 거래량 즉, 국내공급량은 Q_0이다.

이제 이 재화의 수입을 개방하면 해외시장으로부터 이 재화는 세계시장가격인 P_T로 유입되고 국산품과 수입품의 품질이 같다고 하면 국산품의 가격도 P_0에서 P_T로 하락한다. 상품가격이 P_T에서 국내소비자들은 P_TG만큼 수요하는데 이 때 국내기업들은 P_TF만큼 공급하고 나머지 FG만큼은 수입된다. 자유무역으로 국내소비자들은 종전보다 낮은 가격으로 소비할 수 있으므로 이득을 보게 되는데 이를 소비자잉여로 나타내 보면 무역전에 소비자잉여는 PEP_0이고 무역 후의 소비자잉여는 PGP_T이므로 자유무역으로 인해 소비자잉여는 P_0EGP_T만큼 증가한다. 또한 국내생산자들은 국산품가격의 하락으로 손해를 보게 되는데 이를 생산자잉여로 나타내 보면 무역전에 생산자잉여는 P_0EO이고 무역 후의 생산자잉여는 P_TFO이므로 자유무역으로 인해 생산자잉여는 P_0EFP_T만큼 감소한다. 따라서 소비자잉여와 생산자잉여를 합한 사회전체의 후생은 빗금 친 면적 EFG만큼 증가한다.

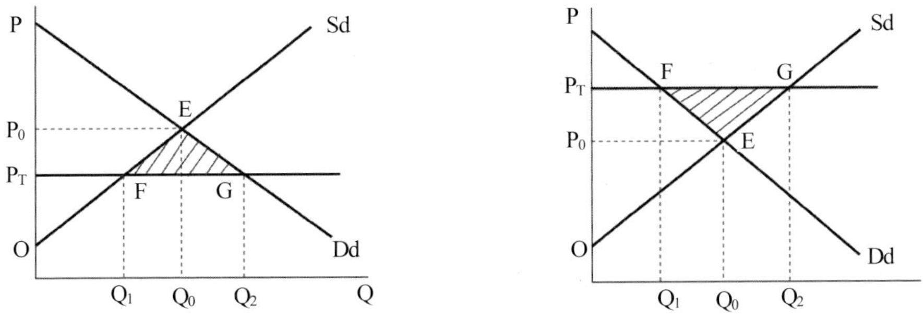

(a) 절대열위 상품 (b) 절대우위 상품

| 그림 10-1 | 자유무역의 이득

한편, [그림 10-1(b)]는 절대우위 상품인 옷을 수출함으로써 발생하는 무역의 이득을 나타내고 있다. 무역전에는 국내 수요곡선인 D_d와 국내 공급곡선인 S_d가 만나는 E점에서 균형을 이루고 이때의 가격은 P_0이고 거래량 즉, 국내공급량은 Q_0이다.

이제 자유무역이 허용되면 절대우위 상품의 국내가격은 P_0에서 P_T로 상승한다. 상품가격이 P_T에서 국내기업들은 P_TG만큼 생산하지만 국내소비자들은 P_TF만큼 수요하여 나머지 FG만큼은 수출된다. 자유무역으로 국내소비자들은 종전보다 높은 가격으로 소비해야 하므로 손해를 보게 되는데 이를 소비자잉여로 나타내 보면 무역전에 소비자잉여는 PEP_0이고 무역 후의 소비자잉여는 PFP_T이므로 자유무역으로 인해 소비자잉여는 P_TFEP_0만큼 감소한다. 또한 국내생산자들은 국산품가격의 상승으로 이득을 보게 되는데 이를 생산자잉여로 나타내 보면 무역전에 생산자잉여는 P_0EO이고 무역 후의 생산자잉여는 P_TGO이므로 자유무역으로 인해 생산자잉여는 P_0EGP_T만큼 증가한다. 따라서 소비자잉여와 생산자잉여를 합한 사회전체의 후생은 빗금 친 면적 EFG만큼 증가한다.

보호무역론

보호무역론은 리스트(F. List)의 주장으로 자유무역이 경제발전단계가 같은 나라 사이에서 이루어지면 모두 이득을 누리지만 경제발전단계가 다른 나라 사이에 이루어지면 경제발전단계가 낮은 나라가 오히려 손해를 보게 되므로 발전단계가 낮은 나라는 장차 국제경쟁력을 보유할 것으로 기대되는 자국의 유치산업이나 국방, 기초 및 기간산업을 보호하기 위해 국가가 적극적으로 수입을 제한해야 한다는 것이다.

국내산업을 보호하기 위해 사용하는 정책수단으로는 크게 관세장벽과 비관세장벽이 있다. 관세장벽(tariff barriers)이란 수입을 억제하기 위하여 수입품에 높은 관세를 부과하는 것을 말한다. 관세는 국민경제에 여러 가지 복합적인 효과를 미치는데 [그림 10-2]는 절대열위 상품에 대한 관세의 경제적 효과를 나타내고 있다. 그림에서 수입 상품단위당 t원의 관세를 부과한다고 하자. 그러면 세계 공급곡선은 세계시장가격 P_T보다 t원 높은 P_1에서 수평선이 되고 관세부과 후의 새로운 시장거래량은 Q_4, 시장가격은 P_1, 국내기업들의 공급량은 Q_3, 수입량은 Q_3Q_4이다.

먼저, 관세부과로 국내생산은 Q_1에서 Q_3로 증가하는데 이를 국내산출량증가효과 또는 고용증대효과라도 한다. 그리고 국내소비는 Q_2에서 Q_4로 감소하는데 이를 국내소비억제효과라고 한다. 수입량이 Q_3Q_4이고 수입 상품단위당 t원의 관세가 부과되므로 사각형 C만큼 정부의 관세수입이 증가하는데 이를 재정수입증가효과라고 하고, 수입은 Q_1Q_3와 Q_4Q_2만큼 감소됨으로써 시각형 1과 2 크기만큼의 무역수지가 개선되는데 이를 무역수지개선효과라고 한다. 보호무역론자들은 이러한 이유를 들어 관세부과를 통한 보호무역을 주장한다.

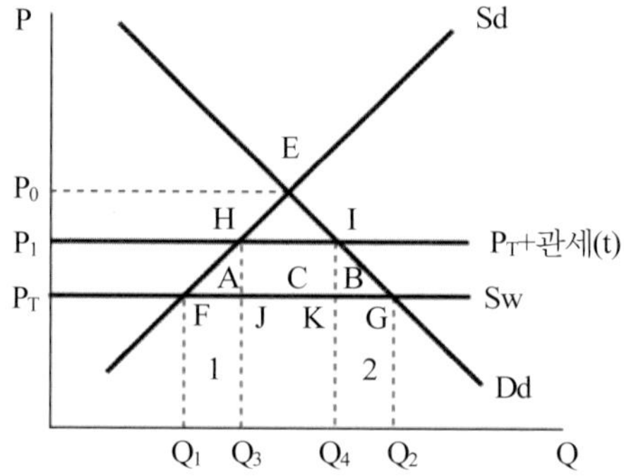

| 그림 10-2 | 절대열위 상품에 대한 관세의 경제적 효과

한편, 관세부과로 소비자잉여는 P_1IGP_T만큼 감소하고 생산자잉여는 P_1HFP_T만큼 증가하며 관세수입은 C이므로 사회 전체적으로 볼 때 관세부과로 사회후생은 삼각형 A와 B의 합만큼 감소한다. 또한 관세부과로 자유경쟁을 제한하는 반경쟁효과가 발생하므로 자유무역론자들은 관세부과를 반대한다.

이러한 관세의 종류로는 수출국에서 수출을 장려하기 위해서 실시하는 수출장려금, 보조금 등 수출지원을 상쇄하기 위하여 해당 생산물에 대하여 수입국에서 부과하는 상계관세(countervailing tariff), 상대국의 수입규제나 보호무역 등 자국 수출상품의 차별에 대해 수입상품에 보복적으로 부과하는 보복관세, 수출국이 생산비 이하로 수출하여 수입국의 해당 산업이 피해를 보는 경우 수출가격과 생산비의 차이만큼 부과하는 반덤핑관세, 특정상품의 수입이 급증하여 국내산업이 중대한 피해를 입게 될 때 특정상품에 부과하는 긴급관세, 수입 자유화된 품목이 국내산업에 피해를 줄 경우 그 품목의 수입을 억제하기 위해 부과하는 조정관세 등이 있다.

비관세장벽(non-tariff barriers)이란 수입을 규제하는 관세 이외의 수단을 모두 일컫는데 비관세장벽의 종류로는 원칙적으로 수입을 자유화시키고 수입금지 또는 수입제한 품목만을 열거하는 수입허가제, 특정상품의 수입에 대해 일정량 이상의 수입을 허가하지 않는 수입할당제(import quota system), 수입상품에 대하여 관세 이외에 통관 시 행정수수료나 수입부가세를 부과하는 수입과징금(import surtax), 어떤 생산물의 수출을 전제로 그 원료의 수입을 허가하는 수출입링크제, 자국의 수출금액 범위 내에서 상대국으로부터의 수입을 허용하는 구상무역(barter trade) 등이 있다.

4 우리나라의 무역

우리나라는 1962년 제1차 경제개발 5개년계획 이후 수출주도형 공업화정책을 지속적으로 추구해 왔다. 그러나 물적 자원이 부족하여 수출증대는 동시에 수입증대를 가져왔다. <그림 10-3>은 1980년부터 2012년까지 우리나라의 수출입액을 나타내고 있는데 1980년 수출 162억 4천만 달러, 수입 222억 4천만 달러였으나 2012년에는 수출 5,527억 2천만 달러, 수입 5,142억 6천만 달러로 수출과 수입은 1980년에 비해 각각 34.0배, 23.1배나 증가하였다. 또한 1980년부터 2012년까지 수출은 연평균 11.7%가 증가하였고 수입은 연평균 10.3% 증가하였다. 수출과 수입을 합한 무역 교역량은 2012년 1조 669억 달러로 세계 8위를 기록하고 있다. 우리나라 수출입의 특징으로는 만성적인 무역적자를 들 수 있는데 외환위기 이전의 경우 1986년부터 1989년까지 4개년을 제외하고는 수입이 수출을 초과하는 무역적자를 보였으나 외환위기 이후는 1998년부터 매년 부역흑자를 보이고 있다.

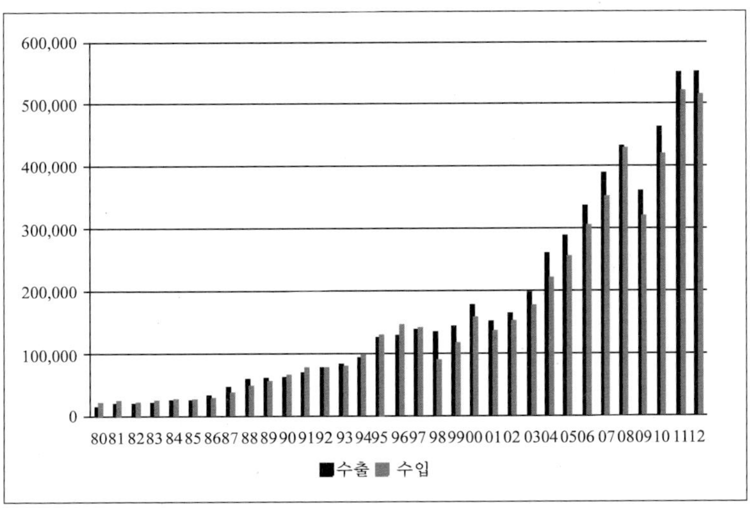

| 그림 10-3 | 우리나라의 연도별 수출입액

한편, [그림 10-4]는 1980년부터 2011년까지 우리나라의 연도별 수출입 의존도를 나타내고 있다. 수출의존도와 수입의존도는 국내총생산(GDP)에 대한 수출과 수입의 비율을 각각 나타내며 무역의존도는 두 비율을 합한 것인데 외환위기 이전의 경우 1986년부터 1989년까지 4개년을 제외하고는 우리나라는 수입의존도가 수출의존도보다 높았으나 외환위기 이후는 1998년부터 매년 수출의존도가 수입의존도보다 높게 나타나고 있다. 1980년 무역의존도가 59.9%였으나 이후 계속 하락하여 1994년 44.3%를 저점으로 상승세로 돌아섰고, 수입의존도가 수출의존도보다 큰 폭으로 증가하고 있다.

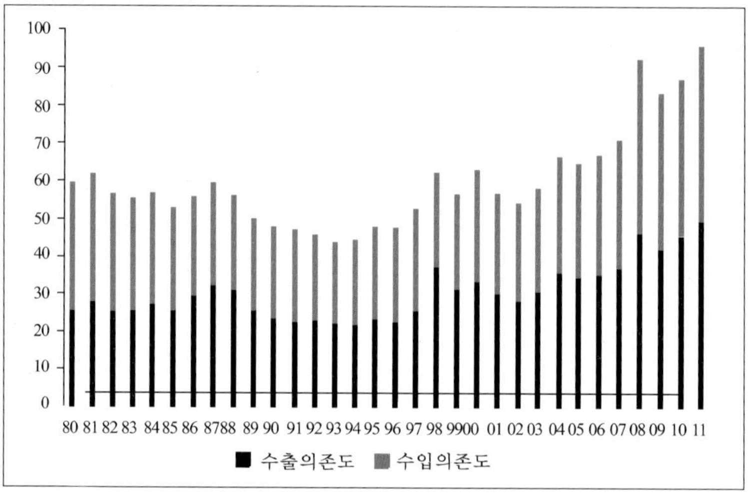

| 그림 10-4 | 우리나라의 연도별 수출입 의존도

제 2 절 국제금융이론

1 국제수지

국제수지표란?

국제수지란 일정 기간 중 국가 간에 발생한 모든 경제적 거래를 체계적으로 기록한 표로서 국제수지표(Balance of Payment: BOP)라고 한다.

국제수지의 정의를 더 자세히 살펴보면 먼저 일정기간이란 국제수지표가 어떠한 시점의 수지상황을 기록한 저량(stock)의 개념이 아니고 일정 기간 중에 발생한 거래를 집계한 유량(flow)의 개념임을 의미한다. 국제수지표 작성 대상기간은 통상 1년을 기준으로 하고 나라에 따라서는 분기별 또는 월별로도 집계하기도 하는데 우리나라는 한국은행에서 월별로 작성하고 있다.

그리고 국가간 거래라 함은 경제활동을 영위하는 주 소재지가 국민경제 영역내에 있는 경제주체(거주자)와 영역 밖에 있는 여타 경제주체(비거주자)간의 거래를 의미한다. 여기서 거주자란 국적으로 구분하는 것이 아니고 경제활동의 소재지를 중심으로 구분하는데 외국인투자기업이나 1년 이상 우리나라에 거주하면서 생산 활동을 하는 외국인은 우리나라의 거주자로 인정되지만 우리나라의 국적을 가진 교포라도 일시 귀국하였으면 비거주자가 된다.

한편, 모든 경제적 거래라는 말은 모든 형태의 거래를 포함하는 것으로 상품 및 서비스, 소득, 자본, 국제 간의 증여 등 일체의 거래를 망라한다는 것을 의미한다.

마지막으로 체계적으로 기록한 표라 함은 국제수지표가 수출입, 서비스, 소득 등 실물거래와 금융거래가 유형에 따라 세부 항목으로 구분되어 있으며 국제적으로 통일된 객관적 기준에 의해 기록한다는 것을 의미한다.

국제수지표의 체계

한국은행은 금융시장과 자본시장의 자유화 및 개방화 진전에 부응하고 이미 신 국제수지표를 작성하고 있는 선진국과의 국가 간 비교를 원활하게 하기 위하여 1998년 1월부터 우리나라 국제수지 통계를 IMF 신기준에 맞추어 개편하였다.

국제수지표에는 외국과의 거래가 그 유형에 따라 경상수지와 자본계정 및 준비자산증감으로 나뉘어 기록되는데 이중에서도 경상수지가 가장 중요한 내용을 담고 있기 때문에 일반적으로 국제수지라 할 때는 경상수지를 의미하기도 한다. 경상수지에는 외국과의 상품 및 서비스 거래, 외국에 투자한 대가로 벌어들이는 배당금·이자 등의 소득 거래 및 대가없이 주거나 받는 이전거래가 계상되며, 자본계정에는 내국인이 외국에 투자하거나 돈을 빌려주는 거래, 외국인이 우리나라의 주식 등 증권을 매입하거나 외국에서 자금을 빌려오는 거래 및 파생금융상품거래 등이 기록된다. 준비자산증감은 대내외거래로 인한 한국은행 외환보유액의 변동액을 계상하고 있다.

*** 경상수지와 경제발전**

경상수지, 특히 상품수지는 순수출을 나타내기 때문에 생산 및 고용과 직접 연관되는 중요한 경제지표이다. 따라서 경상수지가 흑자를 보인다는 것은 해외부문에서 총수요를 증대시킨다는 의미이므로, 경상수지 흑자의 확대는 경제성장과 발전에서 대단히 중요한 역할을 담당한다. 그렇지만 경상수지 흑자의 확대는 해외부문에서 기인한 통화량의 증가와 그에 따른 물가상승 압력이 나타나고, 또한 교역상대국과의 무역마찰을 유발한다는 문제점을 안고 있다.

경상수지는 상품수지, 서비스수지, 소득수지 및 경상이전수지의 4개 세부항목으로 나누어진다. 상품수지는 수출액과 수입액의 차액을 말한다. 수출이 수입보다 크면 수지(차액)는 흑자(+)가 되며 반대로 수입이 수출보다 큰 경우 수지(차액)는 적자(−)로 된다. 서비스수지는 외국과의 서비스거래로 수취한 돈과 지급한 돈의 차이를 말하며, 소득수지는 거주자가 외국에 단기간(1년 미만) 머물면서 일한 대가로 받은 돈과 국내에 단기로 고용된 비거주자에게 지급한 돈의 차이를 나타낸다. 그리고 경상이전수지는 거주자와 비거주자 사이에 아무런 대가없이 주고받은 거래의 차를 말하는데 경상이전 항목에는 해외에 거주하는 교포가 국내의 친척 등에게 보내오는 송금, 종교기관이나 자선단체의 기부금과 구호물자, 정부 간의 무상원조 등이 기록된다.

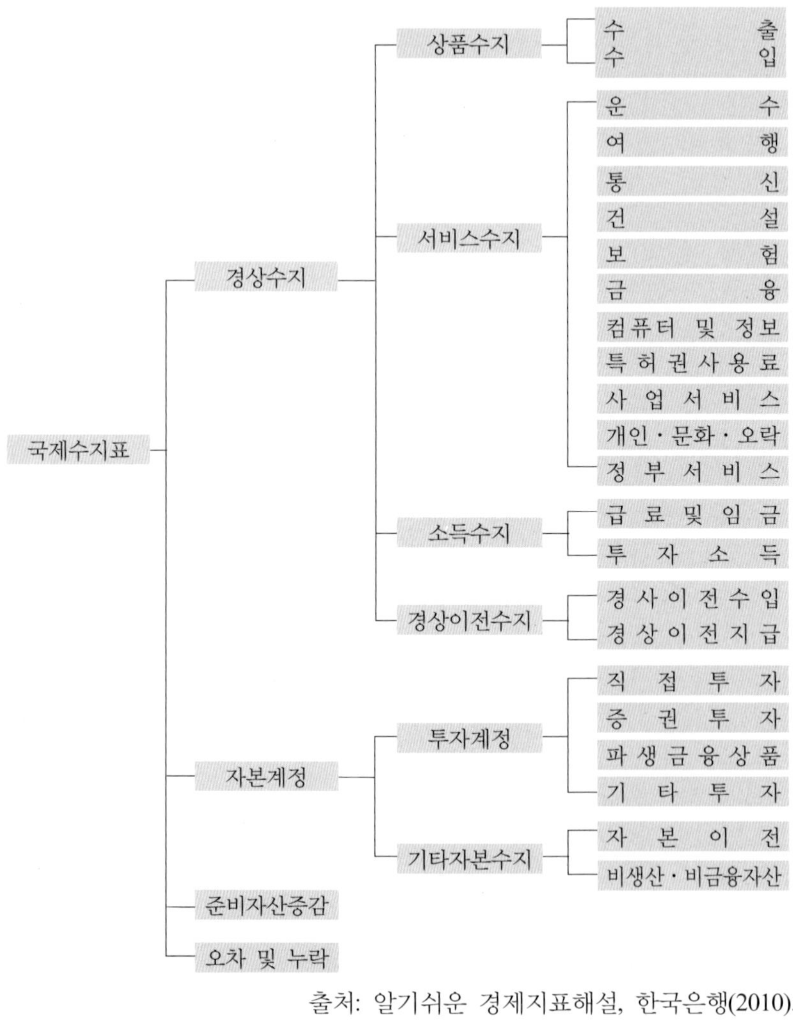

출처: 알기쉬운 경제지표해설, 한국은행(2010).

| 그림 10-5 | 국제수지표 구성체계

한편 자본계정은 기업, 금융기관, 정부 등이 외국으로부터 차입 또는 투자유치 등의 방식으로 자본이 유입되거나 이와는 반대로 외국에 대출 및 투자실행 등의 방식으로 자본이 유출됨으로써 발생하는 외화의 유출입차를 나타낸다. 자본계정은 크게 투자계정과 기타자본수지

의 두 가지로 구분되며 투자계정은 다시 직접투자, 증권투자, 파생금융상품, 그리고 기타투자로 나누어진다. 직접투자는 외국에 있는 기업에 대한 경영참여를 통해 지속적인 이익을 취득할 목적으로 행하는 대외투자를 말하며, 증권투자는 외국 기업의 주식, 외국 금융회사 등이 발행한 채권에 대한 투자를 말한다. 파생금융상품은 파생금융상품거래로 실현된 손익 및 옵션 프리미엄 지급·수취를 기록하며, 기타투자는 직접투자, 증권투자 및 파생금융상품에 포함되지 않는 외국과의 모든 금융거래를 기록한다.

준비자산증감은 외환보유액 변동분 중 거래적 요인에 의한 것만 포함한다. 즉 외환보유액은 통화당국의 외환매입, 이자소득 등 거래적 요인에 의해 변동할 뿐만 아니라 환율변동 등 비거래적 요인에 의해서도 변동하는데, 국제수지통계에서는 거래적 요인에 의한 외환보유액 변동분만을 준비자산증감 항목에 계상하고 있다.

2 환율

환율이란?

국내경제에서 재화나 서비스의 거래에 따른 결제는 그 나라의 통화로 하는 데 어려움이 없지만 우리나라 기업이 미국에서 자동차를 수입하려면 달러로 그 대금을 지불해야 한다. 즉, 한국이 미국과 경제거래를 하고자 할 때는 원화와 달러화의 교환문제가 발생하며 이 때 가장 중요한 것은 두 나라 화폐의 교환비율인데 이를 환율(exchange rate)이라고 한다.

환율의 표시방법에는 어떤 나라의 돈을 기준으로 하느냐에 따라 두 가지가 있다. 먼저 자국통화표시환율이 있는데 이는 우리나라 원화와 미국 달러화의 환율을 예로 들면 US $1=₩1,000 또는 ₩/US $=1,000로 표시하는 방법이다. 이 방법은 외국돈 1단위를 바꾸기 위해서 우리나라 돈을 얼마나 지급하여야 하는 지를 나타내는 방법으로 지급환율이라고도 하며 우리나라는 통상적으로 이 표시방법에 따른다. 다음으로 외국통화표시환율이 있는데 이는 우리나라 원화와 미국 달러화의 환율을 예로 들면 ₩1=US $0.001 또는 US $/₩=0.001로 표시하는 방법이다. 이 방법은 우리나라 돈 1단위로 외국돈을 얼마나 받을 수 있는지를 나타내는 방법으로 수취환율이라고도 한다.

환율은 한 나라 통화의 대외가치 변동에 따라 수시로 등락을 거듭한다. 환율이 올랐다거나 내렸다고 할 때는 환율표시방법에 주의해야 하는데 우리나라는 자국통화표시환율을 사용하므로 우리나라 원화의 대미달러 환율이 1달러당 1,000원에서 1,100원이 되었다면 환율이 상승하였다고 말하고 이것은 미 달러화에 대한 원화 가치가 하락한 것을 의미하므로 원화가 가치절하(depreciation)되었다고 한다. 이와 반대로 우리나라 원화의 대미달러 환율이 1달러당 1,000원에서 900원이 되었다면 환율이 하락하였다고 말하고 이것은 미 달러화에 대한 원화 가치가 상승한 것을 의미하므로 원화가 가치절상(appreciation)되었다고 한다.

환율결정요인

환율은 기본적으로 외환에 대한 수요와 공급에 의해 결정된다. 외환에 대한 수요는 재화나 서비스를 수입하거나 외국의 금융자산을 취득하고자 할 때 발생하며 외환의 공급은 재화나 서비스의 수출이나 우리의 금융자산을 매도하면 발생한다. 이러한 외환의 수요와 공급에 영향을 주는 요인들은 국제수지에 영향을 미치는 요인들로서 상대적인 물가상승률, 나라 사이의 금리차, 중앙은행의 외환시장 개입, 투기자금인 핫머니(hot money)의 이동 등이 있다.

먼저 물가가 환율에 영향을 주는데 우리나라의 물가가 장기적으로 외국보다 많이 오르면 우리나라의 상품가격이 상대적으로 상승하여 수출은 줄어들며 반면에 외국상품의 가격은 상대적으로 싸져서 수입은 증가한다. 따라서 외환의 공급은 줄어들고 외환의 수요는 늘어나 환율이 상승한다. [그림 10-6]의 왼쪽 그림에서 국내물가의 상승으로 수출이 줄어서 외환의 공급곡선이 S에서 S'로 감소하고 반면에 수입이 증가하여 외환의 수요가 D에서 D'로 늘어남에 따라 환율은 e_0에서 e_1로 상승하였다. 이와 반대로 우리나라의 물가가 외국보다 적게 오르면 환율은 하락한다. 이것은 독자들이 연습해 보기 바란다.

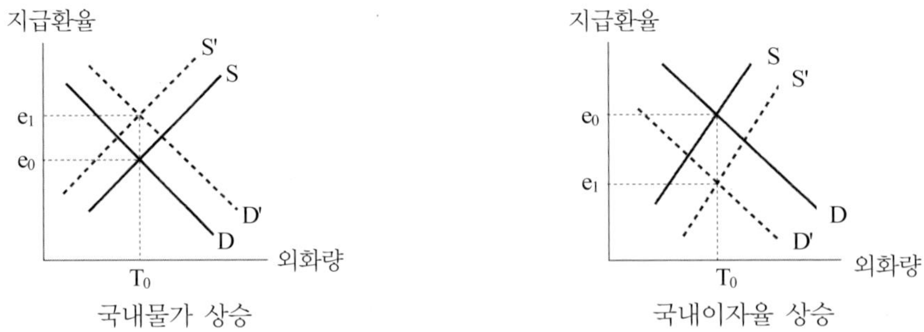

| 그림 10-6 | 환율의 변동

또한 이자율 변동도 환율에 영향을 준다. 우리나라의 이자율이 외국의 이자율에 비하여 상승한다면 우리나라의 금융자산을 매입하기 위해 외화가 들어오고, 즉 외국 자본의 도입이 늘고 그 결과 외환공급이 증대되며, 반면에 외국의 이자율에 비해 우리나라의 이자율이 상대적으로 높기 때문에 우리나라 사람들은 외국의 금융자산에 대한 투자를 감소시킬 것이고, 즉 외국에 대한 자본공여가 줄어들고 그 결과 외환의 수요가 감소한다. [그림 10-6]의 오른쪽 그림에서 우리나라 이자율의 상대적인 상승은 외환의 공급을 S에서 S'로 늘리고 반면에 외환의 수요를 D에서 D'로 줄임에 따라 환율은 e_0에서 e_1로 하락한다. 외국의 이자율이 상대적으로 상승하는 경우는 독자들이 연습해 보기 바란다.

한편, 환율이 변동하면 경제주체들에게 영향을 미친다. 예를 들어, 원/달러 환율이 상승하면(즉, 원화의 가치가 하락하면) 달러화로 원자재 수입하는 기업은 불리해 지고, 달러화로 차입한 기업은 이자부담이 증가한다. 또한 미국에 유학 중인 자녀에게 송금하는 부모는 불리해 지고, 한국 내 외국계 기업에 근무하면서 달러화로 임금을 받는 근로자는 유리해 진다.

3 국제통화제도

국가 간의 무역과 자본의 이동에 따른 국가 간의 지불을 원활하게 하기 위한 국가 간의 협약을 국제통화제도라고 하는데 국제통화제도는 금본위제, 브레튼우즈체제, 킹스턴체제 등으로 변천하여 왔다. 금본위제(gold standard system)는 19세기 후반부터 1930년대 초까지의 국제통화제도로 화폐단위를 순금의 일정한 중량으로 정해 놓고 금화의 주조를 허용하며 지폐도 아무런 제한 없이 금화와 교환되는 금태환성을 보장한 제도이다. 이 제도 하에서 각국의 통화는 금의 중량을 기준으로 그 가치가 정해지므로 금본위제 하의 환율제도는 전형적인 고정환율제도라 할 수 있다. 그러나 이러한 금본위제는 제1차 세계대전 이후 극심한 인플레이션과 1930년대의 대공황을 거치면서 붕괴되기 시작하였다.

제2차 세계대전이 끝날 무렵인 1944년 새로운 국제통화제도를 수립하기 위해 미국의 브레튼우즈(Bretton Woods)에서 44개국의 대표들이 모여 브레튼우즈 협정을 체결하고 이 협정에 따라 국제통화기금(International Monetary Fund : IMF)과 세계은행으로 불리는 국제부흥개발은행(International Bank for Reconstruction and Development : IBRD)이 창설되었는데 이를 브레튼우즈체제라고 한다. 이 체제는 금 1온스를 미화 35달러로 고정시키고 달러를 금으로 교환해 주는 금태환을 허용했고 각국의 통화는 달러화와의 고정교환비율인 기준환율을 유지하되 시장 환율은 기준환율의 상하 1% 내에서 자유롭게 조정할 수 있게 하였다. 따라서 브레튼우즈체제하의 환율제도는 미국의 달러화를 기축통화(key currency)로 한 조정가능 고정환율제도(adjustable peg system)라고 할 수 있다. 그러나 1960년대 미국이 막대한 국제수지 적자를 기록하면서 외국으로 유출된 많은 양의 달러를 금으로 바꾸어 주는 데 어려움을 겪게 되자 1971년 미국의 닉슨 대통령은 금태환의 중지를 선언하게 되고 이로 인해 브레튼우즈체제는 붕괴되었다.

＊ IMF와 IBRD

IMF는 처음에 고정환율제도를 감시하고 국제수지 불균형을 시정하기 위한 단기자금을 제공하는 기능을 가졌지만, 1971년 고정환율제도 폐지 이후엔 세계경제의 성장과 안정을 도모하고 또한 경제위기에 처한 회원국에게 정책적 권고와 더불어 금융지원을 제공하는 기능을 갖는다.

IBRD는 처음에 2차 세계대전으로 파괴된 유럽 국가들의 재건을 금융적으로 지원하기 위해 창설되었지만, 현재는 후진국의 경제발전과 사회간접자본, 교육, 보건, 식량, 식수 등을 개선하기 위한 자금을 지원한다.

1976년 자메이카의 킹스턴(Kingston)에서 브레튼우즈체제 붕괴 이후 1973년 3월부터 실시된 변동환율제도를 사후적으로 인정한 새로운 국제통화질서가 수립되었는데 이를 킹스턴체제라고 한다. 킹스턴체제의 주요내용은 각국이 자국에 적절한 환율제도를 독자적으로 채택할 수 있는 재량권을 부여하며 IMF 신용을 확대한다는 것이다. 따라서 현재의 변동환율제도는 환율이 외환시장의 수급상황에 따라 변동되도록 하되 중앙은행이 적정하다고 판단하는 수준에서 환율을 안정시키기 위해 수시로 외환시장에 개입하여 환율수준을 관리하는 관리변동환율제도라고 할 수 있다.

4 우리나라의 국제수지 및 환율

먼저 <표 10-2>는 1980년부터 2012년까지 우리나라의 국제수지표인데 경상수지는 외환위기 이후 큰 폭의 흑자를 나타내고 있다.

| 표 10-2 | 우리나라의 국제수지표 (단위: 백만 달러)

항목	1980	1990	2000	2005	2010	2011	2012
경상수지	-5,071	-1,390	14,803	18,607	29,394	26,068	43,251
상품수지	-6,007	-2,298	18,656	32,857	40,083	31,660	38,454
서비스수지	1,177	-101	-2,037	-9,952	-8,626	-5,850	2,676
본원소득수지	-776	-141	-2,383	-1,817	1,016	2,891	4,886
이전소득수지	536	1,150	566	-2,482	-3,079	-2,633	-2,765
자본 · 금융계정	5,924	3,224	-13,383	-19,529	-27,479	-26,778	-43,652
자본수지	4	-331	-615	-2,340	-218	-25	602
금융계정	5,920	3,555	-12,768	-17,189	-27,261	-26,753	-44,254
오차 및 누락	-854	-1,833	-1,420	923	-1,915	710	401

자료 : 한국은행 경제통계시스템(ecos.bok.or.kr)

[그림 10-7]은 1980년 이후 우리나라의 연도별 경상수지를 나타내고 있는데 1986년부터 1989년까지 4년 동안과 1993년을 제외하고는 경상수지가 적자를 나타내고 있다. 1998년부터 큰 폭의 흑자를 나타내고 있는데 2012년의 경우 상품수지, 서비스수지 및 본원수지가 각각 384억 5천먼 달러, 26억 7천만 달러 및 48억 8천만달러의 흑자를 기록하였고, 이전수지는 27억 6천만 달러의 적자를 기록하여 우리나라의 순해외부채를 감소시키는 요인이 되었다. 오차 및 누락은 4억 달러로 통계상의 오차 및 불법적인 대외거래가 다른 연도에 비해 큰 폭으로 감소되었음을 나타내고 있다.

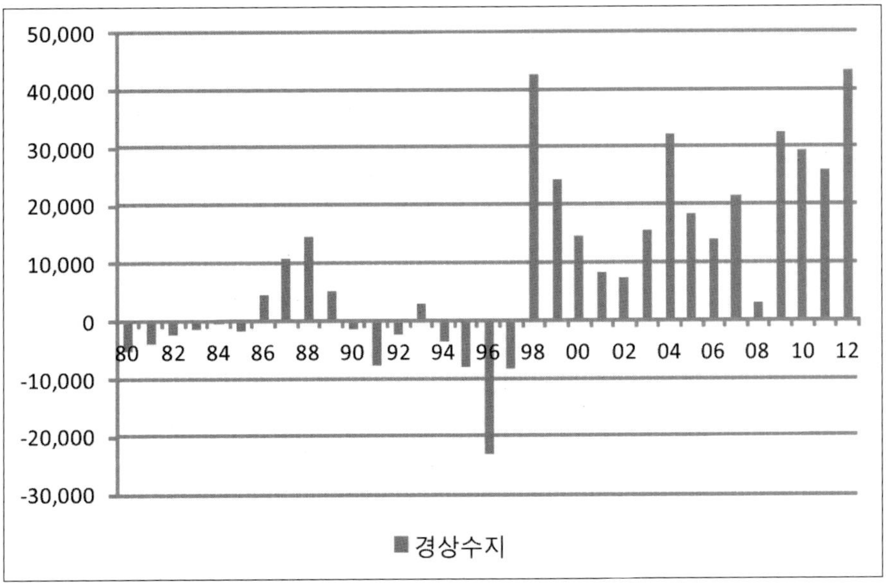

| 그림 10-7 | 우리나라의 연도별 경상수지

우리나라의 환율은 1997년 12월 16일 도입된 자유변동환율제도에 의해 결정된다. 따라서 원화의 대미 달러 환율은 은행간 시장에서 외환수급에 따라 자유로이 결정된다.

한편, 미 달러화 이외의 일본엔화, 독일마르크화 등 제3국 통화에 대한 자국통화의 환율은 일반적으로 자국통화의 대미달러환율을 제3국 통화의 대미달러환율로 나누어 간접적으로 산출하는데 이를 재정환율(arbitrage rate)이라고 한다. 이 재정환율을 계산하기 위하여 사용된 3국통화와 미 달러화간의 환율을 크로스레이트(cross rate)라고 한다. 예를 들어 우리나라 원화의 미 달러화 기준환율이 US $1=₩1000이고 국제금융시장에서 크로스레이트가 US $1=¥125이라면 원화와 엔화의 환율은 ¥1=₩8이 되는데 편의상 ¥100=₩800 즉, 100엔당 800원으로 표시한다.

[그림 10-8]은 1990년부터 2012년까지의 우리나라 원화의 대달러 환율과 대엔화 환율을 나타내고 있는데 두 환율 모두 증가하는 추세를 보이고 있다. 두 환율의 차이가 줄어드는 경우는 미국의 달러화에 대한 일본 엔화의 환율이 하락함을 즉, 엔화가 국제금융시장에서 달러화에 대해 강세를 보이고 있기 때문이다. 원화의 대달러 환율은 미국시장에 대한 우리나라의 수출입에 영향을 주고 엔화의 대달러 환율은 세계시장에서 일본 상품과의 가격경쟁에 영향을 주기 때문에 이러한 환율 변동은 무역의존도가 높은 우리 경제가 항상 관심을 가지고 그 추이를 지켜보아야 한다.

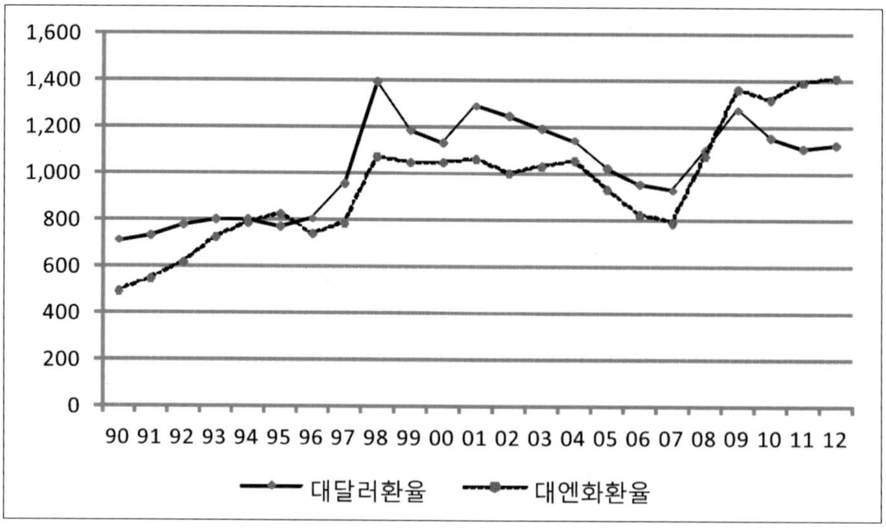

| 그림 10-8 | 우리나라의 연도별 환율추이

제 11 장

경제의 순환, 성장 및 발전

본 장에서는 경제의 순환, 성장 및 발전에 대한 이해를 높이기 위해 먼저 이들 주제에 대한 이론적인 고찰을 하고 다음으로 한국의 경기순환, 경제성장 및 경제발전에 대한 여러 가지 특징을 살펴본다. 그리고 이를 토대로 21세기를 앞에 둔 한국경제의 장래에 대한 정책적 시사점을 도출해 보고자 한다.

제 1 절 경기순환

1 정의 및 의의

정의

경기란 한 나라의 총체적인 경제활동의 순환변동과정에서 일어나는 팽창과 위축상태를 말한다. 여기서 총체적인 경제활동이란 실물부문에서는 생산, 소비, 투자, 고용 등을 들 수 있고 금융부문으로는 화폐의 수요와 공급 등을 들 수 있으며 대외부문으로 수출과 수입 등을 들 수 있다. 따라서 경기란 한나라 경제에 있어서 모든 부문의 경제활동을 망라한 거시경제변수들의 움직임이 종합된 것이라고 할 수 있다.

한편, 생산, 투자, 고용 등 총체적인 경제활동이 장기성장추세를 중심으로 끊임없이 순환변동을 하면서 정점(peak)과 저점(trough)을 반복적으로 오르내리는 것을 경기순환(business cycle) 또는 경제변동(economic fluctuations)이라고 한다.

경기순환에는 두 가지가 있는데 하나는 발생빈도가 낮은 성장순환으로 장기추세라고도 하며 다른 하나는 발생빈도가 높은 단기순환이다. 경기순환을 앞에서 설명한 총수요-총공급모형과 관련시켜 보면 주어진 성장순환은 장기총공급곡선의 위치를 결정하며 단기순환은 총수요곡선이 어디에 있느냐에 따라 결정된다고 볼 수 있다.

의의

경기순환이 과연 바람직한 현상인가? 이에 대해서는 고전학파와 케인즈학파가 견해를 달리하고 있는데 고전학파는 경제활동의 순환변동이란 장기균형상태로부터의 이탈이 아니라 그 자체가 경제주체들의 동태적 최적원리에 의해서 파생된 균형 상태이므로 후생에 손실이 없으므로 정부가 개입할 필요가 없다고 본다. 그러나 케인즈학파는 경제활동의 순환현상이란 경제가 장기균형상태로부터 이탈해 있는 불균형상태를 의미하므로 후생에 손실이 있고 따라서 정부가 개입해야 한다고 주장한다.

2 구분 및 유형

구분

경기순환을 구분하는 방법에는 2분법과 4분법이 있는데 2분법은 저점에서 정점으로 이어지는 경제활동의 변화인 확장기(expansion)와 정점에서 저점으로 이어지는 경제활동의 변화인 수축기(contraction)로 나눈다. 그리고 4분법은 장기(평균)추세를 기준으로 확장기를 회복기와 활황기로 나누고 수축기를 후퇴기와 침체기로 나눈다. 4분법에 따를 경우 만약 경기가 저점에 있다고 할 때 저점에서 회복기(recovery)와 활황기(prosperity)를 거쳐 정점(peak)에 이르고 정점에서 후퇴기(recession)와 침체기(depression)를 거쳐 다시 저점에 이르게 된다. 이때 한 정점(또는 저점)에서 다음 정점(또는 저점)까지의 기간을 경기의 순환주기(cycle)라고 하며 저점에서 정점까지의 크기를 경기의 진폭(amplitude)이라고 한다. [그림 11-1]은 경기순환의 구분을 나타내고 있는데 위의 설명과 그림에서 알 수 있듯이 경기순환을 현실적으로 파악하기 위해서는 경기의 정점과 저점이 정해져야 하는데 이러한 경기의 정점과 저점이 발생한 구체적인 시점을 기준순환일(reference date)이라고 한다.

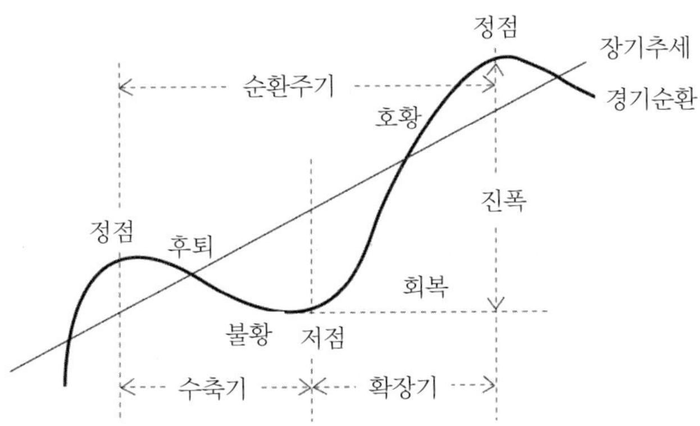

| 그림 11-1 | 경기순환의 구분

유형

순환주기에 따른 경기순환의 유형을 살펴보면 다음과 같다. 먼저, 소순환(minor cycle)으로 키친(J. A. Kitchen)에 의해 제시된 평균 2년 내지 4년의 주기로 재고순환이라고도 한다. 다음으로 주순환(major cycle)이 있는데 쥬글라(J. Juglar)에 의해 제시된 7년 내지 11년 주기로 설비투자재의 수명과 관련이 있어 설비투자순환이라고도 한다. 그리고 쿠즈네츠(S. Kuznets)장기 순환이 있는데 이는 쿠즈네츠에 의해 제시된 15년 내지 20년 주기로 인구변화, 건축경기 등에 의해 발생한다고 보아 건축순환이라고도 한다. 마지막으로 콘트라티에프(N. D. Kondratieff)장기 순환이 있는데 이는 콘트라티에프에 의해 제시된 40년 내지 60년 주기로 기술혁신과 그에 따른 구조변화가 원인이라고 본다. 슘페터(J.Schumpeter)는 제1순환은 영국의 산업혁명에 의해 야기되었으며, 제2순환은 1840년대 등장한 철도로 인한 수송혁명으로 야기되었고, 제3순환은 1890년대 등장한 자동차와 전기의 발명으로 야기되었다고 본다. <표 11-1>은 콘트라티에프 장기순환의 주기와 특징을 요약하고 있다.

| 표 11-1 | 콘트라티에프 장기순환

	저점	정점	저점	주기	특징
제1순환	1790	1815	1848	58	18세기말의 산업혁명
제2순환	1848	1873	1896	48	1840년대의 철도등장
제3순환	1886	1920	1933	37	1890년대 자동차 및 전기의 발명
제4순환	1933	1951	1972	39	전자 · 석유화학, 기계, 건설
제5순환	1972				우주공학, 로봇, 컴퓨터, 유전공학

3 특징 및 측정

특징

경제변동은 모든 자본주의 국가에서 발생하고 있으며 다음과 같은 중요한 특징을 가지고 있다.

첫째는 경제활동이 확장기에서 수축기 또는 수축기에서 확장기로 일단 반전되기 시작하면 일정한 방향으로 누적적인 확대현상을 보이는데 이를 자기상관(auto correlation)이라고 한다. [그림 11-2]는 1970년부터 2012년까지 우리나라의 분기별 실질GDP, 총고정자본형성(투자) 및 실업률의 전년동기대비 증가율을 이용해 자기상관과 공동변화를 살펴본 것이다. 그림에서 흐리게 칠한 부분은 수축기를 나타내고 있는데 확장기는 오랜 기간 서서히 진행되는 반면에 수축기는 짧은 시간 내에 급격히 발생한다. 그러나 확장기와 수축기 모두 한번 시작하면 상당기간 지속되는 것으로 보여주고 있다.

둘째는 경제변수들이 상호작용에 의해 확장과 수축이라는 변화를 공통적으로 나타내고 있는데 이를 공동변화(comovement)라 한다. 공동변화의 형태에는 두 가지가 있다. 하나는 경기순응적 변화로서 기준변수인 실질GDP와 같은 방향으로 변화하는 것을 말하는데 그림에서 보여 주듯이 투자는 실질GDP가 증가하면 증가하고 실질GDP가 감소하면 감소하고 있다. 다른 하나는 경기역행적 변화로서 실질GDP와 반대 방향으로 변화하는 것을 말하는데 그림에서 보여 주듯이 실업률은 실질GDP가 증가하면 감소하고 실질GDP가 감소하면 증가하고 있다. 또한 기준변수보다 앞서서 변동하는 경기선행변수, 기준변수의 뒤를 따라 변동하는 경기후행변수, 기준변수와 같이 변화하는 경기동행변수 등이 있다.

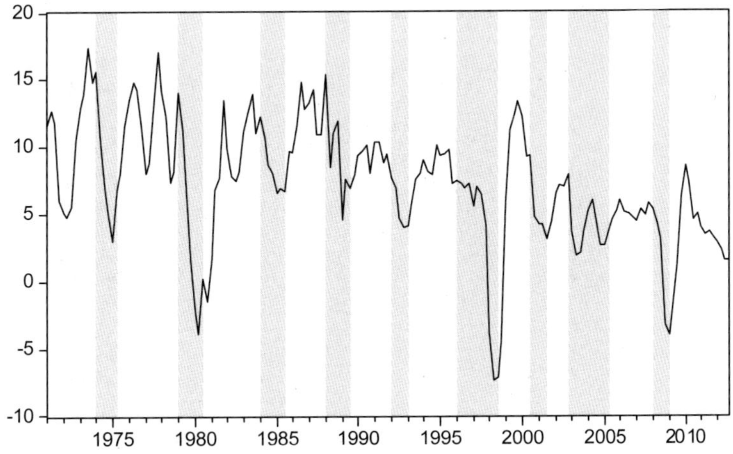

<실질GDP>

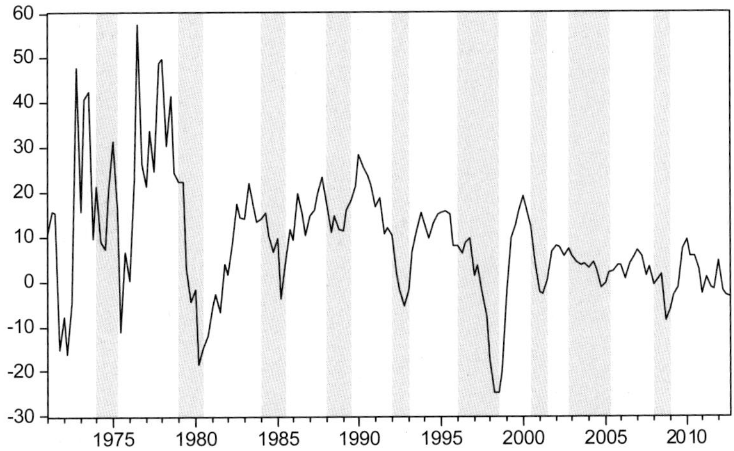

<총고정자본형성>

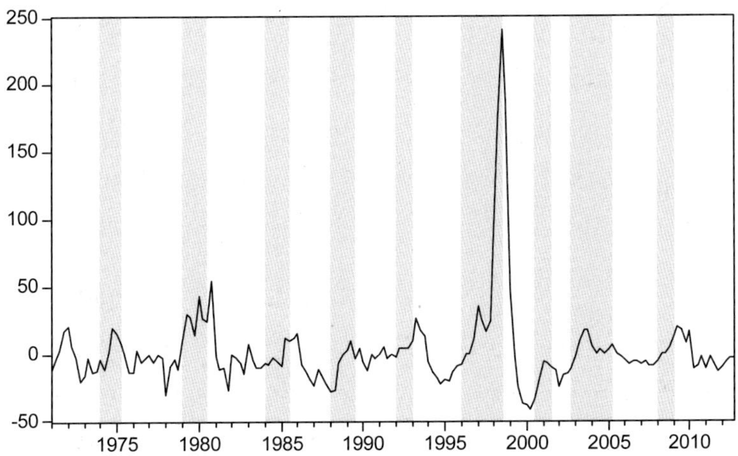

<실업률>

| **그림 11-2** | 자기상관과 공동변화

셋째는, 순환과정의 주기와 진폭이 각각 서로 다르게 나타나고 한 주기 내에서도 수축기와 확장기의 길이가 서로 다르게 나타난다. 즉, 경기순환은 비대칭적인데 경기팽창국면은 오랜 기간 서서히 진행되는 반면 경기위축국면은 짧은 시간 내에 급격히 발생한다.

넷째는, 경기의 파행성을 들 수 있다. 이는 경기는 국제간에 차이가 있다는 것이다. 예를 들면 한국의 국내경기는 1950년대 이후 미국과 일본을 뒤따라 움직여 왔으나(1950년대부터 1970년대까지는 미국 → 일본 → 한국의 선행관계가 있었으나 1980년대에는 미국→일본의 선행성은 약화되고 일본 → 한국의 선행성은 강화됨) 1990년대 들어 오히려 이들 국가보다 앞서는 양상을 보이고 있으며 선진국들의 경기순환 역시 독자적인 패턴을 보이고 있다. 이의 원인으로는 한국경제가 대외의존형 경제구조를 탈피하였고 교역의 다변화로 대선진국 수출 비중이 50% 미만으로 하락한 점 등을 들고 있다. 그 외에도 거시적 경기와 미시적 경기의 파행성, 수요항목별 차이, 산업 간의 차이, 기업 간의 차이, 지역 간의 차이 등 여러 가지 파행성을 나타내고 있다.

측정

경기의 움직임은 기본적으로 생산 및 수요에 관한 여러 가지 경제지표를 분석함으로써 파악할 수 있는데 가장 대표적인 지표는 GDP(또는 GNP)이다. GDP지표는 각 부문의 생산 활동은 물론 소비, 투자, 수출 등 수요동향까지도 나타내 주는 좋은 지표이지만 분기별 또는 연도별 지표이므로 신속성이 결여되는 단점이 있다. 따라서 월별 경제지표로써 생산을 나타내는 지표, 수요측 중 소비 · 건축투자 · 설비투자를 나타내는 지표, 수출입동향을 나타내는 지표, 그 외 소득을 나타내는 지표, 물가를 나타내는 지표, 고용을 나타내는 지표, 금융을 나타내는 지표 등이 있으나 이들 개별 경제지표들은 경제활동의 한 측면만을 나타낸 것이므로 국민경제 전체의 경기 동향을 파악하기 위해서는 각종지표들을 종합하여 분석할 필요가 있다.

경기 동향을 종합적으로 진단하는 것으로 현재의 경기 동향을 파악하고 미래의 경기를 예측하기 위해 경기의 움직임을 잘 반영해 주는 주요 경제지표를 선정하고 이들 지표를 종합하여 지수를 만들어 발표하는데 이를 경기지수라고 한다. 경기지수에는 하버드 지수(Harvard Index), 경기종합지수(Composite Index : CI), 경기동향지수(Diffusion Index : DI), 경기예고지수(Business Warning Index : WI), 기업실사지수(Business Survey Index : BSI) 등이 있는데 우리나라의 경우 통계청에서 매월 작성하여 발표하고 있는 경기종합지수가 대표적으로 사용되고 있다.

4 경기순환이론

경기순환이론이란 경제활동에 영향을 주는 충격(impulse mechanism)과 그 충격이 경제의 각 부문에 파급되는 전파과정(propagation mechanism)을 규명하기 위한 이론으로 현재의 다양한 경기순환이론은 충격과 전파과정을 보는 관점의 차이에 따라 구분이 된다.

먼저 내생적 경기이론은 경제가 본질적으로 불안정하기 때문에 비록 외적인 경제충격이 일어나지 않더라도 경제주체들의 행동에 의하여 경기순환은 자기 발생적으로 발생한다고 주장한다. 이에는 태양흑점이론과 수확체증이론이 있는데 태양흑점이론이란 경제주체들이 경제의 미래에 대해 일정한 기대를 하고 또 그 기대에 따라 실제로 행동을 하기 때문에 최초의 기대가 실현되고(이를 self-fulfilling prophecy라 한다) 이에 따라 경기순환이 발생하게 된다는 이론을 말한다. 수확체증이론이란 축적된 지식과 기술의 외부효과로 인한 수확체증이 경기변동을 일으키게 한다는 것이다.

한편, 외생적 이론은 기본적으로 경제는 안정적인 구조를 가지고 있는데 기술의 변화, 정책의 변화 등 외생적인 충격이 전파과정을 통해 경제 전반에 파급됨으로써 국민총생산과 같은 주요 경제변수들이 변동한다는 주장이다. 이 이론은 3가지 정도로 구분할 수 있는데 먼저 화폐적 경기이론은 통화충격과 같은 화폐적 충격(nominal shock)으로 지역가격과 평균물가수준이 상승하게 되나 경제주체들이 평균물가수준에 대한 불완전한 정보(imperfect information)로 지역가격의 상승을 상대가격의 상승으로 오인하여 노동량의 변화로 생산을 변동시켜 경기순환을 가져온다는 이론이다. 다음으로 실물적 경기이론은 기호의 변화, 생산성 및 기술의 변화, 원자재가격의 변화 등 실물적 충격(real shock)과 이에 반응하여 극대원리에 따라 최적화 행동을 하는 경제주체의 경제행위가 상호작용을 하여 경기변동을 가져온다는 주장이다. 마지막으로 신케인지언 경기이론은 장기고용계약으로 인한 가격(임금)의 경직성으로 통화충격과 같은 외생적 충격이 실질생산을 변동시킨다는 주장으로 수요와 공급을 균형 시키기 위해서는 가격이 즉각적으로 조정되어야 하는데 가격의 동태적인 조정 실패(dynamic coordination failure) 때문에 경기변동이 일어난다고 주장한다.

5 우리나라의 경기순환

경기지수

우리나라의 경기지수 작성을 간략히 살펴보면 먼저 기업실사지수(BSI)가 있는데 1964년 하반기부터 한국생산성 본부가 최초로 작성하여 현재 한국은행을 포함하여 7군데에서 작성하고 있다. 이것은 기업경영자의 주관적인 경기전망을 직접 조사하는 것으로 선정된 기업체의 주관적 판단이 개입되고 기업체의 상대적 중요도를 고려하지 않아 경기순환의 심도를 나타내기가 어려운 점 등 단점이 있어 점차 작성이 중단되고 있다. 또한 경기예고지수(WI)가 이었는데 1972년부터 한국은행이 조사하여 작성하였으나 이 경기지수는 고도 성장기에는 적합하나 안정 성장기에는 부적합한 것으로 밝혀져 1984년 5월에 작성을 중단하였다. 한편, 경기종합지수는 1981년 3월부터 당시 경제기획원과 한국개발연구원이 공동으로 개발하여 19개의 지표를 사용하였으나 1차, 2차, 3차 및 4차 개편(1997년 2월 26개 지표로 개편)의 과정을 거쳐 현재는 통계청에서 작성하여 발표하고 있다.

경기종합지수는 각종 경제지표들의 전월대비 증감률을 가중평균하여 작성하는데 경기변동의 방향, 국면, 전환점은 물론 변동속도까지도 동시에 분석할 수 있다. 현재 우리나라는 통계청에서 26개의 구성지표로 경기전환점에 대한 일치성정도에 따라 사전에 경기 동향을 예측하는 지표인 선행종합지수(Leading CI), 현재의 경기상태를 나타내는 지표인 동행종합지수(Coincident CI), 경기의 변동을 사후적으로 확인하는 지표인 후행종합지수(Lagging CI)로 나누어 작성하고 있다. 통계청에서는 매월 동행 및 선행경기종합지수를 발표하고 있는데 이들 경기종합지수들은 경제통계의 시계열 변동요인 중 계절 및 불규칙 요인이 제거된 추세순환변동치로 작성되어 있다. 다음의 <표 11-2>는 경기종합지수의 구성 지표들을 보여주고 있다.

| 표 11-2 | 경기종합지수 구성 지표

선행종합지수(9개)	동행종합지수(7개)	후행종합지수(5개)
구인구직비율	광공업생산지수	상용근로자수
재고순환지표	서비스업생산지수(도소매업제외)	생산자제품재고지수
소비자기대지수	도소매판매액지수	도시가계소비지출
건설수주액	내수출하지수	소비재수입액
기계류내수출하지수(선박제외)	건설기성액	회사채유통수익률
국제원자재가격지수(역계열)	수입액	
수출입물가비율	비농림어업취업자수	
코스피지수		
장단기금리차		

한편, 동행종합지수는 경제성장에 따라 증가하는 움직임(추세)과 경기의 상승 및 하강 움직임을 동시에 포함하고 있는데 그 중 경제성장에 따른 증가 움직임을 제거하여 동행종합지수로부터 추세치를 제거한 동행지수 순환변동치를 산출하고 있다. 이를 이용하면 경기의 국면이나 전환점을 파악하기가 쉽다. 동행지수 순환변동치는 대개 100을 기준으로 하여 95~105의 범위 내에서 상하로 움직여 왔는데 순환변동치의 크기 또는 증감 차보다는 그 움직이는 방향(상승 또는 하강)에 더 큰 의미가 있다. 다음의 [그림 11-3]은 1970년 이후 우리나라의 동행지수 순환변동치를 나타내고 있는데 흐리게 칠한 부분은 수축기를 나타낸다. 그림에서 보는 바와 같이 동행지수 순환변동치는 경기의 확장과 수축국면을 잘 나타내 주고 있고 순환변동치의 최고치와 최저치가 다음에 언급할 기준순환일상의 정점 및 저점과 거의 일치하고 있다.

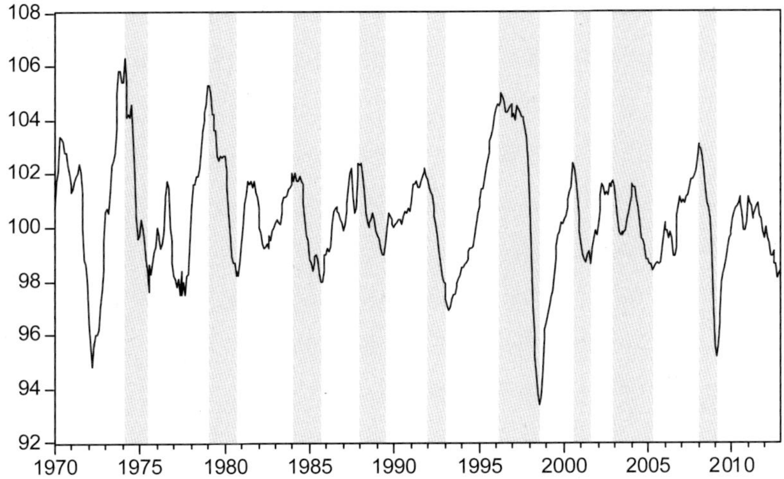

| 그림 11-3 | 동행지수 순환변동치

기준순환일

경기의 순환국면을 알기 위해서는 기준순환일(reference turning date)이 이용되는데 기준순환일이란 경기가 수축에서 확장국면 또는 확장에서 수축국면으로 전환하는 시점(turning point)으로서 경기의 순환움직임을 보여주는 상승 또는 하강하는 곡선상의 정점(peak) 또는 저점(trough)으로 나타난다.

| 표 11-3 | 기준순환일과 국면 지속기간

	기준순환일			지속기간(개월)		
	저 점	정 점	저 점	확장기	수축기	순환기
제1순환기	1972. 3	1974. 2	1975. 6	23	16	39
제2순환기	1975. 6	1979. 2	1980. 9	44	19	63
제3순환기	1980. 9	1984. 2	1985. 9	41	19	60
제4순환기	1985. 9	1988. 1	1989. 7	28	18	46
제5순환기	1989. 7	1992. 1	1993. 1	30	12	42
제6순환기	1993. 1	1996. 3	1998. 8	38	29	67
제7순환기	1998. 8	2000. 8	2001. 7	24	11	35
제8순환기	2001. 7	2002.12	2005. 4	17	28	45
제9순환기	2005. 4	2008. 1	2009. 2	33	13	46
제10순환기	2009. 2					
평균	-	-	-	31	18	49

우리나라의 경우 한국은행과 통계청이 독립적으로 기준순환일을 작성하여 발표하고 있는데 <표 11-3>은 통계청이 작성한 1970년 이후의 기준순환일을 나타내고 있다. 표를 살펴보

면 평균순환주기는 약 50개월이며 평균수축기간은 17개월, 평균확장기간은 33개월 정도로 확장기가 수축기에 비해 매우 길게 나타나고 있다. 이러한 현상은 제2차 세계대전 이후 대부분의 자본주의 국가에서 공통적으로 나타나는 특성으로 이의 원인은 경기침체시 정부가 적극적으로 시장에 개입하여 각종 부양책을 실시한 결과이다. 경기순환변동이 저점에서 시작한다고 보면 우리나라는 1970년 이후 6번째 경기순환을 맞고 있으며 1993년 1월 저점을 기록한 이래 통계청은 제6순환을 마감하는 저점을 발표한 일이 없다. 경기의 순환점은 시간이 지나야 정확하게 판단이 되기 때문에 현재로서는 추측에 의존할 수밖에 없는데 우리는 1996년 1/4분기 중 제6순환의 정점을 지나 IMF시대를 겪고 있는 지금은 제6순환을 마감하는 저점으로 끝없이 추락하고 있는 것으로 추측된다.

순환국면별 경제동향

경기순환국면과 그에 따른 경제문제 및 경제정책을 살펴보면 일반적으로 수축기에는 생산둔화, 실업률증가, 개인소득감소, 총수요감소, 물가수준하락 등의 경제현상이 발생하여 정부는 확장적인 재정 및 금융정책을 펴고 확장기에는 생산증가, 실업률감소, 소득증가, 총수요증가, 물가수준상승 등의 경제현상으로 정부는 긴축적인 재정 및 금융정책을 펴는데 이를 재량적 정책(discretionary policy) 또는 stop and go 정책이라고 한다. <표 11-4>는 경기순환국면별 경제동향을 보여주고 있는데 정책면에서 볼 때 우리나라는 전형적인 재량정책을 펴 왔음을 확인할 수 있다.

제1순환은 수출의존도가 높았던 점이 특징이다. 정부의 강력한 수출지향정책과 1972년 사채를 동결하고 금리를 인하한 8.3조치와 세계경제 호황으로 인해 경기상승이 있었고 1973년 10월 제1차 석유파동(1973년 원유가는 배럴당 $3.0에서 1974년 1월 1일에는 배럴당 $11.65로 급등함)으로 인한 물가 급등으로 경기가 위축되었으나 정부의 중화학공업 육성 시책으로 수축심도는 미약하였다.

제2순환은 확장국면과 수축국면이 뚜렷한 대비를 보였다는 것이 특징이다. 중동건설 특수, 중화학공업지향의 산업구조정비, 부동산 경기과열로 경기가 활성화되었고 부동산투기를 억제한 1979년 4.17조치, 1979년 7월 제2차 석유파동 및 10.26사태, 1980년 5.17 등 정치 · 사회적 혼란으로 민간소비 및 설비투자 크게 위축되어 최초의 마이너스성장을 기록하였다.

제3순환은 5공 초기 물가안정 시책, 금리인하 등 경기부양책과 세계경기회복으로 제조업 생산과 수출이 증가하여 경기가 상승하였고 주요국의 보호무역 강화로 수출증가세 둔화되고 무리한 투자확대 지양, 부동산 투기억제 시책 등 총수요관리정책으로 낮은 수준의 인플레이션은 유지되었으나 경기는 하락하였다.

제4순환은 높은 주가와 지가의 상승으로 나타난 거품현상이 그 특징이다. 3저(저금리, 저유가, 달러약세)현상, 해외경기의 회복, 그리고 주식시장 활황과 함께 국내수요도 활기를 띠면서 10~12%의 GDP성장률을 달성하는 등 호황을 누렸으나 노사분규로 인한 임금상승, 부동산 가격 상승, 원화가치 절상 등 국제경쟁력 약화로 경기는 하강하였으나 민간소비, 설비투자, 건설투자 등은 계속 증가세를 보여 수축심도는 약해졌다.

제5순환은 신도시 건설을 축으로 한 주택건설투자 확대, 중화학공업의 대규모 설비투자, 부동산 가격 상승 등으로 자산효과가 창출되어 민간의 소비수요가 증대하는 등 내수팽창으로 인해 경기가 상승하였으나 1991년 1월 경제안정과 성장기반 확충대책으로 과열경기가 진정되고 내수둔화 및 경공업의 경쟁력 약화로 제조업 생산이 부진하여 경기는 하강하였다.

| 표 11-4 | 경기순환국면별 경제동향

구 분	순환국면	경 제 동 향
제1순환 (1972. 3~ 1975.6)	확장기 (1972.3~1974. 2)	• 정부의 강력한 수출지향정책, 세계경기회복에 따라 견실한 성장 • 사채동결 및 금리인하정책(8.3조치)
	수축기 (1974. 2~1975. 6)	• 제1차 석유파동에 의한 물가 급등으로 경기 위축 • 정부의 중화학공업 육성 시책으로 수축심도는 미약
제2순환 (1975.6~ 1980.9)	확장기 (1975. 6~1979. 2)	• 중동건설 특수, 중화학공업지향 산업구조 정비, 부동산 경기과열로 경기 활성화
	수축기 (1979. 2~1980. 9)	• 제2차 석유파동, 10.26, 5.17 등 정치 · 사회적 혼란으로 민간소비 및 설비투자 크게 위축 • GDP, 제조업 생산 등 주요 경제지표가 대부분 최저치 기록(마이너스 성장률)
제3순환 (1980.9~ 1985.9)	확장기 (1980. 9~1984. 2)	• 물가안정 시책, 세계경기회복으로 제조업 생산 및 수출 증가 • 설비투자 및 민간소비의 소폭증가로 미미한 경기 회복세
제3순환 (1980.9~ 1985.9)	수축기 (1984. 2~1985. 9)	• 무리한 투자확대 지양, 부동산 투기억제 시책으로 국내경기 위축 • 주요국의 보호무역 강화로 수출증가세 둔화
제4순환 (1985. 9~ 1989. 7)	확장기 (1985. 9~1988. 1)	• 3저현상(저유가, 저금리, 달러약세)으로 대내외 경제여건 호전 • 주식시장 활황과 함께 국내수요도 활기를 띠면서 10~12%의 GDP 성장률 달성
	수축기 (1988. 1~1989. 7)	• 노사분규 격화, 부동산 가격 및 임금의 상승 등 경제여건 악화로 경기 부진 • 민간소비, 설비투자, 건설투자 등은 계속 증가세를 보여 수축심도는 약해짐

순환	국면	내용
제5순환 (1989. 7~ 1993. 1)	확장기 (1989. 7~1992. 1)	• 신도시 건설계획, 중화학 공업 부문의 대규모 설비투자 등 내수부문 주도하에 경기회복 • 부동산 가격 상승 등으로 자산효과가 창출되어 민간의 소비수요 증대
	수축기 (1992. 1~1993. 1)	• 과열된 건설경기가 진정되고 소비가 둔화되면서 경기 급속 위축 • 미 · 일등 선진국 경제의 침체가 장기화되면서 수출부진 지속
제6순환 (1993. 1~ 1998. 8)	확장기 (1993. 1~1996. 3)	• 엔화강세로 인한 수출가격 경쟁력 회복 등으로 전기전자제품 중심의 수출이 증가해 경기상승 주도 • 자본자유화로 외국자본차입을 통한 대규모 설비투자 확대
	수축기 (1996. 3~1998. 8)	• 원화강세로 인한 수출가격 경쟁력 약화와 주력제품의 세계적인 공급과잉으로 수출 부진 • 대형투자로 인한 외채급증, 대기업도산 속출 및 동남아국가들의 외환위기 한국전이로 외환위기 발생
제7순환 (1998. 8~ 2001. 7)	확장기 (1998. 8~2000. 8)	• 세계경제의 디지털 붐에 힘입어 IT 관련 제품 중심으로 수출이 확대되고 투자도 증가해 경기회복 • 외환위기의 심리적 공황상태가 진정되면서 소비도 회복
	수축기 (2000. 8~2001. 7)	• 세계 IT 경기 침체로 인한 해외수요의 감소로 IT 제품의 수출이 부진하여 경기 수축 • 설비투자의 급격한 위축과 소비 둔화도 경기 수축에 기여
제8순환 (2001. 7~ 2005. 4)	확장기 (2001. 7~2002.12)	• 가계대출 확대 등 내수경기부양책으로 소비가 증가하여 경기회복 • '02년 하반기에는 내수 증가세가 다소 둔화되었지만 수출의 회복으로 경기상승이 지속
	수축기 (2002.12~2005. 4)	• '03년은 소비와 투자의 침체 , 신용 및 투신사 유동성 위기 등으로 경제성장 둔화 • '04년 수출호조에도 불구하고 소비 · 투자 등의 내수부문이 계속 부진하여 경기회복이 지연
제9순환 (2005. 4~ 2009. 2)	확장기 (2005. 4~2008. 1)	• 민간소비 등의 내수가 침체에서 벗어나 수출호조와 함께 완만한 경기회복 • '07년에는 미국발 서브프라임 사태에도 불구하고 수출상승이 지속되었으며 소비 · 설비투자도 호조
	수축기 (2008. 1~2009. 2)	• '08년 상반기는 수출은 호조가 지속되었으나, 유가급등 등으로 인해 내수부문에서 경기둔화 가시화 • 글로벌 금융위기 발생에 따른 세계 경기침체 여파로 '08년 4/4분기이후 수출, 내수 모두 급락

출처 : 통계청, 경기종합지수(2012년 12월)

제 2 절 경제성장 및 경제발전

1 정의 및 의의

경제성장(economic growth)과 경제발전(economic development)은 경제학에서 흔히 같은 개념으로 사용하고 있으나 이를 엄격하게 구분해 보면 경제성장이란 국내총생산(GDP)이나 경제성장률로 측정한 경제활동의 양적 규모가 확대되는 것을 말하는 반면에 경제발전이란 경제성장뿐만 아니라 경제활동의 질적 변화 즉, 산업구조의 발전, 제도적 개선, 분배구조 개선 등을 포함한 사회의 전반적인 발전을 의미한다.

경제성장은 정의상 국민소득의 향상을 의미하므로 국민의 '삶의 수준'을 향상시키는 긍정적인 면이 있다. 그럼에도 불구하고 경제성장 고발론자들은 경제성장 자체가 환경파괴와 분배의 왜곡 등 '삶의 질'을 저하시키며 가용자원을 고갈시키므로 경제성장이 악이라고 주장한다. 그러나 경제성장과 환경보전의 문제는 자원배분의 문제이기 때문에 서로 상충되는 양자택일의 문제가 아니고 서로 양립할 수 있다. 따라서 경제성장으로 '삶의 수준'을 향상시키면서 동시에 제도개선을 통해 '삶의 질'을 향상시키는 지속가능한 경제발전(sustainable economic development)을 우리는 추구해야 한다.

2 요인 및 특징적인 사실들

요인

경제성장을 가져오는 요인으로는 자본과 노동 등 생산요소의 공급 증가와 생산기술과 같은 하드웨어(hardware)적인 기술과 기업의 조직 및 운영과 같은 소프트웨어(software)적인 기술 등 기술진보로 인한 생산성 증가를 들 수 있다. 이를 [그림 11-4]의 총생산함수와 관련시켜 보면 먼저 생산요소의 증가로 인한 경제성장은 총생산함수 위를 따라 생산이 증가하는 것을 말한다. 자본의 양은 고정되어 있고 노동의 투입량이 생산을 결정하는 단기총생산함수를 가정할 경우 노동의 투입량이 L_0이면 국민총생산은 Y_0이다. 다른 조건이 일정한 상태에서 노동의 투입량이 L_0에서 L_1으로 증가하면 국민총생산은 Y_0에서 Y_1으로 증가한다. 다음으로 기술진보로 인한 경제성장은 총생산함수 자체가 위쪽으로 이동한 것을 의미한다. 이럴 경우 같은 생산요소를 투입하더라도 국민총생산은 증대된다. 그림에서 기술진보로 인한 생산성 향상으로 생산함수는 위로 이동하였다. 기술진보가 있기 전에는 노동의 투입량이 L_0일 경우 국민총생산은 Y_0이었으나 기술진보로 생산함수가 위로 이동한 후에는 노동의 투입량이 L_0일 경우 국민총생산은 Y_2로 증가한다.

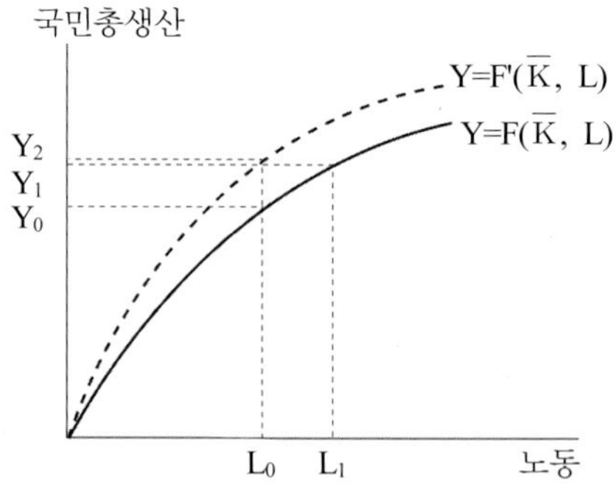

| 그림 11-4 | 경제성장의 요인

한편, 경제발전의 요인으로는 자본축적, 기업가 정신, 정부의 역할 등을 들 수 있는데 이는 경제주체들의 역할이 경제발전을 가져오는 중요한 요인임을 나타내고 있다. 먼저 기업의 이윤과 가계의 저축을 통해서 자본축적이 이루어지기 때문에 가계는 소비를 억제하고 저축증대에 큰 역할을 담당해야 한다. 또한 기업은 슘페터(J. Schumpeter)가 말하는 혁신적인 기업가정신을 가져야 한다. 이것은 새로운 자원, 기술, 조직, 시장 및 상품을 결합시키려는 창조적인 파괴활동으로써 이러한 혁신(innovation)은 경제발전의 근본적인 요인이 된다. 그리고 경제발전에 있어서 공공재를 생산하고 민간경제활동을 조정하는 정부의 역할도 중요한데 특히 후진국의 경제발전에 있어서 그러하다. 이 외에도 루이스(A. Lewis)는 경제의지(the will to economize)를 경제발전의 요인으로 들었는데 경제의지란 경제주체들의 경제적 욕구와 합리적인 사고 및 경제행위, 새로운 지식과 기술에 대한 욕구 및 미래에 대한 적극적인 자세 등을 말한다.

특징적인 사실들

쿠즈네츠(S. Kuznets)는 과거 2세기 동안 선진국에서 일어난 경제성장에서 다음과 같은 몇 가지 특징적인 사실들(stylized facts)이 있다고 하였는데 첫째는 연 3% 이상의 높은 경제성장을 달성하였는데 그 고도성장이 주로 생산성 향상(GNP증가의 50%~70%)에 기인하였다는 것이고 둘째는 경제구조가 농업에서 비농업으로, 개인기업에서 회사기업으로, 농촌에서 도시로 급격하게 전환하였다는 것이다. 셋째는 경제주체들의 태도와 경제제도가 근대적인 태도와 제도로 발전되어 갔으며 넷째는 선진국의 후진국에로의 진출이 증가하였고 경제성장의 혜택이 선진국에 국한되어 총인구의 15%를 차지하는 선진국이 총생산의 80%를 점하였다는 것이다.

3 경제성장이론

경제성장의 요인에 대한 이론은 다양하며 그 이론의 현실설명력은 나라와 환경에 따라 다를 수 있다. 경제성장의 요인에 관한 이론은 고전학파, 케인즈학파, 신고전학파 등 크게 세 가지로 나눌 수 있다.

고전학파는 자본축적, 노동생산성 향상, 인구증가 등 총공급측면이 경제성장의 요인이라고 주장하였다. 아담 스미스(Adam Smith)는 경제성장을 결정하는 요인은 근검과 절약에 의한 자본축적이라고 하였다. 자본축적은 노동의 분업화를 통해서 노동생산성의 향상을 가져오고 이것이 경제성장에 기여한다는 것이다. 리카도(D. Ricardo), 맬더스(T. Malthus) 등 고전학파 경제학자들도 자본축적과 인구증가가 서로 관련하여 경제성장이 이루어진다고 보았다.

1930년대 대공황을 거치면서 자본주의의 안정적인 성장에 대한 회의가 생기게 되고 케인즈(J.M. Keynes), 해로드(R.F. Harrod), 도마(E.D. Domar) 등 케인즈학파는 자본주의 경제는 그 속성상 불안정한 경제이므로 자본주의 경제에서 항구적이고 안정적인 경제성장을 달성한다는 보장이 없다는 견해를 가졌다.

그러나 사무엘슨(P. Samuelson)이나 솔로우(R. Solow) 등 신고전학파 경제학자들은 경제성장을 결정하는 요인은 자본이나 노동보다는 기술진보나 혁신이 더 중요한 역할을 하기 때문에 기술진보가 계속되면 자본주의 경제는 안정적이고 지속적인 성장을 달성할 있다고 주장하였다.

솔로우 성장이론

근대적 경제성장이론은 헤로드와 도마였으나 이들의 이론을 발전시킨 것이 솔로우 성장이론(Solow's growth theory)이며 신고전학파 성장이론(neoclassical growth theory)이라고도 한다.

솔로우는 노동과 자본의 생산요소 간 대체가 가능하고, 인구증가율이 일정하며, 총저축은 총소득의 일정한 몫이고 총저축이 총투자와 같을 경우 자본주의 경제는 장기적으로 안정적 균형성장을 달성할 수 있다고 하였다. 또한 한 나라 국민들의 생활수준 향상을 위해서는 1인당 소득이 증가해야 하는데 1인당 소득이 증가하기 위해서는 1인당 자본이 증가해야 한다고 주장하면서 1인당 자본의 증가를 통해 1인당 소득을 높이는 방법으로 국민저축률의 증가, 인구증가율의 억제, 생산기술의 향상을 제시하였다.

*** 솔로우(Robert Solow, 1924~)**

미국에서 출생했으며, 1987년 경제성장이론에 대한 공로로 노벨경제학상을 수상했다. 경제성장의 요인을 노동과 자본 및 기술진보로 간주하는 Solow-Swan 신고전학파 성장모형을 제시했으며, 또한 오래된 자본보다는 새로운 기술을 체화한 새로운 자본이 더 생산적이라는, 자본의 상이한 빈티지(vintage)를 갖는 성장이론을 최초로 제시했고, 최근에는 기술진보의 역할에 초점을 맞추는 내생적 성장이론의 개발에 진력했다.

솔로우 성장이론은 자본주의 경제가 완전고용을 이루면서 지속적인 균형성장을 할 수 있다는 것을 보여 주었지만 1인당 소득증가의 동인이 되는 기술진보는 모형 밖에서 외생적으로 결정된다고 함으로써 기술진보의 결정요인에 대해서는 설명을 하지 못한 한계점을 가지고 있다.

내생적 성장이론

내생적 성장이론(endogenous growth theory)은 기술진보를 설명하지 못한 솔로우 성장이론의 한계를 극복하고 경제성장의 원동력을 모형 안에서 내생적으로 설명하기 위해 로머(P. Romer)와 루카스(R. Rucas) 등이 주장한 이론인데 신성장이론(new growth theory)이라고도 한다.

내생적 성장이론은 솔로우 성장이론과 마찬가지로 기술진보가 경제성장의 원동력이고 이러한 기술의 실체는 지식스톡(knowledge stock)이고 지식스톡이 연구개발(Research and Development: R&D)에 의해 증가하는 것을 기술진보로 보았다. 또한 물적 투자와 인적 투자 역시 경제성장의 원동력으로서 기술진보 없이도 물적자본스톡 및 인적자본스톡의 지속적 증가는 1인당 소득의 지속적 증가를 가져올 수 있다고 보았다.

성장회계

성장회계(growth accounting)란 한 나라의 경제성장을 각 요인별로 분해해 보는 것을 말한다. 경제성장은 양적 성장인 생산 활동에 투입되는 노동 및 자본의 양과 질적 성장인 기술진보에 의해 이루어진다고 보고 경제성장에서 어떠한 요인이 중요한 역할을 하는 지를 분석해 보는 것이 성장회계이다.

경제성장의 요인을 분석하기 위하여 다음의 (11-1)식과 같은 총생산함수를 가정한다.

$$Y = A\ f(K,\ L) \tag{11-1}$$

여기서 A는 기술수준을 나타내는데 자본과 노동의 생산성에 공통적으로 영향을 미치는 총요소생산성(total factor productivity)이라고 부른다.

경제성장을 기술진보, 자본증가, 노동증가가 기여하는 세 부분의 합으로 보면 성장회계 방정식은 다음의 (11-2)식과 같게 된다.

생산량 증가 = 총요소생산성 증가 + 자본의 기여 + 노동의 기여 (11-2)

총요소생산성은 경제의 전체적인 생산기술수준을 의미하므로 직접 측정하기가 어렵다. 따라서 생산량 증가율에서 자본의 기여와 노동의 기여를 차감한 나머지 부분으로 측정하는데 이를 솔로우 잔차(Solow's residual)이라고 한다.

영(A. Young)은 성장회계를 통해 동아시의 네 마리 용인 한국, 싱가포르, 대만, 홍콩의 경제성장을 분석하였는데 그 결과는 <표 11-5>와 같다. 한국의 경우 1966-90년 중 연평균 경제성장률이 10.3%인데 그 중 4.1%가 자본의 기여분이고, 4.5%는 노동의 기여분으로 이를 합한 8.6%가 양적 성장에 해당한다. 나머지 1.7%는 기술진보에 의한 질적 성장을 나타낸다. 또한 연평균 경제성장률 10.3%를 100으로 보았을 때 자본의 기여율은 40%, 노동의 기여율은

44% 및 기술진보의 기여율은 16%이다, 이에 근거하여 한국의 경우 질적 성장은 양적 성장에 비해 그 크기가 상당히 작은 것으로 나타나고 있다.

| 표 11-5 | 성장요인 분석결과

(단위 : %)

국가	분석기간	경제성장률 (연평균)	양적 성장		질적 성장
			자본 기여분	노동 기여분	생산성 증가율
한국	1966~90	10.3 (100)	4.1 (40)	4.5 (44)	1.7 (16)
싱가포르	1966~90	8.7 (100)	5.6 (65)	2.9 (22)	0.2 (2)
대만	1966~90	9.4 (100)	3.2 (34)	3.6 (39)	2.6 (27)
홍콩	1966~91	7.3 (100)	3.0 (41)	2.0 (27)	2.3 (32)

출처 : A. Young, "The Tyranny of Numbers Confronting the Statistical Realities of the East Asian Growth Experience," Quarterly Journal of Economics(1995).

4 경제발전이론

균형발전론과 불균형발전론

넉시(R. Nurkse)는 균형발전이론을 주장하였는데 이 이론은 저소득 → 저소비 → 저투자유인 → 저생산 → 저소득으로 이어지는 악순환 때문에 후진국은 빈곤할 수밖에 없고 따라서 이러한 빈곤을 해결하려면 산업의 상호관계를 고려하여 후진국이 모든 산업을 동시에 균형적으로 발전시켜야 한다는 것이다.

이에 반해 허쉬만(A.O. Hirschman)은 불균형발전이론을 주장하였는데 이 이론은 투자재원이 부족한 개발도상국에서 모든 산업을 동시에 균형적으로 발전시키는 것이 어렵기 때문에 투자효과가 큰 전략산업을 집중적으로 발전시켜야 한다는 것이다. 이 이론은 산업연관효과에 근거하고 있다. 산업연관효과에는 다른 산업이 필요로 하는 투입물을 생산하는 산업의 발전이 다른 산업의 발전에 영향을 주는 전방연관효과(forward linkage effect)와 다른 산업의 산출물을 중간재로 수요하는 산업의 발전이 다른 산업의 발전에 영향을 주는 후방연관효과(backward linkage effect)가 있는데 이러한 전·후방연관효과가 큰 선도산업에 집중투자하면 다른 산업에 미치는 파급효과가 커서 경제가 발전한다는 주장이다.

이중구조론

루이스(A. Lewis)는 이중구조적 발전이론을 주장하였는데 이 이론은 대부분의 저개발국이 전통적인 농촌의 생존부문과 근대적인 도시의 산업부문으로 나누어져 있으므로 노동과 자본을 생산성이 낮은 농촌의 생존부문에서 생산성이 높은 도시의 산업부문으로 이동시킴으로써 경제발전을 가져올 수 있다는 것이다.

경제발전단계설

인류의 경제발전이 어떠한 단계를 거쳐 형성되었으며 앞으로 어떠한 단계로 발전해 나갈 것인가에 관한 학설을 경제발전단계설이라고 한다. 경제발전단계의 대표적인 학설로는 다음과 같은 것들이 있다.

클라크(C. Clark)는 산업을 농업 · 임업 · 어업 등 제1차산업, 광업 · 제조업 · 건설업 등 제2차산업, 그리고 상업 · 운수업 · 금융업 등 제3차산업으로 나누고 경제발전에 따라 산업의 비중이 제1차산업 → 제2차산업 → 제3차산업으로 이동해 가는 역사적인 경향이 있다고 주장하였는데 이를 클라크의 산업구조이행설이라고 한다.

로스토우(W.W. Rostow)는 경제발전과정을 5단계로 구분하면서 각 나라가 이러한 발전과정을 따른다고 주장하였는데 이를 경제발전단계설이라고 한다. 제1단계는 전통적 사회(traditional society)로 농업이 중심이 되는 사회이다. 2단계는 도약준비단계(preconditional stage for take-off)로 농업사회에서 공업사회로 이행되는 과도기이며 사회간접자본이 확충된다. 제3단계는 도약단계(take-off stage)로 이 단계의 특징은 매년 5% 내지 10% 정도로 투자율이 상승하며 제조공업에서 높은 성장률을 보이는 선도산업이 하나 이상 존재하며 경제발전을 위한 근대적인 정치사회제도가 등장한다. 제4단계는 성숙단계(maturity stage)로 이 단계의 특징으로는 자본집약적인 기술혁신과 생산자동화에 의한 대량생산을 들 수 있다. 마지막 단계인 제5단계는 고도대중소비사회(age of high mass-consumption)로 이 단계에서는 내구소비재와 서비스가 대량생산되며 과잉생산으로 인해 소비가 미덕이다.

호프만(W. Hoffman)은 제조공업을 소비재산업과 투자재산업으로 나누고 소비재산업의 소득을 투자재산업의 소득으로 나눈 호프만비율을 계산한 후 경제발전에 따라 소비재산업 중심에서 투자재산업 중심으로 변화하므로 이 비율이 저하된다고 주장하였는데 이를 공업구조이행설이라 한다.

한편, 거센크론(A. Gerschenkron)은 경제발전의 일반적인 단계설을 부정하고 경제발전의 다양성을 주장하였는데 첫째는 후진국은 발전단계의 순서를 바꾸거나 특정단계를 생략할 수 있으며 둘째는 후진성이 강한 나라일수록 경제발전과정에서 공업화의 급속한 진전, 자본재산업 및 대기업 선호, 중앙통제의 금융제도 등과 같은 현상이 발생한다고 보았다.

5 우리나라의 경제성장 및 경제발전

한국경제의 과거와 현재

| 표 11-6 | 주요지표의 어제와 오늘

항 목	과 거	현 재
인구	2,150만 명('55)	4,728만 명('05)
GDP	13억 달러('53)	6,801억 달러('04)
1인당 GNI	67달러('53)	14,162달러('04)
수출	28백만 달러('52)	2,538억45백만 달러('04)
무역의존도	13.0%('53)	86.3%('04)
외환보유액	38백만 달러('51)	2,049억86백만 달러('05)
소비자물가지수	1.24('55)	114.7('04)
예금금리(연)	3.4%('45)	3.46%('05 상반기)
대출금리	6.6%('44)	5.56%('05 상반기)
산업비중(농림어업)	47.3%('53)	3.7%('04)
산업비중(광공업)	10.1%('53)	29.1%('04)
산업비중(전기 · 가스 · 수도업 및 건설업)	2.6%('53)	11.7%('04)
산업비중(서비스업)	40.0%('53)	55.5%('04)
총저축률	13.1%('53)	34.9%('04)
국내총투자율	14.7%('53)	30.3%('04)
철강(조강)생산량	0.8천M/T('46)	47,520천M/T('04)
자동차생산량	7대('55)	3,469,464대('04)
선박건조량	8천G/T('45)	15,143천G/T('04)

자료 : 한국은행, 숫자로 보는 광복 60년(2005)

한국경제는 1962년 제1차 경제개발5개년계획으로 경제개발을 시작한 이래 연평균 9% 이상의 경이적인 경제성장을 이루어 왔다. 광복이 된 지 50년이 된 지금 그 당시와 비교해 보면 한국경제는 실로 비약적인 발전을 하였다. <표 11-6>은 우리나라 주요지표의 과거와 현재를 보여주고 있는데 국내총생산(GDP)의 변화를 보면 1953년 13억 달러에 불과하던 것이 2004년에는 6,801억 달러로 523배의 양적 확대를 나타내고 있으며, 1인당 GNI도 1953년 67달러에 불과하였으나 2004년에는 14,162달러로 211배가 증가하였다. 대외교역을 나타내는 수출도 큰 증가를 보이고 있는데 1952년 28백만 달러에 불과하였던 것이 2004년에는 2,538억 45백만 달러를 나타내 9,065배의 증가를 기록하고 있다. 인구는 1955년 2,150만 명에서 2005년은 4,728만 명으로 2.2배가 증가하였으며, 철강(조강)생산량은 1946년 0.8천M/T에서 2004년 47,520천M/T로 엄청난 증가를 보이고 있다. 자동차생산량은 1955년 7대에서 2004년은 3,469,464대로 증가하였고, 선박건조량은 1945년 8천G/T에서 2004년 15,143천M/T로 증가하였다.

세계 속의 한국경제

또한 세계 속에서 한국경제의 현주소를 살펴보면 <표 11-7>과 같은데 2011년 우리나라의 인구는 4,839만 명으로 세계 25위를 차지하고 있다. 국내총생산(GDP)은 2010년 현재 10,145억 달러로 세계 15위, 교역규모는 8,920억 달러로 2010년 기준으로 세계 9위이며, 외환보유고는 2010년 2,916억 달러로 세계 6위를 차지하고 있다. 2009년의 쌀 생산량은 7,023천 톤으로 세계 15위를 차지하고 있고 자동차생산량은 2010년에 427만대로 세계 5위를 기록하였다. 또한 선박건조량은 2010년에 14,907천CG로 세계 2위를 차지하였고 석유소비량은 2010년에 2,248백만 톤으로 세계 9위를 차지하였으며 전력생산량은 2009년 417TWh로 세계 10위를 차지하고 있다.

| 표 11-7 | 세계 속의 한국경제

주요지표	기준연도	수 치	순 위
인구	2011	4,839만 명	25
GDP	2010	10,145억 달러	15
교역규모	2010	8,920억 달러	9
무역수지	2010	412억 달러	12
외환보유고	2010	2,916억 달러	6
쌀 생산량	2009	7,023천 톤	15
자동차생산량	2010	427만대	5
선박건조량	2010	14,907천CG	2
석유소비량	2010	2,248백만 톤	9
전력생산량	2009	417TW	10

자료 : 한국무역협회, 2011 세계 속의 대한민국(2012)

앞에서 언급한 두 표에 근거해 볼 때 한국경제의 현주소를 로스토우의 경제발전단계설에 적용시켜 보면 제1단계 전통적 사회와 2단계 도약준비단계 그리고 제3단계인 도약단계를 지나서 제4단계인 성숙단계에 진입한 것으로 판단할 수 있으며 여러 가지 문제점이 해결되면 마지막 단계인 고도대중소비사회에 도달할 것으로 예상된다.

경제성장의 특징

경제성장 과정에서 많은 나라들이 서로 유사하거나 또는 상이한 성장전략을 보여 왔다. 한국 역시 주어진 환경 하에서 생존전략으로서 경제성장정책을 펴 왔다. 한국경제성장의 특징으로는 세 가지 정도를 들 수 있는데 다음과 같다.

첫째는 압축 성장(condensed growth)이다. 압축성장이란 경제성장 과정에서 수반되는 제반 적응과정을 생략함으로써 선진국이 수백 년에 걸쳐 이룩한 것을 수십 년 만에 달성한 것을 말한다. 이러한 압축 성장으로 한국경제는 선진국의 개발경험을 토대로 시행착오를 줄일 수 있었다는 장점도 있었지만 단기간에 걸친 업적위주의 성장을 하다 보니 사회의 여러 분야에 부실 양상을 보여 성수대교와 삼풍백화점이 붕괴되고 마포와 대구에서 가스가 폭발하는 등 문제점들도 많이 나타났다. 경제발전에 대한 거센크론의 첫 번째 명제는 후진국의 공업화 속도는 보편적으로 선진국보다 훨씬 빠른데 이는 후진국이 선진국에서 개발되고 축적된 기술혁신을 이용할 수 있기 때문이라는 것이다. 아시아의 대표적인 성장국가인 일본, 한국, 대만은 부존자원이 부족하였으나 우수한 인적 자원으로 선진국이 수백 년에 걸쳐 이룩한 경제성장을 30년 만에 달성하였으므로 압축 성장을 이룩한 국가이며 거센크론의 첫 번째 명제를 뒷받침해 주는 사례가 될 수 있다.

둘째는 불균형 성장(unbalanced growth)이다. 허쉬만의 불균형발전이론에 근거하여 산업면에서는 농업보다는 공업을 중시하며 분업면에서는 수입대체산업보다는 수출산업을 중시하고 기업면에서는 중소기업보다는 대기업을 우선시 하는 성장전략을 채택해 왔다. 일본이나 대만보다 경제발전에 직접적이고 적극적으로 우리나라 정부가 개입한 결과 소득, 물가, 무역, 산업구조 등에서 한국은 일본이나 대만보다 불균형적인 발전을 보였다. 경제발전에 대한 거센크론의 두 번째 명제는 개발도상국가는 선진국과는 다른 산업구조를 가지게 되는 경향이 있으며 후진성이 강할수록 정부의 역할이 더 강하고 불연속적이고 불균등형 성장으로 귀결되기 쉽다는 것인데 우리나라는 이를 뒷받침해 주는 국가로 볼 수 있다. 이러한 성장전략은 경제 각 부문 간에 협력(cooperation)과 조화(coordination)가 유지될 경우에는 효율적인 자원배분이라는 장점이 있지만 각 부문 간에 갈등이 존재할 경우에는 경제 불안을 증폭시킨다는 단점이 있다. 우리나라는 개발독재를 거치면서 표면상 협력과 조화가 유지되는 듯 하였지만 민주화 과정을 거치면서 경제정의를 외치는 각 부문의 요구로 불균형성장의 폐해가 많이 나타나고 있다.

셋째는 외연적 성장(extensive growth)이다. 외연적 성장이란 기존의 국내 부존자원과 기술에다 수입된 자원과 기술 등 하드웨어를 사용하여 이루어진 성장으로 외연적 성장의 원천은 원재료, 노동력, 기계설비 등 생산요소의 투입증대이다. 이 성장전략은 개발 초기에는 생산요소의 한계생산력 증대로 효과를 나타낼 수 있으나 개발과정을 거치면서 생산요소의 한계생산력체감으로 장기적인 성장에는 한계점을 드러내게 된다. 앞에서도 설명한 바와 같이 경제성장을 가져오게 하는 요인으로는 자본과 노동 등 생산요소의 투입증가와 기술진보로 인한 생산성 향상을 들 수 있다. 따라서 경제성장에 있어서 생산요소의 투입증가와 총요소생산성의 향상이 각각 얼마나 기여하였는지를 추정할 수 있는데 이를 성장회계(growth accounting)라고 한다. 크루그만(P. Krugman)은 한국을 포함한 아시아 개도국(대만, 홍콩, 싱가포르)의 경제성장 동인은 생산성 향상이 아니라 투입물의 증가라고 주장하면서 21세기 세계경제를 아시아 경제권에서 주도하리라는 예측들은 근거가 없다고 하였다. 또한 라우(L. Lau)는 1960-1989년 중 한국 경제성장의

89%가 생산요소투입의 증가에 기인한 것이며 10%정도가 기술향상에 기인한 것으로 추정하였고 영(A. Young)은 1966-1990년 중 한국경제의 연평균성장률은 10.4%였는데 생산성증가에 의한 성장을 1.6%에 불과하다고 추정함으로써 한국의 경제성장은 외연적 성장임을 주장하였다.

연대별 개관

한국경제의 환경, 전략, 주요 정책내용을 연대별로 요약하여 살펴보면 <표 11-8>과 같다.

1950년대의 경제 환경은 정치적 불안, 6.25사변 등 정치적 환경과 극도의 빈곤, 높은 인구증가율, 높은 실업률, 낮은 국내 저축률 등 경제적 환경으로 빈곤의 악순환(vicious circle of poverty)이었다고 할 수 있다. 특별한 전략은 없었으며 정책내용으로는 미국의 경제원조에 의존하면서 1954년 농지개혁을 단행하였고 저곡가, 저금리, 저환율 등 '3저정책'을 실시하였다. 이 정책은 일상필수품의 공급을 확대시켜 물가안정을 달성하기 위한 것이 그 목적이었다. 예를 들어 명목금리의 상한을 20%로 규정한 이자제한법을 시행하여 실질금리가 부(-) 수준을 보임으로써 차입자가 보조금을 얻은 셈이 되고 물가가 안정되게 되었다. 성과로는 미국원조의 14%만이 자본재이고 대부분이 소비재였으므로 한국의 자본형성과 공업발전에 크게 기여하지 못한 점도 있으나 교육기관의 설립으로 인적자본에 대한 투자가 이루어져 경제발전의 동인이 되었다고 할 수 있다. 한편 농지개혁의 결과 5년 분할 지급조건의 지가증권과 초인플레이션으로 지주층이 몰락하였고 저곡가 정책으로 국내농민의 곡물생산 유인이 감소하였고 저금리 정책으로 저축이 감소하고 이로 인해 금융제도의 장기적 발전이 저해되고 오히려 비제도권 금융시장이 발달하고 제도권 금융시장에서의 대출이 어려운 중소기업이 더 큰 어려움을 당하게 되었다.

1960년대의 경제 환경은 빈약한 자연자원, 협소한 내수시장, 미미한 국내저축률, 개발경험 부족 등으로 여전히 좋지 않은 상황이었다. 따라서 정부는 수입대체에 의한 내부지향형(inward-looking) 발전전략보다는 수출중심에 의한 외부지향형(outward-oriented) 발전전략을 택하여 열악한 초기조건을 극복하고자 하였는데 이러한 발전전략을 선택한 것은 철저한 비교우위(comparative advantage)에 근거한 것이었다고 볼 수 있다. 주요 정책내용을 살펴보면 한국이 비교우위를 가지고 있던 경공업제품을 주로 수출하였고 국내저축률을 높이기 위해 높은 이자율 정책을 취하고 외자도입을 적극 추진하였다. 수출 진흥을 위해 원화를 2배 가까이 평가 절하하였고 단기수출금융 및 관세환급을 실시하였다. 또한 주요곡물의 자급은 비효율적이라는 판단 하에 수입을 허용하고 단계적으로 수입자유화 조치를 취하여 수입이 가능한 품목만을 열거하고 나머지 품목은 모두 수입 금지나 수입제한품목으로 간주하는 자유품목열거방식(positive list system)에서 원칙적으로 수입을 자유화시키고 예외적으로 수입금지품목이나 제한품목을 열거하는 제한품목열거방식(negative list system)으로 전환하였다.

1970년대 경제 환경으로는 1971년 브레튼우즈(Bretton Woods)체제의 붕괴로 보호무역주의가 강화되었고 1972년과 1973년에 걸친 세계적인 상품공급의 부족과 1973년의 제1차 원유충격과 1979년의 제2차 원유충격으로 한국경제는 상당한 어려움을 겪어야 했다. 따라서 1960년대 수출주도의 성장전략을 수정하여 수입대체산업을 강조하는 전략으로 수정하였고 이에 따라 정책내용도 수출 품목을 전자, 중화학 등 고부가가치품목 중심으로 전환하였으며 수출지역도 중동, 유럽 등으로 다변화를 시도하였다. 또한 추곡수매제도를 도입하여 국내농업생산의 확대를 꾀하였다.

1980년대 경제 환경으로는 경제 부문 간 불균형이 심화되었으나 저금리, 저유가, 저달러 등 '3저현상'이 발생하여 한국경제에 큰 기회가 되었다. 이 시기에 취한 전략으로는 안정과 성장의 조화를 추구하고 경제민주화를 달성하려고 하였다. 그 정책방향으로는 먼저 내부적으로는 효율적인 자원배분을 보장해주는 시장기능이 역할을 할 수 있도록 물가안정에 큰 노력을 기울였는데 통화 공급을 축소하고 정부지출의 증가를 가능한 억제하고 비용인상 인플레이션의 원인이 되는 임금상승을 억제하였다. 늘어나는 경제활동인구들에게 일자리를 제공하기 위해 지속적인 경제성장 역시 추구하였다. 소득분배구조를 개선시키기 위하여 1980년 공정거래법을 도입하였고 자금부족, 경영능력부족, 기술낙후 등의 어려움을 겪고 있는 중소기업의 진흥에 노력하였고 산업차별화정책을 포기하여 모든 산업에 인력투자와 기술개발을 지원하였다. 한편, 외부적으로는 수입자유화를 적극 추진하여 수입 자유화율이 1979년 68%에서 1989년에는 94.8%로 증가하였고 관세를 인하하여 1980년 수입상품에 대한 관세율이 31.8%에서 1989년에는 12.1%로 인하되었다. 외국인투자에 대한 규제를 완화하여 1984년 외국인 투자승인에 제한품목열거방식(negative list system)을 도입하여 1988년에 전 산업의 20%만이 리스트에 올라있고 제조업의 경우 2%만이 리스트에 올라 있게 되었다.

1990년대 경제 환경으로는 세계무역기구(World Trade Organization: WTO)체제의 자유무역주의와 유럽연합(European Union: EU), 북미자유무역지대(North American Free Trade Area: NAFTA), 아시아・태평양경제협력(Asia-Pacific Economic Cooperation: APEC) 등 지역주의가 공존하고 있으며 치열한 국가경쟁이 진행되고 있다. 또한 금융시장과 서비스시장에 대한 개방 압력이 증대되고 있으며 세계의 무역자유화를 위한 우루과이 라운드(Urguay Round: UR)에 이어, 환경오염 생산물에 대한 수출입을 규제하는 환경라운드(Green Round: GR), 근로조건에 대한 국제적 표준화를 위한 노동라운드(Blue Round: BR), 각국의 기술정책을 협상하는 기술라운드(Technology Round: TR), 독점금지 등 경쟁정책의 국제 표준화를 위한 경쟁라운드(Competition Round: CR) 등 새로운 세계경제질서의 확립이 진행되고 있다. 이에 따라 우리는 국제화와 세계화를 대응전략으로 채택하며 정책방향으로는 경제제도 및 의식개혁을 주요내용으로 하는 '신경제계획'을 수립하여 재정의 합리화, 금융의 자율화, 행정의 서비스화를 추구하였다. 또한 각종 제도의 개혁에 착수하여 금융실명제, 부동산실명제, 금융소득종합과세 등이 도입되었다.

1997년 11월 22일은 우리나라가 국제통화기금(IMF)에 구제금융을 요청한 날이었다. 외환위기로 인해 우리나라가 IMF구제금융을 받게 된 원인으로는 장기적인 원인과 단기적인 원인이 있을 수 있는데 장기적인 원인으로는 정부의존형 기업경영, 지역 간·계층 간·도농 간 이중구조의 심화, 경제력 집중, 만성적 국제수지 적자 및 고물가, 노사문제 등 우리나라의 경제성장 과정에서 나타난 여러 가지 문제점들이 누적된 결과이며 단기적인 원인으로는 우리나라의 경제기초(economic fundamentals)에 대한 외국의 의구심과 우리나라의 기업 및 정부에 대한 외국의 불신, 과다한 단기외채비중 및 적정외환보유고 관리 등 위기관리능력의 부족, 그리고 아시아 금융위기의 전염(contagion of crises) 등을 들 수 있다. 이에 따라 지금 우리는 정부, 기업, 금융기관 등을 포함한 총체적인 구조조정을 진행하고 있다.

2008년 9월 16일 리만 브라더스(Lehman Brothers Holdings Inc.)의 파산보호 신청으로부터 시작된 미국발 금융위기에 따른 글로벌 신용경색이 실물경제로 전이되면서 세계경제 침체가 가속화 되었다. 글로벌 경제위기는 경기순환에 따른 경기침체가 아니라 위기 상황이었으므로 그에 대응하는 정책수단 역시 정상적인 경기대책이 아니라 파산과 실업을 막기 위한 무차별적 금융지원, 제로 금리, 파격적인 재정적자 등 비상조치들이 세계 각국에서 시행되었다.

글로벌 금융위기로 국제금융시장에서는 신용경색이 발생하여 국내은행의 외화조달이 어려워졌을 뿐만 아니라 국내 외화 유동성 및 원화 유동성도 부족한 상황이었다. 이에 정부는 2008년 10월 19일 「국제금융시장 불안 극복방안」을 마련하여 금융기관의 대외채무에 대해 지급을 보증하고, 외화 유동성을 공급하였고, 한국은행은 긴급 원화 유동성 공급을 확대하여 시장의 불안을 차단하고 환율을 안정시키고자 하였다.

글로벌 금융위기 이후 한국은행은 단기간에 큰 폭의 기준금리 인하(2008년 10월 5.25% → 2009년 2월 2.0%), 원화 및 외환시장 안정을 위한 유동성 공급, 민간신용 위축 방어를 위한 은행의 대출여력 확대 지원 및 금융기관 건전성 제고 등을 통해 금융시장 안정성 및 실물경기 침체 방어를 기하고자 하였다

2010년 5월 그리스에 대한 구제금융을 시작으로 촉발된 유럽재정위기는 아일랜드와 포르투갈로 확산되었다. 그리스는 2008년 글로벌 금융위기 이후 국가신용등급하락으로 국채상환부담이 가중됨에 따라 2010년 5월 EU와 IMF로부터 1,100억 유로의 구제금융을 받게 되었다. 이어 아일랜드도 2010년 11월 18일 850억 유로의 구제금융을 지원받게 되었고 포르투갈도 2011년 4월 6일 EU에 800억 유로의 구제금융을 신청하게 되었다. 특히 그리스의 경우 구제금융에도 불구하고 계속 재정위기가 악화되면서 2011년 7월 일부 채무재조정을 포함하여 2차 구제금융안이 시행되게 되었다.

| 표 11-8 | 연대별 개관

연대	환 경	전 략	정 책 내 용
50년대	• 정치적 불안 • 6.25사변 • 빈곤의 악순환		• 미국경제원조에 의존 • 농지개혁(1954)
60년대	• 빈약한 자연자원 • 협소한 내수시장 • 미미한 국내저축률 • 개발경험 부족	• 수출중심의 외부지향형 발전전략 • 비교우위에 의한 수출주도의 성장전략	• 경공업제품 수출 • 높은 이자율 정책과 외자도입추진 • 단계적수입자유화
70년대	• 보호무역주의 강화 • 세계적인 상품공급 부족('72~'73) • 제1, 2차 원유충격	• 수출주도의 성장전략을 수정 → 수입대체산업을 강조	• 고부가가치품목(전자, 중화학)중심수출전환 • 무역의 다변화 (중동, 유럽)
80년대	• 부문간 불균형 심화 • '3저(저금리, 저유가, 저달러(엔고)현상'	• 안정과 성장의 조화 • 경제민주화	• 물가안정 • 지속적인 경제성장 • 공정거래법도입('80) • 수입자유화 • 외국인투자 규제완화
90년대	• 보호무역주의/자유무역주의 공존 • 지역주의/국제화 • 치열한 국가경쟁 • 새로운 경제질서 • 외환위기와 IMF체제	• 국제화 • 세계화 • 구조조정	• 신경제계획 • 각종 제도의 개혁 : 금융 및 부동산실명제 금융소득종합과세 • 정부, 기업 및 금융기관의 구조조정
2000년대	• 글로벌 금융위기 • 유럽 재정위기	• 금융 안정성 제고 • 재정 건전성 강화	• 신용경색에 따른 원화 및 외화 유동성 공급 • 민간신용공급 위축방어 및 금융기관 건전성 제고

앞으로의 과제

한국경제는 현재 IMF체제를 극복하고 선진국으로 진입하느냐 아니면 추락하는 용이 되어 중남미 국가의 전철을 밟느냐 하는 중요한 시점에 있다. 한국경제가 치열한 경제전쟁에서 생존하고 발전하기 위해서는 지금까지의 성장전략을 전면적으로 수정하지 않으면 안 된다. 21세기를 준비하는 새로운 발전전략은 지금까지의 '삶의 수준'의 향상에서 국민의 '삶의 질'을 향상시키는 정책을 기본방향으로 채택해야 할 것이다. 이를 위란 성장전략으로서는 먼저 지속가능한 성장(sustainable growth)을 들 수 있다. 환경의 문제를 고려하고 늘어나는 인구와 경제활동인구에게 일자리를 계속 제공해 주기 위해서는 지속적 성장이 필요하다. 다음으로 균형성장(balanced growth)이다. 지역간, 산업간, 기업간 기회의 균등이 보장되는 성장정책이 필요하다. 마지막으로 내연적 성장(intensive growth)이다. 내연적 성장을 위해서는 이의 원천이 되는 software를 육성해야 한다. 미시적으로는 기술과 경영혁신을 조장하는 기업문화와 조화된 노사관계를 구축하고 거시적으로는 경쟁적 시장체제의 도입을 통해 효율성을 개선하고 산업구조조정과 정부조직개편을 통한 경쟁력 강화를 추진해야 할 것이다.

또한 국가경쟁력이 강화되기 위해서는 경제주체들도 제 역할을 다해야 하는데 먼저 정부는 새로운 게임의 법칙(rule of game)을 정하고 시장실패(market failure)를 감시하며 정부실패(government failure)를 최소화하고 국민의 필요를 잘 살펴 국민만족(citizens satisfaction)을 주는 역할과 시장경제의 자율성을 제고시키는 역할에 충실해야 하고 정책의 조화, 정책의 차별화, 정책의 일관성, 경제논리에 입각한 정책의 수립과 집행에 노력해야 할 것이다. 기업가 역시 고성장시대에 공급확대를 위한 외형위주의 투자에서 생산성 향상을 위한 합리화 및 연구개발 투자로 전환해야 할 것이며 가계들도 합리적인 소비와 세계시민 의식의 함양을 통해 경쟁력을 갖춘 전문가들이 되도록 노력해야 할 것이다.

제 12 장

자본주의의 발전과 경제학의 미래

본 장에서는 자본주의가 어떻게 발전하여 왔고, 그런 발전과정에서 경제학이 어떤 역할을 하였는지를 개괄적으로 검토한다.

제 1 절 상업자본주의와 중상주의 경제학

자본축적이 상업자본을 중심으로 이루어지고 그에 따라 상업자본가가 중심적인 역할을 담당하는 상업자본주의와 이를 정당화하는 중상주의 경제학을 살펴보고, 중상주의에 반기를 든 중농주의 경제학도 살펴본다.

1 상업자본주의의 등장과 중상주의 경제학의 특징

상업자본주의의 등장

상업자본주의(commercial capitalism)는 13세기에 이탈리아의 도시국가에서 싹트기 시작하여, 15세기 중엽 이후부터는 네덜란드, 영국 등의 유럽 각국에서 본격적으로 발전하였다. 상업자본주의는 대략 15세기 중엽부터 산업자본주의가 등장하기 시작한 18세기 중엽까지의 시기를 지칭하는데, 이 당시에는 국내 상업과 해외무역이 급격히 신장되고, 자본축적이 상인자본가의 상업자본을 중심으로 이루어지던 시기였다. 이 시기의 중심적 경제사상은 중상주의(mercantilism)이며, 이 사상은 정부의 지원 하에 중요산업을 육성 및 보호하고, 수출을 늘리고 수입을 억제함으로써 국가를 부강하게 만들고자 하는 사상이다.

이런 부국강병책을 실행하려면 우선 민족국가의 설립이 우선되어야 했는데, 민족국가의 설립에는 두 가지 장애물이 존재하였다. 첫째는 중세의 보편주의(universalism)인데, 이는 교회를 중심으로 이루어진 공동체적 의식으로, 교회 중심주의, 라틴어의 공동 사용, 로마법의 통용, 기사제도의 존속 등으로 나타난다. 이런 보편주의는 15세기 이후에 서서히 소멸되기 시작했다. 둘째는 지방분권주의(particularism)인데, 이는 영주의 세력이 막강한 상황에서 발생하며, 통행세, 도량형제도의 차이, 화폐제도의 차이 등으로 나타나며, 국가 통일에 막대한 지장을 초래하였으며, 영국과 프랑스는 각각 16세기와 18세기에 거의 소멸되었다고 볼 수 있고 독일은 19세기 말에 이르러서야 완전히 해결되었다. 중상주의는 이런 장애물들을 소멸시킴으로써 민족국가를 세우고, 나아가서는 식민지의 확대와 상업의 장려를 통해서 국가를 부강하게 만들고자 노력하였다.

중상주의 경제학의 특징

중상주의는 일관된 체계를 갖춘 이론이 아니며, 대체적으로 국가의 경제정책을 뒷받침하는 다양한 사상이었다고 볼 수 있다. 이 사상의 특징은 다음과 같이 몇 가지로 요약될 수 있다.

첫째로 중상주의는 화폐 혹은 금이 곧 국부(國富)라는 신념을 갖고 있다. 이런 사상을 중금주의(重金主義, bullionism)라고도 한다. 왜 이런 신념을 갖게 되었는가? 상인의 입장에서는 자본을 축적하고자 할 때 그것을 가능케 하는 유일한 수단이 화폐, 즉 금이었기 때문이고, 국가의 입장에서는 금을 많이 갖고 있으면 전쟁 수행에 필요한 군수물자를 쉽게 조달할 수 있고 또한 더 많은 군인들을 고용할 수 있어서 전쟁에 이길 수 있기 때문이며, 그리고 군주 입장에서도 금이 국내에 많으면 조세를 화폐로 거두어들이기가 편리하기 때문이다. 따라서 중상주의는 국내에 금이 많이 있으면, 국부가 증대된 것으로 간주하고 국부 증대를 위한 여러 정책을 추천했다.

둘째로 중상주의의 핵심은 국가가 수출을 장려하고 수입을 억제하는 것이다. 국부를 증대시키기 위해선 금의 증가가 필요한데, 금의 증가는 수출과 수입의 차이, 즉 무역수지가 흑자일 때 발생한다. 이런 관점에서 본다면 중상주의는 국부 증가가 무역을 통해서 이루어진다고 생각하고 있다. 따라서 이 사상의 상업정책은 보호무역주의에 속한다. 구체적인 보호무역정책들로는 수출세의 폐지, 수출에 대한 보조금, 과도한 수입세의 부과, 국영무역회사의 설립 및 독점의 허용, 자국 해운회사의 보호를 위한 수입시 자국선박의 의무적 이용 등이 있다. 그런데 이런 보호무역은 궁극적으로 근린궁핍화정책이다. 즉 중상주의자들은 한 국가의 무역수지 흑자는 상대국의 적자를 의미하며, 그것은 실제로 한 나라의 이익이 되고 상대국의 손실이 된다고 생각하였다. 다시 말하면 자국이 잘 살기 위해선 이웃 국가들이 빈곤해져야 한다는 것이 근린궁핍화정책이다. 따라서 자국의 이익을 위해선 상대국이 손해를 봐야 하며, 전쟁도 불사하는 결과를 낳았다.

셋째로 중상주의는 인구를 증가시키는 데에 목표를 두었다. 그 까닭은 인구가 많아지면 더 많은 수출상품을 만들 수 있으며, 그리고 부분적으로는 전쟁을 수행하는 데 많은 군인이 필요하기 때문이다. 그러나 노동자들의 임금수준이 높아지는 것에 대해선 반대한다. 대부분의 학자들은 노동자들이 타락하였다고 생각하고 그들이 부유하게 되면 사치를 한다고 보고서 노동자들은 빈곤하여야 한다고 주장한다. 따라서 국부의 증가는 곧 군주의 부가 증가하였다는 것을 의미한다.

넷째로 중상주의는 개인의 이익과 국가의 이익이 상충을 일으키면, 국가의 이익이 우선되고, 특히 경제에 대한 정부의 적극적인 간섭이 옹호된다. 따라서 무역에 대해서만 간섭하는 것이 아니라, 임금이나 고용조건을 감독하거나 노동력의 이동을 규제하기도 하며, 특히 곡물가격의 안정을 위해 곡물가격에 간섭하기도 하고, 또한 공산품의 품질관리를 엄격히 시행하기도 한다.

이런 중상주의적 사상은 국부가 생산과정이 아니라 유통과정에서 창출한다고 보는 데에 그 핵심이 있고 그 결과 무역을 중시하고, 나아가서는 전쟁까지도 불사하는 결과를 낳는다. 비록 이들의 사상이 일관된 체계를 갖추고 있지는 못하지만, 보호무역주의적 경향은 독일의 역사학파에 의해 많은 지지를 받았으며, 그리고 경제에 대한 국가 간섭은 케인즈에 의해 열렬히 지지되었다.

중상주의의 대표적인 학자들로는 영국의 먼(T.Mun, 1571~1641), 맬리니스(Malynes, 1586~1641) 및 스튜어트(J.D.Steuart, 1712~1780), 프랑스의 보댕(J.Bodin, 1530~1596)과 콜베르(J.B.Colbert, 1619~1683), 독일의 유스티(J.H.Justi, 1717~1771) 등이 있다.

2 중상주의 경제학에 대한 도전 – 중농주의 경제학

영국에서 산업혁명이 발생하기 바로 직전인 18세기 중엽까지, 프랑스에서는 농민이 전체 인구의 90% 이상을 점유하였는데, 절대군주 하에서 군주의 실정과 전쟁으로 농민들에게 과도한 세금이 부과됨으로써 농업의 발전이 크게 저해되었다. 특히 중상주의정책은 프랑스에서 농업의 희생 하에서 사치산업을 육성하고 무역을 장려하였으나, 왕실의 사치와 전쟁으로 왕실의 재정은 파탄에 이르렀다. 케네(F.Quesnay, 1694~1774)는 농업 생산의 증대를 통해서 국가 재정의 파탄을 막고자 시도하였는데, 케네와 그 추종자들의 경제사상을 중농주의(重農主義, physiocracy)라고 부른다. 중농주의는 경제학의 역사상 최초로 케네를 중심으로 하나의 학파를 형성하였는데, 미라보(V.R.Mirabeau, 1715~1789), 튀르고(A.R.J.Turgot, 1727~1781) 등이 이 학파에 속한다. 중농주의의 특징은 다음과 같다.

첫째로 중농주의자들은 국부가 유통과정에서 만들어지는 것이 아니라 농업 활동에서 창조된다고 보았다. 즉 그들은 금과 같은 귀금속이 국부가 아니고 토지의 생산물이 국부이며, 상업이나 공업은 부의 단순한 이동에 불과하다고 보았다. 따라서 국부를 증대시키기 위해선 농업 생산력의 증대가 필요하다고 보았다.

둘째로 중농주의는 만약 경제가 정치적 권력자의 간섭에 의해서 교란되지 않는다면 경제체제가 스스로 재생산시킬 수 있는 자연적인 능력을 가지고 있다고 주장한다. 즉 소위 자연질서(natural order)를 형성한다고 보았다. 자연질서란 자연현상에 존재하는 어떤 규칙성을 말하는데, 이런 규칙성이 인간 사회 및 경제에서도 발견될 수 있다고 생각했다. 중농주의의 이런 자연질서관은 만약 정부의 간섭이 없다면 경제에서의 생산, 분배, 유통 및 소비 등이 저절로 조화를 이루면서 규칙적으로 운영된다는 것이며, 그에 따라 중상주의와 같은 인위적인 간섭을 배격하고 자유방임주의(laissez faire)를 채택하였다. 자유방임주의는 개인의 경제적 자유를 최대한 허용하고 정부는 국방과 치안만 담당하고 경제에 대한 간섭은 하지 말아야 한다는 사상이며, 그리고 이런 사상에 입각한 국가는 도둑을 막기 위해 야간에 순찰하는 야경꾼을 양성하는 국가라는 의미로 야경국가라고 조롱하기도 하였다.

셋째로 케네의 경제표(tableau économique)를 중심으로 거시경제적 순환현상을 경제학 역사상 처음으로 분석하려고 시도하였다. 비록 불완전하기는 하지만, 거시 분석이 시도되었다는 것은 상당히 의미 있는 일이다.

중농주의가 농업 생산물만이 국부라고 주장한 것은 너무 편협된 사고방식이기는 하였지만, 중상주의에서 주장하는 유통과정에서 국부가 창출된다는 견해를 부정한 것만으로도 경제학의 발전에 지대한 공헌을 하였다고 볼 수 있다. 더욱이 자연질서를 중시하고, 그에 따라 자유방임주의를 주장함으로써 영국의 고전학파 이론의 선구자적 역할을 충실히 다하였다고 볼 수 있다.

제 2 절 산업자본주의와 고전학파 경제학

산업혁명과 더불어 등장한 산업자본주의를 합리화하고 아울러 산업자본주의의 문제점들을 시정하고자 노력하였던 고전학파를 살펴보고, 독일의 경제발전을 합리화하고 고전학파에 반발하여 등장한 역사학파를 검토한다.

1 산업혁명과 고전학파 경제학의 내용

산업혁명

산업자본주의(industrial capitalism)는 자본축적의 주체가 상인이 아니라 산업자본가이고, 자본축적도 유통과정에서 이루어지는 것이 아니라 공업부분에서 주로 발생하는 자본주의 경제체제를 말하는데, 이런 산업자본주의는 영국에서 산업혁명과 더불어 시작되었다고 할 수 있다. 산업혁명은 영국에서 18세기 중엽부터 19세기 중엽에 이르기까지 약 1세기에 걸쳐 발생한 경제의 급격한 대변혁을 말하는데, 그것은 단순히 공업성장에 기초를 둔 경제성장과 그것을 뒷받침한 공업기술의 혁신, 투자의 확대 및 공업조직상의 변혁과정에 그치는 것이 아니라 그와 함께 농업 및 상업 등 경제구조 전체의 근대적인 변혁의 과정이다.

그 내용을 보면 첫째로 농업기술의 개량과 제2차 종획운동(울타리치기운동)을 들 수 있다. 우선 농업기술의 혁신은 농업의 생산력을 크게 증대시켰으며, 지주와 농업자본가의 소득을 증대시켰고 또한 곡물가격의 하락을 유발하여 임금을 낮추는 역할을 하였다. 이것은 또한 공산품에 대한 수요를 크게 증가시켜서 산업혁명의 기폭제로 작용하였다. 그리고 곡물 생산을 주목적으로 18세기에 시작된 제2차 종획운동은 농민들을 농업노동자로 만들거나 혹은 도시로 축출시켰는데, 이런 종획운동은 궁극적으로 도시노동자의 숫자를 급속도로 증대시켰다.

＊ 종획운동(enclosure movement)

종획운동은 영국에서 공유 토지를 울타리치거나 혹은 소작 농지를 울타리치는 것을 의미한다. 제1차 종획운동은 15~16세기 이후에 진행되었는데, 신대륙 등에서 모직물 수요가 증대하면서 양모를 생산하기 위하여 소작농들을 몰아내고 양을 치기 위한 목초지를 조성하기 위해 진행되었다. 제2차 종획운동은 18세기 중엽 이후 식량가격이 폭등하면서 대농경영을 위하여 소작인들을 몰아내고 울타리를 치면서 나타난다. 종획운동의 결과 토지에서 축출된 농민들은 굶어죽거나 혹은 도시로 몰려들었다.

둘째로 각종 방적기, 증기기관 및 각종 철제련법 등의 발명은 상업의 발전과 더불어 공업생산의 비약적인 발전을 가져왔다. 가내공업이 공장제 기계공업으로 전환됨으로써 신흥자본가의 출현과 더불어 사회구조의 급격한 변화가 발생하였다. 계급구조가 과거의 지주 대 농민이 아니라, 지주, 노동자 및 자본가 등의 세 계급으로 정립된다.

셋째로 농업과 공업의 생산력이 비약적으로 발전함에 따라 19세기에 이르러서는 경기순환이 주기적으로 나타나고, 그에 따라 산업자본주의의 근본적인 문제인 빈곤과 실업이라는 심각한 문제가 발생한다.

이런 산업혁명은 완전한 형태의 자본주의인 산업자본주의를 탄생시켰으며, 18세기 중엽처음 영국에서 출발한 산업자본주의는 그 후 100여년 이상에 걸쳐서 영국을 세계 최고의 강국으로 부상시켰으며, 뿐만 아니라 다른 나라에까지 전파하여 오늘날의 선진 자본주의국가들을 출현시켰다.

고전학파 경제학의 내용

영국의 고전학파 경제학(classical economics)은 바로 이런 산업혁명을 배경으로 탄생한 하나의 학파이며, 산업혁명의 이론적 기반을 제시하고 또한 산업혁명의 문제점을 해결하려고 시도하였다. 대표적인 고전학파 경제학자는 스미스(A.Smith, 1723~1790), 리카도(D.Ricardo, 1772~1823), 밀(J.S.Mill, 1806~1873)이며, 맬더스(T.R.Malthus, 1766~1834)도 고전학파에 속하지만 그들과는 견해를 달리 하였다.

아담 스미스는 기존의 산만하면서도 체계를 이루지 못했던 경제학을 최초로 체계화하고 집대성하여 1776년에 『국부론』을 저술하였으며, 또한 영국의 산업혁명과 산업자본주의에 대한 이론적 기반을 제공하였다. 그의 이론과 사상의 골격을 간략히 요약하면, 첫째로 그는 국부가 금과 은이 아니라 노동의 생산물, 즉 재화라고 정의한다. 따라서 국부는 유통과정에서 창조되는 것이 아니라 생산과정, 즉 농업과 공업에서의 생산활동을 통해서 창조된다고 보았다. 결국 국부의 증대는 생산능력의 증대, 소위 산업자본의 축적을 통해서 가능하며, 그에 따라 산업자본주의의 출현을 정당화시켰다.

둘째로 그는 경제에 대한 정부의 간섭은 국방과 치안 및 공공토목사업과 같은 최소한의 범위에 그쳐야 하며 개인의 경제활동에 대해선 간섭하지 않아야 한다는 자유주의 사상을 천명하였다. 이런 자유로운 경제에서 개개인은 자신의 이기심에 근거하여 자신의 능력을 최대한 발휘하며, 이런 개개인의 이기심은 「보이지 않는 손」(invisible hand), 즉 가격기구를 통해서 사회 전체의 이익에 기여한다고 보았다. 이 견해는 자연질서에 대한 중농주의의 견해를 승계한 것이다.

셋째로 그는 자유무역을 주장하였다. 시장에서 개개인의 이기심에 기인한 분업이 이루어지는데, 이런 분업의 이익은 시장이 확대되었을 때 더 커진다고 보았으며, 특히 국가 간의 무역이 이루어진다면 국가 간의 분업이 가능하며, 이때의 분업의 이익은 더욱 더 커진다고 보았다. 단지 수송비가 이런 분업을 제한할 수 있다고 보았다.

18세기말과 19세기 초반에 활동하였던 리카도는 『정치경제학과 과세의 원리』(1817)에서 스미스의 경제학을 보다 체계화 및 상세화하였다. 스미스가 산업혁명의 초기에 생산과 분업에 관심을 가졌다면, 리카도는 산업혁명이 거의 완성단계에 이른 시기에 활동하였기 때문에, 생산문제보다는 생산물의 분배가 어떻게 이루어지는가에 더 많은 관심을 가졌다.

그의 이론을 요약하면, 첫째로 그는 스미스에 의해 제시된 노동가치설을 더 정밀화하였다. 그는 재화의 가치는 그 재화를 생산하는 데 투입된 노동량에 의해 측정된다고 하는 투입노동가치설을 주장하였으며, 그의 노동가치설은 리카도파 사회주의자와 마르크스의 사회주의이론의 기초를 형성하고 있다.

둘째로, 그는 지주, 노동자 및 자본가 세 계급 간의 분배이론을 제시한다. 지주에게는 토지의 비옥도의 차이에 따라 혹은 수확체감의 법칙에 따라서 토지의 생산량의 차이가 발생하는데, 이런 생산량의 차이가 지대로 흡수된다고 보았다(이를 차액지대원리라 한다). 그리고 임금은 노동자의 숫자를 일정하게 유지시키는 생존임금수준에서 결정된다고 보았으며, 이 수준 이상으로 임금이 상승하면 인구가 증가하여 임금이 하락하며, 그 수준 이하로 임금이 하락하면 인구가 감소하여 임금이 다시 생존수준으로 상승한다고 보았다. 따라서 임금은 노동자의 생계비에 해당하는 생존수준에서 결정될 수밖에 없다고 주장한다(이를 임금철칙설이라고 한다). 그리고 자본가에게는 총생산물 중에서 지대와 임금을 공제한 이후에 남는 잔여가 이윤으로 돌아간다.

셋째로, 스미스는 자본주의의 장래에 대해 매우 낙관적인 전망을 하였으나, 리카도는 경제성장의 원동력인 자본이 축적됨에 따라 수확체감의 법칙이 작용하므로 이윤율이 하락하여 더 이상의 자본축적이 이루어지지 않아서 경제성장이 더 이상 이루어지지 않는 정상상태에 도달한다고 보았다(이를 장기정체론이라 한다).

19세기 중반에 주로 활약하였던 J.S.밀은 영국의 산업혁명의 완성 이후에 나타나는 자본주의의 폐해가 심각하게 드러나는 시기에 살았다. 리카도가 분배문제를 자연현상과 동일시하였고 그에 따라 정부의 간섭을 배척하였지만, 밀은 분배문제는 제도의 문제이며, 분배문제가 심각하다고 생각되었을 때에는 정부가 이 문제를 인위적으로 해결하는 것이 바람직하다고 주장하였다. 이런 사고방식은 궁극적으로 스미스 이후의 자유주의에 대한 수정, 나아가서는 공산주의적인 해결까지도 포함하였고, 결국 밀은 고전학파를 해체시키는 결과를 유발하였다.

한편 고전학파의 한 사람이면서도 그들의 견해에 반기를 들었던 대표적인 학자가 맬더스이다. 그는 18세기말과 19세기 초반에 활약하였으며, 자본주의의 장래에 대해서 대단히 비관적인 생각을 가졌다. 그의 견해는 인구론과 유효수요이론으로 집약될 수 있다.

첫째로, 인구는 기하급수적으로 증가하는 데에 비하여 식량은 산술급수적으로 증가하므로, 사람들은 가난하고 굶주리게 된다고 주장하였다(이를 맬더스의 인구법칙이라 한다). 이런 인구증가를 억제하는 방법으로 만혼과 교육과 같이 사전에 인구를 억제하는 예방적 억제방법, 그리고 유아의 방기, 학대 및 살해, 가혹한 노동, 전염병, 전쟁, 기아 등과 같이 늘어난 인구를 제거하는 적극적인 억제방법을 제시하였으나, 그 실효성에 대해선 의문을 제기하였고 인류는 빈곤으로부터 해방될 수 없다고 보았다.

둘째로, 스미스와 리카도는 시장에서의 과잉생산이 가격기구의 움직임을 통해서 해결되므로 과잉생산은 일시적 현상이라고 보았지만, 맬더스는 19세기 초반에 등장하기 시작한 주기적 불황과 실업을 관찰하고, 과잉생산이 일반적인 현상이라고 보고 생산물에 대한 유효수요의 부족이 일반적인 과잉생산의 원인이라고 주장하였다. 맬더스의 이런 유효수요의 원리는 100여년이 지난 20세기 초반에 케인즈의 『일반이론』(1936)의 이론적 기초가 되었다.

2 독일의 산업혁명과 고전학파에 대한 도전 – 역사학파

19세기 초반에 영국은 이미 산업혁명을 거의 완성할 단계에 이르렀고, 자유무역을 통해서 전세계 경제를 석권하였지만, 19세기 초반의 독일은 수많은 영주에 의해 분할 통치되고 있어서 통일된 국가를 이루지 못했으며, 경제 자체도 농업국의 지위를 벗어나지 못하고 있었다. 독일의 산업혁명은 1840년경에 시작되었으며, 50년대와 60년대에는 산업혁명이 급속도로 진전되었고, 1871년 프러시아의 주도하에서 정치적 통일이 이루어지면서 독일은 그 이후에 먼저 출발한 프랑스를 앞질러서 고도의 산업자본주의로 발전하였다.

일반적으로 영국의 산업혁명은 밑으로부터의 자생적인 경험적 과정을 거쳐서 수행되었다고 할 수 있으며, 그리고 정부의 간섭은 산업혁명의 진행과정에서 거의 없었다고 하여도 과언은 아닐 것이다. 그러나 후진경제에서 출발하여야 했던 독일의 경제발전은 위로부터의 의식적인 노력에 의해서 유도되지 않으면 안 되었으며, 국가가 아주 중요한 역할을 담당하였다. 따라서 제도적 개혁은 당연히 정부가 수행했으며, 그리고 부족한 자본을 보충하기 위해 정부가 적극적으로 자본을 공급하거나 혹은 그런 자본공급에 조력하였으며, 또한 기업가로서의 활동에서도 적극적인 기능을 수행하였다.

역사학파(historical school)는 바로 이런 배경에서 독일의 공업화를 뒷받침하는 이론을 제시하기 위해 리스트(F.List, 1789~1846)에 의해 창시되었다. 그 후 역사학파는 구역사학파와 신역사학파로 나누어지는데, 구역사학파의 대표자는 롯셔(W.Roscher, 1817~1894), 힐데브란트((B.Hildebrand, 1812~1878) 등이며, 그리고 19세기 후반과 20세기 초반에 활동하였던 신역사학파로는 슈몰러(G.Schmoller, 1838~1917), 바그너(A.H.G.Wagner, 1835~1917) 등이 있다.

이들의 주장을 요약하면, 첫째로 경제발전단계설을 주장한다. 예컨대 리스트는 모든 나라가 원시상태, 유목상태, 농업상태, 농공상태 및 농공상상태 등의 다섯 단계를 거친다고 주장하면서, 한 나라에 적합한 이론이 다른 나라에선 적합하지 않다고 주장한다. 농공 혹은 농공상상태에 이른 영국에서는 자유무역이론이 옳을지 모르나, 농업상태인 독일의 경우엔 자유무역이 독일의 공업화를 저해한다고 보고, 독일이 농공상상태에 이를 때까지 잠정적으로 보호무역을 실행할 것을 주창한다.

둘째로, 고전학파가 개인주의적이라면, 역사학파는 국가주의적이다. 개인의 이익과 사회의 이익이 충돌할 때에는 국가의 이익이 우선되어야 하며, 경제에 대한 국가의 간섭을 정당화하였다. 이 사상은 중상주의 사상과 일맥상통한다.

셋째로, 역사학파는 역사적 연구의 중요성을 강조하였다. 고전학파와 후술하는 한계효용학파의 추상적이면서 연역적인 연구방법을 비판하면서, 역사학파는 구체적인 역사적 자료를 분석하고 또한 사회제도에 맞추어서 종합적으로 분석하는 귀납법을 채택하였다.

마지막으로, 특히 신역사학파는 19세기 후반에 독일에서 발생한 자본주의의 폐해를 접하면서, 노동자들을 사회주의에 빠지지 않게 만들기 위해선 노동자의 건강, 복지, 노동환경 등을 개선시켜야 한다는 보수적인 체제 내에서의 개혁을 주장하였다, 이런 온건한 사회개혁을 주장하는 역사학파 경제학자들을 강단사회주의자라고 부른다.

제 3 절 자본주의의 변모와 경제학의 변신

19세기에 이르면 영국에선 산업혁명이 완성되고 본격적인 산업자본주의 사회로 이행했고, 프랑스와 독일에서도 산업혁명이 발발하면서 자본주의의 폐해인 주기적 공황과 실업 그리고 빈곤이 사회의 중대한 문제로 서서히 부각되었으며, 그에 따라 사회주의 이론과 사회주의 정치운동이 활발하게 전개되었다. 그리고 이런 사회주의에 반발하여 정통학파 이론으로서 한계혁명과 신고전학파 경제학이 등장하게 된다.

1 산업혁명의 사회적 비용과 사회주의 경제학

산업혁명의 사회적 비용

19세기 초반 이후 영국의 산업혁명은 공장제 생산의 발전과 광범위한 기계의 사용에 기초한 미증유의 생산성 증가를 유발하였다. 그리고 영국은 소비재를 세계 각국으로 수출할 뿐만 아니라 자본재까지 수출함으로써 산업혁명 자체를 각국으로 수출하는 결과를 낳았으며, 그 결과 프랑스, 독일, 미국 등에서 산업혁명을 촉발하였다.

그러나 이런 산업혁명은 여러 가지 사회적 비용을 발생시켰다. 첫째로, 산업혁명에 기인한 생산성 향상의 이득은 거의 투자재원으로 활용되었으며, 노동자에게는 그 혜택이 거의 돌아가지 않음으로써 노동임금은 생존수준에서 맴돌았다. 그런데 그 기간 동안 국민소득이 증가했으므로, 노동자들의 상대적인 생활수준은 하락하였다.

둘째로, 공장제 공업의 발전은 영세자본가의 몰락을 초래했고, 기업 설립에 대규모 자본이 소요되게끔 만들었다. 따라서 노동자의 기업 소유는 불가능하게 되었고, 그 결과 자본가와 노동자의 계급 구분이 확연하게 드러났다.

셋째로, 공장제 공업의 발전은 기계화를 촉진하였고, 이런 기계화는 노동조건의 악화를 유발하였다. 노동이 전문화되고 단조로워지면서 노동의 소외현상이 가속화되었으며, 기계의 사용에 따른 위험이 증대되었다. 그리고 자본가들은 부녀자와 아동노동 및 장시간의 노동을 강요하였다.

넷째로, 공장제 생산의 확대는 도시화를 촉진하였으며, 도시의 인구밀도가 높아지면서 도시환경이 악화되었고, 그에 따라 수질오염과 공기오염이 나타나고 각종 전염성 질병이 만연하였다.

마지막으로 자본주의의 특징인 주기적 공황이 발생하고, 실업이 중대한 문제로 등장하기 시작하였다. 노동자들은 기계의 출현으로 부녀자 혹은 아동노동과의 경쟁에 노출되었거나 혹은 그 경쟁으로 인해 남아돌게 되었고, 더욱이 주기적 공황은 추가적으로 실업을 증대시켰다.

공상적 사회주의와 리카도파 사회주의

이런 산업혁명의 문제점들이 부각되면서, 부와 소득분배의 불공평, 실업, 빈곤 등의 문제가 궁극적으로 자본주의 경제체제의 본질적인 문제라고 생각하고 자본주의의 폐지를 주장하는 급진파들이 등장하였다. 영국의 오언(R.Owen, 1771~1858), 프랑스의 상시몽(H.Saint-Simon, 1760~1825), 푸리에(C.Fourier, 1772~1837) 등은 자본주의에서 불공평의 원인이 사유재산제라고 보고 불공평을 해결하는 방법으로 이 제도의 폐지와 사회주의 사회의 건설을 주장하였다. 불공평의 원인을 사유재산제도에서 찾은 것은 옳았으나, 사회주의 국가를 건설하는 방법, 즉 사회주의 이행이론이 결핍되었다는 관점에서 마르크스는 이들의 견해를 공상적 사회주의(Utopian socialism)라고 하였다.

한편 톰슨(W.Thompson, 1775~1833), 그레이(J.Gray, 1799~1883) 등 리카도의 노동가치설을 이어받은 리카도파 사회주의자(Ricardian socialist)들은 노동만이 부의 유일한 원천이며, 노동만이 가치를 창조할 수 있다고 주장하였다. 따라서 노동만이 전체 생산물에 대한 소유 권리를 주장할 수 있으며, 자본은 가치를 창조하지 않으므로 생산물에 대한 소유 권리를 주장할 수 없음에도 불구하고, 사유재산제도 하에서는 자본이 이윤을 얻고 있으므로 이윤이 바로 자본가 착취(capitalist exploitation)라고 주장한다. 이들은 사유재산제도 아래에서는 자본가 착취가 필연적이라고 보고, 이런 착취가 시장에서 부등가(不等價)교환에 의해 발생한다고 주장한다. 자본가는 자본을 소유하고 있으므로 노동력을 고용하지 않아도 당분간 생활하는 데 지장이 없으나 노동자는 임금이 없으면 당장 생활하는 데 곤란하므로 노동자는 노동력을 낮은 가격(임금)으로 팔 수밖에 없어서 부등가교환이 발생한다는 것이다. 즉 부등가교환은 노동력을 제값을 받지 못하고 낮은 가격에서 교환하는 현상을 지칭한다.

이들은 노동가치설에 입각하여 자본가 착취를 설명하고, 이런 착취가 시장에서 부등가교환을 통해서 발생한다고 지적한 면에서 공상적 사회주의에 비해 진일보하였지만, 사회주의 이행에 관한 이론 역시 결핍되어 있다.

마르크스의 사회주의이론

마르크스(K.Marx, 1818~1883)는 독일의 관념주의 철학, 프랑스의 사회주의 정치학 및 영국의 고전학파 경제학을 일관된 이론적 구조로 융합하여, 당시에 출현하였던 사회주의 운동에 포괄적인 이데올로기를 제공하였다. 그의 사상은 자본주의에 관한 설명이면서 동시에 그것에 대한 비판이며, 그리고 19세기의 자유주의에 대한 도전이었다. 그의 사상의 핵심은 노동가치설과 유물사관으로 집약될 수 있을 것이다.

우선 마르크스는 사회발전의 법칙을 발견하고자 했으나 너무나 복잡하기 때문에, "존재가 사고를 규정한다"는 유물론에 입각하여 경제분야(하부구조)의 발전이 정치, 법, 윤리, 문화, 종교 등의 정신세계(상부구조)를 일방적으로 규정한다는 엄격한 인과관계를 정립하였는데, 이를 유물사관(唯物史觀)이라 한다. 유물사관은 인간의 생존에 필요한 생활수단을 획득하는 사회적 양식인 생산양식(mode of production)에 의해서 역사를 설명한다. 생산양식은 물질적인 생산력과 사회적 관계인 생산관계로 구성되며, 두 가지 간의 상호작용에 의해서 생산양식이 변화하며, 그리고 이런 생산양식의 변화가 법, 정치, 문화 등의 정신세계의 변화를 규정한다.

마르크스는 인간의 역사를 원시공산사회, 고대노예사회, 중세봉건사회, 자본주의사회, 공산주의사회(사회주의가 더욱 발전하면 공산주의가 된다. 여기서는 두 가지를 구분하지 않기로 한다) 등의 다섯 단계로 나누었다. 고대, 중세 및 자본주의사회에서는 귀족 대 노예, 영주대 농노, 자본가 대 노동자 등의 계급대립이 존재하며, 이런 계급대립은 처음에 생산력의 발전에 도움을 주지만, 나중에는 생산력의 발전을 저해하며, 그에 따라 기존의 생산관계가 파괴되고 새로운 생산관계가 정립된다. 즉 역사적 변혁이 발생한다. 그러나 생산력이 엄청나게 발전하면, 인간이 자연을 완벽하게 지배하게 되며, 그 결과 공산주의사회가 출현하는데, 이 사회에서는 계급이 소멸되고 그에 따라 계급대립도 없어지며, 그 결과 "능력에 따라 일하고 필요에 따라 분배받는" 이상적인 사회에 이른다. 마르크스는 이 단계가 인간 역사의 최종 목표 단계라고 말한다.

마르크스는 공산주의사회의 필연적인 출현에 대해선 유물사관의 철학적 기초인 변증법적 유물론에 입각하여 설명한다. 변증법적 유물론(dialectic materialism)의 핵심은 세 가지 법칙으로 표현된다. 즉 첫째로, 미세한 양적인 변화가 쌓여서 어떤 점에 이르면 갑작스런 질적 변화(예컨대 혁명)가 발생한다는 '양의 질로의 전화의 법칙', 둘째로 모든 사물은 서로 배척하는 대립물로 분열되어 있다는 '대립 · 투쟁의 법칙', 그리고 셋째로 모든 사물은 그 자체 내의 내부 모순을 토대로 발전한다는 '부정의 부정의 법칙'으로 구성된다. 이 법칙들은 자연만이 아니라 인류사회에도 적용된다고 보았다. 사회 내에는 언제나 계급 간의 대립 및 투쟁이 항상 존재하며, 이런 대립 · 투쟁이 양적으로 그리고 점진적으로 강화되면, 갑자기 현재 체제를 전복시키는 혁명적 변화가 발생하여 구사회가 부정되고 새로운 사회가 건설되지만, 이 사회 역시 다시 부정된다. 변증법적 유물론은 사회가 예외를 전혀 허용치 않는 냉혹한 법칙에 따라 사전에 결정된 목표, 즉 공산주의사회를 향해 발전해 간다고 주장한다.

그러면 어떤 상황에서 공산주의사회가 출현하는가? 마르크스는 객관적 조건(자본주의의 위기)이 무르익고, 주관적 조건(프롤레타리아계급의 계급의식과 역사적 사명감)이 충족되어야 한다고 주장한다. 예컨대 자본축적의 과다로 이윤율이 하락하여 더 이상 투자가 이루어지지 않고, 공황의 심화로 산업예비군이 증대되고 프롤레타리아계급의 궁핍화가 진행되며, 독과점의 진행으로 영세자본가의 몰락을 재촉하는 등의 자본주의의 위기가 심화되어야 자본주의 붕괴의 객관적 조건이 충족된다. 그리고 노동자들은 자신들이 프롤레타리아계급이라는 계급의식을 갖고 있어야 하고(계급자각), 또한 그들이 공산주의 출현에 필요한 혁명을 수행하여야 한다는 역사적 사명감을 가져야 자본주의 붕괴의 주관적 조건이 무르익는다. 이런 객관적 조건과 주관적 조건이 충족되었을 때 프롤레타리아계급의 혁명을 통해서 공산주의가 출현하는 것이다.

마지막으로 그의 노동가치설은 자본주의 생산과정에서 자본가 착취가 필연적으로 발생한다는 것을 보이는 데 목적을 둔다. 상품의 가치는 투입노동량에 의해 결정되는데, 그 구성은 원자재, 중간재, 감가 등으로 구성되는 불변자본(不變資本), 임금과 봉급의 흐름으로 표현되는 가변자본(可變資本) 및 노동력이 새로이 창조한 잉여가치(剩餘價值)의 세 가지이다. 불변자본은 자신의 가치에 해당하는 가치만 재창조하며, 반면에 가변자본은 자신의 가치를 재창조할 뿐만 아니라 추가적으로 잉여가치를 창출한다. 그런데 시장에서 자본가가 노동력을 구입할 때 가변자본에 해당하는 임금만 지불하므로, 노동력이 창조한 잉여가치는 자본가가 이윤 몫으로 사유화한다. 바로 이것이 자본가 착취이며, 자본가 착취의 원천은 사유재산제도이다. 마르크스는 이런 자본가 착취를 해결하는 방안은 사유재산제도의 폐지, 즉 자본주의의 폐지라고 보았다.

2 한계혁명과 신고전학파

한계혁명의 역사적 사명

1870년대에 거의 동시에 영국의 제본스(W.S.Jevons, 1835~1882), 프랑스의 왈라스(L.Walras, 1834~1910) 및 오스트리아의 멩거(C.Menger, 1840~1921)는 국적이 다름에도 불구하고 그리고 그들 간에 연락도 없이 거의 동시에 거의 동일한 이론을 주장하였다. 이들은 가치가 투입노동량에 의해서 결정되는 것이 아니라 재화의 한계효용에 의해서 결정된다고 주장하면서, 사회주의를 비판하고 자유주의 사상을 옹호하였다. 이들을 한계효용학파라 하며, 특히 이들의 분석이 고전학파의 분석과는 판이하게 다르고, 이후의 경제 분석에 혁신을 몰고 왔기 때문에, 대다수 경제학자들은 한계효용학파(marginal utility school)의 이론을 한계혁명(marginal revolution)이라고까지 표현한다.

이들의 견해는 오스트리아의 비져(F.Wieser, 1851~1926), 이탈리아의 파레토(V.Pareto, 1848~1923), 스웨덴의 빅셀(J.G.K.Wicksell, 1821~1926), 미국의 클라크(J.B.Clark, 1847~1938) 등에 의해 계승·발전하였다.

한계혁명은 크게 두 가지 임무를 띠고 등장하였다. 첫째로, 고전학파의 전통을 이어받기 위해선 새로운 가치이론이 필요하였다. 고전학파는 자유주의 경제학이지만 고전학파의 노동가치설은 사회주의 경제학의 기초로 이용되고 있으며, 결과적으로 고전학파는 사회주의 경제학을 합리화하는 데 이용되었다. 따라서 새로운 가치이론의 창출 없이는 정통학파는 소멸되어야 할 운명이었다.

둘째로, 19세기 중반 이후에 요원의 불길처럼 세력을 떨치고 있는 사회주의사상에 대항하고 자본주의체제를 옹호하려 하였다. 사회주의사상은 자본주의의 장래에 대한 비관론에서 출발하고 있으며, 이를 극복하기 위해선 시장경제를 중심으로 운영되는 경제체제의 우수성을 옹호할 필요가 있다.

이런 두 가지 사명을 띠고서 한계효용학파는 한계효용이론을 제시하고, 나아가서는 고전학파의 자유주의사상을 부활시켰으며, 그 이후에는 다시 정통학파의 자리를 회복하였다.

한계효용학파의 경제이론의 골격

고전학파의 이론과 비교할 때 한계효용학파의 이론은 다음과 같은 특징들을 갖고 있다. 첫째로, 재화의 가치는 그 재화를 소비하는 사람의 한계효용에 의해 결정된다고 보았다. 고전학파의 가치이론은 가치가 재화의 생산에 투입된 노동량에 의해 결정된다고 보며, 이것은 가치의 생산적 측면을 강조하며, 또한 객관적 가치의 성격을 가지고 있다. 반면에 한계효용학파는 가치의 수요측면을 강조하여 가치가 재화에 대한 소비자의 주관적 평가에 의해서 결정된다는 주관적 가치설을 주장한다.

둘째로, 경제학 방법론에서 추상적, 연역적 방법을 사용하는데, 특히 수학이 도입될 수 있는 여지가 많아졌다. 고전학파 경제학자들은 대부분 경험적 자료를 사용하면서도 연역적이며 추상적인 방법을 사용하였지만, 한계효용학파는 연역적, 추상적 방법만을 고수하였으며, 특히 수학적인 기법이 많이 도입되었다.

셋째로, 스미스는 자본주의의 장래에 대해 매우 낙관적이었고, 맬더스, 리카도 등은 대단히 비관적이었으나, 한계효용학파 경제학자들은 스미스와 같이 자본주의의 장래에 대해 대단히 낙관적인 견해를 견지하였다. 특히 19세기말에 자본주의경제가 호황을 구가하였고, 노동자들의 생활수준이 급격히 향상됨에 따라 이런 낙관적인 견해를 유발케 하였다.

넷째로, 한계효용학파는 고전학파 경제학자들과 마찬가지로 시장경제를 옹호하는 자유주의사상에 찬성하였으며, 사회주의사상이나 노동조합운동에 강력히 반대하였다. 한계효용학파는 상이한 가치론적 기초 위에서 사실상 고전학파의 자유주의사상을 계승하였으므로, 사회주의에 반대할 뿐만 아니라, 신역사학파의 자본주의 개혁에 대해서도 반대하였다.

신고전학파의 성립

19세기말과 20세기초에 활약하였던 마샬(A.Marshall, 1842~1924)은 고전학파, 사회주의이론, 역사학파 및 한계효용학파의 견해를 비판적으로 검토하고, 장점들을 종합·집대성하여 독자적인 경제학체계를 확립하였다. 마샬은 스미스, 리카도, 밀로 연결되는 고전학파의 견해를 발전시켰기 때문에, 그를 신고전학파(neo-classical school)의 창시자라고 부른다. 그의 이론의 골격은 다음과 같다.

첫째로, 그는 고전학파의 객관적 가치설과 한계효용학파의 주관적 가치설을 절충하여, 가치란 공급에 영향을 미치는 생산비의 측면과 수요에 영향을 미치는 효용의 측면, 두 가지에 의해서 결정되어야 한다고 주장하였다. 그러면서도 그는 생산비측면을 중시함으로써 결국 고전학파의 이론을 더욱 발전시켰다고 볼 수 있다.

둘째로, 그는 경제를 생물과 같은 유기체로 파악하였으며, 그에 따라 환경과 역사적 요소들이 경제에 영향을 미칠 수 있음을 인정하였다. 따라서 그는 역학적, 기계적으로 경제를 분석하려는 기존의 경향을 비판하면서, 생물학적, 유기체적 관계에 의해 경제를 이해하려고 노력했다.

셋째로, 그는 미시경제학에서 현재 많이 사용되는 중요한 여러 가지 개념들을 많이 창조하였으며, 그 결과 그에 의해서 미시경제학이 거의 완성되었다고 해도 과언이 아닐 것이다. 예컨대 미시경제학에서 많이 거론되는 수요와 공급이론, 소비자잉여, 탄력성, 균형분석, 외부효과, 준지대 등이 마샬에 의해 개발된 내용들이다.

넷째로, 그는 또한 경제적 복지에 관심을 가졌으나, 그의 일생 동안에는 이 문제를 해결하지 못했다. 그의 제자인 피구(A.C.Pigou, 1887~1959)는 마샬의 철학을 계승하여, 사회 전체의 경제적 후생을 증진시키는 데에 경제학의 목적을 두고, 후생극대화의 조건, 후생을 증진시키는 정책적 수단 등을 검토함으로써 소득재분배정책의 이론적 기초를 확립하려고 시도하였다. 이것이 바로 현대 후생경제학의 효시이다.

제4절 대공황과 케인즈 경제학

1 세계적 대공황과 케인즈 경제학의 역사적 사명

제1차 세계대전이 끝나면서 1920년대에 선진 자본주의 국가들은 대호황을 구가하였으나, 1929년 10월 미국에서 시작된 증권가격의 폭락은 전세계적인 대공황을 유발하였다. 증권가격의 폭락은 경기에 대한 비관적 견해를 갖게 하였고, 신주발행을 통한 자본조달을 불가능케 하였으며, 그 결과 투자를 위축시켰을 뿐만 아니라 나아가서는 소비자의 재산상 손실을 확대하여 소비도 크게 감소시켰다.

이런 복합적인 요인들의 작용으로 인하여 세계 경제를 주도하였던 미국 경제는 심각한 침체의 늪에 빠졌으며, 은행과 대기업의 연쇄적인 도산이 잇따랐다. 아울러 이런 미국 경제의 침체는 전세계 경제의 침체를 유도하였다. 이런 대공황의 결과 미국의 실업률은 1929년 3.2%에서 1933년에는 무려 24.9%로 상승하였으며, 영국의 경우도 예외 없이 실업률이 20%를 상회하였다.

*** 뉴딜정책(New Deal Policy)**

1933년 프랭클린 루스벨트가 32대 미국 대통령으로 취임하면서 대공황에 따른 대량실업을 해결하기 위하여 정부지출을 통한 유효수요의 창출을 통해서 경기를 되살리겠다는 정책이며, 대표적인 공공정책이 테네시강 유역 종합개발공사였다. 케인즈의 『일반이론』은 바로 뉴딜정책에 대한 이론적인 합리화를 추구했던 저서이다. 뉴딜정책은 궁극적으로 자유방임주의의 종언이라고 할 수 있으며, 그 이후에는 경제에 대한 정부간섭이 증대하고 정부 규모도 비대해지기 시작했으며, 재정적자가 미덕이라고 생각하게 만들었다.

이런 높은 실업률은 고전학파나 신고전학파의 이론으로서는 설명이 도저히 불가능하였다. 시장경제를 신봉하는 고전학파나 신고전학파에 따르면 임금의 적절한 조정을 통해서 실업률이 평소의 수준으로 조만간 하락하여야 했으나, 대량실업의 장기적인 지속은 새로운 경제학의 출현을 고대하게 만들었다. 1936년 케인즈(J.M.Keynes, 1883~1946)는 『고용, 이자 및 화폐에 관한 일반이론』(약칭 『일반이론』)을 저술하여, 대공황의 원인을 설명하고, 미국의 루스벨트 대통령의 뉴딜정책에 대한 이론적 기초를 제시함으로써 경제학의 신기원을 마련하였으며, 이를 케인즈혁명(Keynes's Revolution)이라고 한다. 그리고 그의 견해를 이어받은 케인지안 경제학(Keynesian economics)은 정통학파로 정립되었다.

세계적 대공황의 시기에 탄생한 케인즈 경제학은 대략 두 가지의 역사적 사명을 띠고 등장하였다.

첫째로, 대공황 당시에 가장 심각했던 경제문제는 대량실업의 해소였다. 시장기구를 신뢰하고 그에 따라 경제에 대한 정부의 간섭을 혐오하는 기존의 고전학파 혹은 신고전학파 경제학은 대량실업의 문제를 해결할 수 없었으며, 케인즈는 정부의 총수요증대정책으로 이 문제를 해결하려고 하였다.

둘째로, 19세기 초반부터 사회주의사상이 유럽을 풍미하였으나, 사회주의국가는 1917년 레닌(V.I.Lenin, 1870~1924)에 의해 주도된 볼쉐비키혁명을 통해서 러시아에서 처음으로 등장하였다. 케인즈는 대량실업 때문에 자본주의가 사회주의로 귀결하는 것을 막기 위하여 경제에 대한 국가 간섭을 통해서라도 자본주의체제와 자유주의를 옹호하려고 시도했다. 자본주의와 자유주의를 옹호하기 위해선 기존 경제사상의 과감한 변혁 및 자본주의 자체의 변혁도 불사하였다. 바로 이런 사상이 1930년대 이후 선진 자본주의 경제체제를 혼합경제체제로 변모시키게 만들었으며, 그 결과 현대 자본주의 국가들은 정도에 차이는 있어도 모두가 혼합경제체제인 것이다.

＊ 볼쉐비키혁명(Bolshevik revolution) 혹은 10월 혁명

1917년 2월 제1차 세계대전이 한창일 때 노동자, 농민들의 총파업으로 러시아 황제 니콜라이 2세가 퇴위하고 임시정부가 수립되었지만 혼란이 지속되었다. 레닌(Lenin, 1870-1924)에 의해 주도되었고, '정치적 승리를 위해선 수단과 방법을 가릴 필요가 없다'는 구호를 내세우는 과격파 볼쉐비키는 러시아를 혼란으로부터 구원하는 길은 노동자, 농민, 병사의 소비에트(soviet, 평의회)의 지지를 받는 프롤레타리아 독재뿐이라고 생각했으며, 그리고 1917년 10월 페트로그라드에서 무장 봉기했고 권력을 수중에 넣었으며 그리고 소비에트정부 수립을 선포했다. 그 다음 1917년부터 1922년에 이르는 내전을 거쳐서 1922년에 소련을 탄생시켰다. 마르크스의 예언과는 달리 자본주의가 가장 덜 발달된 농업국가 러시아에서 최초의 사회주의 국가가 탄생했다.

2 케인즈와 케인지안 경제학의 특징

케인즈 경제학을 승계한 학자들을 케인지안(Keynesian)들이라고 하며, 영국의 힉스(J.R.Hicks, 1904~1989), 미국의 사뮤엘슨(P.A.Samuelson, 1915~2009), 토빈(J.Tobin, 1918~2002) 등이 이에 속한다. 이들의 경제학은 대략 1960년대까지 정통학파의 위치를 점유하였다. 케인즈와 케인지안 경제학의 공통적인 특징은 다음과 같이 요약된다.

첫째로, 미시경제학이 마샬에 이르러서 완성되었으며, 거시경제학은 케인즈에 이르러서 완전한 형태를 갖추어서 등장하게 되었다. 또한 케인즈의 이론은 국민소득계정의 근거를 마련하였으므로, 그가 예상하지 못했던 계량경제학의 발전을 촉발하기도 하였다.

둘째로, 케인즈와 케인지안들은 시장기구를 불신한다. 고전학파와 신고전학파는 시장에서 가격이 상하 신축적으로 움직여서 모든 자원배분을 효율적이게 만든다고 보았으나, 케인즈와 그 후계자들은 임금, 이자율, 상품가격 등의 모든 가격들이 상방으로는 신축적으로 움직이지만, 하방으로는 경직적이어서 자원배분의 효율성이 성취되지 않는다고 보았다. 특히 임금의 하방 경직성은 대량실업의 주요 요인이라고 보고, 이런 문제의 해결을 위해선 시장에 대한 정부 간섭이 정당화된다고 주장한다.

셋째로, 거시경제학에서 중요한 두 가지 문제, 즉 실업과 인플레이션 중에서 케인즈와 케인지안들은 실업의 해결에 더 많은 비중을 두며, 이런 문제의 해결을 위해선 재량적인 총수요관리정책을 사용할 것을 주장한다. 특히 총수요의 증대를 위해선 통화량을 변경시키는 통화정책보다는 세율이나 재정지출의 크기를 변경시키는 재정정책이 보다 효과적이라고 본다.

제 5 절 혼합경제체제와 경제학의 다양화

1 1960년대 이후의 주요 경제문제

1936년 케인즈의『일반이론』이 발간되고 케인지안 경제학이 정통학파의 자리를 차지한 이후에, 선진 자본주의 국가들의 경제체제는 정부의 적극적인 간섭을 수용하는 혼합경제체제로 변모하였다. 원래의 혼합경제는 대량실업이 존재할 때 총수요관리정책에 의해서 이 문제를 해결하는 정도에 그쳤으나, 제2차 세계대전 이후에는 경제적 복지에 대한 국민들의 관심이 커지면서 정부는 소득재분배정책과 더불어 사회복지에 대한 지출을 증대시키고 있으며, 또한 독과점에 대한 규제, 환경에 대한 규제 등 경제에 대한 각종의 규제도 강화하고 있다.

1940년대부터 1960년대까지는 정부의 재량적인 경제정책에 의해서 실업률이 크게 낮아졌고, 반면에 높은 경제성장률이 실현되면서 선진 자본주의 국가들은 20여년에 걸친 대호황을 누렸다. 경제학자들은 이런 시기를 고원경기(高原景氣)라 하였고 실업문제와 같은 심각한 경제문제는 사라졌다고 생각하였다.

그러나 1960년대에 과도한 낭비적 재정지출에 기인한 인플레이션이 서서히 고개를 들기 시작하였다. 그리고 1970년대 초반에 미국의 금본위제도의 폐기와 변동환율제로의 이행은 전세계적인 통화량 증발에 따르는 전세계적인 인플레이션을 촉발하였으며, 더욱이 1973년 중동전쟁 발발에 따르는 석유파동은 세계경제를 침체의 늪으로 빠지게 하였다.

1960년대 이후에 나타난 세계경제의 특징적 현상은, 첫째로 실업보다는 인플레이션이 경제문제의 전면에 부상하였다는 것이다. 케인즈 경제학은 원래 대량실업의 해결에는 탁월한 효과를 가진 경제학이었지만, 인플레이션의 해결에는 미약하기 때문에 대안적인 접근법의 출현이 필요하였다.

둘째로 스태그플레이션 현상의 만연이다. 실업률이 높고 제조업의 가동률이 하락하는 경기침체에서도 물가가 하락하지 않고 지속적으로 상승하는 현상이 스태그플레이션(stagflation)인데, 이런 현상이 1960년대 중반 이후 선진국의 보편적인 현상으로 자리 잡게 되었다.

2 프리드만과 통화주의학파

프리드만(M.Friedman, 1912~2006)은 1950년대 중반 이후부터 케인지안들의 재량적인 총수요관리정책, 그중 특히 재량적인 통화정책에 의해서 인플레이션이 조장되고, 나아가서는 경제의 불안정이 가속화된다고 주장하였다. 그의 주장은 1960년대 중반 이후 주목받기 시작하고, 그를 추종하는 브르너(K.Brunner), 앤더센(L.C.Andersen) 등에 의해서 통화주의학파(monetarist school)가 성립된다.

이들의 견해를 요약하면 다음과 같다. 첫째로, 그들은 고전적인 화폐수량설에 근간을 두고 있으며, 따라서 화폐량과 물가 간에는 비록 비례적인 관계가 성립하지 않더라도 상당히 밀접한 관계를 갖는다고 본다. 특히 단기에는 화폐량의 변화가 주로 생산과 소득과 같은 실질변수에 대부분 영향을 미치지만, 장기적으로는 대부분 물가에 반영된다고 본다.

둘째로, 그들은 화폐량의 변동을 수반하지 않는 재정정책은 효과가 거의 없다고 주장한다. 예컨대 재정지출의 증대는 총수요를 증대시켜 소득과 생산을 증대시킬 수 있지만, 재정지출의 재원을 국공채의 발행으로 충당한다면 이자율이 상승하고 그에 따라 투자가 위축되어서 총수요가 원래의 수준으로 복귀한다는 것이다. 만약 조세를 통해 재원을 조달한다면 소비감축과 투자위축을 유발한다고 본다. 이를 구축효과라고 하였는데, 이런 구축효과가 거의 완벽하게 나타난다고 본다.

셋째로, 화폐량을 변화시키는 통화정책은 단기에 실물부분에 영향을 미치지만, 그 효과가 대단히 가변적이고 불규칙적이어서, 장기적으로는 오히려 통화정책이 경제의 불안정을 가속화한다고 주장한다. 따라서 일정한 비율로 화폐량을 증가시키는 통화정책만이 화폐에 의한 경제의 교란을 막을 수 있다고 주장한다. 즉 그들은 재량적인 정책보다는 일정한 준칙을 따르는 통화정책을 주창한다.

3 새고전학파와 새케인지안

1970년대 이후 루카스(R.E.Lucas), 싸전트(T.J.Sargent), 왈레이스(N.Wallace) 등은 미시적 기반 위에서 거시경제학을 연구하면서 시장에 대한 정부의 간섭을 혐오하는 정책적 처방을 제시하였는데, 이들을 새고전학파 거시경제학(new classical macroeconomics)이라 한다.

이들의 주장을 요약하면, 첫째로, 그들은 거시경제학의 미시적 기반을 강조한다. 현재 거시경제학의 잘못된 점은 미시적 기반 없이 경제 전체를 직접 분석함으로써 논리적 기반이 취약하다는 것이다. 따라서 이들은 미시적 기반 위에서 경제 전체에 대한 분석을 한다면 보다 올바른 거시이론이 도출될 수 있다고 본다.

둘째로, 이들은 시장이 항상 균형상태에 있다고 가정하며, 경제에서 관찰되는 결과들도 수요와 공급의 일치의 결과라고 생각한다. 만약 시장이 균형에서 괴리된다고 할지라도, 즉각적으로 혹은 상당히 빠른 시간 안에 균형으로 복귀한다고 본다.

셋째로, 이들은 가격변수가 상하 양방향으로 대단히 신축적이어서, 정부의 개입이 없어도 물가안정과, 완전고용이 얼마든지 성취될 수 있다고 본다. 따라서 정부의 재량적인 간섭은 경제를 오히려 불안정화할 수 있으며, 정부는 될 수 있는 한 경제에 간섭하지 말아야 하며, 간섭을 할 경우에도 일정한 준칙에 따르는 정책만을 수행하여야 한다고 주장한다.

한편 1970년대 후반 이후 피셔(S.Fischer), 맨키우(N.G.Mankiw), 태일러(J.Taylor) 등은 새고전학파모형을 비판하면서, 임금, 상품가격 및 이자율의 경직성이 현실적으로 발생하고 있으므로 이런 경직성이 미시경제학으로부터 어떻게 발생하는가를 밝히려고 하였다. 이들의 주장은 어디까지나 케인지안 경제학이며, 미시적 기반 위에서 케인지안 경제학을 재구성하려고 시도하였다는 점에서 새케인지안(New Keynesian)이라고 부른다.

이들의 주장은 요약하면, 첫째로, 그들은 시장의 불완전성을 중시하며, 이런 불완전성이 가격경직성에 기인한다고 주장한다. 그들은 미시적 기반 위에서 이런 가격경직성의 이유를 설명하고, 정부의 간섭이 잠정적으로 자원배분을 개선시킬 수 있다고 믿는다. 그러나 과거의 케인지안들과는 달리 그들은 재량적 재정정책의 효과에 대해서 회의적인 견해를 표방하고 있다.

둘째로, 과거의 케인지안들은 가격의 경직성을 가정할 뿐이며, 그 가정에 대한 이유를 제시하지 않았다. 새케인지안들은 가격의 경직성이 왜 발생하는가에 그들의 관심을 집중시킨다. 그들은, 예컨대, 만약 가격을 조정하는 데에 높은 비용(이를 메뉴비용이라 한다)이 소요되거나, 상품거래나 임금계약에 있어서 장기계약이 존재하면, 가격의 신축적인 변화가 불가능할 수 있다고 주장한다.

제 6 절 경제학의 미래

1960년대 이후 발생한 스태그플레이션을 해결할 수 있는 정통 경제학이 아직은 등장하지 않고 있으므로, 1980년대 이후는 백가쟁명의 시대라고 할 수 있다. 지금까지의 경제학의 발전과정을 검토해 보면 경제학의 미래는 다음의 세 가지로 아마 요약될 수 있을 것이다.

첫째로 거시경제학의 미시적 기반이 강조되고 있다. 1960년대 이후 거시경제학의 미시적 기반이 필요하다는 주장이 대두되었으며, 그에 따라 상당히 많은 경제학자들이 이런 주장에 동조하고 있다. 따라서 과거와 같이 미시경제학과 거시경제학을 별개의 영역으로 간주하는 2분법은 지양되어야 할 것이며, 미시경제학과 거시경제학간의 보완적인 연구가 성취되어야 더 나은 경제학이 출현할 것이다.

둘째로 1990년대에 동구권의 붕괴는 사회주의이론의 퇴조를 몰고 왔고, 아울러 계획경제보다는 시장경제를 중시하는 자유주의사상의 우월성이 실증되었다. 그 결과 자유주의를 주창하는 하이에크 등의 오스트리아학파, 프리드만 등의 시카코학파가 각광을 받고 있다. 정부간섭과 규제를 옹호하는 이론보다는 간섭과 규제를 축소하고 시장기구의 역할을 강조하는 이론들이 더 환영받을 것 같고, 앞으로 그런 유형의 이론들이 많이 개발될 것이다. 그리고 또 다른 한편에선 민주주의를 인정하면서 시장경제도 포용하는 사회주의이론, 예컨대 기든스(A.Giddens)의 『제3의 길』과 같은 사회민주주의이론들이 또한 인기를 끌 것 같다.

마지막으로 법, 관습, 윤리, 종교, 문화 등 제도가 경제에 미치는 영향을 무시하고 순수한 경제현상만을 고립적으로 연구하였던 최근의 순수경제학(pure economics)으로는 현대의 경제문제를 제대로 설명하고 해결할 수 없다. 따라서 제도와 경제를 동시적으로 연구하는 경제학, 소위 정치경제학(political economy)이 보다 현실을 잘 설명할 수 있고 해결할 수도 있을 것이다. 오스트리아학파, 마르크스, 제도학파 등의 경제학이 이런 성향을 띠고 있으며, 이들 경제학의 방법론은 미래 경제학의 방법에 있어서 중요한 시사점들을 제공할 수 있을 것이다.

저자 소개

박상수(Sang Soo Park)

제주대학교 경영학과를 졸업하고 서울대학교에서 경제학석사 및 경제학박사 학위를 취득하였다. 한국은행, 국제경제연구원(현 KIET), 충남대학교 경제학과 조교수를 거쳐 현재 제주대학교 경제학과 교수로 재직 중이다. 저서로 『우리나라 기계공업의 현황과 문제점』(공저), 『거시경제이론』(공저), 『경제철학』, 『'세계평화의 섬 제주'와 평화산업-기회와 도전』(공저)이 있고, 역서로 『개인주의와 경제질서』, 『경제학방법론』, 『신용화폐론』이 있으며, 논문으로는 「하이에크의 정치철학에 대한 비판적 검토」, 「자유, 재산권 및 로크의 단서」, 「역외금융센터의 금융시장 발전효과」, 「자기 소유와 재산권의 비판적 검토」, 「운 평등주의에 대한 비판」 외 다수가 있음.

강기춘(Gi-Choon Kang)

고려대학교 경제학과를 졸업하고 미국 Iowa 주립대학교에서 경제학박사 학위를 취득하였다. 하나은행, 동양증권 책임연구원, 제주대학교 교수를 거쳐 현재는 제주발전연구원 원장으로 재직 중이다. 저서로 『계량경제학』이 있고, 역서로 『자본주의의 이상』, 『경제학의 교훈』, 『경제동학이론』이 있으며, 논문으로는 「아시아 개발도상국의 경기변동에 있어서 충격과 전파과정의 역할 및 중요성에 관한 연구」, 「제주지역경기종합지수 개발에 관한 연구」, 『지역산업기술개발사업이 참여기업의 성과에 미치는 효과 분석」 등 다수가 있음.

알기 쉬운 경제학 입문

발 행 일 • 2015년 2월 22일

저 자 • 박상수 · 강기춘
발 행 자 • 최 봉 조
발 행 처 • 진샘미디어
주 소 • 서울시 은평구 연서로 5길 28 부호아파트 102동 상가5호
전 화 • 02)353-4421 / FAX 02)353-4431
홈페이지 • www.jinsaem.co.kr

신고번호 • 제311-2005-000025호
I S B N • 979-11-85504-31-5 93320

정가 15,000원